JUSTICIA CIVIL EN LA UNIÓN EUROPEA

EVALUACIÓN DE LA EXPERIENCIA ESPAÑOLA Y PERSPECTIVAS DE FUTURO

JUSTICIA CIVIL EN LA UNIÓN EUROPEA

EVALUACIÓN DE LA EXPERIENCIA ESPAÑOLA Y PERSPECTIVAS DE FUTURO

CARMEN OTERO GARCÍA-CASTRILLÓN
Directora

Co-financiado por
la Unión Europea

Dykinson, S.L.

Co-financiado por la Unión Europea

Proyecto: Cross-Border litigation in Europe: Private International Law Legislative Framework, National Courts and the Court of Justice of the European Union.
EUPILLAR - JUST/2013/JCIV/AG/4635
https://www.ucm.es/eupillarspain/

Editorial DYKINSON, S.L. Meléndez Valdés, 61 - 28015 Madrid
Teléfono (+34) 91544 28 46 - (+34) 91544 28 69
e-mail: info@dykinson.com
http://www.dykinson.es
http://www.dykinson.com
Consejo Editorial véase www.dykinson.com/quienessomos

ISBN: 978-84-9148-083-9
Depósito Legal: M-2307-2017

Preimpresión por:
Besing Servicios Gráficos S.L.
besingsg@gmail.com

Impresión:
Recco, S.L.
recco@recco-sll.com
www.recco.es

ÍNDICE

PRESENTACIÓN

El libro que tiene ante sus ojos recoge el resultado del seminario sobre "Justicia Civil en la Unión Europea: Evaluación de la experiencia española y perspectivas de futuro" celebrado en la Facultad de Derecho de la Universidad Complutense de Madrid (UCM) el 2 de junio de 2016. Enmarcado en el proyecto de investigación de la Unión Europea (EU) *Cross-Border Litigation in Europe: Private International Law Legislative Framework, National Courts and the Court of Justice of the European Union* -EUPILLAR- (JUST/2013/JCIV/AG/4635), el seminario contó con la participación de jueces, magistrados, letrados de la administración de justicia, abogados y académicos entre los que destacó la conferencia inagural pronunciada por D. Francisco Marín Castán, Presidente de la Sala Primera del Tribunal Supremo.

EUPILLAR es un proyecto de investigación financiado por la Comisión Europea en el que participan siete Universidades de seis Estados miembros: Universidad de Amberes (Bélgica), Universidad de Milán (Italia), Universidad de Friburgo (Alemania), Universidad Wroclaksi (Polonia), Universidades de Leeds y Aberdeen (Reino Unido) y Universidad Complutense de Madrid (España), siendo la Universidad de Aberdeen la institución coordinadora. El objetivo del proyecto es analizar la puesta en práctica en cada uno de estos países de los instrumentos comunitarios más clásicos de Derecho internacional privado (DIPr.) así como el papel que juegan las jurisdicciones nacionales y el Tribunal de Justicia de la UE (TJUE) en la construcción del sistema de solución de diferencias para el tráfico jurídico intracomunitario.

Los instrumentos de referencia son los conocidos respectivamente como Reglamentos de Bruselas I (Reglamento 44/2001)[1] -en la actualidad, Ibis (Reglamento 1215/2012)[2]- IIbis (Reglamento 2201/2003)[3] y III (Reglamento 4/2009)[4] en lo que

---

[1] Reglamento 44/2001 del Consejo de 22 de diciembre de 2000, relativo a la competencia judicial, el reconocimiento y la ejecución de resoluciones judiciales en materia civil y mercantil, *DOUE* (2001) L 12, de 16-1-2001.

[2] Reglamento 1215/2012 del Parlamento Europeo y del Consejo de 12 de diciembre de 2012 relativo a la competencia judicial, el reconocimiento y la ejecución de resoluciones judiciales en materia civil y mercantil, *DOUE* (2012) L 351, de 20-12-2012.

[3] Reglamento 2201/2003 del Consejo de 27 de noviembre de 2003 relativo a la competencia, el reconocimiento y la ejecución de resoluciones judiciales en materia matrimonial y de responsabilidad parental, por el que se deroga el Reglamento 1347/2000, *DOUE* (2003) L 338 de 23-12-2003.

[4] Reglamento 4/2009 del Consejo de 18 de diciembre de 2008 relativo a la competencia, la ley aplicable, el reconocimiento y la ejecución de las resoluciones y la cooperación en materia de alimentos, *DOUE* (2009) L 7 de 10-1-2009.

concierne a la competencia judicial internacional y al reconocimiento de decisiones en materia civil y mercantil y en cuestiones de Derecho de familia (responsabilidad parental, crisis matrimoniales y alimentos); y los Reglamentos Roma I (Reglamento 593/2008)[5] y II (Reglamento 864/2007)[6] en lo relativo a la ley aplicable a obligaciones contractuales y extracontractuales.

El sobrenombre EUPILLAR se adoptó con el fin de resaltar el carácter de "pilar" que tiene en la construcción europea la consolidación de un Espacio de Justicia. Como es bien sabido, en 1992 el Tratado de Maastricht[7] lo configuró como tercer pilar junto al primero -mercando único- y segundo -política exterior y de seguridad- y, tras sus modificaciones por los Tratados de Amsterdam, Niza y Lisboa, se encuentra integrado dentro del primer pilar[8]. Sin perjuicio de su peculiar situación[9], el Reino Unido ha participado y se encuentra vinculado por los instrumentos comunitarios cuya aplicación se estudia en el proyecto y todavía está por ver cómo se hará frente en el futuro a la anunciada salida de este país de la UE una vez que se produzca la denuncia del TUE. En todo caso, mientras no concluya el proceso para el abandono de la Unión, el Derecho de la UE seguirá vigente en el Reino Unido y obligará al resto de los Estados miembros en lo que concierne a las relaciones jurídicas vinculadas con este país.[10]

Cada uno de los miembros de EUPILLAR ha realizado un vaciado de jurisprudencia nacional en la que se mencionan los instrumentos comunitarios de DIPr. desde enero de 2002 hasta diciembre de 2015. Esta jurisprudencia se está incorporando a una base de datos que estará disponible en abierto al concluir los trabajos del proyecto. Elaborada en inglés, la base de datos incorpora las referencias a las decisiones judiciales señalando el instrumento comunitario de referencia, los preceptos citados, la jurisprudencia del TJUE relacionada, un comentario o extracto de las parte dispositiva así como algunos otros detalles (como la duración del proceso, los recursos y la cuantía).

Durante los trabajos de vaciado de jurisprudencia se celebraron entrevistas conforme a un cuestionario común a jueces y magistrados, por una parte, así como a abogados, por otra, en los ámbitos de Derecho civil y mercantil y del Derecho de fa-

---

[5] Reglamento 593/2008 del Parlamento Europeo y del Consejo de 17 de junio de 2008 sobre la ley aplicable a las obligaciones contractuales (Roma I), *DOUE* (2008) L 177 de 4.7.2008.

[6] Reglamento 864/2007 del Parlamento Europeo y del Consejo de 11 de julio de 2007 relativo a la ley aplicable a las obligaciones extracontractuales (Roma II), *DOUE* (2007) L 199 de 31.7.2007.

[7] Tratado de la Unión Europea, de 7 de febrero de 192, hecho en Maastricht, *DOUE*, L 240, 10.11.1997.

[8] Art. 3.2 TUE. Título V del TFUE; art. 67.

[9] Protocolo núm. 21 al TUE. Sólo participa en la medida en que acceda a hacerlo (*opt-in*).

[10] El proceso se llevará a cabo, una vez presentada la solicitud de denuncia, en un plazo máximo de dos años conforme al art. 50 TUE.

milia. Estas entrevistas fueron precedidas de un primer seminario que, en el caso de la UCM, fue celebrado en la Sala de Juntas de la Facultad de Derecho el 26 de marzo de 2015. En este seminario, organizado con un formato de mesas redondas, se recogieron unas primeras impresiones de jueces y abogados, desempeñando los académicos un papel fundamentalmente moderador.

En esta obra se recogen los resultados y conclusiones del trabajo de campo realizado sobre la práctica en nuestro país así como la amplia mayoría de las ponencias presentadas en el seminario celebrado el 2 de junio de 2016. Estas ponencias abordan cuestiones específicas que, cubriendo todos los ámbitos que alcanza el proyecto, combinan el análisis académico y práctico con el fin de detectar y profundizar mejor en las fortalezas y debilidades del sistema en nuestro país así como, de esta forma, proyectar la continuación de nuestro esfuerzo en pro de la mejora de la justicia civil transfronteriza intracomunitaria.

La información sobre el proyecto puede encontrarse en www.ucm.es/eupillarspain y en http://www.abdn.ac.uk/law/research/eupillar.php.

AGRADECIMIENTOS

Es de justicia señalar que este proyecto ha podido realizarse gracias al apoyo de muchas personas y distintos colectivos. Comenzando por D. Francisco Marín Castán, cuyo conocimiento y experiencia se corresponden con su generosidad, hemos de agradecer también a los sucesivos Decanos de la Facultad de Derecho, Raúl Canosa Usera y Ricardo Alonso García su respaldo en los dos seminarios que han tenido lugar en la Facultad de Derecho de la UCM. Los autores de los distintos capítulos de esta obra así como los profesores que presidieron las sesiones del seminario celebrado el día 2 de junio de 2016, y todos los ponentes y moderadores de las sesiones del seminario de 26 de marzo de 2015 son merecedores también de nuestra más alta consideración. Asimismo, quisiera dejar constancia de gratitud a jueces y magistrados, al Grupo Piloto de Letrados de la Administración de Justicia y a los abogados que han colaborado activamente con el Proyecto EUPILLAR permitiéndonos entrevistarles para recoger experiencias e impresiones sobre el funcionamiento en España de la Justicia Civil intracomunitaria. Sin la dedicación de todos ellos hubiera sido imposible la materialización de este trabajo. Finalmente, no quiero dejar de mencionar en este capítulo de agradecimientos a los compañeros en las labores de investigación y docencia que nos han brindado su apoyo.

INFORME SOBRE LA APLICACIÓN EN ESPAÑA DE LOS INSTRUMENTOS COMUNITARIOS DE DERECHO INTERNACIONAL PRIVADO: REGLAMENTOS 44/2001 Y 1215/2010 (BRUSELAS I/IBIS), 2201/2003 (BRUSELAS IIBIS), 4/2009 (BRUSELAS III), 593/2008 (ROMA I) Y 864/2007 (ROMA II)

CARMEN OTERO GARCÍA-CASTRILLÓN

Profesora Titular de Derecho internacional privado (acreditada a Catedrática)
Investigadora principal del Proyecto Eupillar en España
Universidad Complutense de Madrid

Dra. SAMIA BENAISSA PEDRIZA

Investigadora Proyecto Eupillar España

1. INTRODUCCIÓN

El presente informe presenta los resultados de la investigación realizada en el marco del proyecto EUPILLAR sobre la aplicación en España de los Reglamentos comunitarios de Derecho internacional privado (DIPr.) clásicos en el período transcurrido entre marzo de 2012 y diciembre de 2015. Concretamente, se trata de los Reglamentos de Bruselas I (Reglamento 44/2001)[1] –en la actualidad, Ibis (Reglamento 1215/2012)[2]– IIbis (Reglamento 2201/2003)[3] y III (Reglamento 4/2009)[4] en lo que concierne a la competencia judicial internacional y al reconocimiento de decisiones en materia civil y mercantil y en cuestiones de Derecho de familia (responsabilidad parental, crisis matrimoniales y alimentos); y los Reglamentos Roma I (Reglamento 593/2008)[5] y II (Reglamento 864/2007)[6] en lo relativo a la ley aplicable a obligaciones contractuales y extracontractuales.

La metodología utilizada para analizar los datos que se recogen en este informe es tanto cuantitativa como cualitativa. La dimensión cualitativa se presenta desde una

---

1 Reglamento 44/2001 del Consejo de 22 de diciembre de 2000, relativo a la competencia judicial, el reconocimiento y la ejecución de resoluciones judiciales en materia civil y mercantil, *DOUE* (2001) L 12, de 16.1.2001.

2 Reglamento 1215/2012 del Parlamento Europeo y del Consejo de 12 de diciembre de 2012 relativo a la competencia judicial, el reconocimiento y la ejecución de resoluciones judiciales en materia civil y mercantil, *DOUE* (2012) L 351, de 20.12.2012.

3 Reglamento 2201/2003 del Consejo de 27 de noviembre de 2003 relativo a la competencia, el reconocimiento y la ejecución de resoluciones judiciales en materia matrimonial y de responsabilidad parental, por el que se deroga el Reglamento 1347/2000, *DOUE* (2003) L 338 de 23.12.2003.

4 Reglamento 4/2009 del Consejo de 18 de diciembre de 2008 relativo a la competencia, la ley aplicable, el reconocimiento y la ejecución de las resoluciones y la cooperación en materia de alimentos, *DOUE* (2009) L 7 de 10.1.2009.

5 Reglamento 593/2008 del Parlamento Europeo y del Consejo de 17 de junio de 2008 sobre la ley aplicable a las obligaciones contractuales (Roma I), *DOUE* (2008) L 177 de 4.7.2008.

6 Reglamento 864/2007 del Parlamento Europeo y del Consejo de 11 de julio de 2007 relativo a la ley aplicable a las obligaciones extracontractuales (Roma II), *DOUE* (2007) L 199 de 31.7.2007.

perspectiva global, sin entrar en el análisis detallado de las decisiones[7] e incorpora las respuestas obtenidas en las entrevistas realizadas a jueces, magistrados, secretarios judiciales y abogados. La presentación cuantitativa de los datos se basa en la aplicación de normas estadísticas descriptivas. En este sentido, los datos se presentan bajo la forma de contabilidad regular y de porcentajes. Las decisiones de las autoridades y tribunales han sido contabilizadas cada vez que mencionaban uno de los Reglamentos, fueran éstos aplicados finalmente o no. Las decisiones que incluyen referencias a dos o más instrumentos son, por lo tanto, tomados en cuenta en el análisis de cada uno de los Reglamentos. En lo que concierne a la duración de los procedimientos, se ha contabilizado el tiempo invertido en los distintos recursos. Las tablas se han preparado específicamente para este informe.

Hasta la fecha de publicación de este informe, no hay disponibles estudios estadísticos en esta materia más allá del preparado por el Grupo de Pilotaje de la Red Española de Letrados de la Administración de Justicia para la Cooperación Internacional (RESEJ) que, comprendiendo el período entre 2008 y 2013, recoge el número de casos de reconocimiento y ejecución de decisiones extranjeras al amparo de los Reglamentos Bruselas I, Bruselas II bis, Bruselas III (dentro del proyecto EUPILLAR) y el Reglamento 805/2004 por el que se establece un título ejecutivo europeo para créditos no impugnados[8]. Los datos revelan un progresivo incremento de su número (281 en 2008 y 959 en 2009) hasta alcanzar el nivel máximo en 2012 (1644), volviendo a una situación intermedia en 2013 (964).[9]

En el período 2002-2015 la litigación transfronteriza se ha incrementado en España tanto en materia civil y mercantil como, especialmente, en Derecho de familia. El número de casos en materia de Derecho de familia supera al resto de asuntos civiles y mercantiles quizá debido a la intensidad del fenómeno migratorio en nuestro país. En todo caso, se observa que la aplicación de los instrumentos comunitarios de DIPr. se ha desarrollado hasta el extremo de llegar a utilizar estas normas como referentes e incluso como instrumentos interpretativos cuando no resultan aplicables.

---

[7] La base de datos que resulta del trabajo realizado en el marco del proyecto EUPILLAR incluye la jurisprudencia encontrada señalando los instrumentos normativos de referencia e incorporando, entre otros datos, un breve resumen de cada resolución. Por lo demás, distintas revistas especializadas publican en España notas de jurisprudencia en la materia. Cabe señalar específicamente la *Revista Española de Derecho internacional y Relaciones internacionales* (REDI), la *Revista Electrónica de Estudios Internacionales* (REEI) y el *Anuario Español de Derecho Internacional Privado* (AEDIP).

[8] Reglamento 805/2004, de 21 de abril, por el que se establece un título ejecutivo europeo para créditos no impugnados, *DOUE* (2004) L 43, 30.04.2014.

[9] *Estudio del flujo del Auxilio Judicial Internacional y de los instrumentos de reconocimiento mutuo; 2008-2013.* Facilitado generosamente por el Grupo de Pilotaje de la RESEJ.

Número de casos por instrumento normativo

RBI/RBIbis	RBIIbis	RBIII	RRI	RRII
320 *26 alimentos*	**295**	**32**	**31**	**15**

El trabajo de los tribunales españoles en materia de litigación juríco-privada en los ámbitos civil y mercantil se articula a través del papel que desempeñan jueces y magistrados por un lado y, por otro, los letrados de la administración de justicia, antes denominados secretarios judiciales. Mientras los primeros dependen del Consejo General del Poder Judicial (CGPJ) los segundos lo hacen de la Secretaría de Estado para la Administración de Justicia (Ministerio de Justicia). Sus respectivas funciones y el acceso a la profesión, que se realiza por oposición y tras superar un curso teórico-práctico, están regulados por la Ley Orgánica 6/1985, del Poder Judicial (LOPJ).[10] Es importante recordar que para litigar ante los tribunales españoles se requiere, con carácter general, estar representado por un procurador y defendido por un abogado.[11]

Más allá de la posibilidad de recurrir en amparo al Tribunal Constitucional (TC) en casos de violación de derechos fundamentales (art. 53.2 CE), para resolver los litigios transfronterizos en materia civil y mercantil en los que se aplican las normas de DIPr. el sistema judicial español cuenta con tres instancias: los juzgados de primera instancia –o juzgados de lo social para litigios en materia laboral–; las sesenta Audiencias Provinciales (Salas de lo Civil) o los diecisiete Tribunales Superiores de Justicia de las Comunidades Autónomas (Salas de lo Civil y de lo Social) y, finalmente, el Tribunal Supremo (1ª Sala, de lo Civil y 4ª Sala, de lo Social).

La primera instancia de la jurisdicción civil cuenta con sesenta y dos juzgados de lo mercantil (en treinta y una sedes), especializados en esta materia. No existe ninguna otra especialización en la estructura judicial civil para litigios en materia de Derecho privado aunque algunos de los tribunales de primera instancia se identifican como juzgados de familia y, obviamente, se les asigna el conocimiento de los casos en esta materia.

---

[10] Arts. 330 y ss. y 440 y ss Ley Orgánica 6/1985, de 1 de julio, del Poder Judicial (LOPJ), *BOE* núm. 157, 2 julio de 1985. Texto consolidado https://www.boe.es/buscar/act.php?id=BOE-A-1985-12666

[11] Arts. 542 y 543 LOPJ, nota 10.

NACIONAL	TRIBUNAL SUPREMO - (*Recursos – 3ª Instancia*) 1ª Sala (Civil) – 4ª Sala (Social)	
	AUDIENCIA NACIONAL (*Recursos – 2ª Instancia*) 4ª Sala (Social)	
COMUNIDADES AUTÓNOMAS	TRIBUNALES SUPERIORES DE JUSTICIA DE LAS COMUNIDADES (*Recursos – 2ª o 3ª Instancia*) 1ª Sala (Civil y Penal) – 3ª Sala (Social)	
PROVINCIAS	AUDIENCIAS PROVINCIALES (*Apelación –2ª Instancia*) *Secciones de lo Civil*	
	Juzgados de lo mercantil (1ª Instancia)	Juzgados de lo Social (1ª Instancia)
LOCAL	Tribunal de primera instancia	

En el ámbito judicial es interesante destacar el papel auxiliar que juega el Atlas Judicial Europeo para la litigación transfronteriza.[12] Además, la Red Española de Cooperación Judicial Internacional (REJUE)[13], la Red de Expertos en Derecho de la Unión Europea (REDUE)[14] y la Red Española de Letrados de la Administración de Justicia para la Cooperación Internacional (RESEJ)[15] facilitan apoyo a los jueces y a los letrados de la administración de justicia respectivamente.

Para la cooperación judicial civil, el Ministerio de Justicia se apoya en la Secretaría de Estado de Justicia cuya Dirección General de Cooperación Jurídica Internacional está estructurada en dos secciones: la Subdirección para la Cooperación Jurídica Internacional y la Subdirección para los asuntos internacionales y de la UE relativos a la Justicia.[16]

---

12 https://e-justice.europa.eu/content_european_judicial_atlas_in_civil_matters-321-en.do?init=true.

13 Red Judicial Española de Cooperación Judicial Internacional. Coordinada por el Servicio de Relaciones Internacionales del CGPJ, la REJUE está integrada por 62 magistrados altamente especializados judicial.es/cgpj/es/Temas/Redes-Judiciales/Red-Judicial-Española_REJUE-/.

14 Red de Expertos en Derecho de la UE ayuda a los tribunales españoles en la aplicación del Derecho de la UE así como en la presentación de cuestiones prejudiciales ante el TJUE http://poderjudicial.es/cgpj/es/Temas/Redes-Judiciales/Red-de-Expertos-en-Derecho-de-la-Unión-Europea-REDUE-/.

15 Red de Secretarios Judiciales en cooperación jurídica internacional http://www.mjusticia.gob.es/cs/Satellite/Portal/es/areas-tematicas/area-internacional/participacion-ministerio/espanola-secretarios

16 http://www.mjusticia.gob.es/cs/Satellite/Portal/es/ministerio/organigrama/secretaria-estado-justicia/direccion-general-cooperacion#id_1215328711694

2. LITIGIOS TRANSFRONTERIZOS EN MATERIA CIVIL Y MERCANTIL

La utilización en España de los instrumentos de DIPr. se ha incrementado como consecuencia del creciente número de operaciones internacionales. Desde 2002 hasta 2015 un total de trescientos veinte casos citaron el RBI, treinta y uno mencionaron el RRI y quince el RRII. Con carácter general los demandantes fueron ciudadanos residentes en España que deseaban fijar la competencia de nuestros tribunales frente a empresas extranjeras así como no residentes que demandaban el pago de deudas a residentes (el Reglamento 805/2004 por el que se establece un título ejecutivo europeo para créditos no impugnados ha sido utilizado con frecuencia si bien no es objeto de este proyecto).

Las empresas extranjeras, fundamentalmente las grandes empresas con sucursales, oficinas o clientes en nuestro país solicitan el asesoramiento de los abogados españoles con asiduidad. La asesoría se presta normalmente a través de la mediación de despachos de abogados extranjeros. Paralelamente, los despachos asentados en España median con bufetes extranjeros para obtener información sobre sus sistemas jurídicos con el fin de responder a las necesidades de los clientes españoles.

La mayoría de los litigios versan sobre contratos. En palabras de uno de los abogados entrevistados: "la tipología es variada pero, fundamentalmente tratamos reclamaciones sobre contratos de compraventa, distribución y las operaciones societarias en general". Los casos transfronterizos en materia de Derecho de consumo son escasos ya que su cuantía no es normalmente suficiente como para iniciar un proceso judicial. Las disputas en materia no contractual se refieren con frecuencia a accidentes de tráfico. El reconocimiento y ejecución de decisiones extranjeras y la adopción de medidas cautelares relativas a procesos abiertos ante jurisdicciones extranjeras también entran en la cartera de los abogados españoles.

No obstante, los jueces entrevistados no suelen encontrarse con muchos asuntos de carácter transfronterizo. Cuando aparecen, suele tratarse de asuntos en materia contractual (fundamentalmente compraventas). El reconocimiento y la ejecución de decisiones procedentes de Estados miembros de la UE, el título ejecutivo europeo para créditos no impugnados y, en menor medida, las sucesiones (no incluidas en el proyecto) aparecen en sus agendas. Son escasas las ocasiones en las que se les solicita la adopción de medidas cautelares. Las dificultades que encuentran los tribunales en los litigios transfronterizos se centran en el conocimiento de los instrumentos normativos aplicables, tanto desde la posición de los abogados (las demandas no siempre están bien formuladas) como desde la de los propios jueces.

2.1. Reglamento Bruselas I: Aspectos jurisdiccionales

2.1.1. Competencia judicial internacional

Entre los asuntos en los que el RBI ha sido esgrimido (320) en ciento noventa y dos se ha cuestionado la competencia judicial internacional de los tribunales españoles (60,9%). En ciento veinticinco de ellos ésta se ha confirmado (65,10%) y en los 66 restantes (34,55%) los tribunales españoles no resultaron competentes.

No se plantean especiales problemas en lo que concierne a la determinación del ámbito de aplicación del RBI (Ibis). No obstante, algunos de los abogados entrevistados manifestaron sus dudas sobre la calificación de la internacionalidad de los supuestos ("un asunto en materia contractual en el que dos empresas establecidas en España han de cumplir ciertas obligaciones en terceros países ¿es de carácter internacional?"). Sobre la internacionalidad de las situaciones está pendiente en la actualidad la resolución de una cuestión prejudicial[17]. Si cabe señalar que, a la hora de fundamentar la competencia judicial internacional, las resoluciones judiciales españolas incorporan con frecuencia, junto a los preceptos del RBI (Ibis), las fuentes normativas internas (LOPJ) en una suerte de aluvión o acumulación de normas totalmente innecesario que, además, puede resultar confuso. Una vez establecida la competencia conforme a una norma de rango jerárquico superior, la de rango inferior no debe utilizarse.

Según los abogados entrevistados, las partes en los grandes litigios transfronterizos suelen recurrir al arbitraje sobre la base de cláusulas compromisorias incorporadas a sus contratos. Incluso en casos en los que tales cláusulas no existen, el arbitraje se prefiere en ocasiones a la jurisdicción ordinaria con el fin de ahorrar tiempo (en segunda instancia un proceso puede prolongarse hasta dos años). Desde esta perspectiva, la brevedad de los plazos de las normas procesales españolas y la percepción de una ausencia de especialización en los tribunales de primera instancia (no tanto así en los juzgados de lo mercantil) también contribuye a inclinar la balanza a favor del arbitraje o, simplemente, a preferir una jurisdicción extranjera ("un caso en España es mucho más barato que en el Reino Unido pero la autonomía de la voluntad se respeta más allí").

Los acuerdos de elección de foro son frecuentes y los tribunales españoles son escogidos en distintas oportunidades. Suelen ser negociadas intensivamente sobre la base de la confianza de las partes en el foro (tienden a preferir el suyo propio) tomando en consideración los costes (en especial los informes de expertos) y la duración de los procedimientos (riesgos de retrasos) así como la determinación de la ley aplicable. Las cláusulas de elección de foro no suelen presentar problemas excepto cuando se encuentran insertas en contratos de adhesión, en particular en contratos de consumo, para los que la litigación internacional no es tan frecuente debido a su escaso valor económico (además, el Derecho de consumo de la UE es considerado "demasiado complicado para efectuar un seguimiento con regularidad").

En la experiencia de los jueces entrevistados son escasos los asuntos en los que se esgrime una cláusula de elección de foro y, en todo caso, tienden a pensar que el RBI per-

---

[17] Asunto C-136/2016, *Sociedade Metropolitana de Desenvolvimento*. (2016/C 165/13). Pendiente. Dos empresas domiciliadas en un Estado miembro (Portugal) insertaron en el contrato (financiero complejo) una cláusula de elección de jurisdicción a favor de los tribunales de otro Estado miembro (Reino Unido).

mite al demandante elegir la jurisdicción que considera beneficiosa para sus intereses. Por lo demás, son conscientes de que "deben considerar los posibles fraudes" o "abusos" en lo que concierne a los casos relativos a consumidores o a cuestiones financieras.

Más allá de los supuestos en los que existe elección de foro, los fueros del RBI facilitan opciones adecuadas y previsibles para la determinación de la competencia judicial internacional que, según los abogados entrevistados, no suelen utilizarse debido a la frecuencia de los acuerdos de elección de foro. Desde su punto de vista, cuestionar la competencia judicial internacional responde mayoritariamente a una estrategia procesal dilatoria.

La práctica judicial española respeta profundamente la existencia de los acuerdos de elección de foro y, cuando no existen, los tribunales españoles no pretenden establecer ni favorecer su propia competencia internacional. Hay que tener en cuenta que generalmente los asuntos transfronterizos son más complicados y la carga de trabajo de los juzgados españoles ya es de por sí bastante como para atraer hacia nuestra jurisdicción asuntos que corresponderían a otras. Desde la perspectiva de los abogados y de los jueces, no puede decirse que exista un nacionalismo jurisdiccional en los tribunales españoles. No obstante, un juez señaló que los tribunales españoles no suelen cuestionar su competencia cuando una de las partes la ha reclamado de forma que, esta actitud, sí que favorece su establecimiento. En todo caso, esta situación no excluye que las normas de competencia del RBI den entrada a un margen de maniobra que, como señalan tanto jueces como abogados, puede ser utilizado por cualquiera de las partes para tratar de establecer la competencia de los tribunales que más les convengan así como para poner en práctica estrategias procesales dilatorias e incluso incurrir en eventuales usos abusivos de los fueros.

En la experiencia de los abogados, no es extraño encontrar casos con pluralidad de demandantes (por ejemplo, en proyectos de construcción) así como de pluralidad de demandados. Sin embargo, los datos revelan un relativamente pequeño número de casos de pluralidad de demandados.[18] Los jueces entrevistados se han encontrado ocasionalmente con casos con pluralidad de demandantes pues habitualmente se enfrentan a demandas individuales.

Según los abogados, las normas sobre litispendencia y conexidad del RBI (Ibis) estimulan la carrera hacia los tribunales con el fin de ser el primero en presentar la demanda. Por lo tanto, un potencial demandado puede no esperar a que se presente la demanda contra él sino que tratará de actuar lo más rápidamente posible para establecer la competencia de los tribunales que prefiera adoptando la posición de demandante. Sin embargo, en su experiencia, los casos de litispendencia no son muy habituales mientras que las demandas conexas se presentan con algo más de frecuencia. Los datos recogidos confirman esta impresión.[19]

---

[18] Sentencia TSJ A Coruña nº 3012/2014, de 27de mayo y Sentencia AP Alicante nº 32/2014, de 13 de febrero.

[19] Casos de litispendencia: Sentencias TSJ de Madrid nº 286/2015, de 14 de Septiembre y nº 820/2007, de 17 de diciembre; Sentencia AP Tarragona nº 94/2012, de 5 de Marzo. Casos

En general, las normas del RBI se perciben como muy razonables y previsibles. Ni jueces ni abogados observan la existencia de lagunas ni detectan problemas específicos en la aplicación del Reglamento.

2.1.2. Reconocimiento y ejecución de decisiones

El reconocimiento y la ejecución de decisiones conforme al sistema de RBI no parece plantear especiales dificultades en España. Las decisiones procedentes de Estados miembros de la UE se reconocen normalmente dentro de un plazo de dos o tres meses y sin que los demandados se opongan. Cuando lo hacen, los jueces no suelen aceptar los motivos de oposición salvo que estén sólidamente fundados. Además, "las interpretaciones introducidas por la jurisprudencia española han clarificado los aspectos internos no detallados en el Reglamento". Sin embargo, en algunos casos los abogados detectan una falta de conocimiento de los instrumentos comunitarios de DIPr. por parte de los tribunales de primera instancia. Los jueces entrevistados están satisfechos con el funcionamiento del sistema.

Algunos abogados señalan que, al estar sujetas a la audiencia de las dos partes en los tribunales de origen, el reconocimiento de las medidas provisionales es complicado. Además, el cumplimiento con esta exigencia permite a la parte que se opone contar con el tiempo y la oportunidad de adoptar medidas que impidan materialmente su ejecución. Se ha sugerido que las medidas provisionales deberían ser susceptibles de reconocimiento incluso cuando la parte no fue oída en origen[20]. De otro modo, para asegurar que no tendrá tiempo para obstaculizar la ejecución, se hace necesario solicitar la adopción de las medidas cautelares directamente en el foro en el que se pretenda su materialización. Los datos revelan que sólo en dos casos los tribunales españoles adoptaron medidas cautelares sin tener competencia para entrar en el fondo del asunto.[21] Se arguye que esta clase de fragmentación de las actuaciones ante los tribunales no es natural. Es extraño y más complejo para los abogados, solicitar la medida cautelar en un tribunal distinto de aquel que conoce el fondo del asunto. En todo caso, los datos muestran que los tribunales españoles han reconocido algunas medidas provisionales adoptadas por tribunales de Estados miembros[22] y, por otra

---

de conexidad: Sentencia TSJ de Castilla-La Mancha nº 1428, de 27 de septiembre; Sentencias AP Barcelona nº 467/2009, de 14 de octubre y nº 427, de 16 de diciembre; Sentencia AP Castellón nº 152/2012, de 17 de septiembre.

20 El RBIbis (considerando 33, art. 2.a)) establece que las medidas cautelares adoptadas por el tribunal competente en cuanto al fondo sólo se reconocerán y ejecutarán si se el demandado ha sido citado a comparecer, a no ser que la resolución sea notificada al demandado antes de la ejecución. Si la medida es ordenada por un tribunal que no es competente en cuanto al fondo no será susceptible de reconocimiento y ejecución en otro Estado miembro.

21 Auto JM de Barcelona, nº 5/2008, de 11 de noviembre; Auto TSJ Extremadura, nº 5/2010, de 8 de noviembre.

22 Sentencia AP Cádiz nº 25/2005, de 15 de septiembre (alimentos).

parte, que la adopción de medidas provisionales es frecuente en el contexto del reconocimiento y ejecución de decisiones.[23]

Los jueces señalan que muchos de los aspectos de la aplicación del RBI (Ibis) necesitan de una mayor clarificación desde el Derecho interno. En España la Ley 29/2015, de 30 de julio, sobre cooperación jurídica internacional en materia civil, en vigor desde el 20 de agosto de 2015, ha incorporado normas para la aplicación del procedimiento de reconocimiento y ejecución de decisiones en el marco del RBIbis[24].

Cuando el reconocimiento lo llevan a cabo los notarios o los registradores de la propiedad no es infrecuente que surjan dudas ya que las instituciones de Derecho interno no siempre se corresponden con las europeas o extranjeras (por ejemplo, quienes figuran como acreedores en un documento público pueden no serlo ya en caso de haber vendido su crédito a través de un documento privado).

2.1.3. *Relación con otros instrumentos*

No se observan problemas en la utilización conjunta del RBI y otros instrumentos de DIPr. en sus respectivos ámbitos materiales, lo que sucede en un 23,43% de los asuntos (75). En tres ocasiones con el RRI (4%), una con el RRII (1,33%), setenta con el RBIIbis (93,33%) y una con el RBIII (1,33%).

2.1.4. *Conclusiones*

El sistema del RBI se considera adecuado y su aplicación no es especialmente problemática en España. Los errores y las dificultades que se encuentran derivan de la falta de conocimiento del propio instrumento, de las posibles inseguridades que conducen a la incorporación de referencias a fuentes internas junto a los preceptos del RBI en modo de "aluvión" y de la comprensión e interpretación de sus conceptos jurídicos. Sin embargo, y aunque el planteamiento de cuestiones prejudiciales no se considera especialmente complicado y se cuenta con suficiente información sobre el mismo (excepto sobre sus plazos), los tribunales españoles no han recurrido al TJUE para aclarar aspectos del RBI. Para mejorar la aplicación de este instrumento se considera recomendable insistir en la formación y la especialización de abogados y jueces contando respectivamente con los Colegios de Abogados y con la Escuela Judicial, así como con la implicación de las Universidades. La disponibilidad de informes de acompañamiento a los Reglamentos con criterios interpretativos orientadores y una base de datos de jurisprudencia serían de gran ayuda a la hora de facilitar la consecución de este objetivo.

---

23 Por ejemplo, Sentencia AP Barcelona, nº 15 /2012, de 25 de enero.

24 Ley 29/2015, de 30 de julio, de cooperación jurídica internacional en materia civil, *BOE* núm. 182, de 31 de julio.

Algunos abogados consideran que la ausencia de cierta armonización procesal entre los Estados miembros en cuestiones tales como los plazos y los documentos que deben presentarse, constituye un problema. En cuanto a las medidas cautelares, se sugiere que sean reconocibles incluso cuando la parte contra la que se adoptan no fue escuchada en el tribunal de origen ya que, de otro modo, dispone de tiempo para actuar con el fin de imposibilitar su ejecución. En este sentido, los cambios introducidos por el RBIbis pueden valorarse positivamente.

En cuanto a las mejores prácticas y las vías para avanzar en la utilización del Reglamento, se destaca la posibilidad de reducir los plazos para realizar algunos actos procesales, fundamentalmente los relativos al cuestionamiento de la competencia judicial internacional, o limitar el número de páginas para determinadas alegaciones[25] así como promover la mediación. Los abogados señalan la utilidad de los formularios para facilitar y agilizar los procesos. El uso de las nuevas tecnologías también puede ayudar en estos terrenos si bien tendría que reforzarse y garantizarse la seguridad de las comunicaciones[26]. Esto requiere una gran inversión en nuevas tecnologías y en formación. Sea como fuere, reducir los costes de la litigación no siempre es la mejor opción pues puede afectar a la calidad de la justicia. El foco de atención debería situarse en la proporcionalidad entre los costes y la cuantía de la demanda.

2.2. Reglamentos Roma I y Roma II: Ley aplicable

2.2.1. Reglamento Roma I

De 2010 a 2015 el RRI ha sido incorporado a las decisiones judiciales y de los registros (civil y de la propiedad) españoles en treinta y un casos (incluyendo uno en el que resultó aplicable el Convenio de Roma[27]). Su definición de normas imperativas ha sido tomada como referencia en un caso relativo a la inscripción en los registros españoles de personas nacidas a partir de la existencia de un contrato de maternidad

---

[25] En este sentido, más allá de la polémica que ha suscitado en relación con el ejercicio del derecho fundamental a la justicia, cabe hacer notar que el Acuerdo de la Sala de Gobierno del TS sobre la extensión máxima y otras condiciones extrínsecas de los escritos procesales referidos al recurso de casación ante la Sala Tercera, *BOE*, núm. 162, de 6 de julio, introduce normas sobre la formulación de los escritos de interposición y de oposición que señalan una extensión máxima (50.000 caracteres con espacio que equivalen a 25 folios por una cara).

[26] Cabe hacer notar la polémica suscitada por la implantación del sistema LexNET en el ámbito de las comunicaciones judiciales por vía electrónica (Real Decreto 1065/2015, de 27 de noviembre, sobre comunicaciones electrónicas en la Administración de Justicia en el ámbito territorial del Ministerio de Justicia y por el que se regula el sistema LexNET, *BOE*, núm. 287 de 1 de diciembre) por cuanto, al ser administrado por el Ministerio de Justicia, le permitiría conocer los detalles de cualquier causa judicial lo que podría atentar contra la protección de datos personales.

[27] Sentencia AP Madrid nº 39/2014, de 3 de marzo.

subrogada[28] mientras que en otros casos se incorpora como referencia general al panorama normativo en materia contractual.

El Reglamento se ha usado tanto en asuntos en los que los litigantes eran empresas como en los que eran particulares. Los demandantes fueron particulares en veintidós casos y empresas en nueve. Sin embargo, en la mayoría de los supuestos el demandado fue una empresa (18), seguido por una institución pública (9) y, finalmente, otro individuo (3). Una parte significativa de los asuntos versó sobre contratos de trabajo[29]. Casos sobre contratos de consumo[30], resolución contractual[31], deudas o daños y perjuicios[32] fueron menos frecuentes.

La aplicabilidad del Reglamento sólo ha suscitado algunas dudas en lo que concierne a la calificación de algunas obligaciones como contractuales o extracontractuales. La jurisprudencia del TJUE solo fue citada en tres decisiones judiciales, todas de tribunales de segunda instancia, para recoger los conceptos de responsabilidad no-contractual así como de contratos de consumo y de trabajo. Los tribunales españoles no han presentado ninguna cuestión prejudicial sobre el Reglamento.

Los abogados entrevistados destacan la relevancia de las cláusulas de elección de ley aplicable a los contratos internacionales. Ocupan una parte importante de la negociación entre las partes que persiguen la aplicación de un ordenamiento jurídico que les ofrezca confianza, razón por la que tienden a preferir el Derecho propio. Con la introducción de estas cláusulas en los contratos puede evitarse cualquier disputa sobre la ley aplicable. Según los abogados, las partes son muy cuidadosas al respecto y no utilizan el Derecho aplicable como una estrategia dilatoria. Más allá de la autonomía de la voluntad, el planteamiento del resto de los criterios que establece el RRI para la determinación de la ley aplicable no se considera un "modelo de claridad". En estos casos, la previsibilidad de las soluciones del RRI, del mismo modo que en el caso del RRII, tiende a verse como vinculada a la determinación de la competencia judicial.

Cuando no está claro qué ley es la aplicable los tribunales españoles tienden a favorecer la aplicación de su propio Derecho. Se trata de un ordenamiento conocido para ellos que, además de estar de algún modo vinculado con el supuesto dada su competencia judicial, evita las inconveniencias de la prueba del Derecho extranjero así como de su interpretación y aplicación. El Derecho español establece que la carga de la prueba del Derecho extranjero recae sobre las partes y, más allá de casos

28 Sentencia AP Valencia nº 286/2011, de 23 de noviembre.

29 Por ejemplo, Sentencia JS Bilbao nº 294/2014, de 29 de septiembre.

30 Por ejemplo, Sentencia AP Navarra nº 161/2014, de 30 de junio.

31 Sentencia AP León nº 373/2013, de 25 de septiembre.

32 Por ejemplo, Sentencia JPI Fuenlabrada (Madrid), nº 114/2012, de 11 de mayo, Sentencia AP Barcelona nº 48/1010, de 2 de febrero de 2010, y TSJ Cataluña nº 22/2011, de 26 de mayo.

excepcionales en los que corre peligro el derecho fundamental a la tutela judicial, la intervención de los jueces es, en este terreno, facultativa.[33]

En estas circunstancias, la prueba es el mayor problema para la aplicación del Derecho extranjero en los tribunales españoles. En primer lugar, la mayoría de los abogados entrevistados encuentran excesivamente complejo buscar y encontrar a expertos adecuados en Derecho extranjero. En segundo lugar, tales expertos emiten informes que, normalmente, han de ser traducidos. En tercer lugar, es obvio que la necesidad de expertos supone un incremento en los costes tanto en términos económicos como temporales. Sin embargo, algunos de los abogados consultados no consideran que este trabajo prolongue excesivamente el proceso o incremente sustancialmente sus costes. Por su parte, si quieren o si se les solicita, los jueces pueden hacer uso de los mecanismos de auxilio judicial internacional para obtener información sobre el Derecho extranjero aplicable cuya interpretación, contextualización y aplicación, normalmente se considera difícil. Los jueces entrevistados no se han enfrentado verdaderamente a este problema ya que la cuestión de la ley aplicable no suele plantearse y, cuando se hace, no parece resultar una cuestión conflictiva.

De los treinta y un casos recogidos, en veinticinco se aplicó efectivamente el Reglamento. De ellos, se recurrió al Derecho español en dieciséis casos (64%)[34] y al Derecho extranjero en nueve asuntos (36%)[35].

a) Cuestiones relacionadas con otras normas

Los abogados han señalado la especial relación existente entre el establecimiento de la competencia judicial internacional y las normas para la determinación de la ley aplicable así como la conveniencia de resolver las diferencias aplicando el Derecho del foro. No obstante, en la amplia mayoría de los casos (29/31) el Reglamento se ha utilizado sin que concurriera referencia a ningún otro instrumento de DIPr., así, no se han encontrado casos en los que se produzca una aplicación conjunta con RRII y solo en dos casos se aplicó junto al RBI.[36]

---

33 El Derecho extranjero debe ser probado por las partes. La intervención de los tribunales en esta materia es facultativa. Arts. 281-282, Ley 7/2000, de 7 de enero, de Enjuiciamiento Civil, *BOE* núm. 7 de 8 de enero, y art. 33 Ley 29/2015, nota 24. No obstante, la sentencia del TC nº 10/2000 de 17 de enero, reconociendo esta circunstancia, establece que la protección del derecho a la tutela judicial efectiva puede requerir una intervención activa de las autoridades judiciales.

34 Por ejemplo, Sentencia TSJ Madrid nº 758/2012 de 3 de febrero, esgrimiéndose la falta de prueba suficiente del Derecho extranjero cuya aplicación se había acordado en la decisión del juzgado de lo social, *vid.* nota 35, o por la designación de la ley española como rectora del contrato Sentencia AP Vizcaya nº 337/2011 de 26 de mayo.

35 Por ejemplo, Sentencia del Juzgado de lo Social de Madrid, autos 1549/10, de 15 de marzo (norma de conflicto en materia de contrato de trabajo) y Sentencia AP Madrid nº 197/2012 de 13 de septiembre (cláusula de elección del Derecho andorrano).

36 Sentencia AP Vizcaya nº 377/2011 de 26 de mayo y Sentencia TSJ Málaga (Sala de lo Social) nº 777/2015, de 14 de mayo (con manifiesto error en cuanto al ámbito de aplicación del RBI).

b) Conclusiones

Aunque se considera que la interpretación del Reglamento es compleja, no se aprecian problemas especiales en su aplicación más allá del deseo de encontrar soluciones más claras y directas en ausencia de acuerdo entre las partes sobre la ley aplicable. La redacción adecuada de cláusulas de elección de ley es considerada la mejor práctica en la materia.

2.2.2. Reglamento Roma II

Entre 2010 y 2015, en el total de quince casos, la aplicación del RRII se planteó en situaciones en las que los demandantes fueron empresas (7) e individuos (5). En la mayoría de los asuntos el demandado fue una empresa (10), en pocos un individuo (4) y sólo en un caso una institución pública. El Reglamento no se aplicó en un caso por quedar fuera de su ámbito de aplicación temporal.[37]

La jurisprudencia del TJUE se citó solo en una sentencia de un tribunal de segunda instancia con el fin de incidir en el concepto de responsabilidad extracontractual[38]. No se presentó ninguna cuestión prejudicial ante el TJUE.

Casi todos los asuntos se ocuparon de accidentes de tráfico[39], cuatro se refirieron a situaciones de competencia desleal[40] y uno a marcas. En la mayoría de ellos se aplicó el Derecho español como ley señalada por la norma de conflicto o como consecuencia de la falta de prueba del Derecho extranjero[41]. El Derecho extranjero se aplicó en contadas ocasiones[42].

a) Cuestiones relacionadas con otras normas

En la amplia mayoría de los casos (14), el Reglamento se utiliza sin que se observe ninguna mención en paralelo a otros instrumentos comunitarios de DIPr. No se encuentran casos de aplicación conjunta con el RBI o el RRI.

---

[37] Sentencia JM Madrid nº 2/2014, de 9 de enero (se aplicó Derecho mexicano). Sin hacer referencia a las normas de conflicto del CC, la sentencia señala (fundamento jurídico 4) "interpretado el Convenio de Berna bajo el criterio del lugar de comisión de la infracción y considerando que el hecho determinante imputable a CM España sería su propia conducta y las instrucciones ilícitas a sus filiales, la ley aplicable a las acciones de violación del derecho de autor puede accederse razonablemente a que sea la ley española por ser la ley en conexión más estrecha con las infracciones que ahora dirimimos".

[38] Sentencia AP Vizcaya nº 306/2013, de 13 de diciembre.

[39] Por ejemplo, Sentencia AP Vizcaya nº 306/2013, de 13 de diciembre; Sentencia AP Vigo nº 293/2014, de 16 de mayo; Sentencia AP Cáceres nº 93/2013, de 10 de abril.

[40] Sentencia AP Barcelona nº 228/2014, de 26 de Junio y nº 209/2014, de 11 de junio, Sentencia JM Madrid ECLI:ES:JMM:2013:23A, de 5 de julio 2013; y Sentencia AP Madrid nº 117/2011, de 12 de septiembre (solo concepto de responsabilidad extracontractual).

[41] Por ejemplo, Sentencia AP Vigo nº 293/2014, de 16 de mayo.

[42] Sentencia AP Pontevedra nº 469/2012, de 6 de noviembre y nº 522/2012, de 13 de diciembre; Sentencia JPI Tuy, de 26 de marzo de 2012 y de 17 de octubre (Derecho portugués, accidentes de tráfico); Sentencia del JM Madrid nº 33, nº 2/2014, de 9 de enero (Derecho mexicano; marcas); y Sentencia AP Barcelona nº 554/2010, de 28 de octubre (Derecho belga, accidente de tráfico).

En el ámbito de los accidentes de tráfico debe tenerse en cuenta que España es parte del Convenio de La Haya sobre ley aplicable a los accidentes de circulación por carretera[43], lo que, conforme a las propias disposiciones del RRII (art. 28.1), hace que sólo resulte aplicable respecto de los accidentes no vinculados a otros Estados parte de este instrumento[44]. Lo mismo sucede respecto del Convenio de La Haya en materia de responsabilidad por productos defectuosos[45], si bien en este ámbito no se han encontrado decisiones judiciales en las que se incluyan referencias al RRII.

b) Conclusiones

Más allá de la escasez en el número de casos y el hecho de que su aplicación resulte relegada en España frente a los Convenios de La Haya sobre ley aplicable a los accidentes de circulación por carretera y sobre ley aplicable a la responsabilidad por productos, no hay nada que destacar sobre la puesta en práctica del RRII en nuestro país. Las dificultades que se plantean son las relativas a la aplicación del Derecho extranjero cuando es reclamado por la norma de conflicto que, por lo demás, resultan coincidentes con cualquier otro instrumento conflictual.

2.3. Aspectos procesales

Los abogados entrevistados están de acuerdo en que la ausencia de normas procesales comunitarias constituye una dificultad para la aplicación de las normas comunitarias de DIPr. "Cuanto más armonizadas estén las normas procesales de la UE, más fácil será su aplicación". No obstante, sólo algunos consideran esta cuestión fundamental y todos convienen en que, si no imposible, se trata de una labor extraordinariamente compleja debido a las diferentes tradiciones jurídicas de los Estados miembros.

Los jueces entrevistados coinciden en que la armonización procesal es conveniente si bien muy difícil. En este sentido, se aduce que "es difícil arbitrar normas materiales dejando al margen las procesales". Uno de ellos no cree, sin embargo, que exista necesidad de armonizar. Otros consideran que esta armonización se está produciendo ya sin que sea necesaria una articulación formal, especialmente a nivel de los principios. Lo que claramente se necesita es que las normas procesales que completan las

---

43 Convenio de La Haya sobre la ley aplicable en materia de accidentes de circulación por carretera. *BOE* núm. 264 de 4 de noviembre de 1987.

44 Portugal no ha ratificado el convenio y la ley aplicable se determina entonces conforme al Reglamento. Sentencias AP Cáceres nº 93/2013, de 10 de abril y AP Pontevedra nº 439/2012 de 6 de noviembre.

45 Convenio de La Haya sobre la ley aplicable a la responsabilidad por productos de 2 de octubre de 1973, *BOE* núm. 21 de 25 de enero de 1998.

de los Reglamentos se adapten a los propósitos de estos instrumentos[46] como lo ha hecho la Ley 29/2015[47] para el RBIbis.

2.3.1. Interpretación de los Reglamentos

Las dificultades que encuentran los jueces en los casos transfronterizos residen en la falta de conocimiento suficiente de los instrumentos, tanto desde la posición de los abogados (cuyas demandas no son siempre formuladas de forma correcta) como la de los propios jueces. Los jueces convienen en que la interpretación de los Reglamentos no puede hacerse del mismo modo que la del Derecho nacional y señalan que no es siempre fácil encontrar las referencias jurisprudenciales adecuadas. Además, el escaso número de casos hace que el estudio de las normas de DIPr. no constituya una prioridad para ellos. En este sentido, es importante recordar que el temario en materia de DIPr. era –y todavía es– muy escaso en la preparación profesional de los jueces y letrados de la administración de justicia españoles.

Algunos jueces consideran que la interpretación de los Reglamentos no es compleja mientras que otros creen que resulta complicada. Las dificultades que pueden encontrarse derivan del manejo de la terminología y los conceptos utilizados por los Reglamentos, sin olvidar sus traducciones a distintos idiomas. Los jueces dicen recurrir a los considerandos como elementos interpretativos. Sin embargo, los datos revelan que se mencionan expresamente sólo en el 6,79% de los casos relativos al RBI y en dos de los que citan el RRI (ninguno de los que mencionan el RRII). La jurisprudencia del TJUE sobre el RBI se incorpora para reforzar la argumentación de las decisiones judiciales en el 56.32% de las resoluciones adoptadas en segunda instancia y en el 43.67% de las dictadas en tercera instancia (ninguna en primera instancia). Por lo tanto, en el 71.84% de los asuntos la jurisprudencia del TJUE no fue expresamente citada a la hora de interpretar el RBI. En el caso de los Reglamentos de Roma, sólo una decisión incluyó referencia a la jurisprudencia del Tribunal.

Para facilitar la interpretación de los Reglamentos, el Atlas Judicial Europeo en Materia Civil (Portal Europeo de E-justicia) se valora como una herramienta muy eficaz. Las cuestiones prejudiciales se consideran un buen instrumento para contribuir a una interpretación uniforme si bien los tribunales españoles no han presentado ninguna sobre estos Reglamentos, ya sea *motu proprio* o respondiendo a la solicitud de las partes. Los abogados entrevistados indican que no suelen solicitar el plantea-

[46] Por ejemplo, bajo el Reglamento del título ejecutivo europeo para créditos no impugnados, los tribunales de primera instancia son los competentes pero, en caso de oposición, el Reglamento establece que debe iniciarse el el proceso contradictorio. Si se trata de deudas en materia laboral, los tribunales de primera instancia tendrían que remitir el asunto a los juzgados de lo social, lo que no está previsto.

[47] *Vid.* nota 24.

miento de cuestiones prejudiciales y no consta que lo hayan hecho en los ámbitos de la competencia judicial y de la ley aplicable en materia civil y mercantil.

Es interesante destacar que hay casos en los que los Reglamentos (RBI) no son aplicables y, sin embargo, los tribunales españoles recurren a la jurisprudencia del TJUE para sustentar sus interpretaciones, por ejemplo, de las normas nacionales de competencia.[48]

2.3.2. Coste y duración de los procedimientos

Los costes de la litigación transfronteriza son superiores a los de la litigación puramente interna en tanto suele existir la necesidad de afrontar los gastos derivados de las traducciones documentales que se requieran. Además, cuando se precisa la intervención de expertos y/o testigos extranjeros, se suman los gastos de sus servicios y de sus traslados. Sin embargo, la justicia española no es excesivamente cara y los costes adicionales de la litigación transfronteriza no llevan a desistir de la presentación de una demanda salvo en los casos de que su valor económico no lo haga rentable (como suele ocurrir en materia de consumo). Más allá de la consideración de los costes, el riesgo de alcanzar una resolución insatisfactoria y la duración de los procesos son elementos esenciales a la hora de decidir si presentar o no una demanda ante los tribunales españoles.

El siguiente cuadro recoge la duración de los procesos en los que se trajo a colación el RBI

Reglamento Bruselas I

Duración	**Casos (porcentaje)**
0-6 semanas	0.97
6 semanas – 6 meses	13.26%
6 – 12 meses	36.89 %
12 - 24 meses	28.80 %
24 – 36 meses	9.06 %
36 – 48 meses	4.53 %
48 – 60 meses	2.58%
Más de 60 meses	0.32%
Sin datos	3.55 %

48 Por ejemplo, Auto AP Barcelona nº. 32/2015, de 12 de marzo.

De estos casos el 8.41% de las decisiones judiciales no fueron recurridas y el 77.02% fueron recurridas al tribunal de segunda instancia competente. El 14.56% de las decisiones judiciales llegaron a la tercera instancia judicial.

La duración de los procesos en los que se menciona el RRI (en total, 31) no ha podido ser determinada en cuatro casos. Sólo uno de los procesos se prolongó más de sesenta meses. El resto concluyeron antes de que transcurrieran treinta y seis meses. Uno de ellos se encuentra en la franja de entre veinticuatro y treinta y seis meses pero, en general, los procesos se prolongaron entre seis y doce meses (9 casos) o entre seis semanas y seis meses (8 casos) o, finalmente, entre doce y veinticuatro meses (6 casos).

Reglamento Roma I

Duración	Casos (porcentaje)
0 - 6 semanas	3.22%
6 semanas – 6 meses	29.03%
6 – 12 meses	29.03 %
12 - 24 meses	19.35 %
24 – 36 meses	3.22%
36 – 48 meses	-
48 – 60 meses	-
Más de 60 meses	3.22%
Sin datos	12.90 %

En más de la mitad de los casos (19/31), las decisiones de los tribunales de primera instancia fueron recurridas. Las decisiones adoptadas en segunda instancia solo se recurrieron ocasionalmente (4/31).

La duración de los procesos en los que se hace referencia al Reglamento Roma II no ha podido ser determinada en tres casos (de un total de 15). En cada una de las franjas temporales entre veinticuatro y treinta y seis meses y entre treinta y seis y cuarenta y ocho meses se encuentra un caso. Cinco casos se resolvieron en la franja entre doce y veinticuatro meses, dos entre seis y doce meses y tres entre seis semanas y seis meses.

Reglamento Roma II

Duración	Casos (porcentaje)
0-6 semanas	-
6 semanas – 6 meses	20%

6 – 12 meses	13.3 %
12 - 24 meses	33.3 %
24 – 36 meses	6.6%
36 – 48 meses	6.6%
48 – 60 meses	-
Más de 60 meses	-
Sin datos	20 %

En la mayoría de los casos (11/15) las decisiones de los tribunales de primera instancia fueron apeladas. Las decisiones adoptadas en segunda instancia (4) no fueron recurridas.

2.3.3. Soluciones negociadas

En palabras de uno de los jueces entrevistados "en España no existe una cultura de la negociación". Aunque en algunas ocasiones los abogados de las partes tratan de promover los acuerdos antes de iniciar los procesos judiciales y la perspectiva de su inicio puede constituir una herramienta negociadora, es más frecuente alcanzar soluciones pactadas una vez el proceso está iniciado. Cuando esto ocurre es sobre todo en un estadio avanzado del proceso, especialmente cuando las partes consideran que pueden perder el caso o que no será económicamente conveniente continuar considerando los costes y la inseguridad del resultado final. No obstante, con carácter general, una vez iniciado el procedimiento es poco frecuente que las partes acuerden una solución negociada.

2.3.4. Métodos alternativos de solución de diferencias

La mediación no ha llegado a ser todavía una auténtica opción en la práctica litigiosa española. Aun siendo más económica y eficiente que un proceso judicial o un arbitraje "no existe cultura de la mediación en España".

La mediación se percibe como una buena alternativa, especialmente en materia de consumo debido a la falta de proporcionalidad entre los costes de los procesos y la cuantía de las demandas. Además, en este ámbito la situación normativa se considera confusa y el Derecho de la UE en contratos de consumo demasiado complejo para seguirlo. La mediación podría ofrecer una buena solución para estos conflictos mientras que el arbitraje en línea, aunque recibe ciertos apoyos si resulta económico y de fácil acceso, no es unánimemente aceptado. En todo caso, los resultados de la mediación están aún bajo análisis y en ciertos asuntos (reclamaciones bancarias) no es fácil que las partes alcancen acuerdos. Por otra parte, se considera que la información existente sobre la mediación y su funcionamiento es escasa.

El arbitraje es una clara alternativa para la litigación comercial transfronteriza. No es frecuente que se opte por instituciones arbitrales españolas en los grandes litigios. Los abogados observan en general una clara preferencia por el arbitraje extranjero.

2.3.5. Cuantía

El siguiente cuadro recoge los datos recabados sobre la cuantía de las demandas presentadas en los procesos en los que se recurre al RBI.

Reglamento Bruselas I

Cuantía de la demanda	Casos (porcentaje)
Sin datos	91,58%
Menos de 1.000 eur.	4,20%
1.001 - 10.000 eur.	0,64%
10.001 - 50.000 eur.	0,97%
50.001 - 200.000 eur.	1,61%
200.001 - 500.000 eur.	0,32%
500.001 - 1 millon eur.	0,64%
1 millon eur.	-

En la puesta en práctica del RRI no es posible determinar la cuantía de las demandas en un amplio número de casos (24). De los datos recogidos se desprende que la cuantía más elevada se encontró en la franja 200.000 y 500.000 euros (2 casos), y la más baja en la franja entre 1.001 y 10.000 euros (3 casos). Sólo se ha encontrado un caso respectivamente en las franjas entre 10.001-50.000 y 50.001-200.000 euros.

Reglamento Roma I

Cuantía de la demanda	Casos (porcentaje)
Sin datos	74,19%
Menos de 1.000 eur.	-
1.001 - 10.000 eur.	9,67%
10.001 - 50.000 eur.	3,22%

50.001 - 200.000 eur.	6,45%
200.001 - 500.000 eur.	6,45%
500.001 - 1 millon eur.	-
1 millon eur.	-

En el marco del RRII hay un amplio número de casos sin información sobre la cuantía de la demanda (8). De los datos recogidos, la cuantía más elevada se ha encontrado en la franja entre 50.001 y 200.000 euros (1 caso) y la más baja entre 1.001 y 10.000 euros (2 casos). Tres casos se encuentran en la franja entre 10.001 y 50.000 euros.

Reglamento Roma II

Cuantía de la demanda	**Casos (porcentaje)**
Sin datos	53,3%
Menos de 1.000 eur.	6,6%
1.001 - 10.000 eur.	13,3%
10.001 - 50.000 eur.	20%
50.001 - 200.000 eur.	6,6%
200.001 - 500.000 eur.	-
500.001 - 1 millon eur.	-
1 millon eur.	-

Para una gran empresa es difícil establecer la cuantía más baja de una demanda transfronteriza en materia civil y mercantil. No obstante, los abogados entrevistados señalaron la franja entre 20.000 y 500.000 euros.

2.3.5. Conclusión

La experiencia española en litigación civil y mercantil revela la impresión de que, en general, los "tribunales no están suficientemente especializados para tratar asuntos transfronterizos". Las razones residen, más allá de en la rápida evolución de la normativa comunitaria, en el sistema de acceso a la carrera judicial (con temarios de oposición que escasamente incorporan esta materia), en el carácter excepcional de los litigios con elemento extranjero y en el volumen de trabajo. También los abogados precisan una mayor formación en la materia.

En todo caso, se percibe una progresiva mejora en el conocimiento y utilización de los instrumentos comunitarios de DIPr. por parte de los tribunales españoles.

2.4. Apuntes sobre la eficacia del sistema actual de solución de litigios transfronterizos en materia civil y mercantil

Los tribunales han cometido errores en la aplicación de los Reglamentos[49] pero, con carácter general, parece que la valoración de la jurisprudencia española en esta materia es aceptable. La experiencia española parece revelar que el DIPr. de la UE es eficaz. Ello no excluye el espacio para la mejora; al contrario, se detecta la necesidad de mayor y mejor información y formación tanto de los abogados como de los jueces y letrados de la administración de justicia que están naturalmente anclados a su propio sistema jurídico. Además, se echa en falta una mejor adaptación de las normas procesales internas para la aplicación de los Reglamentos comunitarios (RBIbis). En todo caso, la prueba del Derecho extranjero sigue presentando dificultades.

3. LITIGIOS TRANSFRONTERIZOS EN MATERIA DE DERECHO DE FAMILIA

Entre 2002 y 2015 los litigios transfronterizos en materia de Derecho de familia han constituido gran parte de la litigación internacional ante los tribunales españoles. En el marco del RBIIbis, se han contabilizado doscientos noventa y cinco asuntos en materia de crisis matrimoniales, responsabilidad parental –incluyendo secuestro de menores– y obligaciones de alimentos. Las obligaciones alimenticias se abordaron bajo el RBI (36 de los 320 casos) y, una vez entró en aplicación, bajo el RBIII (32 asuntos). Los casos más habituales son divorcios a los que se asocian demandas sobre responsabilidad parental y alimentos. El secuestro de menores es mucho menos frecuente (18/295 casos).

Los abogados entrevistados convienen en que la demanda de asesoría jurídica en asuntos transfronterizos se ha incrementado en los últimos años. Los solicitantes son tanto nacionales como extranjeros. Debido a las características de la inmigración española, muchos de los extranjeros son de origen latino-americano y de países del este europeo. En algunas ocasiones los litigios en materia de Derecho de familia están asociados a casos de violencia de género[50]. Sin embargo, en general, los abogados espa-

49 A título de ejemplo, Sentencia TSJ Málaga (Sala Social) nº 777/2015, 14 mayo (recurso a la LOPJ cuando el RBI no permite establecer la competencia de los tribunales españoles pero sí de otro Estado miembro); Sentencia TSJ Madrid (Sala Social) nº 586/2015, 14 septiembre (litispendencia internacional por demanda previa presentada ante los tribunales turcos).

50 Por ejemplo, Sentencia AP Barcelona nº 262/2014, de 9 de abril, Sentencia AP Barcelona nº 210/2014 de 21 de marzo; Sentencia AP Barcelona nº 70, de 31 de enero, Auto AP Murcia nº 45/2012 de 28 de marzo.

ñoles no suelen encontrarse con asuntos transfronterizos o bien tratan de no destacar la relevancia del elemento extranjero a los efectos de la resolución del litigio.

Los casos pueden llegar a los abogados como secuestro de menores y, entonces, derivar hacia demandas de divorcio, custodia y alimentos. También pueden plantearse como divorcios y derivar hacia custodia de menores y alimentos, o comenzar por la custodia y continuar por los alimentos o incluso con el secuestro de menores. Todos estos asuntos suelen aparecer conectados.

Es importante recordar que en el sistema judicial español no existe una jurisdicción especial de familia. Son algunos tribunales de primera instancia los que se identifican como juzgados de familia y, obviamente, estos casos les son asignados. Actualmente "el número de jueces que reciben estos asuntos es del orden de doscientos". Los jueces de familia son jueces civiles y en el desarrollo de su carrera profesional no continúan necesariamente en estos tribunales. En palabras de un juez "para muchos jueces este es un destino de paso". La mayor o menor experiencia de un juez en asuntos de familia tiene una influencia clara en la forma en la que se abordan estos litigios. En todo caso, no es extraño que, a la hora de señalar las fuentes normativas de referencia para la resolución de los litigios, los tribunales incorporen, junto a los preceptos de los Reglamentos, las fuentes normativas internas en lo que se ha dado en llamar un "aluvión" que, además de innecesario, puede inducir a confusiones.

3.1. Reglamento Bruselas IIbis: aspectos jurisdiccionales

3.1.1. Competencia judicial internacional

En ciento noventa y dos de los doscientos noventa y cinco asuntos en los que se esgrimió el RBIIbis, hubo que dilucidar la competencia judicial internacional de los tribunales españoles (65.08%). Nuestros tribunales asumieron la competencia en el 72.91% de los casos (140) y la rechazaron en el restante 27.085% (52).

Los tribunales no tienden a interpretar las normas para promover el establecimiento de su propia competencia. Los abogados indican que esta inclinación existió pero que cada vez es menos frecuente y se invierte ya que los tribunales prefieren evitar los asuntos transfronterizos. Esta es también la impresión de algunos de los jueces entrevistados. En todo caso los abogados son conscientes de que es su responsabilidad facilitar las bases necesarias para el establecimiento de la competencia del tribunal ante el que presentan la demanda o, en caso contrario, la ausencia de tal competencia –cuando esto opera en el beneficio del demandado–. En este sentido, un juez señala que son las partes quienes presentan la demanda y "los tribunales no favorecen el establecimiento de la competencia de un foro u otro".

Desde la perspectiva de los abogados, el lugar en el que se presenta la demanda es absolutamente decisivo para los resultados; "es fundamental". Los demandantes tienden naturalmente a plantear las acciones en sus propios países considerando, entre otras razones, el idioma y la identidad cultural junto con la percepción de que puede jugar a favor de sus intereses. Al elegir una jurisdicción, el demandante toma en consideración no solo los aspectos procesales (como el grado de dificultad a la hora de notificar al demandado) o los costes y duración del proceso sino, fundamentalmente, el Derecho que resultará aplicable; en otras palabras, la ley que mejor protegerá sus intereses materiales. En este sentido, las opciones que ofrecen los Reglamentos son útiles –especialmente para demandantes con recursos económicos– permitiendo el *forum shopping*. Además, las normas sobre litispendencia de los Reglamentos fomentan la "carrera hacia los tribunales" ("la carrera es feroz"). El demandante puede, en todo caso, retrasar esta carrera en función de la situación fáctica: "cuando su situación económica es suficientemente buena y tiene la custodia de los niños, esperar y negociar puede ser una buena opción"; "cuando la situación económica de una de las partes es mala, la demanda se presenta donde se pueda". A este respecto, la experiencia de algunos abogados muestra que la existencia de la demanda no siempre impide la negociación e incluso puede servir como catalizador.

Entre los abogados hay quienes defienden que, con el fin de evitar el *forum shopping*, sería aconsejable cambiar el sistema actual de fueros alternativos del RBIIbis por uno jerárquico. Del mismo modo, uno de los jueces entrevistados señala que el número de jurisdicciones que ofrece el Reglamento puede ser excesivo. Sin embargo, la mayoría de los jueces indican que solo encuentran situaciones de litispendencia excepcionalmente.[51] Los abogados entrevistados se han encontrado ante estas situaciones ocasionalmente y no consideran sensato generar situaciones de litispendencia presentando demandas ante distintas jurisdicciones una vez que el asunto ya se ha presentado en una pues no es habitual que esta estrategia procesal pueda operar en beneficio de los intereses de sus clientes. Abundando en esta línea un juez destaca el hecho de que la determinación de la ley aplicable al divorcio y a la separación sea hoy resuelta en muchos Estados miembros conforme a las mismas normas reduce el interés estratégico y, consiguientemente, el riesgo de que se presenten demandas paralelas.

a) Divorcio, separación y nulidad matrimonial

Las diferencias en la regulación de las crisis matrimoniales entre los Estados miembros, especialmente en los derechos económicos de las partes, pueden ser enormes y, sin duda, influyen de manera definitiva en el modo en el que los abogados enfocan el establecimiento de la competencia judicial internacional.

Desde el punto de vista de los jueces, la aplicación del Reglamento 1259/2010 de 20 de diciembre, sobre cooperación reforzada en materia de ley aplicable al divorcio

---

[51] Por ejemplo, Sentencia AP Madrid de 3 de marzo de 2006; Sentencia AP Barcelona nº 161/2015, de 20 de mayo; Sentencia del TS nº 717/2015, de 16 de diciembre.

y a la separación matrimonial (Roma III),[52] presta un gran servicio en la resolución de esta problemática. Parece un instrumento claro que, además, hace que el establecimiento de la competencia en favor de la jurisdicción de un Estado miembro o de otro reduzca sus potenciales consecuencias sobre la determinación de la ley aplicable. En todo caso, en nuestro país el señalamiento de la ley rectora no suele resultar una cuestión controvertida en los asuntos transfronterizos siendo la regla la aplicación del Derecho español. De un total de cuarenta y cinco casos en los que se planteó este asunto, en veintiséis se aplicó el Derecho patrio (57.7%) y en diecisiete el Derecho extranjero (37.77%). Los jueces destacan las dificultades de la prueba del Derecho extranjero[53] y, cuando se logra probarlo, de su interpretación. Los abogados añaden que "la prueba del Derecho extranjero es una locura". Desde esta perspectiva, es posible concebir que se utilice la alegación de la aplicabilidad de un Derecho extranjero como una estrategia dilatoria. Por lo demás, los procesos relativos a crisis matrimoniales transfronterizas suelen requerir bastante más tiempo (cartas rogatorias, comparecencias) y costes adicionales (traducciones).

b) Responsabilidad parental

Dieciocho de los doscientos noventa y cinco casos en los que se aplica el RBII-bis se centran en el secuestro de menores. Se obtuvieron diez órdenes de restitución (55.55%)[54] y seis denegaciones de la solicitud presentada (33.33%).[55] En dos de los casos el tribunal carecía de competencia para entender de la cuestión litigiosa (11.11%).[56]

Los jueces entrevistados señalan que el procedimiento previsto en el artículo 11(6) y (8), conocido como "segunda oportunidad", sólo se utiliza excepcionalmente y, de hecho, se recogen muy pocos casos.[57] No obstante, se destaca su eventual

---

52 *DO* (2010) L 343, 29.12.2010. Los Estados miembros que participan en esta cooperación reforzada son Alemania, Bélgica, Bulgaria, España, Francia, Grecia, Letonia, Lituania, Luxemburgo, Hungría, Malta, Austria, Portugal, Rumanía y Eslovenia.

53 *Vid.* nota 33.

54 Por ejemplo, Sentencia AP Málaga nº 243/2015 de 30 de abril, Sentencia AP Málaga nº 238/2014 de 1 de abril, Sentencia AP Barcelona nº 573/2013 de 1 de octubre, Sentencia AP Málaga nº 588/2012 de 13 de noviembre, Sentencia AP Palma de Mallorca nº 160/2010 de 22 de diciembre.

55 Por ejemplo, Sentencia AP Valencia nº 125/2009 de 26 de marzo (falta de acreditación de la adopción de medidas adecuadas para garantizar la protección psíquica del menor tras su restitución). Sentencia AP Cádiz nº 15/2009 de 26 de enero (existía sentencia extranjera que atribuía custodia a la madre); Sentencia AP Las Palmas de Gran Canaria nº 333/2008 de 19 de diciembre (no se vulneró el derecho de custodia).

56 Sentencia AP Palma de Mallorca nº 160/2010, de 22 de diciembre y Sentencia AP Almería nº 74/2008, de 09 de junio.

57 Auto AP Granada nº 100/2006 de 16 Junio (Art. 11(6)); Auto AP Santa Cruz de Tenerife nº 175/2006, de 18 de septiembre (art. 11(6)); Auto AP Madrid nº 177/2007, de 3 de julio

utilidad cuando tienen lugar cambios en las circunstancias del menor. Por su lado, no todos los abogados están informados de la existencia de esta opción y, los que lo están, en general piensan que podría ser útil aunque también hay quien manifiesta su disconformidad pues puede contribuir a mantener el *status quo*.

En general, la situación normativa se considera adecuada y no se encuentran lagunas que merezcan ser mencionadas pues "las normas jurídicas nunca pueden preverlo todo". La entrada en vigor del Convenio de La Haya de 19 de octubre de 1996 sobre competencia, ley aplicable, reconocimiento y ejecución y cooperación en materia de responsabilidad parental y medidas de protección de los niños[58], se percibe como una mejora en el sistema jurídico español.

En lo que concierne al "interés superior del menor" un abogado destacó que su interpretación en relación con el principio de proximidad no es correcta ya que es importante conocer el entorno del progenitor no residente. Desde esta perspectiva el criterio de "proximidad" y la residencia del menor conducen a decisiones "nacionalistas" que en la mayoría de los casos favorecen los intereses de las madres. Otro abogado considera que no se atiende a este interés suficientemente, que tendría que dársele más importancia y prestar mayor atención a los propios menores (audiencias). Los abogados españoles detectan problemas interpretativos en lo que concierne al interés superior del menor. A modo de ejemplo se señala el hecho de que en los tribunales de Valencia se considera que el establecimiento de la custodia compartida forma parte del mismo y, sin embargo, esto no es así en el resto del país. Para facilitar la resolución de los litigios y la valoración del interés superior del menor, otro abogado destacó la conveniencia de acumular las demandas de divorcio y las de responsabilidad parental.

Los jueces entrevistados inciden en el carácter relativo de la naturaleza de este concepto. "El amplio margen de los criterios de competencia siempre crearán alguna disfunción; por ejemplo, cuando los padres residen en España y el menor reside con los abuelos en otro Estado miembro. El Reglamento no clarifica si los padres están o no ejerciendo su responsabilidad parental. La doctrina del TS se inclina a considerar que el interés superior del menor conduce al lugar en el que éste se encuentra".

3.1.2. Reconocimiento y ejecución de decisiones

En la aplicación del RBIIbis el 23.72% de los casos abordaron el reconocimiento y ejecución de decisiones procedentes de Estados miembros (70/295);

(Art. 11(8)). *Vid.* Spanish Report, Aberdeen Centre for PIL *http://www.abdn.ac.uk/law/documents/Conflicts_of_EU_Courts_on_Child_Abduction_Country_Reports_25_May_(Final).pdf*

[58] Convenio de La Haya de 19 de octubre de 1996 sobre competencia, ley aplicable, reconocimiento y ejecución y cooperación en materia de responsabilidad parental y medidas de protección de los niños, *BOE* núm. 291, de 2 de diciembre de 2010.

en la mayoría de ellos la resolución fue favorable (77.14%; 54/70). Mientras que gran parte de estas resoluciones favorables solo se referían a la aplicación de este instrumento, en otros, su aplicación se produjo de forma conjunta con el RBI (68.51% - 37/54 casos) y con el RBIII (1.85% - 1/54 casos) y otros instrumentos internacionales (1.85% - 1/54 caso). Los principios del sistema de Bruselas también se han utilizado para argumentar una decisión cuando los Reglamentos no resultaron aplicables.

El porcentaje de rechazo de las solicitudes de reconocimiento y ejecución fue de 22.85% (16/70). En la mayoría de ellos el RBIIbis fue el único instrumento esgrimido (87.5% - 14/16 casos)[59], pero el RBI (6.25% - 1/70 casos)[60] y otras fuentes internacionales, como los Convenios de Bruselas y de Lugano (12.5% - 2/16 casos) también fueron traídos a colación[61]. Cuando estos otros instrumentos internacionales son la fuente para aceptar o rechazar el reconocimiento y la ejecución, las alusiones al RBIIbis se presentan generalmente como una mera referencia normativa si bien pueden servir al propósito de reforzar y respaldar el razonamiento jurídico del tribunal y la interpretación de la concreta fuente. No se han planteado obstáculos relacionados con el orden público o la existencia de decisiones inconciliables. Puede haber problemas con las notificaciones (si bien, hay quienes consideran que no están tardando demasiado) y con el respeto a los derechos de audiencia a los menores y a las partes interesadas.

Los abogados no encuentran dificultades para el reconocimiento y la ejecución de las decisiones judiciales procedentes de Estados miembros. Los jueces, por su parte, opinan que el sistema está funcionando bien, ya sea en los tribunales o en el Registro Civil.

3.1.3. Relación con otros instrumentos

El RBIIbis se ha aplicado junto a otros instrumentos comunitarios de DIPr en el 29.83% de los casos (88/295). Dadas las concomitancias de sus respectivos ámbitos

---

59 Por ejemplo, Auto AP Málaga nº 108/2014 de 11 de junio (art. 23.e), Auto AP Valencia nº 447/2014 de 18 de junio de 2014, Resolución de la Dirección General de los Registros y del Notariado (DGRN) de 27 de julio de 2012 (*BOE* núm. 240, de 5 de octubre de 2012).

60 Auto TS Madrid Sala de lo Civil. Sección 1ª de 15 de febrero de 2005 (ECLI:ES:TS:2005:1818A).

61 Por ejemplo, la referencia al Convenio de Lugano es acumulativa en los Autos del TS de 14 de octubre de 2008 (ECLI:ES:TS:2008:9922A) y de 29 de julio de 2008 (ECLI:ES:TS:2008:7925A), Sentencia AP Alicante nº 46/2008, de 14 de febrero y Sentencia AP Barcelona nº 12/2006, de 17 de enero, Auto TS Madrid Sala de lo Civil. Sección 1ª de 15 de febrero de 2005 (ECLI:ES:TS:2005:1818A), que incluye una referencia genérica al RBIIbis (aluvión); y Sentencia AP Barcelona nº 12/2006, de 17 de enero, que cita el RBIIbis aunque se aplica el Convenio de 14 de noviembre de 1983 entre España y la República Federal de Alemania sobre Reconocimiento y Ejecución de Resoluciones y Transacciones Judiciales y Documentos Públicos con fuerza ejecutiva en materia Civil y Mercantil, de 19 de enero de 1988; que excluye la aplicación del RBIIbis dado su ámbito de aplicación temporal.

materiales, se ha aplicado con el RBI (81.39% - 70/88 casos) y con el RBIII (21.59% - 19/88 casos). Además, el Protocolo de la Haya de 2007 sobre la ley aplicable a las obligaciones alimenticias[62] ha sido la fuente normativa en un pequeño porcentaje (3,40%) de los asuntos (3/88). También aparece una referencia al Convenio de La Haya sobre los aspectos civiles de la sustracción internacional de menores de 25 de octubre de 1980.[63]

Uno de los abogados entrevistados señaló la dificultad que, sumada a sus respectivas interpretaciones, plantea la interdependencia entre los Reglamentos y la conveniencia de facilitar la acumulación de las demandas de divorcio, responsabilidad parental y alimentos ("en un divorcio y alimentos de menores residentes en Reino Unido, el tribunal español competente para el divorcio no tendría competencia para establecer la obligación de alimentos"). En esta línea, se añade que "sería aconsejable contar con criterios uniformes de competencia y ley aplicable". No obstante, la aplicación simultánea del RBIIbis y del RBIII no parece plantear problemas a los jueces españoles.

3.1.4. Conclusiones

La diversidad de opciones para el establecimiento de la competencia judicial internacional se percibe en ocasiones de forma negativa. Para minimizar las disputas sobre la competencia se ha sugerido la conveniencia de limitar la optatividad de los fueros. La residencia habitual se propone como criterio básico. Las mejores prácticas de los tribunales vienen asociadas al uso de Guías y de las herramientas de información proporcionadas por el CGPJ.[64]

3.2. Reglamento Bruselas III: aspectos jurisdiccionales y de ley aplicable

3.2.1. Competencia judicial internacional

Desde 2002 hasta 2015 treinta y seis de las resoluciones de los tribunales españoles en materia de obligaciones alimenticias se han fundamentado en el artículo 5(2) del RBI (de un total de 309 casos de RBI, por lo tanto, el 11.65%). Desde el 18 de junio de 2011 hasta diciembre de 2015, treinta y dos resoluciones judiciales españolas incorporaron referencias al RBIII. En una de ellas el Reglamento no resulta aplicable por razones temporales[65] y en una aparece junto al RBI[66].

---

[62] Protocolo de la Haya de 23 de noviembre de 2007 sobre la ley aplicable a las obligaciones alimenticias, *DO* (2009) L 331, 16.12.2009.

[63] Auto AP Tenerife nº 175/2006, de 18 de septiembre.

[64] *Vid.* nota 72.

[65] Auto AP Madrid nº 64/2010 de 26 de febrero.

[66] Sentencia AP Barcelona nº 246/2012 de 3 de abril.

Sólo en un caso el litigante fue una institución pública (3.22%); por lo tanto, en el 96% de los casos, los litigantes han sido particulares.

El conjunto de los asuntos estuvieron centrados en los alimentos aunque en veintidós casos (el 68.75% del total) se trataron además cuestiones relativas a asuntos de divorcio y en catorce casos (43.75%) cuestiones sobre responsabilidad parental. Es interesante destacar que en el 53.12% de los casos (17) el RBIII se aplicó en combinación con el RBIIbis.[67]

3.2.2. Ley aplicable

El Protocolo de la Haya de 2007[68] ha sido aplicado conjuntamente con el RBIII en veintiuna ocasiones (de un total de 32 casos; 65%). En la mayoría de los asuntos se aplicó el Derecho del foro (90.90% - 30/33) mientras que el uso del Derecho extranjero fue marginal (15.15% - 5/33)[69]. Los jueces y los abogados señalan que, en términos generales, la cuestión de la ley aplicable en asuntos de Derecho de familia es bastante desconocida".

Sin embargo, los abogados especializados siempre evalúan la cuestión de la ley aplicable antes de decidir dónde presentar una demanda en materia de alimentos. Una vez la competencia judicial internacional se ha establecido, generalmente no aparecen conflictos sobre ley aplicable ya que lo habitual es aplicar el Derecho del foro. Cuando hay que aplicar un ordenamiento extranjero, los costes del proceso se encarecen inevitablemente debido sobre todo a la necesidad de probar de su contenido y de realizar las oportunas traducciones. Desde este punto de vista, la cuestión de la ley aplicable puede utilizarse como una estrategia dilatoria ya sea para evitar la aplicación de la ley extranjera (eludiendo los costes adicionales y acelerando la resolución del litigio) o para lograr su utilización (retrasando el proceso y/o intentando forzar un acuerdo).

3.2.3. Reconocimiento y ejecución de decisiones

Un 6.25% de los casos se plantearon en el ámbito del reconocimiento y ejecución (2/32). Estos asuntos no suscitaron problemas[70]. Las dos decisiones procedían de au-

---

[67] Explicación del aparente desajuste de los datos: al aplicarse para el recuento un método de contabilidad múltiple hay casos registrados de reclamación de alimentos en casos de divorcio y de responsabilidad parental y en casos que únicamente resuelven sobre el divorcio o sobre la responsabilidad parental.

[68] *Vid.* nota 62.

[69] Explicación del aparente desajuste de los datos: los alimentos correspondientes a la madre y los correspondientes a los hijos fueron decididos en el mismo caso aplicando Derecho nacional y extranjero respectivamente. Como hay dos obligaciones distintas de alimentos, el caso se contabiliza dos veces y se incluye en las dos categorías; aplicación de Derecho español y aplicación de Derecho extranjero.

[70] Por ejemplo, Auto AP Madrid nº 208/2012, de 21 de febrero y Sentencia AP Murcia nº 598/2013, de 10 de octubre.

toridades judiciales francesas, Estado miembro obligado por el Protocolo de La Haya de 2007[71].

3.2.4. Conclusiones

Los costes de los procesos en materia de alimentos son demasiado elevados (unos 3.000 eur. aproximadamente) para la cuantía que normalmente se demanda (una media de 300 euros/mes). Se encuentran dificultades asociadas con la localización de quienes están obligados al pago cuando se desplazan a un país extranjero. Además, hay circunstancias en las que la materialización de los pagos es extremadamente compleja o imposible. La creación de un Fondo que garantizara un pago mínimo a los acreedores se ha sugerido como una forma posible de hacer frente a estas situaciones.

3.3. Aspectos procesales

3.3.1. Interpretación de los Reglamentos

Tanto los abogados como los jueces señalan que la interpretación de los Reglamentos no es siempre sencilla. Están, así mismo, de acuerdo en la ausencia de un conocimiento especializado sobre los instrumentos de DIPr. comunitario y en la "necesidad de formación de los jueces sobre asuntos transfronterizos en materia de menores y de Derecho de familia", "los jueces conocen la existencia de los Reglamentos pero no el alcance de su contenido" y "tienden a aplicar sus propios conceptos jurídicos y jurisprudencia". Además, ambos colectivos destacan la dispersión normativa lo que, en opinión de los jueces, dificulta la práctica de los abogados. En este sentido, en vez de lagunas, un juez llega a mencionar la existencia de un "exceso de regulación comunitaria" mientras que otros consideran que las nuevas normas son suficientes para regular el divorcio.

Al interpretar los Reglamentos los jueces dicen tener en cuenta "todo". Más allá de los considerandos y la jurisprudencia del TJUE, también recurren a las Guías de Buenas Prácticas y a otros recursos que facilita el CGPJ, tales como el *Prontuario de Auxilio Judicial Internacional*[72]. Además, los Puntos de Contacto de la REJUE responden preguntas que los jueces formulan. No obstante, los datos revelan que las referencias expresas a los considerandos del RBIIbis en las resoluciones judiciales españolas son escasas (4.06 % - 12/295 asuntos). En el caso del RBIII no se ha encontrado ninguna. La jurisprudencia del TJUE sobre el RBIIbis aparece recogida en el 11.86% de los asuntos (35/295), fundamentalmente en las decisiones adoptadas en

---

[71] *Vid.* nota 62.

[72] *http://www.poderjudicial.es/portal/site/cgpj/menuitem.87fc234e64fd592b3305d5a7dc432ea0/?vgnextoid=99556ec8f727f210VgnVCM1000006f48ac0aRCRD&vgnextlocale=en&vgnextfmt=default&lang_choosen=en*

tercera instancia (88.57% - 32/35)[73]. Rara vez se incluye en las resoluciones de tribunales de primera (2.85% - 1/35 casos)[74] y segunda (8.57% - 3/35 casos)[75] instancias. Globalmente, el resultado es que en el 88.13% de los casos los tribunales españoles no se han referido a la jurisprudencia del TJUE. En lo que concierne al RBIII, solo en un asunto (de un total de 32; 3.12%) un tribunal de segunda instancia se apoyó en la jurisprudencia del TJUE para interpretar el concepto de "residencia habitual".[76]

En contadas ocasiones las partes han solicitado a los tribunales españoles el planteamiento de cuestiones prejudiciales ante el TJUE. Concretamente, se tiene noticia de cuatro litigios en los que se solicitó en lo que concierne al RBIIbis (1.35%) sin que en ninguno de ellos la petición fuera acogida[77]. Los tribunales españoles tampoco han presentado estas cuestiones *motu proprio*. Uno de los jueces entrevistados hizo notar que el planteamiento de estas cuestiones puede responder a una estrategia dilatoria. En cualquier caso, no se considera que el proceso ante el TJUE sea complicado y, además, la REJUE ofrece ayuda a los jueces españoles que crean necesario recurrir a él.

Los abogados entrevistados que solicitaron el planteamiento de cuestiones prejudiciales a los tribunales españoles valoran la experiencia como insatisfactoria debido tanto a la actitud de los tribunales españoles en cuestión, cuanto al potencial retraso que, de haberse materializado, hubiera supuesto para la resolución final del litigio. Desde su punto de vista, el proceso para el planteamiento de cuestiones prejudiciales, incluso funcionando bien, es "demasiado lento".

En lo que concierne a la ausencia de armonización procesal, los jueces consideran que puede ser una fuente de problemas. Se remiten a las situaciones en las que para ellos no queda claro si las decisiones de otros Estados miembros son definitivas o tienen carácter cautelar ("En España las medidas previas en los procesos relativos a crisis matrimoniales no tienen carácter cautelar aunque el TJUE así lo haya interpretado"). Por lo tanto, se aduce que cierto grado de armonización procesal sería beneficioso. Los abogados están divididos en este asunto. Mientras la mitad considera que la ausencia de armonización procesal es un claro obstáculo para el funcionamiento del

---

73 Por ejemplo, Autos TS de 22 de noviembre de 2011 (ECLI:ES:TS:2011:11223A), de 2 de marzo de 2010 (ECLI:ES:TS:2010:2340A), de 14 de octubre de 2008 (ECLI:ES:TS:2008 9922A), de 29 de julio de 2008 (ECLI:ES:TS:2008:7925A) de 22 de julio de 2008 (ECLI:ES:TS:2008:6332ª), de 8 de septiembre de 2008 (ECLI:ES:TS:2008:7551A).

74 Resolución de la Dirección General de los Registros y del Notariado de 27 de julio de 2012. BOE núm. 240, de 05 de octubre de 2012.

75 Auto AP Barcelona nº 58/2015, de 20 de febrero, Auto AP Madrid nº 765/2012, de 21 de junio, Auto AP Barcelona nº 280/2010 de 11 de noviembre.

76 Sentencia AP Barcelona nº 58/2015, de 20 de febrero.

77 Sentencia AP Madrid nº 512/2013, de 25 de junio, Sentencia AP Valencia nº 52/2012, de 24 de enero; Auto AP Valencia nº 253/2011, de 21 de junio y Sentencia AP Barcelona nº 821/2005 de 15 de diciembre.

sistema y apoyan su realización, la otra mitad no concede a este asunto demasiada importancia y la consideran innecesaria.

3.3.2. Coste y duración de los procedimientos

Los abogados estiman que los costes de los litigios transfronterizos sobre Derecho de Familia pueden duplicar los de un proceso nacional. Globalmente pueden alcanzar entre siete mil y ocho mil euros en el primer año, incluyendo abogado –los Colegio de Abogados tienen establecidas unas tarifas de referencia en la que la media estaría en unos 3000 euros–, procurador, documentación y traducciones y eventuales viajes para asistir a las vistas. Cuando hay apelaciones los costes se encarecen y, obviamente, la resolución del litigio se demora (dos o tres años). Desde el punto de vista de los jueces los costes se elevan especialmente cuando es necesario realizar notificaciones u obtener pruebas en el extranjero.

Reglamento Bruselas IIbis

Duración	**Casos (porcentaje)**
Sin datos	5,76%
0 – 6 semanas	0,33%
6 semanas – 6 meses	15,25%
6 – 12 meses	37,96 %
12 - 24 meses	31,18 %
24 – 36 meses	5,08 %
36 – 48 meses	2,71%
48 – 60 meses	1,35%
More than 60 meses	0,33%

Se constata la existencia un alto número de apelaciones a los tribunales de segunda instancia (81,69% - 241/295). La tercera instancia ha sido llamada a revisar treinta y nueve decisiones judiciales (13,22%) y sólo en quince casos la decisión del tribunal de primera instancia no fue cuestionada (5,08%).

Reglamento Bruselas III

Duración	Casos (porcentaje)
6 semanas – 6 meses	3,12%
6 – 12 meses	34,37 %
12 - 24 meses	46,87 %
24 – 36 meses	15,62 %

Todas las resoluciones adoptadas en primera instancia fueron recurridas a la segunda instancia (96,87%; finalmente resueltos en esta instancia -31/32) y una de ellas alcanzó la tercera instancia (3,12%).

Desde la experiencia de los abogados entrevistados, la duración de los procesos depende "esencialmente de los tribunales". No obstante, con los jueces, también admiten la influencia de la realización de notificaciones o la obtención de pruebas en el extranjero. En este sentido, algunos abogados señalan que las notificaciones "no funcionan bien, tardan demasiado tiempo". En general, si el caso afecta a residentes en España la duración del proceso es "idéntica a los casos puramente internos" pero, cuando es necesario realizar notificaciones u obtener pruebas en el extranjero los procedimientos se retrasan. En todo caso, se esgrime que el cumplimiento de los plazos para llevar a cabo estas diligencias procesales no es fácil debido a la falta de medios.

3.3.3. Soluciones negociadas

Los abogados están de acuerdo en que las negociaciones son deseables y dicen recomendar siempre a sus clientes que tomen en consideración esta posibilidad. Los clientes no siempre acogen favorablemente la iniciativa. Dependiendo de las circunstancias, las partes prefieren recurrir directamente a los tribunales. Varios factores inciden en esta decisión, en particular, la situación económica de las partes y, cuando hay menores, su edad. En este último caso, las dificultades prácticas de ejecutar un régimen de visitas adecuado (asociado con gastos de viajes y vacaciones escolares) también conducen a la vía judicial ya que "ambas partes quieren tenerlo todo".

Las negociaciones tienen lugar cuando el procedimiento judicial se prolonga demasiado si bien también pueden utilizarse como estrategia dilatoria. Algunas partes alcanzan acuerdos antes del juicio para evitar que sus hijos tengan que declarar, otros para evitar los costes o la duración de un proceso judicial, otros debido a la presión de la contraparte o a la inseguridad jurídica. A veces, las partes alcanzan un acuerdo justo antes de la vista. En otras ocasiones, las partes presentan su acuerdo al juez durante el procedimiento. En este sentido los jueces no perciben diferencias entre los litigios transfronterizos y los puramente internos. Tanto los abogados como los jueces no ven un claro patrón para las soluciones negociadas. Este resultado depende del caso concreto y de las circunstancias de las partes. Las negociaciones tienen lugar tanto antes como durante el procedimiento.

3.3.4. Métodos alternativos de solución de diferencias

Los abogados entrevistados se muestran divididos en este asunto. La mayoría considera que el arbitraje podría utilizarse en litigios transfronterizos de familia pero que no está suficientemente desarrollado. Otros respaldan la mediación como la mejor opción pero, aunque utilizado en algunas ocasiones, no siempre conduce a resultados positivos. Los jueces consideran que el recurso a la mediación en los tribunales de primera instancia se está incrementando aunque las opiniones son dispares en cuanto a su éxito. También señalan el hecho de que, en muchas ocasiones, desconocen el procedimiento que debe seguirse para tomar el camino de la mediación o que, recurrir a la mediación, por ejemplo en casos de secuestro de menores, hace muy difícil poder cumplir con los plazos procesales. Además, frecuentemente ellos mismos se encuentran desempeñando un "papel conciliador" durante el juicio. Cuando se alcanza la segunda instancia, recurrir a la mediación es muy difícil.

3.3.5. Cuantía

La cuantía de las demandas presentadas en el marco del RBIIbis se recoge en el siguiente cuadro:

Reglamento Bruselas IIbis	
Cuantía de la demanda	**Casos (porcentaje)**
Sin datos	90,84%
Menos de 1.000 eur.	8,47%
1.001 - 10.000 eur.	0,67%

La cuantía de las demandas presentadas en el marco del Reglamento Bruselas III fue:

Reglamento Bruselas III

Cuantía de la demanda	**Casos (porcentaje)**
Sin datos	59,37%
Menos de 1.000 eur.	37,50%
1.001 - 10.000 eur.	3,12%

Los abogados entrevistados indicaron que, en su experiencia, la cuantía más baja solicitada como pensión alimenticia fue de 100 euros.

3.3.6. Conclusiones

En el entorno jurídico español distintas voces han planteado el establecimiento de una jurisdicción específica en materia de Derecho de familia que permitiría la deseada especialización de los tribunales. En este sentido se ha argumentado que el sistema actual, con los juzgados de familia integrados en la jurisdicción civil, no favorece la continuidad de los jueces en estos juzgados y su consiguiente especialización.

Los jueces señalan que las dificultades planteadas en la aplicación de los instrumentos comunitarios de DIPr. de familia derivan del volumen de trabajo que manejan que, sumado al proporcionalmente relativo número de casos transfronterizos, hace difícil que puedan encontrar el tiempo suficiente para el estudio. Además, los plazos procesales son cortos y deben responder con rapidez. Los abogados también experimentan la presión de la brevedad de los plazos.

En un amplio número de casos diferentes Reglamentos se aplican simultáneamente. Desde el punto de vista de uno de los abogados, recurrir a un solo Reglamento en vez de a los tres existentes en la materia (RBIIbis, RBIII y RRIII) sería de gran ayuda. Especialmente, el uso de los mismos conceptos y criterios en todos los instrumentos se percibe como una necesidad. Sintetizado en las palabras de un abogado: es necesario "elaborar un sistema de normas más uniforme y accesible". Un juez también señala a esta situación indicando que "la dispersión normativa complica la resolución de los casos".

Aunque el planteamiento de cuestiones prejudiciales al TJUE puede resolver los eventuales problemas interpretativos, los jueces españoles no han utilizado este procedimiento que, en todo caso, daría lugar a retrasos en la resolución de los litigios. Una base de datos de jurisprudencia, cursos y formación con jueces de distintos Estados miembros podrían contribuir a mejorar el conocimiento y la aplicación de los Reglamentos.

3.4. Apuntes sobre la eficacia del sistema actual de solución de litigios transfronterizos en Derecho de familia

En términos generales, tanto abogados como jueces consideran que las normas comunitarias de DIPr. de familia contienen soluciones apropiadas. No obstante, observan que su aplicación no es plenamente satisfactoria debido a un insuficiente conocimiento de las mismas. Efectivamente, más allá de la inserción en las fuentes judiciales de fuentes normativas que carecen de eficacia cuando son aplicables los Reglamentos (técnica del "aluvión") se han cometido errores[78] y sería necesario reforzar la información pública ("incluso en programas de televisión en horario de máxima audiencia"), promover cursos para abogados, jueces y letrados de la administración de justicia y generalizar el uso de Guías que deberían ser actualizadas regularmente. Además, podría reforzarse el papel que desempeñan respectivamente la REJUE y la REDUE. "Cuando el juez y las partes conocen el DIPr. Todo funciona mucho mejor".

Desde la perspectiva de los operadores jurídicos, las mayores dificultades para la puesta en práctica del sistema residen en la fragmentación normativa junto con la ausencia de una clara, coherente y uniforme lectura de los conceptos comunes. Por lo tanto, se señala la necesidad precisar el alcance de conceptos jurídicos tales como "residencia habitual", "interés superior del menor" o "grave riesgo" de daño, cuya interpretación puede ser muy dispar en cada tribunal además de en cada Estado miembro. Otros aspectos procesales tales como plazos, notificaciones (particularmente cuando es difícil localizar al destinatario) o la prueba del Derecho extranjero pueden plantear dificultades. Por lo tanto, para facilitar la aplicación de los Reglamentos se precisa una mejor adaptación de las normas procesales internas y, en particular, plazos adecuados.

Se sugiere que el riesgo de interpretaciones divergentes de los Reglamentos, en particular en los distintos Estados miembros, podría reducirse a través de una base de datos de jurisprudencia que ayudaría a identificar las normas aplicables y la forma de proceder a su utilización. Además, para facilitar el acceso a las fuentes normativas y evitar su dispersión así como garantizar que todas ellas funcionan sobre la base de los

[78] Por ejemplo, Sentencia AP Málaga nº 83/201, de 17 de febrero (se excluye la aplicación del RBIIbis por tratarse de una separación matrimonial que afecta a ciudadanos marroquíes y no ser Marruecos Estado miembro de la UE), Sentencia AP Málaga nº 730/2013, de 10 de diciembre (se establece la competencia de los tribunales españoles para resolver sobre la responsabilidad parental de los menores sobre la base del art. 3.1ª del RBIIbis que sienta la competencia en materia de divorcio de los progenitores); Auto TS de 10 de junio de 2015 (ECLI:ES:TS:2015:5507A), en el que se resuelve a favor de la competencia del tribunal de primera instancia de Huelva, como lugar del domicilio del demandado, para "reconocer y ejecutar" una sentencia de alimentos dictada por el juzgado de primera instancia de Móstoles conforme al art. 3 del RBIII.

mismos criterios y conceptos, se sugiere que el DIPr. de familia podría concentrarse en un instrumento.

Se propugna, además, que el sistema judicial español podría crear una jurisdicción especial en materia de familia separada de la jurisdicción civil general. Incluso se ha sugerido la posibilidad de crear de un tribunal especializado en cada ciudad o provincial que centralice la resolución de los asuntos transfronterizos en esta materia.

Sociológicamente muchos de los litigios transfronterizos en materia de familia afectan a individuos con recursos económicos escasos. Los costes de los procedimientos podrían reducirse a través del uso de las nuevas tecnologías (por ejemplo, la videoconferencia) y, se ha sugerido, las traducciones podrían hacerse *ex officio*. En esta línea, un juez también mencionó la mejora del sistema de justicia gratuita. Otros aspectos que podrían considerarse son facilitar los mecanismos para localizar a los demandados y deudores en el extranjero y crear un fondo europeo para cubrir pagos mínimos de obligaciones de alimentos en casos de incumplimiento. Finalmente, se percibe que los métodos alternativos de solución de diferencias deberían ser más explorados y desarrollados.

4. CONCLUSIONES

Los datos revelan la existencia de un número relevante de asuntos, fundamentalmente en materia de competencia judicial internacional y reconocimiento de decisiones, en los que los tribunales españoles se han enfrentado a la aplicación de los RBI, RBIIbis, RBIII, RRI y RRII. Globalmente puede concluirse que la experiencia ha sido positiva. El sistema de DIPr. comunitario es considerado eficaz para abordar los litigios de tráfico jurídico externo y promover la justicia civil en la Unión. Incluso cuando no son aplicables, los tribunales españoles recurren estas normas, junto a la jurisprudencia del TJUE, como herramientas interpretativas del Derecho interno. Se destaca la necesidad de adaptar las normas procesales internas para la aplicación de las normas comunitarias de DIPr.

Más allá de los errores en la puesta en práctica de los Reglamentos, así como de la frecuencia con la que se encuentran referencias acumuladas (aluvión) a las normas de fuente interna junto a los propios Reglamentos, se percibe una progresiva mejora de los tribunales españoles en el conocimiento y la utilización de las normas comunitarias de DIPr. Sin embargo, se detecta aún una necesidad importante de desarrollar esta especialidad entre jueces y abogados. La percepción de que "los tribunales no están suficientemente especializados para abordar asuntos transfronterizos" se debe a la rápida evolución del Derecho de la UE, así como a los temarios del sistema español de acceso a la carrera judicial (ya sea como juez o como letrado de la administración de justicia), en el carácter relativamente excepcional de los litigios transfronterizos y en la elevada carga de trabajo que tienen acumulada nuestros tribunales.

En todo caso, es recomendable insistir en la formación y la especialización de abogados y jueces contando respectivamente con los Colegios de Abogados y con la Escuela Judicial, así como con la implicación de las Universidades, que pueden prestar apoyo a este respecto. La disponibilidad de informes de acompañamiento a los Reglamentos con criterios interpretativos orientadores, Guías actualizadas y una base de datos de jurisprudencia serían de gran ayuda para facilitar la consecución de este objetivo.

ASPECTOS PROCESALES DE LA LITIGACIÓN TRANSFRONTERIZA EN MATERIA CIVIL Y MERCANTIL

EXPERIENCIAS DE LOS TRIBUNALES ESPAÑOLES EN LOS PROCESOS CON ELEMENTO EXTRANJERO: ALGUNOS RETOS Y CUESTIONES CONTROVERTIDAS

JAVIER CASADO ROMÁN

Letrado de la Administración de Justicia
Punto de Contacto de la Red Española de Cooperación Jurídica Internacional de Letrados de la Administración de Justicia

Sumario: 1. Introducción. 2. Las principales herramientas en materia de Cooperación Jurídica Internacional. 3. Los instrumentos normativos de Cooperación Internacional. 4. Problemas prácticos de la notificación y traslado de documentos en la Unión Europea. 5. Dificultades prácticas del Proceso Monitorio Europeo. 6. La modificación del Procedimiento de Escasa Cuantía. 7. Retos de la Cooperación Judicial. 8. Conclusión.

1. INTRODUCCIÓN

La sociedad actual ha creado una multiplicidad de relaciones jurídicas caracterizadas por la existencia de un elemento transfronterizo, relaciones se constituyen especialmente en lo relativo a la libre circulación de mercancías, servicios, capitales y personas. Con la finalidad de facilitar una respuesta jurídica a las distintas relaciones que pueden crearse, estableciendo un clima de seguridad jurídica y un acceso sencillo y eficaz a la justicia, la Unión Europea ha dictado diversas normas con el objetivo de mejorar y facilitar la cooperación judicial.

En el ámbito de la cooperación judicial, la Unión Europea ha establecido una serie de objetivos fundamentales:

a) El acceso de los ciudadanos a la Justicia. Se potencia la posibilidad de que los ciudadanos de la Unión Europea puedan acudir ante los órganos jurisdiccionales para la defensa de sus derechos e intereses, especialmente en aquellos casos en los que las relaciones jurídicas excedan del ámbito propio de sus fronteras.

b) Establecer mecanismos que doten al sistema de seguridad jurídica, armonizando las normas sobre materias concretas de Derecho privado.

c) Simplificar los procedimientos judiciales existentes, facilitando el acceso a la justicia y la relación directa entre los órganos judiciales de los diferentes Estados.

d) Informar a los ciudadanos de los medios para acudir a los tribunales y de los diversos procedimientos existentes cuando exista un elemento transfronterizo.

Determinados los objetivos, es necesario conocer los diversos instrumentos y herramientas de las que disponemos para poder aplicar correctamente el Derecho de la Unión Europea. El conocimiento de estos instrumentos nos permitirá elegir la forma más idónea para acceder a juzgados y tribunales y para obtener la tutela judicial efectiva de nuestros derechos e intereses.

La existencia de la Cooperación Judicial ha supuesto un importante avance en la mejora del acceso de los ciudadanos a la Justicia. Evidentemente, durante la tramitación de los procedimientos judiciales, los Juzgados encuentran dificultades prácticas, especialmente a la hora de la determinación del Derecho aplicable, la práctica de pruebas y las notificaciones de las resoluciones judiciales, pero estas dificultades suponen la mejor forma de evaluar el sistema y de determinar las modificaciones necesarias para su mejora. No podemos dejarnos llevar por la desilusión ante la problemática que muchas veces surge ante procedimientos con elementos transfronterizo, ya que las normas están en una constante evolución, y esta evolución es la que va a permitir al legislador corregir los defectos y obtener una protección jurídica de los ciudadanos cuando accedan a la justicia en cualquier Estado de la Unión Europea.

En el presente trabajo se expondrán cuáles son los principales mecanismos para conocer el Derecho aplicable, así como los retos y cuestiones controvertidas existentes, basándonos en las experiencias prácticas de los tribunales españoles en aquellos procedimientos que tienen elemento extranjero. Todo ello, desde una perspectiva eminentemente positiva y que pueda favorecer la solución de aquellos problemas prácticos que pueden plantearse en el día a día de los juzgados y tribunales.

2. LAS PRINCIPALES HERRAMIENTAS EN MATERIA DE COOPERACIÓN JURÍDICA INTERNACIONAL

Si queremos analizar las principales experiencias en los procesos conocidos por los juzgados y tribunales españoles, en los que concurran elementos extranjeros, debemos conocer en primer lugar, cual es el principal obstáculo con el que nos encontramos ante la existencia de un elemento transfronterizo. Sin duda alguna, el obstáculo más relevante es el desconocimiento por gran parte de los profesionales jurídicos de las principales herramientas de las que disponemos en materia de cooperación judicial.

La sociedad actual y especialmente la globalización, hace que la sociedad española esté cada vez más impregnada de relaciones personales y jurídicas en las que alguno de sus elementos tenga un alcance o extensión que supere el marcado por nuestras fronteras. Este elemento extranjero puede ser esencial a la hora de determinar el devenir de la relación jurídica, especialmente cuando esta relación llega al conocimiento de los juzgados y tribunales. Por ello, es esencial saber de qué herramientas disponemos los profesionales del Derecho a la hora de poder afrontar este tipo de relaciones jurídicas.

Sin duda alguna, la herramienta fundamental de la que disponemos para conocer las normas aplicables a la relación jurídica es el Prontuario de Auxilio Judicial Internacional[1]. El Prontuario es el resultado del esfuerzo conjunto del Ministerio de Justicia, Fiscalía General del Estado y Consejo General del Poder Judicial, a la hora de facilitar información relativa a la cooperación activa y pasiva con otros Estados. Este instrumento nació con la vocación de ayudar a juzgados y tribunales a la hora de determinar que Convenios o normas que eran aplicables cuando en un procedimiento judicial uno o varios aspectos del mismo excedían del ámbito de nuestras fronteras. Para ello, se creó esta herramienta. Si bien inicialmente el Prontuario se elaboró únicamente en papel, con posterioridad se procedió a su modernización hasta llegar al formato actual: una página web de fácil utilización, que dispone de una parte pública y otra privada.

El prontuario se encuentra dividido en dos partes: civil (que comprendería civil, laboral y contencioso-administrativo) y penal, en atención a las materias que hayan de ser objeto de consulta. Asimismo, para facilitar su consulta, se han habilitado diferentes pestañas que permite conocer las normas comunitarias o los Convenios bilaterales o multilaterales existentes, tanto por Estado como por materias.

Además del Prontuario, en el ámbito de la Unión Europea contamos con dos herramientas fundamentales a la hora de poder conocer los instrumentos sobre auxilio judicial internacional: el Atlas Judicial Europeo en materia Civil y el Portal E-Justice.

El primero de ellos, el Atlas Judicial Europeo en materia Civil[2], ha sido durante muchos años la principal herramienta de conocimiento de la esfera de la Unión Europea. Actualmente se está produciendo una migración de sus contenidos al Portal E-Justice, portal que pretende ser el lugar de conocimiento fundamental para ciu-

---

1 El Prontuario puede consultarse en el siguiente link: *http://www.prontuario.org* (consultada el 1 de julio de 2016)

2 Véase *http://ec.europa.eu/justice_home/judicialatlascivil/html/index_es.htm* (consultada el 1 de julio de 2016), dirección desde la cual se puede acceder al Atlas Judicial Europeo en materia Civil y mercantil.

dadanos y profesionales sobre el Derecho aplicable en la Unión Europea. El Atlas comprende diferentes materias, que han sido catalogadas en diferentes colores para permitir su consulta. Una vez seleccionada la materia objeto de consulta, el Atlas dispone de dos partes a través de las cuales obtener información. En la parte izquierda de la web encontramos un pequeño menú, que permite localizar órganos emisores y receptores, así como las manifestaciones efectuadas por los diferentes Estados Miembros a los diferentes Reglamentos y Directivas. En segundo lugar, en la parte central de la web encontraremos propiamente la información que seleccionemos, así como un enlace directo a la parte del portal E-Justice que podamos necesitar en cada momento.

Para poder utilizar correctamente el Atlas es esencial determinar correctamente la materia que es objeto de auxilio judicial internacional, ya que un error a la hora de seleccionar la misma podría llevarnos a utilizar un instrumento comunitario erróneo, así como a buscar una autoridad que podría no ser la correcta para la materia que necesitamos.

El Atlas supuso inicialmente un importante avance para conocer el Derecho de la Unión Europea. Sin embargo, poco a poco se vio la necesidad de dotar de un mayor contenido a la información suministrada a ciudadanos y profesionales del Derecho. Para cubrir esta necesidad, la Red Judicial Europea en Materia Civil y Mercantil (EJN)[3] apostó por un Portal que aglutinase toda esta información, siendo el origen del actual E-Justice. Uno de los aspectos más relevantes de este Portal es que contiene los principales Formularios de Cooperación Jurídica Internacional utilizados, formularios que pueden obtenerse de forma dinámica o en formato «pdf», con la posibilidad de obtener los mismos en cualquiera de los idiomas oficiales de la Unión Europea. Además de la parte dedicada a los Formularios, podemos destacar la información existente sobre profesiones jurídicas y redes de justicia; Derecho; Sistema judicial; como acudir a los Tribunales; mediación; Sucesiones; derechos del acusado en el proceso penal; Registros; …

A través del Portal E-Justice podemos obtener una Guía de Cooperación judicial en materia civil y mercantil en el ámbito de la Unión Europea[4] que nos permita conocer los principales instrumentos existentes y los Reglamentos y Directivas que regulan esta materia. La Guía está en formato «pdf» para facilitar su consulta por los ciudadanos y los profesionales.

Junto a estas webs, encontramos en materia civil otras que pueden ayudarnos en la búsqueda de las normas y convenios aplicables en cooperación jurídica internacional. Podemos destacar las siguientes:

---

3 Véase la web de la Red Judicial Europea en materia civil y mercantil en el siguiente link: *http://ec.europa.eu/civiljustice/index_es.htm*

4 Véase *http://ec.europa.eu/justice/civil/files/civil_justice_guide_es.pdf*

a) Conferencia de la Haya de Derecho Internacional privado: *https://www.hcch.net/es/home* (consultada el 1 de julio de 2016).
b) IberRed: *https://www.iberred.org/* (consultada el 1 de julio de 2016).
c) Convención Interamericana sobre exhortos o cartas rogatorias, hecho en Panamá el 30 de enero de 1975: *http://www.oas.org/juridico/spanish/tratados/b-36.html* (consultada el 1 de julio de 2016).
d) Sucesiones en Europa: *http://www.successions-europe.eu/* (consultada el 1 de julio de 2016).
e) Parejas en Europa: *http://www.coupleseurope.eu/es/home* (consultada el 1 de julio de 2016).
f) Adultos vulnerables en Europa: *http://vulnerable-adults-europe.eu/?lang=es* (consultada el 1 de julio de 2016).

Finalmente, no podemos dejar de hacer una breve referencia a las diferentes Redes de Cooperación Judicial existentes. Existen actualmente tres:

a) Red Judicial Española de Cooperación Judicial Internacional (REJUE). Se encuentra regulada en los artículos 81 a 85 del Reglamento del Consejo General del Poder Judicial 1/2005, de los aspectos accesorios de las actuaciones judiciales.
b) Red de Fiscales en Cooperación Jurídica Internacional, regulada en la Instrucción 2/2003, de 11 de julio, sobre actuación y organización de las fiscalías en materia de CooperaciónJudicial Internacional.
c) Red Española de Cooperación Jurídica Internacional de Letrados de la Administración de Justicia, creada por la Instrucción 6/2015, de la Secretaría General de la Administración de Justicia, de constitución y regulación de la Red Española de Cooperación Jurídica Internacional de Letrados de la Administración de Justicia. La Instrucción establece que la Red Española de Cooperación Jurídica Internacional de Letrados de la Administración de Justicia es una estructura de coordinación a nivel nacional que permite apoyar la resolución de las consultas y cuestiones en materia de cooperación jurídica internacional que sean competencia de los miembros del cuerpo de Letrados de la Administración de Justicia y de las oficinas judiciales en general.

Mediante estas tres Redes se pretende dar el apoyo y asesoramiento necesario a Jueces, Fiscales y Letrados de la Administración de Justicia, en las dudas que puedan surgir sobre auxilio judicial internacional. Con estas Redes también se pretende conseguir un intercambio de experiencias; colaboración con puntos de contacto con los representantes de otros Estados y mejorar la formación y conocimientos sobre esta materia. En todo caso, no podemos olvidar que las respuestas y asesoramiento a las consultas que se les realiza no tienen carácter vinculante, dependiendo la decisión final del Juez, Fiscal o Letrado de la Administración de Justicia que deba resolver, informar o actuar sobre la misma.

3. LOS INSTRUMENTOS NORMATIVOS DE COOPERACIÓN INTERNACIONAL

Una vez que conocemos los diferentes recursos para establecer las normas o convenios aplicables, hemos de tener en cuenta la forma en que estas normas o convenios son aplicables.

Hemos de partir de la diferenciación entre auxilio judicial internacional con Estados Miembros de la Unión Europea y Estados no pertenecientes a la Unión Europea.

Uno de los principales problemas prácticos en el ámbito de la Cooperación Jurídica Internacional es la aplicación correcta de las normas y convenios existentes. Los Reglamentos y Directivas comunitarias son de aplicación directa en España[5], siendo vinculantes para juzgados, tribunales, profesionales del Derecho y ciudadanos. En estos casos, estas normas de la Unión Europea pueden invocarse directamente ante los órganos jurisdiccionales españoles, los cuales deben conocerlas y aplicarlas a los casos de los que conozcan.

En este ámbito, la Unión Europea, ha fomentado desde sus inicios la cooperación jurídica internacional entre los Estados.Con la finalidad de facilitar esta cooperación, en materia civil y mercantil, el legislador comunitario ha dictado diversas disposiciones normativas encaminadas a favorecer la colaboración. Para ello, se han dictado una serie de Reglamentos y Directivas que establecen el marco normativo fundamental que es de aplicación en el Derecho privado. Podemos destacar las siguientes normas:

a) Reglamento (CE) nº 1393/2007 del Parlamento Europeo y del Consejo, de 13 de noviembre de 2007, relativo a la notificación y al traslado en los Estados miembros de documentos judiciales y extrajudiciales en materia civil o mercantil.
b) Reglamento nº 1896/2006 del Parlamento Europeo y del Consejo, de 12 de diciembre de 2006, por el que se establece un proceso monitorio europeo.
c) Reglamento nº 861/2007 del Parlamento Europeo y del Consejo, de 11 de julio de 2007, por el que se establece un proceso europeo de escasa cuantía.

---

[5] Véase el artículo 288 TFUE, el cual dispone que «... *Para ejercer las competencias de la Unión, las instituciones adoptarán reglamentos, directivas, decisiones, recomendaciones y dictámenes. El reglamento tendrá un alcance general. Será obligatorio en todos sus elementos y directamenteaplicable en cada Estado miembro.La directiva obligará al Estado miembro destinatario en cuanto al resultado que deba conseguirse,dejando, sin embargo, a las autoridades nacionales la elección de la forma y de los medios.La decisión será obligatoria en todos sus elementos. Cuando designe destinatarios, sólo será obligatoriapara éstos.Las recomendaciones y los dictámenes no serán vinculantes* ...».

d) Reglamento nº 1206/2001 del Consejo de 28 de mayo de 2001 relativo a la cooperación entre los órganos jurisdiccionales de los Estados miembros en el ámbito de la obtención de pruebas en materia civil o mercantil.
e) Reglamento (CE) n° 805/2004 del Parlamento Europeo y del Consejo, de 21 de abril de 2004, por la que se crea un título ejecutivo europeo para créditos no impugnados.
f) Reglamento (CE) nº 44/2001 del Consejo, 22 de diciembre del 2000, relativo a la competencia judicial, el reconocimiento y la ejecución de resoluciones judiciales en materia civil y mercantil. El Reglamento 44/2001 ha sido sustituido por el Reglamento (UE) nº 1215/2012, de 12 de diciembre de 2012, relativo a la competencia judicial, el reconocimiento y la ejecución de resoluciones judiciales enmateria civil y mercantil, siendo aplicable a partir del 10 de enero de 2015.
g) Reglamento (CE) nº 2201/2003: competencia, reconocimiento y ejecución de resoluciones judiciales en materia matrimonial y de responsabilidad parental.
h) Reglamento (CE) nº 4/2009 del Consejo, de 18 de diciembre de 2008, relativo a las obligaciones de alimentos.
i) Reglamento (UE) nº 650/2012 del Parlamento Europeo y del Consejo, de 4 de julio de 2012, relativo a la competencia, la ley aplicable, el reconocimiento y la ejecución de las resoluciones, a la aceptación y la ejecución de los documentos públicos en materia de sucesiones mortis causa y a la creación de un certificado sucesorio europeo.
j) Reglamento (UE) nº 1259/2010 del Consejo, de 20 de diciembre de 2010, por el que se establece una cooperación reforzada en el ámbito de la ley aplicable al divorcio y a la separación judicial.
k) Directiva del Consejo 2003/8/CE, de 27 de enero de 2003, destinada a mejorar el acceso a la justicia en los litigios transfronterizos mediante el establecimiento de reglas mínimas comunes relativas a la justicia gratuita
l) Directiva del Consejo 2004/80/CE, de 29 de abril de 2004, sobre indemnización a las víctimas de delitos.

Junto a estas normas no podemos olvidar el Reglamento (UE) 2015/2421 del Parlamento Europeo y del Consejo de 16 de diciembre de 2015, por el que se modifican el Reglamento (CE) nº 861/2007 por el que se establece un proceso europeo de escasa cuantía, y el Reglamento (CE) nº 1896/2006 por el que se establece un proceso monitorio europeo; y el Reglamento (UE) nº 655/2014 del Parlamento Europeo y del Consejo, de 15 de mayo de 2014, por el que se establece el procedimiento relativo a la orden europea de retención de cuentas a fin de simplificar el cobro transfronterizo de deudas en materia civil y mercantil, los cuales serán aplicables en 2017.

En virtud de lo dispuesto en el artículo 96 de nuestra Carta Magna[6], nuestro país ha celebrado o se ha adherido a diversos Tratados Internacionales en diversas materias. Con la finalidad de mejorar la cooperación judicial entre los Estados, España ha participado en los principales Convenios Internacionales existentes, como la Conferencia de la Haya o la Convención Interamericana, entre los cuales, podemos destacar los siguientes:

a) Convenio de La Haya XIV, de 15 de noviembre de 1965, relativo a la notificación o traslado en el extranjero de documentos judiciales y extrajudiciales en materia civil y mercantil
b) Convención Interamericana sobre exhortos o cartas rogatorias, hecho en Panamá el 30 de enero de 1975
c) Convenio sobre la ley aplicable a las obligaciones contractuales, hecho en Roma el 19 de junio de 1980
d) Convenio de La Haya sobre obtención de pruebas en el extranjero en materia civil o mercantil de 18 de marzo de 1970
e) Instrumento de ratificación del Convenio Iberoamericano sobre el Uso de la Videoconferencia en la Cooperación Internacional entre Sistemas de Justicia, hecho en Mar del Plata el 3 de diciembre de 2010.

Aunque la mayoría de los Estados han firmado o se han adherido a los principales Convenios internacionales, existen algunos países con los que no existe convenio bilateral o multilateral. En estos casos, debemos hablar del «*Principio general favorable de cooperación*», principio que viene a sustituir a la «*Reciprocidad*», figura tradicional en nuestro ordenamiento jurídico. El «*Principio general favorable de cooperación*» se encuentra regulado en el artículo 3 de la Ley 29/2015, de 30 de julio, de cooperación jurídica internacional en materia civil, el cual dispone que «... *1. Las autoridades españolas cooperarán con las autoridades extranjeras en las materias objeto de esta ley conforme a lo establecido en el artículo anterior. 2. Pese a no exigirse reciprocidad, el Gobierno podrá, mediante real decreto, establecer que las autoridades españolas no cooperarán con las autoridades de un Estado extranjero cuando exista una denegación reiterada de cooperación o prohibición legal de prestarla por las autoridades de dicho Estado. 3. En la interpretación y aplicación de la presente ley se procurará asegurar una tutela judicial internacionalmente efectiva de los derechos e intereses legítimos de los particulares. 4. Todas las solicitudes de cooperación jurídica internacional*

[6] El artículo 96 de la Constitución Española de 1978 dispone que «...*1. Los tratados internacionalesválidamente celebrados, una vez publicados oficialmenteen España, formarán parte del ordenamiento interno. Sus disposiciones sólo podrán serderogadas, modificadas o suspendidas en la forma prevista en los propios tratados o deacuerdo con las normas generales del Derecho internacional.2. Para la denuncia de los tratados y convenios internacionales se utilizará el mismoprocedimiento previsto para su aprobación en el artículo 94 ...*».

se llevarán a cabo y ejecutarán sin dilación, de acuerdo con los principios de flexibilidad y coordinación …».

Ante la dificultad de conocer la existencia de convenios internacionales, el Consejo General del Poder Judicial junto al Ministerio de Justicia y la Fiscalía General del Estado han facilitado la posibilidad de consultar el Derecho aplicable al auxilio internacional mediante la figura del Prontuario. Por ello, y con carácter previo a realizar cualquier tipo de actuación, debe consultarse el Prontuario, y una vez comprobada la existencia de norma o convenio, debe procederse a la consulta del referido convenio. La mayoría de Estados han emitido Declaraciones en relación a los convenios, estableciendo especialidades o limitaciones sobre su aplicación. Por ejemplo, en la web de la Conferencia de la Haya pueden consultarse los Estados firmantes por convenio y las declaraciones efectuadas respecto a los mismos[7].

Con la finalidad de facilitar el auxilio judicial internacional, la mayoría de las normas y convenios disponen de formularios específicos, de fácil utilización. El Prontuario dispone de enlaces directos a los principales Formularios, aunque los mismos pueden consultarse también en los correspondientes portales[8].

4. PROBLEMAS PRÁCTICOS DE LA NOTIFICACIÓN Y TRASLADO DE DOCUMENTOS EN LA UNIÓN EUROPEA

Uno de los Reglamentos más relevantes en el ámbito de la cooperación jurídica internacional es el Reglamento (CE) nº 1393/2007 del Parlamento Europeo y del Consejo, de 13 de noviembre de 2007, relativo a la notificación y al traslado en los Estados miembros de documento judiciales y extrajudiciales en materia civil o mercantil, norma que permite la transmisión de los documentos judiciales y extrajudiciales se efectúe directamente y por medios rápidos entre los organismos locales designados por los Estados miembros.

El Reglamento 1393/07 establece el alcance de la notificación y traslado de documentos a aquellos que sean «*judiciales y extrajudiciales*». Respecto a la determinación de qué debe entenderse como documentos judiciales, no existe ningún problema. Sin embargo, las dudas surgen en relación al concepto de documentos «*extrajudiciales*». Con la finalidad de matizar el contenido de este concepto, hemos de acudir a dos sentencias del Tribunal de Justicia de la Unión Europea: STJUE C-14/2008[9] y

---

7 Véase el enlace *https://www.hcch.net/en/states/hcch-members/details1/?sid=59* (consultada el 1 de julio de 2016)

8 En el ámbito de la Unión Europea, los Formularios se encuentran clasificados por materias en el Portal E-justice (*https://e-justice.europa.eu/content_dynamic_forms-155-es.do* (consultada el 1 de julio de 2016))

9 Véase *http://curia.europa.eu/juris/document/document.jsf;jsessionid=9ea7d2dc30d6e69dfc44 5dec4b34a543c5c19f3781d6.e34KaxiLc3qMb40Rch0SaxuOah10?text=&docid=77933&pageInd*

STJUE C-223/14[10]. Especialmente relevante nos parece esta última, de la que se desprende una interpretación amplia y flexible de los documentos que pueden ser objeto de notificación y traslado. A este respecto, nos gustaría destacar el considerando 46, el cual establece que «... *Habida cuenta de todo lo expuesto, procede responder a las cuestiones prejudiciales primera y segunda que el artículo 16 del Reglamento nº 1393/2007 debe interpretarse en el sentido de que el concepto de «documento extrajudicial» utilizado en dicho artículo comprende, no sólo los documentos emitidos o autenticados por una autoridad pública o un funcionario público, sino también los documentos privados cuya transmisión formal a su destinatario residente en el extranjero sea necesaria para el ejercicio, la prueba o la salvaguardia de un derecho o de una pretensión jurídica en materia civil o mercantil ...*».

Un segundo problema práctico que se plantea es el relativo a si es necesario traducir los documentos judiciales o extrajudiciales que van a ser objeto de notificación. Si partimos de la base del artículo 8.1 del Reglamento[11] parece claro que el destinatario puede negarse a la recepción del documento cuando esté en lengua que no entienda o que no sea una de las oficiales en el lugar de recepción de dichos documentos. Lo que cabe plantearse es a quien le corresponde decidir si los documentos se deben o no traducir y quien debe cargar con las posibles consecuencias de un retraso en el supuesto de que el receptor ejercite la posibilidad de rechazar el documento por estar en otro idioma.

Históricamente, la decisión sobre la necesidad de traducir los documentos la ha tenido el órgano jurisdiccional, y más concretamente los Letrados de la Administración de Justicia (anteriormente denominados «*Secretarios Judiciales*»[12]), que procedían al envío en castellano de los documentos si la parte no solicitaba o aportaba los mismos en idioma distinto. Entendemos que no corresponde al órgano judicial el tomar la decisión sobre el idioma en que los documentos deben ser notificados, sino

---

ex=0&doclang=ES&mode=lst&dir=&occ=first&part=1&cid=266954 (consultada el 1 de julio de 2016). ECLI:EU:C:2009:395.

[10] Véase *http://curia.europa.eu/juris/document/document.jsf?text=&docid=171281&pageIndex=0&doclang=es&mode=lst&dir=&occ=first&part=1&cid=1166241* (consultada el 1 de julio de 2016). ECLI:EU:C:2015:744

[11] El artículo 8.1 del Reglamento 1393/07 dispone que «... *1. El organismo receptor informará al destinatario, mediante elformulario normalizado que figura en el anexo II, de que puedenegarse a aceptar el documento que deba notificarse o trasladarse,bien en el momento de la notificación o traslado, o bien devolviendoel documento al organismo receptor en el plazo de unasemana, si no está redactado en una de las lenguas siguientes o nova acompañado de una traducción a dichas lenguas:a) una lengua que el destinatario entienda, o bienb) la lengua oficial del Estado miembro requerido, o la lenguaoficial o una de la lenguas oficiales del lugar en el que debaefectuarse la notificación o el traslado si existen varias lenguasoficiales en dicho Estado miembro ...*».

[12] Véase la Ley Orgánica 7/2015, de 21 de julio, que modifica la LOPJ de 1985, norma que establece el cambio de denominación de los «Secretarios Judiciales» a «Letrados de la Administración de Justicia» (arts. 440 y ss).

que es una carga que debe soportar la parte. Esto es así porque los documentos, en el caso de ser traducidos supondrán un aumento de los gastos o costes del proceso para dicha parte (salvo que tenga reconocido el beneficio de justicia gratuita, en cuyo caso la traducción será a costa de la correspondiente Comunidad Autónoma). Por ello entendemos que en estos casos, se debe requerir a la parte procesal para que manifieste si solicita la remisión de los documentos en castellano o si desea que se proceda a la traducción de los mismo, en cuyo caso, deberá aportar la traducción de los mismos o indicar esta preferencia para ser remitido al servicio o empresa de traducción correspondiente).

El tema de los gastos de notificación ha generado innumerables problemas prácticos. El artículo 14 del Reglamento[13] permite que se realice el acto de traslado de documentos mediante carta certificada con acuse de recibo. Fuera de esta vía, la única forma de notificación será a través de comisión rogatoria mediante la utilización del Formulario F1.

En el supuesto de no poder utilizarse la vía del artículo 14, porque intentada, no se ha conseguido realizar el acto de notificación, el problema se plantea respecto a quién debe sufragar estos gastos en el supuesto de que quien pida la notificación tenga reconocido el beneficio de justicia gratuita. Si acudimos al artículo 6 de la Ley 1/1996, de 10 de enero, de asistencia jurídica gratuita, los gastos de notificación y traslado de documentos en materia de auxilio judicial internacional no están expresamente contemplados ya que la única referencia la encontramos en el artículo 50[14]. En concreto, algunos Estados de la Unión Europea han hecho Declaraciones al artículo

---

[13] El artículo 14 del Reglamento 1393/07 dispone que «... *Cada Estado miembro tendrá la facultad de efectuar la notificacióno traslado de documentos judiciales directamente por correoa las personas que residan en otro Estado miembro mediante cartacertificada con acuse de recibo o equivalente* ...».

[14] Este precepto dispone que «... *1. El derecho de asistencia jurídica gratuita reconocido al amparo deesta Sección comprende todas las prestaciones indicadas en el artículo 6, con excepción de su apartado2, con la extensión temporal del artículo 7, y, además:a) Los servicios de interpretación.b) La traducción de los documentos presentados por el beneficiario a instancias del Juzgado o Tribunal o de la autoridad competente y que sean necesarios para resolver el asunto.c) Los gastos de desplazamiento que corran por cuenta del solicitante, cuando las normas aplicables o el Juzgado o Tribunal requieran su comparecencia personal para la defensa de su pretensión, y el Juzgado o Tribunal decida que no existen otros medios satisfactorios de tomar declaración. Al objeto de considerar si es necesaria la asistencia personal del solicitante, de un testigo o de un perito, los Juzgados y Tribunales tendrán en cuenta lo previsto en el Reglamento (CE) número 1206/2001 del Consejo, de 28 de mayo de 2001, relativo a la cooperación entre los órganos jurisdiccionales de los Estados miembros en el ámbito de la obtención de pruebas en materia civil o mercantil, así como, en su caso, otros convenios o normas aplicables.d) La defensa y representación gratuitas por Abogado y Procurador en el procedimiento judicial cuando, no siendo legalmente preceptiva la intervención de estos profesionales, sea expresamente requerida por el Juzgado o Tribunal mediante Auto motivado en vista de la complejidad del asunto o para garantizar la igualdad de las partes en el proceso.2. Los documentos remitidos por las autoridades expedidoras competentes en aplicación de este Capítulo estarán exentos de legalización y de cualquier otra formalidad equivalente* ...».

11 del Reglamento 1393/07, exigiendo el pago de una tasa para que se lleve a cabo la notificación y traslado de documentos, como por ejemplo Francia[15] y Bélgica[16].

La solución a este problema estaría en que el afectado no sólo solicitase el reconocimiento de justicia gratuita en España, sino que la hiciese extensiva al Estado en el cual debe realizarse el acto de notificación a través del mecanismo previsto en la Directiva del Consejo 2003/8/CE, de 27 de enero de 2003, destinada a mejorar el acceso a la justicia en los litigios transfronterizos mediante el establecimiento de reglas mínimas comunes relativas a la justicia gratuita para dichos litigios. De esta forma, reconocido el Derecho en la Unión Europea con arreglo a esta Directiva (con exclusión de Dinamarca[17]), no habría que abonar el pago de estos gastos de notificación.

Finalmente, también habría que hacer una mención expresa respecto a la designación de la persona concreta que haya de realizar el acto de notificación o traslado de documentos, cuando estos servicios corresponden a profesionales privados como los *huissiers* de justicia de Francia[18] y Bélgica[19]. Siguiendo el criterio mencionado anteriormente sobre la traducción, entendemos que la designación del *huissier* de justicia que ha de realizar el acto de notificación, y que va a percibir una cantidad económica por la realización de su labor profesional, debe corresponder a la parte procesal. Con la finalidad de agilizar la designación y de que no se produzcan retraso en los procedimientos por esta designación, proponemos que el letrado de la administración de justicia establezca una «*clausula de cierre*» en la Diligencia de Ordenación en la que se requiera a la parte para la designación del Hussier. Esta cláusula consistiría en disponer que en el caso de que la parte no procediese a la designación de un *huissier* de justicia concreto, su designación de produciría a través de un sistema similar al de «*insaculación de peritos*» previsto en el artículo 339 de la Ley de Enjuiciamiento Civil. De esta forma se observaría una absoluta imparcialidad a la hora de designar a estos profesionales.

---

[15] Francia ha manifestado que «*...El importe de la tasa fija vinculada a la intervención del funcionario judicial se establece en 50 euros. La transmisión de los documentos deberá acompañarse del pago correspondiente, excepto en caso de que el solicitante haya obtenido el beneficio de justicia gratuita ...*» (*http://ec.europa.eu/justice_home/judicialatlascivil/html/ds_otherinfostate_fr_es.jsp* (consultada el 1 de julio de 2016))

[16] En relación a los gastos de notificación, Bélgica ha manifestado que «*...Los gastos de traslado por agente judicial son un derecho fijo de 135 euros por traslado, a abonar por la persona física o jurídica de forma previa a cualquier intervención ...*» (*http://ec.europa.eu/justice_home/judicialatlascivil/html/ds_otherinfostate_be_es.jsp* (consultada el 1 de julio de 2016))

[17] Al estar Dinamarca excluida del ámbito de aplicación de la Directiva, habrá que estar a lo establecido en el Acuerdo Europeo relativo a la transmisión de solicitudes de asistencia jurídica gratuita de 1997.

[18] Véase *http://www.huissier-justice.fr/Annuaire.aspx* (consultada el 1 de julio de 2016)

[19] Véase *http://www.huissiersdejustice.be/bailiff* (consultada el 1 de julio de 2016)

5. DIFICULTADES PRÁCTICAS DEL PROCESO MONITORIO EUROPEO

El proceso monitorio europeo, regulado por el Reglamento nº 1896/2006 del Parlamento Europeo y del Consejo, de 12 de diciembre de 2006, por el que se establece un proceso monitorio europeo, es un procedimiento ágil y sencillo, que permite el cobro de créditos pecuniarios, de importe determinado, vencidos y exigibles cuando exista un elemento transfronterizo. Nuestro ordenamiento jurídico, ha establecido un desarrollo de las disposiciones de este Reglamento en la DF 23ª de la Ley de Enjuiciamiento Civil.

Aunque es un procedimiento sencillo y que no exige tener conocimientos jurídicos para su interposición, en la práctica, el procedimiento monitorio europeo, ha dado lugar a algunas dificultades en su aplicación.

Uno de los principales problemas prácticos lo encontramos con la confusión que existe con el formulario F1 en los casos de notificación del requerimiento de pago (formulario E) a través de auxilio judicial internacional. El formulario E se dicta cuando se cumplan todos los requisitos formales, en cuyo caso, el órgano jurisdiccional expide un requerimiento europeo de pago lo antes posible y, como regla general, en un plazo de 30 días a partir de la fecha de presentación de la petición, mediante el formulario E que figura en el anexo V. A la hora de realizar la notificación del requerimiento de pago, este podrá hacerse mediante la notificación con acuse de recibo por parte del demandado (artículo 13) o a través de los medios previstos en el artículo 14. Cuando la notificación debe realizarse a un demandado domiciliado en otro Estado, esta notificación se hará con arreglo al Reglamento 1393/07, y es aquí donde se produce la confusión, ya que, en ocasiones, una errónea interpretación del formulario puede generar que en vez de hacer el acto de notificación, el órgano judicial del domicilio del demandado entienda que se está ante una petición de monitorio europeo (confundiendo el formulario F1 con el Formulario A). De existir este error, se produciría una duplicidad en la tramitación de este procedimiento simplificado, incoándose un segundo procedimiento, contra el mismo demandado y por la misma cuantía.

Para evitar esta duplicidad es esencial que los órganos receptores españoles[20], y más concretamente los letrados de la administración de justicia, verifiquen que se procede a realizar una correcta interpretación de cuál es el acto concreto de auxilio judicial internacional que se está solicitando. Atendiendo a los formularios empleados, habría dos situaciones:

---

[20] De conformidad con las Declaraciones efectuadas por España al Reglamento 1393/07 «... *los organismos receptores serán los Secretarios Judiciales de los Juzgados Decanosexistentes en cada partido judicial* ...».

a) La solicitud de auxilio judicial internacional contiene el formulario A (Petición de requerimiento europeo de pago) y el formulario F1 (Solicitud de notificación o traslado de documentos). En este caso estaríamos ante una autentica petición inicial de proceso monitorio europeo, debiéndose tramitar en España su admisión con arreglo a lo dispuesto en la DF 23ª LEC.
b) La solicitud de auxilio judicial internacional contiene el formulario E (Requerimiento europeo de pago) y el formulario F1 (Solicitud de notificación o traslado de documentos). En este segundo caso, no estaríamos ante un proceso monitorio europeo, y el órgano judicial español debería limitarse únicamente a notificar al demandado el formulario E que ha sido expedido por la autoridad judicial extranjera.

Un segundo problema que se plantea con el procedimiento monitorio europeo es el relacionado con el abono de la tasa judicial. Con arreglo a lo dispuesto en el artículo 5.1.c) de la Ley 10/2012, de 20 de noviembre, por la que se regulan determinadas tasas en el ámbito de la Administración de Justicia y del Instituto Nacional de Toxicología y Ciencias Forenses[21], la interposición de la presentación de la petición inicial del procedimiento monitorio europeo produce el devengo de la tasa judicial. Cuando este procedimiento es interpuesto por una persona física o jurídica radicada en otro Estado de la Unión Europea, el problema se produce en la forma de abono de esta tasa, y en el Formulario que debe emplearse para solicitar la misma.

El órgano judicial no dispone de la información tributaria necesaria para indicar la forma en la que debe procederse al abono de la tasa, sino que tan sólo procede a requerir al peticionario la subsanación de este defecto procesal. Para solucionar este problema, la Agencia Tributaria ha puesta a disposición de los potenciales contribuyentes la información necesaria y los modelos de pago (modelo 696) de la tasa judicial, pudiendo encontrar esta información en inglés en su página web[22]. Para estos casos, sería aconsejable que el letrado de la administración de justicia pudiese informar al peticionario residente fuera de España de la obligación del pago de la tasa y de que la información sobre la misma, así como el correspondiente modelo 696 están a su disposición, en inglés, en la web de la Agencia Tributaria para su posible consulta, apercibiéndole de las consecuencias de la falta de pago de la tasa.

---

[21] De conformidad con el artículo 5.1 «... *El devengo de la tasa se produce, en el orden jurisdiccional civil, en los siguientes momentos procesales:a) Interposición del escrito de demanda.b) Formulación del escrito de reconvención.c) Presentación de la petición inicial del procedimiento monitorio y del proceso monitorio europeo.d) Presentación de la solicitud de declaración del concurso por el acreedor y demás legitimados.e) Presentación de demanda incidental en procesos concursales.f) Interposición del recurso de apelación.g) Interposición del recurso extraordinario por infracción procesal.h) Interposición del recurso de casación.i) Interposición de la oposición a la ejecución de títulos judiciales* ...».

[22] Véase *http://www.agenciatributaria.es/AEAT.internet/en_gb/GC07/informacion.shtml* (consultada el 1 de julio de 2016)

Cabría plantearse, en segundo lugar, como ha de efectuarse el requerimiento al peticionario para subsanar el defecto de la tasa judicial. Si atendemos a los diferentes formularios, podemos comprobar que no hay ninguno específico para este caso concreto. Haciendo una interpretación extensiva, podríamos entender que para requerir la subsanación debería emplearse el formulario B (Solicitud al demandante para que complete o rectifique una petición de requerimiento europeo de pago), en el apartado «*código 10: Otras alegaciones e información complementaria*», aunque no es una solución pacífica.

Un tercer problema práctico en relación al proceso monitorio europeo lo encontramos en los casos en los que se formule oposición a la petición inicial. Hemos de recordar que, al contrario de lo que ocurre con el proceso monitorio español de los artículos 814 y ss. LEC, en los casos de formularse oposición, no será necesario justificar o motivar los supuestos en los que se fundamenta la oposición, sino que será suficiente una manifestación clara y expresa de su voluntad de oposición. Esta falta de motivación podría llevar a situaciones de picaresca en las que el deudor formulase oposición con la finalidad de dilatar el procedimiento, o de forzar acuerdos extrajudiciales de pago por el coste económico que el desplazamiento al Estado que conoce del procedimiento produciría. Esta situación va a quedar próximamente solucionada a través de las reformas introducidas por el Reglamento (UE) 2015/2421, del Parlamento Europeo y del Consejo, de 16 de diciembre de 2015, por el que se modifican el Reglamento (CE) nº 861/2007 por el que se establece un proceso europeo de escasa cuantía, y el Reglamento (CE) nº 1896/2006 por el que se establece un proceso monitorio europeo, al dar nueva redacción al artículo 17 del Reglamento 1896/06[23].

Finalmente, también hemos de destacar los supuestos en los que conociendo la petición inicial un Juzgado de 1ª Instancia, la competencia objetiva, por razón de la

[23] La nueva redacción del artículo 17 del Reglamento 1696/06 establece que «... *1.En caso de que se presente un escrito de oposición en el plazo señalado en el artículo 16, apartado 2, el proceso continuará ante los órganos jurisdiccionales competentes del Estado miembro de origen, a menos que el demandante haya solicitado expresamente que, en dicho supuesto, se ponga fin al proceso. El proceso continuará con arreglo a las normas: a) del proceso europeo de escasa cuantía establecido en el Reglamento (CE) no 861/2007, de ser aplicable, o b) del correspondiente proceso civil nacional. 2.Cuando el demandante no haya indicado cuál de los procesos enumerados en el apartado 1, letras a) y b), solicita que se aplique a su demanda en el procedimiento ulterior en caso de escrito de oposición o cuando el demandante haya solicitado que el proceso europeo de escasa cuantía establecido en el Reglamento (CE) no 861/2007 se aplique a una demanda que no entre en el ámbito de aplicación de dicho Reglamento, el procedimiento se trasladará al correspondiente proceso civil nacional, a menos que el demandante haya solicitado expresamente que no se efectúe tal traslado. 3.En caso de que el demandante haya reclamado su crédito por el proceso monitorio europeo, el Derecho nacional no perjudicará en ningún caso su posición en un procedimiento civil ulterior. 4.El traslado a un proceso civil en el sentido del apartado 1, letras a) y b), se regirá por el Derecho del Estado miembro de origen. 5.El demandante será informado de si el demandado ha presentado un escrito de oposición y de todo traslado a un proceso civil a efectos del apartado 1...*»

materia, pudiese corresponder según la normativa española a otro órgano judicial. En concreto nos estamos refiriendo a los casos en los cuales el artículo 86 TER 2 de la Ley Orgánica del Poder Judicial atribuye el conocimiento de determinadas materias a los Juzgados de lo Mercantil. Existen resoluciones judiciales en las que expresamente se reconoce que pese a estar ante una de las materias del artículo 86 TER LOPJ, el proceso Monitorio Europeo debe ser conocido por los Juzgados de 1ª Instancia[24]. La dificultad vendría en el supuesto de formularse oposición, ya que en estos casos, no existe una disposición expresa sobre cómo ha de remitirse la causa al Juzgado de lo Mercantil. Existirían dos posibilidades:

a) Inhibición del Juzgado de 1ª Instancia al Juzgado de lo Mercantil. Esta opción no parece muy adecuada, ya que en los casos de falta de competencia objetiva no es posible la inhibición de las actuaciones, conforme al artículo 48 LEC.
b) Interposición de demanda ante el Juzgado de lo Mercantil una vez dictada la correspondiente resolución por el Juzgado de 1ª Instancia admitiendo la oposición formulada por el deudor.

No existiendo una solución legal sobre esta situación, sería aconsejable que el legislador español articulase una forma para remitir la causa o dar trámite a la oposición.

6. LA MODIFICACIÓN DEL PROCEDIMIENTO DE ESCASA CUANTÍA

El proceso de escasa cuantía se encuentra regulado por el Reglamento nº 861/2007 del Parlamento Europeo y del Consejo, de 11 de julio de 2007, por el que se establece un proceso europeo de escasa cuantía. El legislador español ha desarrollado las previsiones de este Reglamento en la Disposición Final 24ª de la LEC.

Este procedimiento pretende establecer un proceso europeo para demandas de escasa cuantía con el fin de simplificar y acelerar los litigios en los que se reclamen pequeñas cantidades, en asuntos transfronterizos, y de reducir los costes, y como alternativa a los procesos previstos por la legislación de los diferentes Estados miembros. El proceso de escasa cuantía se aplica a los asuntos transfronterizos en materia civil y mercantil, con independencia de la naturaleza del órgano jurisdiccional, cuando el valor de una demanda, excluidos los intereses, gastos y costas, no rebase los 2.000 €, excluyéndose las materias fiscal, aduanera y administrativa, ni los casos en que el

[24] Véase el Auto 127/14, sección 1ª, de la Audiencia Provincial de Girona, de 3 de junio de 2014, el cual resuelve que «... *en consecuencia, en la fase inicial en la cual se insta esta clase de procedimiento monitorio resulta indiferente la materia objeto o fundamento de la petición porque siempre será el Juzgado de Primera Instancia el competente para tramitarla. En cambio, si hay oposición de la parte demandada, entonces, habrá de seguir la tramitación procesal correspondiente delante del Juzgado que sea competente por razón de la materia ...*».

Estado incurra en responsabilidad por acciones u omisiones en el ejercicio de su autoridad (*acta iure imperii*).

El procedimiento de escasa cuantía no ha tenido un uso muy habitual en nuestro sistema jurídico, ya que los demandantes se han decantado más por el procedimiento verbal español antes que utilizar este proceso, aunque existiese elemento transfronterizo.

La Unión Europea ha intentado dar un nuevo impulso a este procedimiento. Como consecuencia de ello, el Parlamento Europeo y el Consejo han dictado una nueva disposición normativa adaptando el procedimiento a la nueva situación existente: el Reglamento (UE) nº 2015/2421, del Parlamento Europeo y del Consejo, de 16 de diciembre de 2015, por el que se modifican el Reglamento (CE) nº 861/2007 por el que se establece un proceso europeo de escasa cuantía, y el Reglamento (CE) nº 1896/2006 por el que se establece un proceso monitorio europeo.

Este Reglamento establece importantes novedades:

a) Elevar el límite relativo a la cuantía de la demanda hasta 5.000 €, con la finalidad de afianzar la confianza en las transacciones transfronterizas y contribuir al máximo aprovechamiento de las oportunidades que ofrece el mercado interior, especialmente con las PYMES.
b) Proporcionar a los consumidores medios de reparación efectiva y contribuir así al ejercicio práctico de sus derechos en aquellos procesos en los que la cuantía del mismo no es superior a 5.000 €.
c) Fomentar el uso de los medios tecnológicos en el ámbito de la justicia y las nuevas herramientas a disposición de los órganos jurisdiccionales, que pueden ayudar a superar las distancias geográficas y sus consecuencias en términos de elevados costes y duración del proceso, especialmente en lo relativo al uso de las tecnologías de comunicación por las partes y los órganos jurisdiccionales.
d) Establecimiento de un marco general que permita utilizar la notificación electrónica, siempre que se disponga de los medios técnicos necesarios y que el uso de la notificación electrónica sea compatible con las normas procesales nacionales del Estado miembro de que se trate.
e) Configuración del proceso europeo de escasa cuantía como un procedimiento fundamentalmente escrito, en los que las vistas orales solo deban celebrarse excepcionalmente cuando no sea posible dictar sentencia sobre la base de pruebas escritas o cuando un órgano jurisdiccional acuerde celebrar una vista oral a petición de una de las partes.
f) A fin de permitir a las personas ser oídas sin exigirles que viajen hasta el órgano jurisdiccional, las vistas orales y la práctica de la prueba mediante la

declaración de testigos, peritos o partes deben llevarse a cabo utilizando el sistema de videoconferencia[25].

g) A fin de garantizar el acceso a la justicia en el caso de demandas transfronterizas de escasa cuantía, las tasas judiciales aplicadas en un Estado miembro en el proceso europeo de escasa cuantía no deben ser desproporcionadas en relación con la demanda y no deben ser superiores a las tasas judiciales aplicadas en los procesos judiciales simplificados nacionales en dicho Estado miembro.

h) Minimizar la necesidad de traducciones y los costes asociados a estas, al expedir un certificado que inste a la ejecución de una sentencia dictada en un proceso europeo de escasa cuantía, mediante la utilización del formulario normalizado para el certificado disponible en un formato dinámico en línea en el Portal Europeo de E-Justicia.

Estas modificaciones introducidas por el Reglamento 2421/15, serán de aplicación a partir del 14 de julio de 2017, lo que exigirá del legislador modificaciones legislativas para adaptar esta nueva regulación al derecho procesal español.

7. RETOS DE LA COOPERACIÓN JUDICIAL

Una vez analizados algunos aspectos prácticos que se producen en la aplicación de los Reglamentos, hemos de analizar a que retos se enfrenta la Unión Europea en el campo de la cooperación judicial.

El primero de los retos es el relativo a la formación. El aumento de normas y convenios hace necesario que todos los profesionales del Derecho dispongan de una formación adecuada para conocer la legislación vigente en el ámbito del derecho internacional público y privado. La Unión Europea ha hecho una importante apuesta por la formación[26] a través de programas específicos con la participación de jueces, fiscales[27], letrados de la administración de justicia, abogados, notarios, personal judicial, … Esta formación es imprescindible si se quiere que la aplicación del Derecho de la Unión sea una realidad, especialmente si tenemos en cuenta el aumento en el número de procedimientos judiciales en los que existe un elemento transfronterizo.

A nivel interno, existe un importante compromiso de las instituciones públicas en favorecer y mejorar la formación sobre estas materias. Cabe destacar el importante

[25] Véanse al respecto las Recomendaciones del Consejo sobre las videoconferencias transfronterizas, adoptadas por el Consejo los días 15 y 16 de junio de 2015.

[26] Véase *http://ec.europa.eu/justice/criminal/european-judicial-training/index_en.htm* (consultada el 1 de julio de 2016)

[27] En relación a la formación de Jueces y Fiscales, véase la European Judicial Training Network (EJTN), Red Europea de Formación Judicial. Más información en este link: *http://www.ejtn.eu/* (consultada el 1 de julio de 2016)

papel de las Universidades[28], fomentando el intercambio de ideas y experiencias no sólo entre los propios alumnos, sino también con los diversos operadores jurídicos de nuestro derecho. Los Colegios de Abogados, Procuradores, Notarios, Registradores, Graduados Sociales, … cada vez incluyen más cursos formativos en las que se tratan materias sobre Derecho internacional. Lo mismo ocurre en el ámbito judicial, ya que la Escuela Judicial[29] y el Centro de Estudios Jurídicos (CEJ)[30] incluyen en los planes de formación inicial y continua de sus miembros módulos de formación, cursos y seminarios específicos sobre el Derecho de la Unión Europea y la Cooperación Jurídica Internacional.

El segundo de los retos a los que nos enfrentamos es el de la especialización. Cada vez es más necesario que existan especialistas en materia de Derecho internacional. En general, todos los operadores jurídicos tienen un elevado conocimiento a nivel del Derecho interno, pero no tan elevado cuando se trata de materias con elemento extranjero. Por eso es importante la especialización, para poder contar con profesionales que conozcan todas las especialidades de esta materia y sepan aplicarlas de forma correcta.

A nivel judicial, y tal y como hemos expuesto anteriormente, la especialización se ha traducido en la constitución de diversas Redes de apoyo a Jueces, Fiscales y Letrados de la Administración de Justicia. Los Abogados y Procuradores también participan activamente en asociaciones internacionales[31] con la finalidad de poder colaborar en diversos proyectos y grupos de trabajo sobre derecho internacional.

Finalmente, el último de los retos al que nos enfrentamos es la profesionalidad de todos los operadores jurídicos. No basta con dar soluciones a nivel de Derecho interno cuando existan procesos judiciales con elemento extranjero, sino que hay que alegar y aplicar el Derecho propio de cada caso concreto. Por eso, la profesionalidad de todos los operadores jurídicos debe ser el reto más importante, que además está estrechamente unido a la formación y a la especialización de nuestros profesionales, para que la utilización de las normas de Derecho internacional sea una realidad en nuestros juzgados y tribunales.

---

28 Véase la Plataforma Millennium de Derecho Internacional privado de la Facultad de Derecho de la Universidad de Zaragoza (*http://www.millenniumdipr.com/* (consultada el 1 de julio de 2016)) o el Proyecto Eupillar (Proyecto de investigación JUST/2013/JCIV/AG/4635), en el que colabora la Facultad de Derecho de la Universidad Complutense de Madrid (*https://www.ucm.es/eupillarspain/* (consultada el 1 de julio de 2016))

29 Véase *http://www.poderjudicial.es/cgpj/es/Temas/Formacion-Judicial/La-Escuela-Judicial/* (consultada el 1 de julio de 2016)

30 Véase *http://www.cej-mjusticia.es* (consultada el 1 de julio de 2016)

31 Véase, como ejemplo, lo relativo a la International Bar Association (*http://www.ibanet.org* (consultada el 1 de julio de 2016)) y la European Chamber of Judicial Officers (*http://www.cehj.eu/en* (consultada el 1 de julio de 2016))

8. CONCLUSIÓN

Aunque nos encontramos con múltiples problemas en los procedimientos con elementos transfronterizo, el legislador de la Unión Europea debe seguir avanzando hacia una justicia de calidad que garantice a los ciudadanos un acceso eficiente y eficaz a la justicia con independencia del Estado en el que se haya constituido la relación jurídica controvertida. Por ello, el mayor reto que se plantea actualmente es el seguir avanzando hacia un modelo o sistema que permita que la existencia de un elemento transfronterizo no sea un obstáculo para que los órganos judiciales puedan resolver las controversias existentes con arreglo a Derecho. Para conseguir este objetivo es necesario apostar con fuerza por la formación de los diversos operadores jurídicos, no sólo de los jueces y abogados, sino de todos aquellos que directa o indirectamente participan en el proceso judicial, formación que permitirá una mayor especialización de estos profesionales. Con una mayor formación y especialización conseguiremos estar en la senda de una mayor profesionalidad de los diversos operadores, alcanzando, de esta forma, el objetivo final de garantizar una tutela judicial efectiva de los ciudadanos en la Unión Europea.

ESTRATEGIAS PROCESALES EN LA LITIGACIÓN TRANSFRONTERIZA EN MATERIA CIVIL Y MERCANTIL; EL PESO DE LOS ACUERDOS DE ELECCIÓN DE FORO*

Álvaro López de Argumedo

Abogado

Uría Menéndez Abogados, S.L.P.

---

* Agradezco especialmente a Pablo Martínez-Llorente y a Daniel Heredero su valiosa colaboración en la preparación de la ponencia presentada en el seminario del Proyecto EUPILLAR, celebrado en la Facultad de Derecho de la UCM el 2 de junio de 2016, así como en este trabajo.

1. INTRODUCCIÓN

Este artículo ha sido elaborado desde un punto de vista práctico y sobre la base de la experiencia profesional del autor. Se trata, en definitiva, de analizar las cuestiones examinadas desde el punto de vista del Director de la Asesoría Jurídica de una empresa o de un abogado que está negociando o redactando un contrato de ámbito internacional y que debe decidir:

i. Si incluir o no una cláusula de sumisión expresa en el contrato;
ii. Si esa cláusula de sumisión debe ser a tribunales judiciales o a arbitraje;
iii. Si esa cláusula de sumisión puede ser híbrida; y
iv. Si debe introducir una cláusula escalonada o *multi-tier*.

Analizaremos todo ello a continuación con algunos ejemplos. Pero antes de todo ello deben hacerse unas consideraciones previas:

a) El ordenamiento permite con carácter general, con la excepción de aquellas materias sometidas a competencias exclusivas y a foros de protección, que las partes determinen si quieren someterse a jurisdicción o a arbitraje. Y dentro de la jurisdicción, a aquel tribunal que estimen más adecuado.

Ello es así por diversidad de razones:

i. Se trata de un reflejo del principio dispositivo que rige en el Derecho procesal civil.
ii. Las partes son las que mejor conocen su asunto y quienes por tanto pueden determinar el foro más conveniente para la resolución de sus disputas.
iii. La sumisión a un determinado tribunal reduce notablemente la incertidumbre. Si no hay pacto de sumisión, las partes no pueden conocer con precisión -antes de que surja la disputa- el foro ante el que en su caso habrían de litigar.
iv. La cláusula de sumisión reduce la posibilidad de comportamientos oportunistas («*torpedo italiano*») y de esta manera permite que el proceso sea tramitado de manera más eficiente.

b) Lógicamente, la elección de un fuero determinado impide o frena la posibilidad de acudir a cualquier otro de los fueros establecidos legalmente, por lo que tiene un coste estratégico. Sin embargo, esto no siempre es así, tal y como se puede apreciar en el siguiente supuesto, extraído de mi práctica profesional.

Un fabricante belga de productos químicos celebra un contrato de compraventa de esos productos con una empresa de Zaragoza. En ese contrato se incluye una cláusula de sumisión a los tribunales de Bruselas. Se produce un incumplimiento del contrato de compraventa al no pagarse el precio, y la empresa belga decide demandar a la compradora directamente en su domicilio (Zaragoza). La demandada formuló declinatoria.

La declinatoria fue desestimada porque en este caso la cláusula de sumisión se había establecido en beneficio de la empresa belga y, por tanto, podía renunciar a ella.

Al presentar la demanda en el propio domicilio del demandado no se obstaculizaba su defensa, sino todo lo contrario, y no había por tanto un interés legítimo protegible en la alegación del demandado intentando hacer valer la cláusula de sumisión.

c) El efecto prorrogatorio de la cláusula de sumisión debe ser lógicamente analizado desde el punto de vista del Derecho procesal del tribunal al que las partes se someten.

Por ejemplo, si una empresa francesa y una italiana se someten a los tribunales de Madrid, el Derecho procesal aplicable para determinar el efecto prorrogatorio de la cláusula será el Derecho procesal español.

2. LAS CLÁUSULAS DE SUMISIÓN A LA JURISDICCIÓN

2.1. Ventajas e inconvenientes de su utilización

A la hora de determinar la fórmula de resolución de disputas más adecuada (jurisdicción v. arbitraje) es necesario en primer lugar examinar las ventajas que presentan una y otra, así como sus inconvenientes.

Entre las principales ventajas de las cláusulas de sumisión a jurisdicción se pueden destacar las siguientes: la independencia de los tribunales de países como España se encuentra garantizada, el procedimiento es previsible debido a que está perfectamente reglado, la jurisprudencia prevé razonablemente el resultado final del caso, las costas del procedimiento son generalmente inferiores a las de los procedimientos arbitrales, cabe la posibilidad de recurrir -y, por lo tanto, de corregir una decisión errónea-, y los tribunales judiciales pueden ejecutar directamente sus resoluciones.

Existen no obstante una serie de inconvenientes a la hora de utilizar las cláusulas de sumisión a jurisdicción. Entre otros, los tribunales judiciales presentan una mayor lentitud, el juez suele tener un menor conocimiento de materias especializadas, el procedimiento es menos flexible ya que las partes no pueden adaptarlo a sus necesidades-, los medios de prueba están más limitados que en el procedimiento arbitral -en el caso español, los medios de prueba disponibles serán exclusivamente aquellos establecidos en la Ley de Enjuiciamiento Civil-, y los tribunales judiciales suelen ser menos apropiados para disputas con un alto componente internacional.

El anterior elenco de ventajas e inconvenientes de la jurisdicción permite considerar, en mi opinión, que los tribunales judiciales pueden ser los órganos más idóneos para resolver aquellas disputas que se plantean en la fase puramente negocial (esto es, cuando meramente se ha firmado una *letter of intent* o un *confidentiality agreement* -que, además, no suelen contener una cláusula de resolución de disputas a arbitraje-). En efecto, en esta fase los incumplimientos son apreciables generalmente sin que se requiera un elevado grado de especialización y, además, la sentencia que se dicte puede ser inmediatamente ejecutada por los tribunales.

Adicionalmente, debe tenerse en cuenta que para las partes puede ser muy relevante poder obtener medidas cautelares. Para obtener esas medidas cautelares es generalmente más conveniente presentar tanto la demanda sobre el fondo como la petición de medidas cautelares ante los tribunales estatales, en vez de acudir a arbitraje para el procedimiento principal e iniciar un procedimiento cautelar ante los juzgados. El conocimiento conjunto por el juzgado de toda la materia puede facilitar una rápida obtención de una medida cautelar (también es posible en arbitraje solicitar medidas cautelares a los árbitros, pero en ocasiones no es lo más adecuado).

2.2. La redacción de la cláusula de sumisión a jurisdicción

El análisis de la cláusula de sumisión a jurisdicción lo llevará a cabo el tribunal al que las partes se han sometido.

Cuando se trate de una relación jurídica de carácter internacional y el tribunal designado se encuentre en uno de los Estados miembros de la UE, se aplicará el artículo 25 del Reglamento (UE) núm. 1215/2012 del Parlamento Europeo y del Consejo, de 12 de diciembre, relativo a la competencia judicial, el reconocimiento y la ejecución de resoluciones judiciales en materia civil y mercantil, que dice:

> Art. 25
>
> «1. Si las partes, con independencia de su domicilio, han acordado que un órgano jurisdiccional o los órganos jurisdiccionales de un Estado miembro sean competentes para conocer de cualquier litigio que haya surgido o que pueda surgir con ocasión de una determinada relación jurídica, tal órgano jurisdiccional o tales órganos jurisdiccionales serán competentes, a menos que el acuerdo sea nulo de pleno derecho en cuanto a su validez material según el Derecho de dicho Estado miembro. Esta competencia será exclusiva, salvo pacto en contrario entre las partes. El acuerdo atributivo de competencia deberá celebrarse:
>
> a) Por escrito o verbalmente con confirmación escrita;
>
> b) En una forma que se ajuste a los hábitos que las partes tengan establecido entre ellas; o
>
> c) En el comercio internacional, en una forma conforme a los usos que las partes conozcan o deban conocer y que, en dicho comercio, sean ampliamente conocidos y regularmente observados por las partes en los contratos del mismo tipo en el sector comercial considerado.
>
> 2. Se considerará hecha por escrito toda transmisión efectuada por medios electrónicos que proporcione un registro duradero del acuerdo.
>
> 3. Un acuerdo atributivo de competencia que forme parte de un contrato será considerado como un acuerdo independiente de las demás cláusulas del contrato.»

Este artículo se aplicará con independencia de dónde se encuentre el domicilio de las partes. Lo relevante es que éstas hayan designado como tribunal competente a un tribunal de un Estado miembro de la Unión Europea.

Aquí se encuentra la primera novedad respecto al anterior Reglamento[1]: antes se exigía que alguna de las partes tuviera su domicilio en algún Estado de la UE. Esta exigencia hoy en día ha desaparecido y basta con que se designe un tribunal sito en la UE. No es necesario que ese tribunal guarde ninguna vinculación con las partes ni con el negocio objeto de la controversia.

El acuerdo de sumisión debe haber sido redactado por escrito o verbalmente con confirmación escrita. Este requisito es interpretado no obstante con flexibilidad y se entiende también como acuerdo por escrito toda transmisión por medios electrónicos que proporcione un registro duradero del acuerdo. El Reglamento (UE) núm. 1215/2012 también permite que ese acuerdo se haya formalizado en una forma ajustada a los hábitos de las partes o conforme a usos del comercio internacional que las partes conozcan o deban conocer.

El art. 25 del Reglamento (UE) núm. 1215/2012 permite que la sumisión sea a un tribunal o a varios tribunales e incluso que la sumisión sea no exclusiva, de manera que aunque se designe un tribunal, las partes puedan acudir a cualquier otro que resulte competente en virtud de las normas de competencia judicial internacional.

De esta manera, queda abierta la posibilidad de que el demandante pueda acudir a cualquier otro foro que resulte competente en virtud del Reglamento.

La designación puede hacerse a un tribunal concreto y específico o a los tribunales de un Estado en general.

En este último caso, se aplicarán:

i. Las normas de competencia territorial interna del Estado al que se han sometido las partes.

ii. Si no existen esas normas (caso improbable), la elección será del demandante.

Del mismo modo, cabe la posibilidad de que se atribuya a una sola de las partes la elección del foro concreto al que habrá de acudirse (naturalmente, de entre aquéllos designados en la cláusula). O incluso el establecimiento de cláusulas recíprocas, de modo que el demandante sólo pueda demandar en el domicilio de la otra parte.

Un ejemplo típico de estas cláusulas es la siguiente: «*A elección del demandante, el Tribunal competente para conocer de los conflictos será el de Londres o Frankfurt*».

---

[1] Reglamento (CE) núm. 44/2001 del Consejo, de 22 de diciembre de 2000, relativo a la competencia judicial, el reconocimiento y la ejecución de resoluciones judiciales en materia civil y mercantil.

El Reglamento (UE) núm. 1215/2012 (art. 25.5) también establece el «*principio de separabilidad*», en virtud del cual la cláusula de sumisión se considerará como un acuerdo independiente de las demás cláusulas del contrato, precisamente para evitar que, en el supuesto de que se invoque la nulidad o ineficacia del contrato, la cláusula de sumisión pueda también considerarse inválida, lo que dificultaría notablemente la resolución del conflicto.

Un caso que podría plantear dudas sería, por ejemplo, el de un contrato para el suministro de material ferroviario que incluyera una cláusula de sumisión a los tribunales de Barcelona. Si, tras la celebración del contrato se impaga el precio y, posteriormente, se llega a un acuerdo mediante una transacción que incluye una cláusula de sumisión a los tribunales de Madrid, cabría preguntarse si se podría resolver la transacción y acudir a los tribunales de Barcelona. En virtud del principio de separabilidad de la cláusula de sumisión, las partes estarían obligadas a acudir a los tribunales de Madrid.

Por otro lado, el Reglamento (UE) núm. 1215/2012 introduce mecanismos para la protección de la efectividad de la cláusula de sumisión.

Otro de los elementos más novedosos del Reglamento (UE) núm. 1215/2012 es el relativo al tratamiento de las comúnmente conocidas como demandas torpedo («*torpedo action*»). En el anterior sistema si, a pesar de existir un acuerdo de elección de foro, una de las partes interponía una demanda ante un tribunal de otro Estado miembro (siendo especialmente célebres los tribunales italianos para la utilización de esta táctica), el segundo tribunal ante el que se interpusiera una demanda con el mismo objeto, causa y partes debía suspender el procedimiento hasta que el primer tribunal se hubiera pronunciado acerca de su competencia.

Esto permitía paralizar el procedimiento durante un tiempo notable ante un tribunal claramente incompetente, por ejemplo, mediante la interposición de una solicitud de declaración negativa de responsabilidad.

Por esa razón, el nuevo Reglamento (UE) núm. 1215/2012, a fin de evitar las prácticas litigiosas abusivas, introduce una excepción a la regla de litispendencia. En virtud del art. 31.2, «*si se presenta una demanda ante un órgano jurisdiccional de un Estado miembro que tenga competencia exclusiva en virtud de un acuerdo contemplado en el art. 25, cualquier órgano jurisdiccional de otro Estado miembro suspenderá el procedimiento hasta que el órgano jurisdiccional ante el que se presentó la demanda en virtud del acuerdo de que se trate se declare incompetente con arreglo al acuerdo*».

Se trata así de evitar comportamientos oportunistas para dificultar la tramitación del procedimiento.

Naturalmente, y con carácter adicional, el primer instrumento que tiene el demandado en la defensa de la cláusula de sumisión, cuando la otra parte se ha dirigido a un tribunal distinto al elegido, es la interposición de la correspondiente declinatoria.

3. OTRAS MEDIDAS DE PROTECCIÓN ADICIONALES INTRODUCIDAS POR EL REGLAMENTO (UE) NÚM. 1215/2012

Otra de las novedades del Reglamento (UE) núm. 1215/2012 es la concerniente a la litispendencia y cosa juzgada en terceros Estados. Con la entrada en vigor del nuevo Reglamento (UE) núm. 1215/2012, se reconoce la litispendencia de aquellos procedimientos iniciados en terceros Estados con identidad de objeto, causa y partes, así como de procedimientos con demandas conexas.

Los tribunales de la Unión Europea tendrán la potestad de suspender el procedimiento iniciado ante un Tribunal de la UE si se dan los siguientes requisitos:

i. Que la competencia del tribunal del Estado miembro se base en los fueros de competencia de los arts. 4, 7, 8 o 9 del Reglamento (UE) núm. 1215/2012.
ii. Que se haya iniciado primero el procedimiento en el tercer Estado.
iii. Que se prevea que la resolución dictada por los tribunales del tercer Estado puede ser reconocida y ejecutada en el Estado miembro.
iv. Que la suspensión sea necesaria para la buena administración de justicia. Para ello se podrán valorar todos los hechos y circunstancias del asunto.
v. En el caso de las demandas conexas, que sea conveniente resolverlas conjuntamente para evitar el riesgo de resoluciones contradictorias si se mantuvieran dos procedimientos separados.

4. ¿QUÉ NORMAS SE APLICARÁN CUANDO NO RESULTE DE APLICACIÓN EL REGLAMENTO (UE) NÚM. 1215/2012?

4.1. El Convenio de Lugano

Cuando no resulte de aplicación el art. 25 del Reglamento (UE) núm. 1215/2012 (porque en la cláusula de sumisión no se haya designado ningún tribunal de un Estado miembro de la UE) podrá ser de aplicación el art. 23 del Convenio de Lugano de 2007 (aplicable en aquellos supuestos en los que el tribunal judicial esté sito en algún país miembro del Convenio de Lugano de 2007 que no sea miembro de la UE, siempre que además una de las partes tenga su domicilio en un Estado parte del Convenio de Lugano de 2007) o, en su defecto, un convenio bilateral que contenga disposiciones en materia de competencia judicial internacional.

4.2. El art. 22 LOPJ

Finalmente, cuando no resulten de aplicación ni el Reglamento (UE) núm. 1215/2012 ni el Convenio de Lugano de 2007, ni convenios bilaterales, habrán de tenerse en cuenta para determinar la validez de la cláusula de sumisión los arts. 22bis y 22ter de la Ley Orgánica del Poder Judicial, que dicen:

> Artículo 22bis:
>
> «En aquellas materias en que una norma expresamente lo permita, los Tribunales españoles serán competentes cuando las partes, con independencia de su domicilio, se hayan sometido expresa o tácitamente a ellos. No surtirán efectos los acuerdos que atribuyan la competencia a los tribunales españoles ni las estipulaciones similares incluidas en un contrato si son contrarios a lo establecido en los artículos 22 quáter, 22 quinquies, 22 sexies y 22 septies, o si excluyen la competencia de los órganos judiciales españoles exclusivamente competentes conforme lo establecido en el artículo 22, en cuyo caso se estará a lo establecido en dichos preceptos».
>
> Artículo 22ter:
>
> «1. En materias distintas a las contempladas en los artículos 22, 22 sexies y 22 septies y si no mediare sumisión a los tribunales españoles de conformidad con el artículo 22bis, éstos resultarán competentes cuando el demandado tenga su domicilio en España o cuando así venga determinado por cualquiera de los foros establecidos en los artículos 22 quáter y 22 quinquies.
>
> [...]
>
> 4. No obstante, la competencia establecida conforme a lo dispuesto en el apartado 1 de este artículo podrá ser excluida mediante un acuerdo de elección de foro a favor de un tribunal extranjero. En tal caso, los tribunales suspenderán el procedimiento y sólo podrán conocer de la pretensión deducida en el supuesto de que los tribunales extranjeros designados hubieren declinado su competencia.
>
> 5. No tendrá efecto la exclusión de la competencia de los tribunales españoles en aquellas materias en que no cabe sumisión a ellos».

Como se puede ver, los requisitos para la validez del acuerdo de sumisión son prácticamente idénticos a los exigidos por el Reglamento (UE) núm. 1215/2012, por lo que se hace remisión a los comentarios realizados a este respecto con anterioridad.

En cuanto a los mecanismos de protección de la cláusula de sumisión, si bien es evidente que en este caso no existe un instrumento semejante al art. 31.2 del Reglamento (UE) núm. 1215/2012, el demandado siempre podrá hacer uso de la declinatoria.

Alternativamente, se ha señalado que sería posible que un tribunal español adoptara una suerte de *antisuit injunction* para hacer valer el acuerdo de sumisión, si bien, dado que se trata de una medida cautelar ajena a las habituales en nuestro ordenamiento y que puede incluso implicar una injerencia en jurisdicciones ajenas, resulta en mi opinión sumamente dudoso que semejante medida cautelar pueda adoptarse.

Lo que sí es posible, sin embargo, es exigir daños como consecuencia del incumplimiento de una cláusula de sumisión expresa.

Ese es precisamente el supuesto resuelto por la sentencia del Tribunal Supremo de 12 de enero de 2009 (R. Ar. 2009/544). Se trataba de un contrato en el que las partes habían sometido sus controversias a los tribunales de Barcelona. Sin embargo, una de las partes, ignorando la cláusula de sumisión, decidió demandar ante los tribunales de Florida. El demandado formuló declinatoria en Florida, que fue estimada. Posteriormente, ese demandado acudió a los tribunales de Barcelona para reclamar una indemnización (consistente, en esencia, en los honorarios que había tenido que satisfacer a los abogados norteamericanos que le asistieron en Florida). La indemnización fue concedida.

4.3. Contratos de ámbito puramente doméstico. Art. 55 Ley de Enjuiciamiento Civil

Cuando el contrato no presenta ningún elemento de internacionalidad (porque ambas partes son españolas y el objeto del contrato también lo es), las partes generalmente se limitarán a someterse a algún tribunal nacional y por tanto no entrarán en juego las normas de competencia judicial internacional antes examinadas. En tales casos, la regulación nos viene establecida en el art. 55 de la Ley de Enjuiciamiento Civil que dice: «*Se entenderá por sumisión expresa la pactada por los interesados designando con precisión la circunscripción a cuyos tribunales se sometieren*».

5. OTRA ALTERNATIVA: SUMISIÓN A ARBITRAJE

Otra de las herramientas existentes en la litigación internacional es la de las cláusulas de sumisión a arbitraje. El arbitraje presenta una serie de ventajas frente a la jurisdicción, tales como la especialización del árbitro en determinadas materias, la posibilidad de que éste sea elegido por las partes, la flexibilidad del procedimiento, la neutralidad del foro -que normalmente no se corresponderá con el domicilio de ninguna de las partes-, la rapidez del procedimiento -puesto que no implica la existencia de dos instancias más un recurso extraordinario, sino de un procedimiento que acaba con un laudo firme que, a lo sumo, puede ser objeto de una acción de anulación por motivos tasados- y la facilidad de ejecutar el laudo gracias al Convenio de Nueva York de 1958.

En cuanto a los inconvenientes del arbitraje, se encuentra la menor previsibilidad del resultado -ya que no existe una jurisprudencia que los árbitros puedan seguir o que pueda dar previsibilidad a las partes sobre el futuro resultado-, la imposibilidad de recurrir el laudo por la firmeza del mismo -siendo la acción de anulación el único mecanismo para revocar el laudo-, los generalmente mayores costes del procedimiento arbitral, o la falta de capacidad del tribunal arbitral para ejecutar por sí mismo el laudo o las medidas cautelares que puedan adoptarse.

Una vez elegido el arbitraje como método de resolución de conflictos, las partes deberán escoger entre un arbitraje institucional o *ad hoc*. El primero aporta una gran seguridad al procedimiento debido a la infraestructura y reglas de procedimiento que las instituciones arbitrales ponen a disposición de las partes, lo que permite que el arbitraje se encuentre tutelado y supervisado en todo momento por la institución arbitral que, además, verificará la regularidad del procedimiento y del laudo arbitral.

Por su parte, el arbitraje *ad hoc* aporta mayor flexibilidad para diseñar el procedimiento y más confidencialidad, si bien no habrá un respaldo institucional que ayude a la resolución, no sólo de la disputa como tal, sino de otros incidentes que puedan surgir, como por ejemplo la dificultad de constituir un tribunal si una de las partes se opone a la celebración del arbitraje.

Junto a lo anterior, las partes deberán verificar con carácter previo a la redacción de la cláusula arbitral los específicos requerimientos de forma exigidos por la legislación del lugar de la sede del arbitraje. Asimismo, otras consideraciones que deberán tener en cuenta las partes es que la sede del arbitraje sea *arbitration friendly*.

El concepto *arbitration friendly* incluye que su ley de arbitraje sea moderna, que las materias susceptibles de sumisión a arbitraje sean amplias, que haya flexibilidad en cuanto al reconocimiento de la validez de la cláusula de arbitraje (esto es, que no se contengan requisitos estrictos para la validez de la cláusula), que exista la posibilidad de que los árbitros adopten medidas cautelares, que se permita a los árbitros decidir sobre su propia competencia (el principio *Kompetenz-Kompetenz*), que las partes puedan usar sus propios abogados, que se garantice la confidencialidad del procedimiento arbitral y el pleno respeto a la ley aplicable al fondo de la controversia elegida por las partes, que los árbitros puedan obtener fácilmente auxilio judicial para la práctica de pruebas, que se conceda la posibilidad de que los árbitros resuelvan en equidad si así lo acuerdan las partes, que los motivos de anulación del laudo estén tasados y que los tribunales judiciales no entren a revisar el fondo del asunto y que el Estado de la sede del arbitraje sea parte del Convenio de Nueva York de 1958.

Lo primero que hay que determinar en una cláusula arbitral son las controversias cuya resolución se pretende llevar a cabo por medio de un procedimiento arbitral. Lo normal es que la controversia no haya surgido todavía y que la cláusula arbitral se incluya en un contrato en previsión de que surja el conflicto. Por ello, conviene que el ámbito de aplicación de la cláusula sea lo más amplio posible. Deben evitarse por tanto redacciones restrictivas (que pueden dar lugar a que determinadas disputas que las partes querían someter a arbitraje queden excluidas de éste por una defectuosa redacción). Un ejemplo de redacción restrictiva, que debería evitarse, sería la siguiente: «*Todas las controversias que surjan durante la ejecución de este contrato serán sometidas a arbitraje de derecho...*».

Como es evidente, el problema que plantea esta redacción es que las cuestiones referentes a la validez, nulidad y, en general, a la propia formación del contrato, podrían no quedar sujetas a arbitraje, dependiendo de la interpretación que se atribuya a esta cláusula arbitral.

Por ello, y a fin de evitar incidentes fundamentalmente, al comienzo del arbitraje-que pueden alargarlo innecesariamente (e incluso hacerlo ineficaz), conviene que la redacción sea lo más amplia posible. Se sugiere, por ejemplo, la siguiente cláusula: «*Todas las controversias que surjan o se deriven directa o indirectamente de este contrato, incluidas las referidas a su existencia, validez y eficacia, estarán sometidas a arbitraje de derecho*».

6. CLÁUSULAS ESCALONADAS O *MULTI-TIER*

Las cláusulas escalonadas o *multi-tier* permiten someter el conflicto a un período previo de enfriamiento antes de acudir a la jurisdicción o al arbitraje. Este paso previo puede darse a través de la negociación, la mediación o a través de una *expert determination*, por ejemplo. Un ejemplo de cláusula escalonada sería la siguiente:

> «Cualquier disputa, controversia o reclamación que se plantee en relación con este contrato (en adelante, la Disputa) se someterá a mediación de acuerdo con las Reglas de Mediación de la CCI.
>
> Si la Disputa no ha sido resuelta siguiendo el procedimiento de mediación una vez hayan transcurrido sesenta días desde el comienzo de la mediación, o si cualquiera de las partes no participa en la mediación, la Disputa será finalmente resuelta a través de arbitraje de acuerdo con las Reglas de Arbitraje de la CCI. El Tribunal arbitral estará formado por tres árbitros. El lugar del arbitraje será la ciudad de Madrid, España. El idioma que se utilizará en el procedimiento arbitral será el español».

Este tipo de cláusulas tiene las siguientes finalidades:

i. Poner en conocimiento de la otra parte la existencia de la controversia y darle la oportunidad de obtener una solución «extra arbitral».

ii. «Enfriar» la controversia.

iii. Permitir que la resolución del conflicto sea escalonada, de manera que la solución adversarial (procedimiento judicial/arbitraje) se convierta en el último remedio (sólo si los demás pasos no dan resultado).

iv. Evitar los costes económicos y temporales que todo proceso encierra.

v. Permitir que las partes puedan reflexionar sobre los hechos que originan la controversia, agotando así las posibilidades de un acuerdo amistoso.

7. CARACTERIZACIÓN DEL PACTO DE NEGOCIAR CON CARÁCTER PREVIO AL ARBITRAJE DE LA CLÁUSULA ESCALONADA

7.1. ¿Cómo interpretar el pacto de negociar previo a la iniciación del arbitraje?

En las cláusulas *multi-tier* la obligación de negociar con carácter previo a la interposición de la reclamación puede tener distintas naturalezas. En concreto, esta obligación puede ser calificada como:

i. Condición suspensiva (*condition precedent*);
ii. Presupuesto procesal (*procedural arbitration requirement*); o
iii. Carga procesal.

La caracterización del pacto bajo una u otra figura tiene consecuencias de enorme relevancia respecto a extremos como su posible ejecución forzosa o la subsanabilidad del incumplimiento, por lo que resulta indispensable este análisis previo para llegar con posterioridad a conclusiones sobre esas cuestiones.

7.2. Condición suspensiva

La consideración de la obligación de negociar como una condición suspensiva implica que estas cláusulas impiden acceder al arbitraje (o a la jurisdicción) mientras el proceso de negociación no se haya llevado a cabo.

También ha sido considerado como un *pactum de non petendo* o una renuncia temporal a iniciar el arbitraje (o el litigio) hasta que no haya finalizado la negociación.

Esta postura ha sido particularmente mantenida por los tribunales norteamericanos en determinados supuestos (cuando las partes han querido claramente establecer la obligación de negociar con una *condition precedent* o suspensiva).

7.2.1. Crítica

Esta interpretación es correcta cuando las partes establezcan específicamente que la obligación previa a negociar es una condición suspensiva.

Sin embargo, debe tenerse en cuenta que cuando las partes establecen un sistema *multi-tier* para resolver sus disputas (que comienza con la obligación de negociar con carácter previo), en el que no se establece expresamente que esa obligación de negociar suspende el efecto de los siguientes escalones, el incumplimiento de la obligación de negociar no puede impedir la posibilidad de iniciar las restantes fases para la resolución del conflicto. De aceptarse esta tesis se desmontaría el sistema de resolución de conflictos planteado por las partes.

Será dentro del propio proceso jurisdiccional o arbitral donde habrán de examinarse los efectos del no cumplimiento del pacto de negociar previamente. O, dicho con otras palabras, otorgar efectos suspensivos (respecto a las demás fases para la resolución de la controversia) a la obligación de negociar supondría que, por el mero hecho de que esa negociación no se hubiera llevado a cabo, toda la estructura de resolución de conflictos creada por las partes para resolver su conflicto de la jurisdicción se vendría abajo.

7.3. Presupuesto procesal

Los presupuestos procesales son, en esencia, el conjunto de requisitos que condicionan el derecho a obtener una resolución sobre el fondo.

El incumplimiento del pacto de negociar con carácter previo a la reclamación no impediría la iniciación del procedimiento judicial o arbitral.

En otras palabras, se podrá iniciar el arbitraje o el procedimiento judicial pero no se podrá obtener una sentencia o laudo. No obstante, esta caracterización como presupuesto procesal sí daría lugar a que, mientras no fuera subsanado, no pudiera dictarse una resolución sobre el fondo, en la medida en que faltaría un requisito esencial para que se dictara la sentencia o laudo.

7.4. Carga procesal

Por carga procesal se entiende todo acto que es necesario ejecutar para prevenir un perjuicio procesal.

La parte interesada en la resolución de la controversia no está obligada a iniciar un período negociador con carácter previo al proceso jurisdiccional, pero el incumplimiento del pacto perjudicará sus expectativas de obtener una resolución favorable sobre el fondo mientras no sea subsanado.

7.5. Conclusión

Los pactos de negociar deben considerarse como presupuestos procesales o cargas procesales para poder acceder a una resolución sobre el fondo del asunto, por lo que su incumplimiento no debe impedir el acceso al procedimiento judicial o arbitral.

La decisión sobre las consecuencias corresponde a los tribunales judiciales o arbitrales, que han de decidir si el incumplimiento del pacto de negociar con carácter previo al arbitraje es subsanable o no y si procede por tanto la suspensión o el archivo del procedimiento. Dentro del ámbito de los procedimientos jurisdiccionales, en el caso concreto de los pactos de mediación incumplidos por la parte demandante, el art. 63 de la Ley de Enjuiciamiento Civil prevé el sobreseimiento del procedimiento.

8. LA REDACCIÓN DE LA CLÁUSULA ESCALONADA

La cláusula escalonada puede presentar numerosas ventajas en la medida en que permite en ocasiones resolver la controversia antes de que ésta se convierta en contenciosa (en sede judicial o arbitral), si bien ha de estar cuidadosamente redactada para evitar que, en vez de contribuir a la resolución de la controversia, genere disputas adicionales.

Precisamente por esta razón, es conveniente tener en cuenta las siguientes consideraciones a la hora de su redacción:

i. En muchas cláusulas arbitrales hay errores y en las escalonadas el riesgo de error se multiplica notablemente.
ii. Es conveniente marcar con claridad en la cláusula un hito que desencadene el inicio del proceso -por ejemplo: nombramiento de un mediador o el inicio formal del proceso negociador con indicación concreta de las materias que se someten a negociación-.
iii. Es esencial establecer también una duración para cada fase o, al menos, un hito que marque el cierre de cada fase -por ejemplo: carta de una parte a la otra indicando que entiende que las negociaciones han de darse por finalizadas o exigencia de carta formal comunicando el final de las negociaciones/mediación-.
iv. Como corolario a lo anterior conviene que, si la fase final es el arbitraje, no se indique que éste es facultativo sino que constituye el mecanismo de resolución de disputas al que las partes necesariamente deban acudir.
v. Debe existir identidad entre las controversias que se someten a negociación/mediación y las que finalmente deben resolverse por vía judicial o arbitral (de modo que no pueda entenderse que hay controversias que directamente puedan resolverse en arbitraje o en la jurisdicción).
vi. Debe además dejarse claro que la ejecución de las obligaciones por cada parte debe continuar, aunque se haya activado la cláusula escalonada.

9. EJECUTABILIDAD DEL PACTO DE NEGOCIAR

Finalmente, se ha planteado en ocasiones si, en el caso de que una de las partes intente evitar la fase de mediación o negociación previa propia de las cláusulas escalonadas, es posible la ejecución forzosa de la cláusula. La ejecutabilidad del pacto de negociar dependerá de si la obligación de negociar viene acompañada de parámetros que permitan determinar si dicha obligación se ha cumplido o no. Si el pacto es impreciso o genérico, no será ejecutable.

En conexión con la ejecutabilidad del pacto de negociar, merece destacarse también que, en ocasiones, se han solicitado *anti-suit injunctions* para paralizar arbitrajes iniciados sin observar el pacto de negociar previamente. Cabe mencionar a este respecto el caso *Commerce Bank NA v. DiMaria Construction Inc.* [2], donde el Tribunal Superior de New Jersey, en sentencia de 17 de abril de 1997, rechazó la petición de paralizar el arbitraje iniciado por DiMaria, al considerar que la cuestión de si el pacto de negociar previamente había sido cumplido o no correspondía a los árbitros («... *the trial court correctly construed the general arbitration clause in the contracts between Commerce and DiMaria to require the arbitrators to decide whether DiMaria was foreclosed for arbitrating because it did not file a claim with the architect or demand arbitration within twenty-one days of termination of the contracts*»).

En Derecho español, la solución para los casos en que uno de los pasos de la cláusula escalonada es la mediación se prevé en el art. 63 LEC, que permite la interposición de declinatoria. En caso de que la declinatoria fuese estimada, el procedimiento sería sobreseído.

10. EXPERT DETERMINATION

En ocasiones las partes dejan algunos extremos del contrato pendientes de determinación o concreción por un tercero experto.

Ocurre típicamente con la determinación del precio (o cláusulas de *earn-out*), cuando las partes no conocen todos los elementos que permiten su fijación (o los costes de negociación son muy elevados) y prefieren por tanto que un tercero experto sea quien lo determine.

Es común otorgar instrucciones precisas al *expert determinator* o arbitrador para que lleve a cabo el cálculo del precio (generalmente sobre la base de un Ebitda –*Earnings Before Interest, Taxes, Depreciation and Amortization*– que ha de ser obtenido por la sociedad objeto de la compraventa), instrucciones que deben ser escrupulosamente cumplidas por éste.

---

[2] *Commerce Bank v. DiMaria Construction*, 300 N.J. Super. 9 1997.

Debe indicarse que, en rigor, el arbitrador no resuelve una controversia sino que, meramente, integra el contrato conforme a las instrucciones que le han dado las partes. Precisamente por esa razón el arbitrador no es árbitro, sino una persona designada por las partes para completar el contrato.

La figura del *expert determinator* o arbitrador se encuentra recogida en el art. 1447 del Código Civil y tiene amplia trayectoria en nuestro Derecho histórico.

Es habitual que en este tipo de cláusulas de *expert determination* se indique que la decisión del arbitrador es obligatoria y vinculante para las partes. *A priori*, eso parecería indicar que contra la misma no cabe impugnación alguna. Sin embargo, tal conclusión no es correcta. La decisión del arbitrador puede ser impugnada por una serie de motivos tasados conforme al sistema de resolución de disputas pactado por las partes (arbitraje o jurisdicción).

De ahí que quepa afirmar que en la práctica la *expert determination* forma parte del sistema escalonado de resolución de disputas (o, si se prefiere, de la arquitectura contractual pactada por las partes al efecto).

Los motivos por los que la decisión del arbitrador puede ser impugnada son, en esencia, los siguientes:

i. Dolo u otros vicios de la voluntad.
ii. Actuación gravemente contraria a la *lex artis*.
iii. Apartamiento de las instrucciones otorgadas por las partes.
iv. Incongruencia *extra petita*, en la medida en que supone un apartamiento del mandato dado por las partes.
v. Errores evidentes o manifiestos.
vi. Contradicción interna de la propia decisión.

Debe decirse que las partes pueden renunciar *ex ante* a la impugnación de la decisión del arbitrador, en ejercicio de su autonomía de la voluntad (salvo, naturalmente, en el caso de dolo).

11. CLÁUSULAS HÍBRIDAS

Por último, debemos considerar las conocidas como cláusulas híbridas o mixtas. Se trata de pactos de resolución de disputas en las que una o ambas partes tienen la potestad de decidir, de entre los foros de sumisión pactados, cuál es el más adecuado para resolver la disputa. Un ejemplo típico de cláusula híbrida sería aquella en la que se permite a las partes elegir entre acudir a la jurisdicción o al arbitraje.

Estas cláusulas mixtas pueden ser simétricas -o bilaterales- y asimétricas -o unilaterales-. Las cláusulas híbridas simétricas son aquellas que permiten a todas las partes del contrato elegir entre la jurisdicción o el arbitraje.

Por su parte, en las cláusulas híbridas asimétricas, esta elección se reserva sólo a una de las partes, debiendo la otra aceptar esta decisión.

Las cláusulas híbridas presentan la evidente ventaja de que permiten dejar la elección del método de resolución de disputas para el momento en que éstas se plantean, que es además cuando las partes suelen estar mejor preparadas para determinar el medio más idóneo para resolver el conflicto.

Aunque puede preferirse la certidumbre que genera el pacto de sumisión expresa a un único foro de forma exclusiva, por diversas razones puede ser conveniente diferir la elección del método de resolución de disputas al momento en que surge el conflicto.

La validez de las cláusulas híbridas, tanto por su carácter híbrido como por la asimetría que suelen presentar, se encuentra en discusión en el ámbito internacional. Ello se debe a que, a pesar de que estos pactos de sumisión comienzan a ser cada vez más frecuentes, son pocas las jurisdicciones que se han posicionado claramente a favor de su admisión.

En España, estas cláusulas están aceptadas cuando se celebran entre empresarios o profesionales en el desarrollo de su actividad (no así cuando se incluyen en contratos con consumidores o en condiciones generales). Tradicionalmente, en España se había dudado de la validez de estas cláusulas, con independencia de que la opción de escoger entre jurisdicción o arbitraje se le concediera a una sola parte o a ambas.

Es muy relevante a estos efectos el auto de la Audiencia Provincial de Madrid de 18 de octubre de 2013 (R. Ar. 2013\354923), el cual se manifiesta a favor de la validez de las cláusulas híbridas.

Mediante esta decisión, la Audiencia Provincial resolvió un caso sobre dos contratos, uno de distribución y otro de servicios, suscritos entre un fabricante de camiones holandés y un concesionario español. Los dos contratos incluían una cláusula de resolución de disputas que facultaba a ambas partes a elegir entre acudir al Instituto de Arbitraje de los Países Bajos o a los tribunales de s'Hertogenbosch (Holanda).

El concesionario ignoró esta cláusula e interpuso demanda ante los tribunales de Madrid. El juzgado de lo Mercantil desestimó la demanda al considerar que carecía de jurisdicción en virtud de la cláusula suscrita por las partes.

En apelación, la Audiencia Provincial de Madrid confirmó la resolución de primera instancia declarando la falta de jurisdicción de los tribunales españoles. En su auto, reconoce la validez de las cláusulas híbridas que combinan la sumisión a arbitraje con la sumisión a jurisdicción.

Aunque el auto no se pronuncie acerca de las cláusulas que combinan dos o más jurisdicciones, parece lógico aceptar también esa modalidad en virtud del propio art. 25 Reglamento (UE) núm. 1215/2012.

Tampoco se manifiesta la Audiencia Provincial sobre las cláusulas híbridas asimétricas, manteniéndose las dudas sobre su validez.

En conclusión, las cláusulas híbridas presentan ciertas ventajas que, en la práctica, pueden hacer conveniente su inclusión en un contrato. En particular, permiten diferir la elección definitiva del foro aplicable hasta el mismo momento del nacimiento del conflicto. No obstante, puesto que la admisibilidad de estos pactos no es clara, su inclusión en un contrato puede conllevar el riesgo de que finalmente puedan no resultar aplicables. Este riesgo puede incrementarse cuando el contrato en el que se pretende la inclusión de una cláusula híbrida incluye algún elemento internacional, dada la diferente valoración de estas cláusulas en las distintas jurisdicciones.

En cualquier caso, la inseguridad que generan puede reducirse -y en muchos casos incluso eliminarse- si antes de incluir una de estas cláusulas en un contrato se tienen en cuenta ciertos extremos, tales como (i) evitar la asimetría de la cláusula salvo que ésta resulte imprescindible -por el riesgo que existe de nulidad o ineficacia de la cláusula híbrida en algunas jurisdicciones-, (ii) seleccionar cuidadosamente la ley conforme a la que se examinará la cláusula híbrida (esto es, la correspondiente a las jurisdicciones en ella incluidas) -de forma que se asegure que el acuerdo es válido conforme a esas legislaciones- y, (iii) redactar con claridad la cláusula híbrida para que el pacto de sumisión cumpla su función y no se convierta en un obstáculo para la resolución del conflicto.

12. TUTELA CAUTELAR EN LA LITIGACIÓN INTERNACIONAL

Un último aspecto a señalar brevemente en esta exposición es el relativo al papel de las medidas cautelares en la litigación transfronteriza. Las medidas cautelares tienen como finalidad garantizar la efectividad de la sentencia que en su día se dicte.

La tutela cautelar comprende la posibilidad de solicitar medidas cautelares ante el tribunal donde éstas deban cumplirse o ejecutarse (aunque ese tribunal no sea el que conozca del procedimiento principal).

Así se reconoce expresamente en el art. 35 del Reglamento (UE) núm. 1215/2012:

> «Podrán solicitarse a los órganos jurisdiccionales de un Estado miembro medidas provisionales o cautelares previstas por la ley de dicho Estado miembro, incluso si un órgano jurisdiccional de otro Estado miembro es competente para conocer del fondo del asunto».

Mención especial merecen las medidas cautelares en apoyo del arbitraje. Si bien es cierto que el arbitraje está expresamente excluido del ámbito del Reglamento, no lo es menos que si los derechos e intereses que se intentan proteger mediante una medida cautelar son subsumibles dentro del ámbito de aplicación del Reglamento, nada impediría que esa medida cautelar pudiera adoptarse con independencia de que se haga en el contexto de un procedimiento arbitral.

Por lo tanto, si el objeto de la solicitud de medidas cautelares se encuentra dentro del ámbito material del Reglamento, éste será de aplicación.

Un ejemplo del uso de medidas cautelares en apoyo del arbitraje se encuentra en la sentencia de la Audiencia Provincial de Barcelona 55/2010, de 4 de marzo (R. Ar. 2010\278073).

Esta resolución traía causa de un «contrato de piloto» por el que el demandante se obligaba a participar en las carreras y test del campeonato de automovilismo GP2 SERIES.

Por su parte, la demandada, una escudería italiana, debía poner a disposición del demandante un coche y toda la asistencia técnica necesaria. Tras haber participado en dos carreras, la demandada resolvió el contrato anticipadamente por un supuesto incumplimiento de la obligación de mostrar los signos distintivos de los patrocinadores.

De acuerdo con el contrato, todas las controversias que derivaran de éste serían resueltas en arbitraje en Perugia.

Ante la proximidad de la siguiente carrera en Montmeló, se solicitó la adopción de una medida cautelar *inaudita parte* contra la parte demandada.

La medida consistía en obligar a la demandada a la puesta a disposición del coche al piloto y a su asistencia técnica, especialmente en la prueba del Gran Premio de España celebrado en el circuito de Montmeló.

La medida cautelar fue concedida y confirmada por la Audiencia Provincial.

La sala confirmó que era competente el tribunal del lugar donde el laudo debiera ser ejecutado o el del lugar donde las medidas fueran a surtir efecto. En este supuesto, el lugar donde la medida cautelar iba a surtir efecto era el circuito de Montmeló, dentro del partido judicial de Mollet del Vallés, por lo que efectivamente sus tribunales eran territorialmente competentes.

BIBLIOGRAFÍA

ÁLVAREZ ARJONA, José María y ARANBURU URIBARRI, Estíbaliz: «La cláusula relativa a la resolución de conflictos», en ÁLVAREZ ARJONA, José María (director) y CARRASCO PERERA, Ángel (director): *Adquisiciones de Empresas*, España: Editorial Aranzadi, S.A., 2010 (3ª ed.), pp. 525582.

BARRETT, Elizabeth y WARNA-KULA-SURIYA, Sanjev: «Hybrid Dispute Resolution Clauses», *Slaughter and May*, 29 de junio de 2006, *http://www.slaughterandmay.com/media/39694/hybrid_dispute_resolution_clauses.pdf* [consulta: 24 de febrero de 2016].

BROICHMANN, Alice: «Disputes in the Fast Lane: Fast-Track Arbitration in Merger and Acquisition Disputes», *International Arbitration Law Review*, 4, 2008, pp. 143152.

CAPIEL, Luis: «Novedades en el Reglamento Bruselas I Refundido», *Actualidad Jurídica Uría Menéndez*, 40, 2015, pp. 142-147.

CARRASCOSA GONZÁLEZ, Javier: «La autonomía de la voluntad conflictual y la mano invisible en la contratación internacional», *La Ley*, 7847, 2012.

CEBRIÁN SALVAT, María Asunción: «Estrategia procesal y litigación internacional en la Unión Europea: distinción entre materia contractual y extracontractual», *Cuadernos de Derecho Transnacional*, 2, vol. 6, octubre 2014, pp. 315-329.

DE MIGUEL ASENSIO, Pedro Alberto: «El nuevo reglamento sobre competencia judicial y reconocimiento y ejecución de resoluciones», *La Ley*, 8013, 2013, pp. 14.

EHLE, Bernd D.: «Arbitration as a Dispute Resolution Mechanism in Mergers and Acquisitions», en CAMPBELL, Dennis (Editor General) y WOODLEY, Susan (Editora del volumen): *The Comparative Law yearbook of International Business*, vol. 27, Austria: Center for International Legal Studies Salzburg, 2005, pp. 287309.

EHLE, Bernd y SCHERER, Matthias: «Arbitration of International M&A Disputes», *IPBA Journal*, 47, 2007, pp. 2328.

FERNÁNDEZ ROZAS, José Carlos: «El Reglamento Bruselas I revisado y el arbitraje: crónica de un desencuentro», *La Ley*, noviembre de 2013.

FILE, D. Jason: «United States: multi-step dispute resolution clauses», *IBA Legal Practice Division, Mediation Committee Newsletter*, 1, julio 2007, pp. 3337.

GARAU SOBRINO, Federico F.: *Los acuerdos internacionales de elección de foro*, Pamplona: Editorial COLEX, S.A., 2008.

GARCIMARTÍN ALFÉREZ, Francisco J. y SÁNCHEZ FERNÁNDEZ, Sara: «El nuevo Reglamento Bruselas I: qué ha cambiado en el ámbito de la competencia judicial», *Revista Española de Derecho Europeo*, 48, 2013, pp. 935.

GARCIMARTÍN ALFÉREZ, Francisco J.: «Lecciones: reconocimiento y ejecución de sentencias extranjeras en España», *Almacén de Derecho*, Lecciones, 10 de septiembre de 2015, *http://almacendederecho.org/lecciones/* [consulta: 24 de febrero de 2016].

GARCIMARTÍN ALFÉREZ, Francisco J.: *Derecho Internacional Privado*, Pamplona: Editorial Aranzadi, S.A., 2016 (3ª ed.).

HALL, Richard y PITKOWITZ, Matthias M.: «TailorMade - Unique Dispute Resolution Clauses in M&A Agreements», *New York Dispute Resolution Lawyer*, 2, vol. 5, 2012, pp. 2932.

JOLLES, Alexander: «Consequences of Multi-tier Arbitration Clauses: Issues of Enforcement», *The Chartered Institute of Arbitrators*, 72, Arbitration 4, 2006, pp. 329338.

KAYALI, Didem: «Enforceability of Multi-Tiered Dispute Resolution Clauses», *Journal of International Arbitration*, 6, vol. 27, 2010, pp. 551577.

LÓPEZ DE ARGUMEDO, Álvaro y BALMASEDA, Constanza: «La controvertida validez de las cláusulas híbridas y asimétricas en Europa. A propósito del auto de 18 de octubre de 2013 de la Audiencia Provincial de Madrid», *La Ley*, 8258, 2014, pp. 1118.

LÓPEZ DE ARGUMEDO, Álvaro y BALMASEDA, Constanza: «The Dispute Validity of Hybrid and Asymmetric Clauses in Europe: a Review of the Decision of the High Court of Appeal of Madrid of 18 October 2013», *Spain Arbitration Review: Revista del Club Español del Arbitraje*, 19, 2014, pp. 5570.

LÓPEZ DE ARGUMEDO, Álvaro: «El pacto de negociar con anterioridad a la iniciación del arbitraje», en SOTO COAGUILA, Carlos Alberto (Director): *Tratado de Derecho arbitral. El Convenio Arbitral*, tomo II, Bogotá: Instituto Peruano de Arbitraje, 2011, pp. 69-84.

LÓPEZ DE ARGUMEDO, Álvaro: «Las cláusulas de resolución de disputas en los contratos de compraventa de empresas», en SEBASTIÁN QUETGLAS, Rafael (Director) y JORDANO LUNA, Martín (Coordinador): *Manual de fusiones y adquisiciones de empresas*, Las Rozas (Madrid): Wolters Kluwer, 2016.

LÓPEZ DE ARGUMEDO, Álvaro: «Medidas cautelares en arbitraje internacional y nacional», *La Ley*, 4 de mayo de 2000.

LÓPEZ DE ARGUMEDO, Álvaro: «Multi-Step Dispute Resolution Clauses», en ARIAS, David (Editor) y FERNÁNDEZ-BALLESTEROS, Miguel Ángel (Editor): *Liber amicorum. Bernardo Cremades*, Las Rozas (Madrid): La Ley, 2010, pp. 733745.

MANSILLA Y MEJÍA, María Elena: «Convención sobre los acuerdos de elección de foro de 2005», *Anuario Español de Derecho Internacional Privado*, t. XIV-XV, 2014-2015, pp. 721-736.

SÁNCHEZ LORENZO, Sixto: «El nuevo sistema de reconocimiento y ejecución de resoluciones en el Reglamento (UE) 1215/2012 (Bruselas I bis)», *La Ley Unión Europea*, 25, 2015, p. 5.

SEGESSER, Georg Von: «Dispute Resolution in M&A Transactions», *International Law Office*, 14 de junio de 2006, *http://www.internationallawoffice.com/Newsletters/Corporate-FinanceMA/Switzerland/Schellenberg-Wittmer/Dispute-Resolution-in-MA-Transactions* [consulta: 24 de febrero de 2016].

SUDEROW, Julia: «Nuevas normas de litispendencia y conexidad para Europa: ¿El ocaso del torpedo italiano? ¿Flexibilidad versus previsibilidad?», *Cuadernos de Derecho Transnacional*, 1, vol. 5, marzo 2013, pp. 184-198.

VIRGÓS SORIANO, Miguel (Coordinador): *Legislación sobre arbitraje = Legislation on arbitration*, Cizur Menor (Navarra): Editorial Aranzadi, S.A., 2007.

VIRGÓS SORIANO, Miguel y GARCIMARTÍN ALFÉREZ, Francisco J.: *Derecho Procesal Civil International Litigación Internacional*, Cizur Menor (Navarra): Editorial Aranzadi, S.A., 2007 (2ª ed.).

Convención sobre el reconocimiento y la ejecución de las sentencias arbitrales extranjeras, Conferencia de las Naciones Unidas sobre Arbitraje Comercial Internacional, Naciones Unidas, 1958.

Directrices de la IBA para la Redacción de Cláusulas de Arbitraje Internacional, adoptadas por Resolución del Consejo de la IBA de 7 de octubre de 2010, Londres: International Bar Association, 2010.

LA AUTONOMÍA JURISDICCIONAL EN EL SISTEMA AUTÓNOMO ESPAÑOL DE COMPETENCIA TRAS LA REFORMA DE LA LOPJ

CLARA ISABEL CORDERO ÁLVAREZ

Profesora Contratada Doctor (interina)
Universidad Complutense de Madrid

1. INTRODUCCIÓN

El verano de 2015 ha sido especialmente prolífico por lo que a la disciplina de Derecho internacional privado se refiere, adoptándose por el legislador nacional distintas normas -con diverso rango legal- que inciden significativamente en la reglamentación de los distintos sectores normativos del sistema autónomo español de Derecho internacional privado: competencia judicial internacional, Derecho aplicable y reconocimiento y ejecución de decisiones extranjeras. De todas estas modificaciones legislativas en este trabajo nos centraremos en la que la LO 7/2015, de 21 de julio[1], ha realizado en las reglas internas de competencia judicial internacional con la modificación de la LOPJ -con los nuevos artículos 22 a 22 *nonies*-, y, en particular, dentro de ésta, formularemos algunas reflexiones sobre cómo queda el juego de la autono-

[1] *BOE* núm. 174 de 22 de julio de 2015.

mía de la voluntad de las partes en la concreción de la competencia de los tribunales españoles tras la reforma (art. 22 *bis* LOPJ).

El objeto de este trabajo es concreto: no sólo poner de manifiesto las incoherencias, las deficiencias y cuestiones interpretativas que genera el texto revisado, sino tratar de ofrecer posibles soluciones a todas estas cuestiones para que resulte una aplicación coherente de esta norma de competencia tanto en lo que respecta al sistema español como en relación con las normas supranacionales aplicables (europeas e internacionales). Asimismo, dentro del ámbito de aplicación del art. 22 *bis* LOPJ, se traerá a colación la cuestión de la posible virtualidad sobre la competencia judicial internacional de ciertas normas internas, que en relación con el Reglamento (UE) nº 1215/2012 (en adelante, el RBI *bis*)[2] quedan sin efecto en el ámbito internacional, circunscribiendo su alcance únicamente a la competencia interna para aquellos supuestos que queden fuera del instrumento europeo y, por lo tanto, dentro del margen de aplicación de este precepto (por ejemplo la Disposición Adicional Segunda de la Ley sobre el Contrato de Agencia), en particular respecto del alcance de la *derogatio fori* de los tribunales españoles.

La reciente reforma de la LOPJ trata de actualizar -según declara el legislador en la exposición de motivos- entre otras cuestiones las reglas internas de competencia judicial internacional con la introducción de los nuevos artículos 22 a 22 *nonies*. Partiendo de la conveniencia de esa actualización, en especial teniendo en consideración la evolución en este sector normativo del Derecho europeo, la reforma practicada resulta ciertamente cuestionable en algunos extremos, como por ejemplo el relativo al juego de la autonomía de la voluntad de las partes en la concreción de la competencia de los tribunales españoles tras esta revisión. En este particular ámbito, adelantándonos al contenido del trabajo, cabe referir que hay algunos párrafos del nuevo texto que son absurdos, otros reiterativos e incluso algunos de muy difícil o imposible aplicación.

La conveniencia de este trabajo reside en que pese a que la trascendencia práctica de la norma de competencia de la autonomía jurisdiccional contenida en el art. 22 *bis* de la LOPJ sea limitada -lo que justifica que parte de este estudio se centre en el análisis de su ámbito de aplicación-, esto no quiere decir que este precepto sea inservible. Aunque residual, esta norma de fuente interna tiene su ámbito de aplicación, tanto para situaciones intracomunitarias en aquellas materias no comunitarizadas, como en relación con terceros Estados no UE[3]; fundamentalmente para conocer de

---

[2] Reglamento de 12 de diciembre de 2012, relativo a la competencia judicial, el reconocimiento y la ejecución de resoluciones judiciales en materia civil y mercantil (*DOUE* L 351/1 de 20.12.2012).

[3] Dentro de esta clasificación se encontrará Reino Unido, cuando tras el denominado "Brexit" del pasado junio de 2016 se concluya el proceso de separación de la UE previsto en el art. 50 TFUE. Con independencia del domicilio de las partes, la condición de tercer Estado del Reino

litigios en materias no reguladas por el RBIbis como consecuencia de la extensión universal del ámbito de aplicación espacial de este instrumento dentro de su ámbito material -esto es con independencia de las partes, en lo que al foro de autonomía de la voluntad como criterio de atribución de competencia a los tribunales de Estados miembros se refiere[4]-.

Como se verá a lo largo de este trabajo, no son pocas las cuestiones que con la nueva redacción se generan a este respecto. En primer lugar, con la versión revisada de la LOPJ quizá la posibilidad de elección de los tribunales españoles -dentro de su ámbito de aplicación- se haya perdido para las partes si se toma en consideración el tenor literal del texto contenido en el art. 22 *bis*. La redacción de este precepto resulta ciertamente desafortunada. Son varios los motivos los que sustentan esta afirmación y a los que se hará referencia, pero quizá uno destaca por encima del resto por cuanto que impide directamente en la práctica la aplicación de esta regla de competencia. Así, el nuevo artículo 22 *bis* incorpora *ex novo* una condición injustificada para su aplicación: que se trate de materias *en que una norma expresamente lo permita*. Este inciso resulta del todo injustificado e impide precisamente la funcionalidad de esta regla de atribución de competencia, pues este requisito adicional -al margen de la concurrencia de voluntades entre las partes- no puede tener otro resultado que eliminar la utilidad que pudiera tener este artículo en el ámbito material que su aplicación residual le permitía. Dado que no existen tales normas, allí donde el art. 22 *bis* sigue siendo aplicable, esta exigencia -sin sentido- desactiva cualquier posibilidad de recurso a este precepto.

Otras cuestiones relevantes surgen de la compleja y asistemática redacción de esta norma-y en general de la falta de coherencia entre sí de los nuevos artículos adicionados por la LO 7/2015-, lo que va a obligar al juzgador, en particular, y en general a todos los operadores del Derecho, a realizar una labor extra interpretativa de reconstrucción y racionalización del revisado sistema interno de competencia judicial internacional[5].

Unido determinará la aplicación de la LOPJ, a falta de régimen alternativo de aplicación preferente (como sería algún convenio internacional), en especial su art. 22 *ter*- respecto de aquellas situaciones en las que las partes se sometan a los tribunales de Reino Unido, toda vez que el RBIbis no regula la eficacia de los acuerdos de prórroga de competencia a favor de tribunales de terceros Estados. Sobre las consecuencias de la salida de Reino Unido de la UE en la aplicación de los instrumentos de la Unión que regulan la competencia judicial, la ley aplicable y el reconocimiento de resoluciones judiciales en materias de Derecho privado, véase P. A. De Miguel Asensio, "Brexit y litigios internacionales: primeras reflexiones", *Diario La Ley*, Nº 8791, Sección Opinión, 27 de Junio de 2016; R. Arenas García, "Brexit y Derecho Internacional Privado", *Diario La Ley*, Nº 8797, Sección Opinión, 6 de Julio de 2016.

[4] *Vid.* Artículos 6.1 y 25.1 del RBIbis.

[5] En este sentido ya se ha manifestado la doctrina nacional, entre otros, *vid.* F. J. Garcimartín Alférez, "La competencia judicial internacional en la reforma de la Ley Orgánica del Poder Judicial", *La Ley*, nº 8614, 28 septiembre 2015, pp. 1-11, en esp. p. 1.

2. APLICABILIDAD DE LA NORMA DE COMPETENCIA

El artículo 22 *bis* resultará operativo para fundamentar la competencia de los tribunales españoles en aquellas materias que caen fuera del ámbito de aplicación primero de los instrumentos europeos y, después, de los textos internacionales suscritos por España (o aplicables como Estado miembro de la UE). En primer lugar, respecto de los instrumentos europeos diferenciamos, por un lado, los de carácter general en materia civil y mercantil, esto es, el RBIbis, cuyas cláusulas de jurisdicción se aplican con total independencia del domicilio de las partes en virtud de los arts. 6.1 y 25.1 dentro de su ámbito material de aplicación (art. 1) y, por otro, los instrumentos especiales.

En materias particulares nos encontramos el Reglamento (CE) nº 2201/2003[6] (en adelante, RBIIbis*)*, en el que la autonomía de la voluntad de las partes en la elección del foro está limitada y condicionada al cumplimiento de específicas condiciones (concretadas en materia de crisis matrimoniales en el art. 3.1 a) IV y en el art. 12 para los litigios sobre responsabilidad parental). En materia de alimentos, en el Reglamento (CE) nº 4/2009[7] (en adelante, RBIII) los arts. 4 y 5 regulan, respectivamente, los supuestos de sumisión expresa y tácita, siendo la elección expresa de foro de carácter restringido y diferenciada en función de quiénes son el acreedor y deudor de alimentos -eliminando esta posibilidad para litigios relativos a la obligación de alimentos respecto de menores de 18 años-, y libre la tácita por comparecencia del demandado ante los órganos jurisdiccionales de un Estado miembro. Finalmente, en materia de sucesiones el Reglamento (UE) nº 650/2012[8] permite la elección de la jurisdicción de un Estado miembro cuando la ley elegida por el causante para regir la sucesión haya sido su *lex fori* (art. 5).

Entre los textos internacionales aplicables por España en este ámbito necesariamente ha de referirse el Convenio de la Haya sobre acuerdo de elección de foro, de 30 de junio de 2005[9] -en este caso como Estado miembro de la UE-. A grandes rasgos este texto convencional será aplicable en las relaciones entre los países de la UE y México, único país no miembro de la UE que hasta ahora lo ha ratificado (a la espera

---

6 Reglamento de 27 de noviembre de 2003 relativo a la competencia, el reconocimiento y la ejecución de resoluciones judiciales en materia matrimonial y de responsabilidad parental, por el que se deroga el Reglamento (CE) nº 1347/2000 (DO L 338 de 23.12.2003, p. 1).

7 Reglamento de 18 de diciembre de 2008 relativo a la competencia, la ley aplicable, el reconocimiento y la ejecución de las resoluciones y la cooperación en materia de obligaciones de alimentos (*DOUE* L 7/1 de 10.1.2009).

8 Reglamento de 4 de julio de 2012, relativo a la competencia, la ley aplicable, el reconocimiento y la ejecución de las resoluciones, a la aceptación y la ejecución de los documentos públicos en materia de sucesiones mortis causa y a la creación de un certificado sucesorio europeo (*DOUE* L 201/107 de 27.7.2012).

9 Aplicable a los acuerdos de elección de foro celebrados a partir del 1 de octubre de 2015 (art. 16.1) (texto disponible en *DOUE* L 133/3 de 29.5.2009).

de la que pueda hacer el Reino Unido tras la consolidación de sus salida de la UE), en aquellas materias no excluidas de su ámbito material; sin que obviamente sea de aplicación entre Estados miembros de la UE por el ya referido alcance universal del art. 25 RBIbis.

Por lo que respecta a la cuestión que nos ocupa, en materia de competencia (arts. 5 a 7) este Convenio establece los dos efectos de los acuerdos de elección de foro: la eficacia atributiva de competencia al tribunal designado, así como su eficacia derogatoria de la competencia de los tribunales de los demás Estados, pero para ello debe tratarse de un supuesto litigioso que entre dentro de su limitado ámbito de aplicación. Este Convenio sólo resulta aplicable a los acuerdos exclusivos de elección de foro, esto es, aquellos que designan los tribunales de un Estado -o un lugar- salvo que las partes hayan previsto que tal pacto no excluye la competencia de cualquier otro tribunal, y siempre que no se trate de ninguna de las materias excluidas conforme al art. 2 (entre ellas cabe reseñar los contratos de consumo y trabajo, así como el transporte de pasajeros y de mercancías). No obstante, aun dándose todas estas circunstancias, dado que el RBIbis prevalece en su aplicación sobre el Convenio (art. 26.6.a) del Convenio) salvo cuando el demandante o el demandado tengan su residencia en un Estado contratante del Convenio que no sea miembro del RBIbis, esto se traduce en que en la actualidad cuando el acuerdo de elección es a favor de los tribunales de un Estado miembro del RBIbis -incluida España- sólo resulta aplicable el Convenio si una de las partes tiene su residencia en México. Y lo mismo respecto de las eventuales consecuencias del efecto negativo o derogatorio del acuerdo sobre la jurisdicción española previsto en el texto convencional (recogido en el art. 6 relativo a las obligaciones de un tribunal no elegido), que solo tendrá virtualidad cuando las partes hayan designado los tribunales de un Estado miembro del Convenio que no lo sea del RBIbis, es decir, de momento, únicamente cuando se hayan sometido a un tribunal de México. En consecuencia, desde la perspectiva española este Convenio será relevante, por cuanto a los efectos prorrogatorios de competencia se refiere, cuando el acuerdo de elección de foro sea en exclusiva a favor de la jurisdicción española y alguna de las partes tenga su residencia en México -y sea una materia no excluida-; y en *sensu contrario*, respecto de la eficacia derogatoria del acuerdo sobre nuestra jurisdicción, cuando dicho acuerdo en exclusiva sea a favor de los tribunales mexicanos [10] (dejando al margen la posibilidad de su aplicación en las relaciones entre Estados UE, y por tanto España, y Reino Unido si tras su salida de la Unión ratifica el mismo[11]).

---

[10] Sobre el ámbito de aplicación de este Convenio y cómo se relaciona con otros instrumentos aplicables en la materia *vid.* P. A. De Miguel Asensio, "Entrada en vigor y aplicación del Convenio de La Haya sobre acuerdos de elección de foro", 1 de octubre de 2015, *http://pedrodemiguelasensio.blogspot.com.es/search?q=convenio+de+la+haya+sobre+elecci%C3%B3n+de+foro*

[11] En caso de que el Reino Unido continuara vinculado por este Convenio, éste sería aplicable para fundamentar la competencia de España en caso de elección a favor de los tribunales

En definitiva, en todos aquellos casos en los que resulte de aplicación un reglamento europeo o un convenio internacional, dada la aplicación jerárquica de los sistemas de Derecho internacional privado, el art. 22 *bis* LOPJ jugará fundamentalmente como regla de competencia indirecta en nuestros tribunales. Queda así relegada su eficacia directa -como fundamento de la competencia de los tribunales españoles- para aquellos supuestos litigiosos sobre materias que caen fuera del ámbito de aplicación de los instrumentos europeos y de los convenios internacionales (y en los mismos términos, el art. 22 *ter* número 4 LOPJ respecto del efecto derogatorio expreso de la cláusula de elección a jurisdicción extranjera).

Dentro de las materias excluidas de los instrumentos europeos y de los textos convencionales que permitirían el recurso al sistema de fuente interna de competencia contenido en la LOPJ estaría por ejemplo todavía el caso de las relaciones patrimoniales entre cónyuges, dentro y fuera de la UE[12]. Especialmente en este ámbito material tiene sentido que las partes puedan elegir el tribunal competente para conocer de las cuestiones que surjan entre ellas. A estos efectos, la posibilidad de otorgar capitulaciones entre los contrayentes o cónyuges para reglamentar el régimen económico matrimonial sería la sede natural para la incorporación de una cláusula de elección de foro, que debería de analizarse a la luz de este nuevo precepto para determinar su aplicabilidad. Cabría referir otros ejemplos que caen dentro del ámbito de aplicación de la norma interna, como son las acciones relativas al establecimiento de la filiación, no obstante la libertad de elección de foro en esta materia está restringida por su naturaleza, tal y como se deriva del art. 22 *quarter* letra d) LOPJ.

Asimismo, también podría indicarse la eventual virtualidad de la norma de competencia del art. 22 *bis* LOPJ como foro residual en aquellos instrumentos europeos que esté prevista esta técnica de remisión (como sería el caso del artículo 7 del RBIIbis*)*. Finalmente, otra de las posibilidades en las que este precepto podría seguir siendo aplicable sería aquellos supuestos en los que aun estando dentro del ámbito patrimonial -y por lo tanto reglamentado por el RBIbis- exista una sumisión tácita a los tribunales españoles en relación a demandados domiciliados en terceros Estados

nacionales si una de las partes tiene su residencia en el Reino Unid. Por otra parte, también sería relevante en lo que respecta a la eficacia derogatoria del acuerdo (art. 6 del Convenio), cuando las partes hubieran designado los tribunales del Reino Unido.

12 Si bien el 16 de marzo de 2011 la Comisión adoptó las dos primeras propuestas de Reglamentos sobre los regímenes patrimoniales de las parejas internacionales: uno para las parejas casadas (COM (2011) 126) y otro para las parejas de hecho registradas (COM (2011) 127), no ha sido posible alcanzar la necesaria unanimidad de los hasta ahora 28 Estados miembros, por lo que la única vía posible es la cooperación reforzada. España es uno de los 17 Estados miembros que están dispuestos a sumarse a esta iniciativa. En el momento en el que eventualmente entre en vigor un futuro Reglamento de cooperación reforzada que regule las normas de competencia judicial internacional en esta materia, la LOPJ -y con ella el art. 22 *bis* - será desplazada totalmente en este ámbito por la norma institucional.

no miembros, si se entiende que el artículo 26 RBIbis no cubre estos casos[13]. Si por el contrario se admite que el artículo 26 RBIbis se aplica con independencia de dónde esté domiciliado el demandado -según la opinión más extendida la doctrina[14]-, desde la perspectiva de la jurisdicción española este precepto entraría en juego sólo con que las partes se sometan tácitamente a los tribunales españoles, cualquiera que sea el domicilio del demandado o del demandante. En definitiva, el artículo 26 RBIbis se aplicaría en todos los casos (en materias cubiertas por el RBIbis), por lo que siempre que las partes y cualquiera que sea su nacionalidad o domicilio se sometan tácitamente a un tribunal español, éste ha de valorar dicha sumisión y aceptar la competencia conforme al artículo 26; con lo que el concepto de sumisión tácita que pudiese derivarse del artículo 22 *bis* I LOPJ no sería aplicable nunca. Esta cuestión es relevante en la práctica desde el momento en que el concepto de sumisión tácita es distinto y se interpreta de diversa manera en el artículo 26 RBIbis y en el 22 *bis* 1º LOPJ.

3. REGULACIÓN DE LA AUTONOMÍA JURISDICCIONAL EN EL ART. 22 *BIS* LOPJ

El artículo 22 *bis* LOPJ regula expresamente la sumisión expresa o tácita a los tribunales españoles. La reglamentación que la LOPJ realizaba antes de la reforma de la autonomía de la voluntad de las partes en sede de competencia judicial internacional era sumamente breve, por lo que en este sentido la versión revisada podría considerarse como positiva[15], aunque la técnica utilizada por el legislador nacional a tales efectos plantea más problemas prácticos que ventajas como se verá. En los siguientes párrafos vamos a referir las condiciones necesarias para la aplicación de este criterio de competencia, los límites previstos al juego de la autonomía de la voluntad de las partes para atribuir competencia a los tribunales españoles, así como los requisitos de forma para que tales acuerdos desplieguen los efectos prorrogatorios a favor de la jurisdicción nacional. No obstante, la novedad más importante de la reforma en este ámbito no se localiza en el artículo 22 *bis*, sino en el artículo 22 *ter* donde, respecto del foro general del domicilio del demandado, se reconoce expresamente el efecto de-

---

[13] *Vid.* F. J. Garcimartín Alférez, *Derecho internacional privado*, 2ª ed. Civitas, Madrid, 2014, p. 194; J.C. Fernández Rozas, S. Sánchez Lorenzo, *Derecho internacional privado*, 9ªed. Civitas, Madrid, 2016, pp. 79-80.

[14] Fundamentando su postura en la STJCE de 13 de julio de 2000, As. C-412/1998, *Group Josi/UGIC* (Rec. 2000 I-05925).

[15] En este sentido se manifiesta L. Carballo Piñeiro, "España: reforma del sistema de competencia judicial internacional e introducción de excepciones de litispendencia y conexidad internacionales", 13 agosto 2015, *https://cartasblogatorias.com/2015/08/13/espana-reforma-del-sistema-de-competencia-judicial-internacional-e-introduccion-de-excepciones-de-litispendencia-y-conexidad-internacionales/*

rogatorio de las cláusulas de elección de foro extranjero -si bien con ciertas cuestiones de delimitación-, lo que hasta el momento no se recogía en la legislación nacional[16].

3.1. Condiciones de aplicación

Para otorgar competencia a los tribunales españoles, tanto por sumisión tácita como expresa, el art. 22 *bis* prescinde de las circunstancias de las partes, resultando aplicable para fundamentar dicha competencia en base a ese acuerdo de elección con independencia del domicilio de los litigantes -y por ende también de su nacionalidad-. Lo que en principio supone un amplio alcance en su aplicación, debe ser matizado por la ya referida relación con el RBIbis, cuyo art. 25 resulta aplicable con carácter prioritario igualmente sin límite espacial dentro de las materias patrimoniales reglamentadas por el instrumento europeo. Parece que el legislador nacional se ha inspirado directamente en este artículo del RBIbis, pues teniendo la norma nacional en este sentido el mismo alcance que en la anterior versión -*ex ante* art. 22.2 LOPJ, si bien por omisión ya que no establecía requisito espacial alguno vinculado a las partes-, el tenor literal vigente resulta claramente influido por el Reglamento.

Hasta aquí la revisión legislativa realmente no supone novedad alguna respecto de la versión anterior. No obstante, el problema se plantea precisamente cuando el legislador nacional innova apartándose de la evolución del Derecho europeo en este ámbito. Así, con la primera frase del artículo "en aquellas materias en que una norma expresamente lo permite" el legislador introduce un elemento extraño y novedoso respecto del cual corresponderá al operador jurídico atisbar cuál es la intención del legislador y cómo ha de interpretarse en la práctica para que pueda esta regla de competencia tener alguna operatividad dentro de su reducido ámbito de aplicación[17] -dada la ausencia actual de normas expresas en ninguna materia, al margen del fuero general de la autonomía de la voluntad que permite atribuir la competencia judicial internacional a los tribunales españoles cuando las partes decidan litigar en nuestra jurisdicción-. La incorporación expresa de esta condición por el legislador simple y llanamente desactiva cualquier utilidad que pudiese tener este artículo dentro de su ámbito de aplicación, pues allí donde el art. 22 *bis* sigue siendo aplicable no existen tales normas. La interpretación literal del precepto supone la exigencia de una norma especial que "expresamente" permita la sumisión y precisamente la función de la LOPJ sería esa, esto es, decir cuándo cabe la sumisión a nuestros tribunales.

Por todo ello, parece obvio que el inciso "en aquellas materias en que una norma expresamente lo permite" no resulta adecuado en este contexto, al menos no en el sentido que se desprende de su literalidad. De tal manera que el legislador podría ha-

[16] *Vid. Infra* apartado 4.2.

[17] En este sentido, *cf.* F. J. Garcimartín Alférez, "La competencia judicial internacional...", *loc. cit.*, p. 4.

ber optado por otra dicción, siguiendo el ejemplo que en el Derecho interno se hace de esta cuestión[18], para conseguir el efecto que se pretendía: advertir de la existencia de límites al juego de la autonomía de la voluntad de las partes en ciertas materias en el ámbito del Derecho internacional privado[19] (por ser indisponibles, como es el caso de las competencias exclusivas o por ser sensibles, como sucede en materia de sucesiones, contratos de consumo y seguros, donde la autonomía de la voluntad queda restringida tras la revisión de la LOPJ). En este sentido, pueden ofrecerse alternativas en la redacción, así, el mensaje de advertencia hubiera quedado meridianamente claro por ejemplo con el siguiente enunciado: "En aquellas materias en las que no se excluya la sumisión o se condicione su ejercicio"[20].

3.2. Límites al juego de la autonomía de la voluntad

Tras la reforma, la norma interna no sólo delimita los supuestos en los que no cabe sumisión sino que, además, se construye una regla especial para consumo y seguros, de forma que sólo se admite la sumisión de estas controversias a tribunales españoles si el acuerdo es posterior a que surja la disputa, o si ambos contratantes tuvieran su domicilio o residencia habitual en territorio español en el momento de la celebración del contrato o el demandante fuera el consumidor, asegurado o tomador del seguro (art. 22 *bis*.1.II).

Precisamente la manera por la que el legislador opta para establecer los límites al juego de la autonomía de la voluntad en el ámbito de la competencia (art. 22 *bis*.1) plantea cuestiones relevantes que surgen de la compleja y asistemática redacción y estructura de este precepto -y en general de la falta de coherencia entre sí de los nuevos artículos adicionados por la LO 7/2015[21]. Según este precepto los acuerdos atributivos de competencia a los tribunales nacionales que sean contrarios a los arts. 22 *quarter*, 22 *quinquies*, 22 *sexies* y 22 *septies* o competencias exclusivas (art. 22) carecerán de efectos prorrogatorios. Este párrafo resulta del todo absurdo tal y como está planteado, al ser imposible en la práctica plantearse un supuesto en el que exista un acuerdo en favor de la jurisdicción española que sea contrario -porque excluya la

---

[18] Como puede observarse en la Ley de Enjuiciamiento Civil, Ley 1/2000 (en adelante, LEC), para los supuestos de tráfico interno, prohibiendo la sumisión, o bien se ha catalogado una serie de materias en las que la elección sólo puede recaer sobre una serie de foros predeterminados.

[19] A las que nos dedicaremos en el siguiente apartado.

[20] Para cierta doctrina nacional la técnica del legislador no es que sea mala sino que no es la adecuada. *Cf.* J. M. Espinar Vicente "Los riesgos de la incorrecta adaptación de las normas de la Unión Europea. La sumisión de las partes a la jurisdicción española tras la reforma de la Ley Orgánica del Poder Judicial de 2015", *La Ley Unión Europea,* Nº 31, 30 de Noviembre de 2015, Año III, pp, 1-7, en esp. p. 4.

[21] En lo que parece que está de acuerdo la doctrina nacional mayoritaria; entre otros, F. J. Garcimartín Alférez, "La competencia judicial internacional...", *loc. cit*, p. 4; J. M. Espinar Vicente "Los riesgos de..." *loc. cit.*, p. 2.

competencia a los tribunales españoles, al menos en lo respecta a su dimensión positiva- a estas normas de competencia unilaterales que dan precisamente competencia a los tribunales españoles.

Aunque esta aproximación pudiera tener cierta lógica por cuanto que alguno de estos artículos se refieren a materias que por su naturaleza son indisponibles por las partes (es el caso de los foros referentes al derecho de la persona y la familia del art. 22 *quarter*), lo que justificaría que se cerrara la posibilidad de la autonomía de la voluntad de las partes también en el ámbito interno en estas materias, la técnica utilizada por el legislador no parece la más adecuada. Se podría haber llegado al mismo resultado si se hubiera optado por recoger una regla general de libertad de elección y posteriormente catalogar las excepciones en las que esa libertad está restringida o simplemente no existe (Derecho de familia y persona), y de esta forma no se caería en contradicciones absurdas, como determinar la falta de validez de cualquier acuerdo de elección a los tribunales españoles en materia de sucesiones cuando el propio art. 22 *quarter* letra g) permite la sumisión a los tribunales españoles cuando el Derecho aplicable a la sucesión fuera la ley española. Pero esta precisión no cabe, y resulta más evidente aun esta incoherencia interna de la norma, si se pone en relación el art. 22 *quinquies*, relativo a cuestiones sobre obligaciones contractuales, extracontractuales, explotación de sucursales, agencias o establecimientos mercantiles, consumo, seguros y derechos reales sobre bienes inmuebles -excluido expresamente del ámbito de la libertad de elección de las partes por el art. 22 *bis* número 1 párrafo I- con el número 2 del propio artículo 22 *bis* del que se desprende que no existe duda alguna sobre la posibilidad de *prorrogatio* a elección de las partes de los tribunales españoles en estas materias.

Ante esta sin razón el operador jurídico podría optar, en primer lugar, por tratar de hacer una labor de investigación para ver qué es lo que realmente quería conseguir el legislador nacional para la aplicación de este párrafo o, simplemente, como propone cierta doctrina[22], optar por *interpretatio abrogans* ya que lo absurdo del texto lo justificaría -en lo que respecta a la valoración de la validez y eficacia del acuerdo de elección a favor de la jurisdicción española como fundamento de la competencia judicial internacional de los tribunales nacionales-.

Las contradicciones del texto normativo en este sentido surgen en el momento en el que el legislador nacional en este apartado se centra exclusivamente en el efecto positivo de los acuerdos de elección a los tribunales españoles (la *prorrogatio fori*), sin tener en consideración -ni poner en conexión- el otro efecto consubstancial de este tipo de acuerdos: la *derogatio fori*, en cuyo caso podría tener sentido estas limitaciones como una suerte de normas de competencia indirecta. Si no se toma literalmente el texto, cabría una interpretación más flexible del precepto que pudiera centrarse en

---

22 *Cf.* F. J. Garcimartín Alférez, "La competencia judicial internacional…", *loc. cit.*, p. 4.

efecto negativo -la *derogatio*- del acuerdo de elección de foro. Si bien, no respecto de los acuerdos a favor de la jurisdicción española, sino de aquellos de los que resulte la atribución del conocimiento de estas materias a jurisdicciones extranjeras, pues solo en estos casos estos acuerdos atributivos de jurisdicción pueden resultar "contrarios" a estos foros a los efectos del art. 22 *bis* núm. 1 párrafo I *in fine (*y ayudaría a la reconstrucción de este artículo cuando a él ha de acudirse por remisión del art. 22. *ter* número 5 para delimitar el alcance de la *derogatio fori* de los tribunales españoles[23]*)*. Desde esta perspectiva, este precepto podría interpretarse en el sentido de que dejando al margen aquellas materias que resulten indisponibles por las partes -entendido esto en *estrictu sensu*, esto es, en tanto que no se admite autonomía de elección alguna-, en el resto de las materias referidas se permitiría la *prorrogatio* cuando las partes sometan sus controversias a los tribunales españoles. Pero no sería admisible la *derogatio fori* de nuestros tribunales -por elección a jurisdicción extranjera- cuando en el supuesto se cumplan en España con los criterios de conexión o atribución previstos en el fuero correspondiente para reconocer competencia nuestros tribunales (lo que supondría en la práctica que estos foros especiales no funcionarían con criterios de competencia concurrentes sino que serían foros indisponibles[24]).

Ahora bien, si se sigue el tenor literal del precepto esta posibilidad desaparece totalmente al referirse exclusivamente a la *prorrogatio fori* de los tribunales nacionales. De esta manera, tomando en consideración el primer requisito ("en aquellas materias en que una norma expresamente lo permita") y las limitaciones materiales a la autonomía jurisdiccional por remisión, la interpretación que se deduce conduciría a entender que se admite la sumisión en todas las materias excepto en aquellas en las que los arts. 22 *quarter*, 22 *quinquies*, 22 *sexies* y 22 *septies*, lo prohíban o lo sujeten a condiciones. No obstante, esta aproximación tampoco estaría exenta de controversia. Por un lado, porque respecto de estas materias el legislador no recoge ninguna prohibición absoluta a la sumisión, ni de forma expresa ni tampoco puede ésta deducirse manera alguna del tenor de los distintos apartados (de hecho, por ejemplo, el art. 22 *quarter* comienza enunciando "en defecto de los criterios precedentes", por lo que en defecto de una posible sumisión expresa o tácita, y el art. 22 *quinquies* afirma de forma explícita que entra en juego "en defecto de sumisión expresa o tácita"). Por otro lado, en aquellas materias en las que la autonomía de la voluntad de las partes en la elección de foro se ve restringida o condicionada (arts. 22 *quater y quinquies)* el propio art. 22 *bis* se adelanta indicando cuáles son esos condicionantes para que la sumisión a los tribunales nacionales en esas materias sea válida: posterior a que surja la controversia, o ambos contratantes tuvieran ya su domicilio o residencia habitual en España en el momento de celebración del contrato o el demandante fuera el consumidor, asegurado o tomador del seguro (art. 22 *bis* núm. 1 párrafo II).

23 *Vid. infra* apartado 4.3.

24 *Cf.* J. M. Espinar Vicente "Los riesgos de..." *loc. cit.*, p. 37.

Por todo, también en este sentido cabe apreciar la falta de adecuación de la frase "No surtirán efectos los acuerdos que atribuyan la competencia a los Tribunales españoles ni las estipulaciones similares incluidas en un contrato si son contrarios a lo establecido en los arts. 22 *quáter*, 22 *quinquies*, 22 *sexies* y 22 *septies*", porque de la misma no se desprende cuál es la intencionalidad verdadera del legislador: de nuevo[25] advertir de la existencia de materias en las que la libertad de las partes está restringida y condicionada al cumplimiento de unos requisitos sin los cuales cualquier acuerdo de elección de foro no desplegaría los efectos prorrogatorios que se buscan. En definitiva, que no surtirán efectos los acuerdos atributivos de competencia que no se ajusten a las condiciones establecidas en los arts. 22 *quarter* y 22 *quinquies*. La referencia a los arts. 22 *sexies* y *septies* resulta redundante puesto que el primero se refiere a las medidas cautelares y el segundo se limita a realizar una remisión a la legislación especial en materia concursal.

3.3. Existencia del acuerdo, requisitos de forma y cuestiones procesales

Los apartados segundo y tercero del art. 22 *bis*, respectivamente, definen lo que ha de entenderse por sumisión expresa y por sumisión tácita, para ello reproducen en gran medida el tenor de los artículos 25 y 26 del RBIbis. Por cuanto a la sumisión expresa se refiere, el artículo define qué se entiende por acuerdo de sumisión expresa[26] indicando qué requisitos formales ha de tener para que sea considerado válido (prácticamente los mismos que en el artículo 25 RBIbis) y se clarifica que los tribunales españoles también tienen competencia para analizar la validez del acuerdo de sumisión, si bien, sin indicar qué ley se aplica a la cuestión de su validez sustancial (a lo que volveremos más adelante).

En lo que respecta a las formas del acuerdo de elección nada nuevo se ofrece, pues el artículo 22 *bis* núm. 2 muestra un evidente paralelismo con el artículo 25 números 1 y 2 del RBIbis, y solamente en aquello en lo que se aleja el precepto del instrumento europeo el legislador nacional vuelve a crear polémica. En este sentido, plantea ciertas cuestiones conceptuales, como es la consideración de la existencia de una sumisión expresa como resultado del intercambio de escritos de demanda y contestación a la demanda ("Se considerará igualmente que hay acuerdo escrito cuando esté consignado en un intercambio de escritos de demanda y contestación dentro del proceso iniciado en España, en los cuales la existencia del acuerdo sea afirmada por un parte y no negada por la otra"), dejando vacío el supuesto típico de sumisión

---

[25] Lo que se reafirma nada más comenzar el precepto con la primera frase del art. 22 *bis*.

[26] "Se entenderá por acuerdo de sumisión expresa aquel pacto por el cual las partes deciden atribuir a los Tribunales españoles el conocimiento de ciertas o todas las controversias que hayan surgido o puedan surgir entre ellas respecto de una determinada relación jurídica, contractual o no contractual".

tácita (art. 22 *bis* núm. 2 párrafo III); lo que, por otro lado, cabe destacar que por primera vez se define esta figura en el sistema autónomo (art. 22 *bis* número 3, cuestión a la que volveremos con más detenimiento).

Parece que no resulta pacífico admitir que la demanda y su contestación dentro del proceso suponen un "intercambio de escritos" a tales efectos tal y como lo define el precepto, pero más aun afirmar que eso es un acuerdo por escrito a fin de constatar que hay sumisión expresa. Desde esta perspectiva, si el actor presenta su demanda afirmando la competencia de los tribunales españoles con base en que existe un acuerdo de jurisdicción, y el demandado contesta sin impugnar dicha afirmación, es porque acepta que existía dicho acuerdo y, por consiguiente, el acuerdo es anterior al proceso y no nace por el intercambio de escritos de demandada y contestación. La realidad es que este comportamiento descrito técnicamente debe calificarse como un supuesto típico de sumisión tácita y, es más, difícilmente cabe imaginar que existe un acuerdo expreso de jurisdicción por escrito mediante la concurrencia de la presentación de la demanda, donde se afirma la existencia del acuerdo, y por la contestación a dicha demanda sin negar esa afirmación.

Como ya se anticipaba al comienzo de este apartado, la revisión de la LOPJ ha traído consigo, por primera vez en el sistema autónomo español, la previsión de una definición de la figura de la sumisión tácita en el ámbito del Derecho internacional privado. En relación con este criterio de competencia cabe precisar que, salvo en aquellos casos en los que el Juez pueda declararse incompetente de oficio, y en aquellos otros en los que pueda fundamentar su competencia internacional en otros fueros de competencia aplicables, en todos los demás supuestos la jurisdicción va a depender de la postura procesal que adopte el demandado, esto es, de que exista una sumisión tácita. De tal manera que si el demandado no compareciese, y el Juez no pudiese fundar su competencia sobre la base de ningún otro foro, habrá de abstenerse de conocer tras las preceptivas audiencias (art. 22 *octies*). Ahora bien, es posible que el demandado comparezca pero para impugnar la competencia, eliminando el posible efecto prorrogatorio de la jurisdicción española por su comparecencia. Para ello el demandado debe denunciar la falta de competencia internacional mediante preceptiva declinatoria, articulando su pretensión de conformidad con las reglas procesales españolas, esto es, los arts. 36.1, 39 y 63 de la LEC. En primer lugar, deberá argumentar que de conformidad con las normas españolas de competencia judicial internacional que resulten aplicables (institucional, convencional o de fuente interna) el litigio no está dentro de los límites de la jurisdicción española (art. 36.1 LEC) y que el conocimiento de la demanda corresponde a un tribunal extranjero (art. 63.1 LEC). Respecto de esta última condición derivada del art. 63.1 LEC, ha de precisarte que ésta sólo tendría sentido en el caso de que el tribunal extranjero fuera "exclusivamente" competente, bien porque se trata de una competencia exclusiva atribuida a aquél (por Reglamento o convenio internacional) o porque por elección expresa de las partes haya acordado litigar en aquél foro con base en el art. 25 RBIbis; pues en el resto de supuestos si el órgano jurisdiccional nacional no encuentra norma en la que basar su competencia la LOPJ le obliga a inhibirse (art. 22 *octies* número *3*: "Los Tribunales españoles se declararán incompetentes si su competencia no estuviera fundada en las disposiciones de las leyes españolas, de conformidad con lo previsto en las leyes procesales"). La última posibilidad en el comportamiento del demandado es la que da cabida a la sumisión tácita: aquellos supuestos en los que el demandado comparece y no impugna la competencia. De esta forma está prorrogando tácitamente la jurisdicción del tribunal español de conformidad con el art. 22 *bis* número 3.

4. EFECTOS Y ALCANCE DE LA CLÁUSULA DE JURISDICCIÓN

Por cuanto que hay sistemas de Derecho internacional privado como el nuestro que admiten y reconocen la autonomía de la voluntad de las partes como criterio de atribución de competencia, los acuerdos de elección de jurisdicción, válidos y eficaces, producen necesariamente dos efectos procesales: por un lado, el efecto positivo o prorrogatorio de la competencia de los tribunales nacionales a los que las partes someten sus controversias y, por otro, el correlativo efecto negativo o derogatorio de la competencia del resto de tribunales que pudieran entrar a conocer sobre el supuesto litigioso por tener algún fuero distinto en el que basar su competencia. Desde esta perspectiva, resulta significativo para la aplicación práctica de este criterio de competencia, y su necesaria interrelación con el resto de fueros que integren el esquema de normas de competencia, que ambos aspectos -positivo y negativo- sean reglamentados en el sistema de referencia, determinando su alcance, condiciones y límites.

En este sentido, si bien la revisión del sistema de competencia judicial de fuente interna supone un evidente avance respecto de la situación anterior, al prever expresamente no solo el efecto positivo del acuerdo de elección a favor de nuestros tribunales sino también el efecto derogatorio de la jurisdicción española por la existencia de acuerdos de elección a tribunal extranjero, la técnica elegida por el legislador nacional para reglamentar los límites y alcance de esta *derogatio* puede que no haya sido acertada[27].

4.1. Respecto de la jurisdicción española

El artículo 22 *bis* se centra en el efecto positivo o prorrogatorio de la cláusula de elección a tribunales españoles, pero guarda silencio respecto del efecto derogatorio de dicho acuerdo. En este precepto no se indica qué ocurre cuando el acuerdo de sumisión expresa lo es a un tribunal de un tercer Estado -esto es, fuera de la Unión

[27] *Vid. infra*. apartado 4.3.

Europea, por la operatividad del art. 25 RBIbis para materias cubiertas por el instrumento-, lo que sí se hace posteriormente en la norma al hilo de la regulación del fuero general del domicilio del demandado (art. 22 *ter*) regulando la *derogatio fori* de los tribunales españoles -a lo que nos referiremos en el siguiente apartado-.

También en este aspecto el artículo 22 *bis* plantea cuestiones de redacción. Así, el número 2 párrafo I *in fine* afirma que "La competencia establecida por sumisión expresa se extenderá a la propia validez del acuerdo de sumisión". Esta referencia resulta innecesaria, pues obviamente no puede ser de otra forma. Al ser una norma interna únicamente es posible que los tribunales españoles sean lo que valoren la validez y eficacia de los posibles acuerdos de sumisión a su favor (se trata pues de una cuestión procesal). Pero el artículo aquí queda incompleto, pues deja sin resolver una cuestión esencial: qué ley se aplica a la cuestión de su validez sustancial del acuerdo de elección. La respuesta más lógica sería seguir la solución prevista en el Derecho europeo a este respecto, esto es, la aplicación de la *lex fori* (tomando como referencia el considerando 20 del RBIbis). Continuando con esta línea, y partiendo de lo acertado que resulta que se regule expresamente en el articulado los efectos de los acuerdos jurisdiccionales a favor de España, el legislador nacional se queda a medias a este respecto, pues únicamente hace referencia al efecto positivo o prorrogatorio de la cláusula a favor de los tribunales españoles dejando al margen posibles referencias al efecto o eficacia derogatoria del acuerdo. De esta manera queda sin respuesta también la cuestión de a quién le corresponde enjuiciar su eficacia derogatoria -obviamente la respuesta no puede ser otra que es a los tribunales nacionales a los que les corresponde valorar este extremo-.

A mayor abundamiento, la inclusión de esta referencia expresa sobre la validez del acuerdo de elección únicamente referida a los efectos prorrogatorios de la jurisdicción española sin prever una manifestación equivalente en relación con la *derogatio fori* -art. 22 *ter* número 4-, supone dar al operador jurídico dos posibles interpretaciones: una interpretación por analogía -que sería la lógica y deseable-, que supondría la apreciación de tal efecto por los propios tribunales españoles, o una nada deseable interpretación a *sensu contrario*.

4. 2. Derogación de la competencia de los tribunales españoles

La novedad más importante de la reforma en cuanto a las cláusulas de jurisdicción curiosamente no se encuentra en el art. 22 *bis*, sino en el art. 22 *ter* número 4 -al hilo de la reglamentación del fuero general de domicilio del demandado y su relación con las competencias especiales por razón de la materia[28]. En el artículo 22 *ter* número 4 se reconoce expresamente el efecto derogatorio de los tribunales españoles de las

[28] Estableciendo el carácter alternativo del *forum rei* con algunas competencias especiales por razón de la materia.

cláusulas de jurisdicción a favor de terceros Estados. Por primera vez en el sistema autónomo de competencia internacional español una norma reglamenta expresamente y de forma general la posibilidad de excluir la competencia judicial internacional de los tribunales españoles mediante la sumisión a tribunales extranjeros - si bien ya en el panorama normativo patrio contábamos con alguna norma en concretas materias específicas que abordaban tangencialmente esta cuestión, como es el caso del artículo 468 de la Ley de Navegación Marítima (Ley 14/2014, de 24 de julio)[29], en adelante, LNM-. Con esta previsión viene a suplirse una laguna que, si bien tanto la jurisprudencia como la doctrina habían solventado mediante el recurso a la técnica de la analogía en la aplicación del *ex ante* art. 22.2 LOPJ, alcanzando esta misma conclusión: la posibilidad de que la competencia de nuestros tribunales sea derogada si las partes se someten a tribunales extranjeros aunque concurra en ellos algún fuero de competencia del art. 22 LOPJ -a excepción de materias de competencia exclusiva y de los foros de protección[30]-, indudablemente resulta muy útil que el legislador lo confirme y reglamente expresamente, para evitar en lo posible los problemas de aplicación práctica que hasta hoy se manifestaban respecto de la delimitación del alcance de los efectos de esta *derogatio fori* sobre nuestros tribunales. Toda vez que con el recurso a la analogía no se resolvían todas las cuestiones que en este contexto pudieran derivarse. En este sentido, una de las cuestiones más significativas de esta materia: los límites de la eficacia derogatoria del acuerdo de elección a tribunales extranjeros, no quedaba resuelta, lo que resulta esencial en la *praxis* -pues en función de los límites que se perfilen el alcance de esta eficacia derogatoria será mayor o menor, e incluso si no fuera posible por razón de la materia-[31].

[29] En adelante, LNM. *BOE* núm. 180, de 25 de julio de 2014. La norma contenida en su art. 468 básicamente será sólo relevante en lo relativo a la eficacia derogatoria de la competencia de los tribunales españoles, cuando no resulte de aplicación el RBIbis o un convenio internacional como el Convenio de Lugano de 1988. Un análisis sobre esta regla específica y en particular sobre la eficacia derogatoria de la competencia de los tribunales españoles en atención a los estándares del artículo 468 LNM y del artículo 25 RBIbis véase, P. A. De Miguel Asensio, "Los acuerdos de jurisdicción en la nueva Ley de Navegación Marítima", 4 de octubre de 2014, *http://pedrodemiguelasensio.blogspot.com.es/2014/10/los-acuerdos-de-jurisdiccion-en-la.html.*

[30] En este sentido, y con independencia de si se derogan las competencias de los tribunales españoles atribuidas por el sistema de fuente interna o por el RBI (actual RBIbis*), vid.* F. J. Garcimartín Alférez, M. Virgós Soriano, *Derecho procesal Civil internacional. Litigación Internacional,* Civitas, 2º Ed., Navarra, 2007, p. 303.

[31] En este sentido, cierta doctrina nacional ha criticado la falta de seguridad que ha supuesto la utilización de la técnica de la analogía tanto por la jurisprudencia como por la doctrina nacional para delimitar el alcance de la *derogatio fori* de nuestros tribunales en el anterior sistema autónomo para determinadas materias, como es por ejemplo la matrimonial: admitida por algunos sin problemas y excluida por otros. En este sentido, *vid.* R. Arenas García, *Crisis matrimoniales internacionales: nulidad matrimonial, separación y divorcio en el nuevo Derecho internacional privado español,* De Conflictum Legum, Estudios de Derecho Internacional Privado. Vol. 6, Santiago de Compostela, Universidad de Santiago de Compostela, 2004, pp. 48-50, abogando en esta materia

Ahora bien, pese a lo acertado de esta importante novedad acerca de las cláusulas de jurisdicción, se plantean significantes cuestiones a este respecto. En primer lugar, por su propia ubicación. El legislador decide deslocalizar esta regla del que sería su ámbito propio o natural: el art. 22 *bis* relativo a los fueros de autonomía de la voluntad, para concretarlo en el fuero general del domicilio del demandado en el art. 22. *ter* número 4. Esta redacción unida a la sistemática del texto revisado plantea ciertas significativas consideraciones de índole práctica a las que nos referiremos en los siguientes párrafos.

4. 3. Problemas de delimitación de la *derogatio fori*

La reglamentación que el texto normativo hace del alcance de la *derogatio fori* de la jurisdicción española genera cuestiones no poco relevantes para la aplicación de esta regla por nuestros tribunales. En primer lugar, de este precepto se deriva expresamente un efecto suspensivo, lo que significa que el procedimiento en España se suspenderá y sólo podrá continuar en el supuesto de que los tribunales extranjeros hubiesen declinado su competencia. No se establece ninguna otra mención adicional en lo que se refiere a ese efecto suspensivo del procedimiento en España, dejando abierta esta cuestión sin establecer plazos para el ejercicio de la acción ante la jurisdicción extranjera elegida. Esta omisión conduce necesariamente a una potencial suspensión *sine die* de la causa incoada ante la jurisdicción española, que sería contraria a los derechos procesales fundamentales de la parte actora que instó el procedimiento aquí pues, en definitiva, se traduciría en un supuesto de denegación de justicia, ya que para poder continuar se exige expresamente que el tribunal extranjero elegido haya declinado su competencia. Consecuentemente, esta falta de previsión puede conducir en la práctica a situaciones que llevadas al extremo podrían chocar con el derecho fundamental a la tutela judicial efectiva en su vertiente de acceso al proceso[32] (art. 24.1 CE[33]) -más que al derecho a un proceso sin dilaciones indebidas[34], toda vez

por una aplicación analógica de los efectos del arbitraje para superar este problema de falta de delimitación. en particular, el análisis de la doctrina nacional contradictoria en este aspecto (*ob. cit.*, nota a pie nº 56).

32 Toda vez que la tutela judicial efectiva garantiza que nadie se vea privado del auxilio judicial.

33 El derecho a la jurisdicción no sólo se recoge en el art. 24 CE sino también en el art. 8 de la Declaración Universal de Derechos Humanos y en el art. 13 de la Convención Europea de Derechos Humanos.

34 Sobre el concepto de dilaciones indebidas, características y ámbito según la jurisprudencia del Tribunal Europeo de Derechos Humanos y del Tribunal Constitucional español véase, S. Oubiña Barbolla, "Dilaciones indebidas", *Eunomía. Revista en Cultura de la Legalidad*, Nº. 10, 2016, pp. 250-264.

que en realidad se estaría en una fase anterior referida al derecho a la jurisdicción[35]-, de aquella parte que, aun saltándose el previo acuerdo de jurisdicción extranjera, planteó el litigio ante los tribunales españoles.

A falta de precisión legal en este sentido, serán en definitiva los tribunales nacionales los que a la luz de las circunstancias concretas del caso tengan que valorar (imaginamos que a instancia de parte), cuál sería el tiempo razonable para que la otra parte hubiera ejercido su derecho a iniciar la correspondiente acción judicial ante la jurisdicción extranjera -para cumplir con el mandato legal de suspensión del procedimiento- y, al mismo tiempo, para apreciar que concluido ese plazo, de no realizarse dicha incoación en el extranjero, la parte que instó el procedimiento en España pueda solicitar la continuación del mismo -para garantizar su derecho a la tutela judicial efectiva-.

La siguiente cuestión que surge viene referida al alcance y límites de la eventual *derogatio fori* de los tribunales nacionales. La reglamentación que el art. 22. *ter* número 5 realiza de esta cuestión resulta confusa y plantea varios interrogantes en la aplicación de esta regla. El último apartado de este precepto aclara que no tendrá efecto la exclusión de la competencia de los tribunales españoles en aquellas materias en que no cabe sumisión a ellos, esto es, los límites de esta *derogatio* se reglamentan en relación con las normas internas de exclusión de elección a los tribunales nacionales. Esta formulación supone necesariamente una remisión al art. 22 *bis*, esto es, la aplicación de los mismos límites que a la autonomía de la voluntad de las partes a favor de la jurisdicción española -lo que obliga necesariamente a una reconstrucción interpretativa de todo el precepto, lo que no es una tarea fácil, como se deduce del análisis realizado en párrafos anteriores-. En este sentido, una aproximación a esta interpretación por remisión podría suponer que únicamente tendría ese efecto suspensivo la *derogatio* sobre los tribunales españoles cuando la jurisdicción extranjera sea competente en los mismos términos que lo sería la española para esos casos; esto es, no procede si la LOPJ no permitiera expresamente la sumisión expresa tampoco a tribunales españoles (con todos los interrrogantes y cuestiones que ya se han referido en la aplicación del art. 22 *bis*).

Pero no nos quedemos aquí, sino que podríamos ir más allá en el análisis y proponer escenarios más específicos a los que el juzgador español tenga que enfrentarse y resolver en este ámbito. A este respecto puede hacerse referencia a ciertas normas internas en materias particulares que en relación con el RBIbis quedan sin efecto en el ámbito internacional, circunscribiendo su alcance únicamente a la competencia interna, pero que puede plantearse su virtualidad sobre la competencia internacional para aquellos supuestos que queden fuera del instrumento europeo y, por lo tanto,

[35] El artículo 24 CE recoge un conjunto de garantías procesales que presuponen la existencia del llamado derecho a la jurisdicción, que ostenta toda persona y que le permite la defensa jurídica de todos sus derechos mediante un proceso garantizado.

dentro del margen de aplicación del art. 22 *bis* LOPJ. Este es el caso de la Disposición Adicional Segunda de la Ley sobre el Contrato de Agencia (12/1992, de 27 de mayo) por la que se establece que la competencia para el conocimiento de las acciones derivadas del contrato de agencia le corresponde únicamente al juez del domicilio del agente, siendo nulo cualquier pacto en contrario. Cuando un supuesto de esta naturaleza estuviera eventualmente fuera del RBIbis se podría cuestionar el alcance de la *derogatio fori* de los tribunales españoles como domicilio del agente por la existencia de un acuerdo de jurisdicción a favor de tribunales extranjeros. Otras limitaciones al juego de la autonomía de la voluntad jurisdiccional de las partes dentro del sistema interno español pueden encontrarse en la ya referida LNM en su art. 468 -aplicable en defecto de instrumento de la UE o convenio internacional con reglas sobre competencia-. No obstante, las limitaciones contenidas en este precepto se refieren a la forma en la que debe de llevarse a cabo la negociación de la cláusula de jurisdicción -o arbitraje-: de forma individual y separada del contrato de utilización del buque o en los contratos auxiliares de la navegación en la que se encuentre inserta, para que ésta resulte válida y despliegue todos sus efectos positivo (*prorrogatio fori)* y negativo (*derogatio fori)*, en caso contrario será considerada nula. Para aquellos hipotéticos supuestos que cayeran fuera del ámbito de aplicación del RBIbis -en los que los requisitos formales de los acuerdos de sumisión en este sector comercial, generalmente recogidos en los conocimiento de embarque, cumplen sin problema con lo previsto en la letra c) del número 1 del artículo 25 RBIbis-, podría plantearse la necesaria verificación previa de los requisitos del art. 468 LNM por los tribunales españoles para declinar su competencia -o al menos suspender el procedimiento- al amparo del art. 22 *ter* número 4 LOPJ a favor de la jurisdicción extranjera elegida.

5. CONCLUSIONES FINALES

La reglamentación que de la autonomía de la voluntad de las partes en la determinación de la competencia judicial internacional realiza el sistema autónomo español tras la reforma de la LOPJ ofrece más sombras que luces, aunque la intención era buena. Pese al avance que supone contar con una reglamentación más extensa de la autonomía de la voluntad de las partes en sede de competencia judicial internacional en comparación con la situación anterior -en la que lo regulado era sumamente escaso-, la técnica normativa elegida por el legislador nacional con más que significativas carencias, unido a la confusa redacción (consecuencia en gran medida de la implementación automática sin adaptar de la normativa europea sobre competencia a un sistema autónomo obviamente unilateral), hace que la reforma realizada no merezca en general una valoración positiva[36].

---

[36] En este sentido, entre otros, J. Mª Espinar Vicente, "Los riesgos de…", *loc. cit.*

En particular, en cuanto al artículo 22 *bis* LOPJ se refiere, se vaticina una ardua labor interpretativa por parte de los operadores jurídicos para lograr una coherente y adecuada aplicación y puesta en práctica del criterio de competencia de la autonomía de la voluntad de las partes en el sistema de fuente interna. Esta operación incluso deberá concretarse en ocasiones en una interpretación derogatoria o al menos superadora de la norma para que ésta tenga operatividad, si bien dentro del espíritu de la misma (*extra legem-intra ius*)[37]. Incluso en lo que respecta a la principal y más importante novedad que ha introducido esta reforma en este ámbito: la previsión del efecto derogatorio de las cláusulas de elección de tribunales extranjeros sobre la jurisdicción nacional, la reglamentación que se hace de esta figura resulta incompleta y poco acertada. Dejando al margen la cuestión de su ubicación -el legislador nacional decide deslocalizar esta regla del que sería su ámbito propio o natural: el art. 22 *bis* relativo a los fueros de autonomía de la voluntad, para concretarla en el fuero general del domicilio del demandado en el art. 22 *ter* número 4-, lo más significativo es la técnica por la que se opta para reglamentar la cuestión fundamental del alcance o límites a la *derogatio*. En este sentido, la norma de fuente interna no establece límites separados e independientes a la autonomía de las partes para la determinación de la competencia judicial internacional en función de si la elección es en favor de la jurisdicción española o de un tribunal extranjero. No cabe llegar a otra conclusión, dado que del tenor del art. 22 *ter* número 5 no queda otra opción que remitirse al art. 22 *bis*. De esta remisión se deduce, en términos generales, que la *derogatio* no procede si la LOPJ no permitiera expresamente la sumisión expresa tampoco a tribunales españoles. En definitiva, de nuevo se requiere del operador jurídico una interpretación reconstructiva del precepto para poder dotar de contenido a esta regla - lo que obviamente no resulta sencillo pero, sobre todo, dota innecesariamente de inseguridad esta operación-.

---

[37] Recogiendo la terminología de F. J. Garcimartín Alférez, "La competencia judicial internacional…", *loc. cit.*, p. 1.

EL ORDEN PÚBLICO COMO MOTIVO DE DENEGACIÓN DE LA EJECUCIÓN AL AMPARO DEL REGLAMENTO BRUSELAS IBIS*

Fernando Gascón Inchausti

Catedrático de Derecho Procesal
Universidad Complutense de Madrid

1. SUPRESIÓN DEL EXEQUÁTUR Y RECONOCIMIENTO MUTUO EN EL REGLAMENTO BRUSELAS I BIS

Es de sobra sabido que la principal innovación introducida en el sistema procesal civil de la Unión Europea por el Reglamento 1215/2012 (en lo sucesivo, Reglamento Bruselas I bis o RBIbis)[1] ha sido la supresión del procedimiento de exequátur como

---

* Este trabajo se enmarca dentro del Proyecto de Investigación «La armonización del proceso civil en la Unión Europea » (DER 2015-64756-P), financiado por el Ministerio de Economía y Competitividad.

[1] Cfr., entre otros, J.P. Béraudo, "Regards sur le nouveau règlement Bruxelles I sur la compétence judiciaire, la reconnaissance et l'exécution des décisions en matière civile et commerciale", *Journal du droit international - Clunet*, 2013-3, pp. 741-763; F. Cadet, "Le nouveau règlement Bruxelles I ou l'itinéraire d'un enfant gâté", *Journal du droit international - Clunet*, 2013-3, pp. 765-790; P. De Miguel Asensio, "El nuevo Reglamento sobre competencia judicial y reconocimiento y ejecución de resoluciones", *Diario La Ley*, nº 8013, 31 de enero de 2013; A. Dickinson / E. Lein (eds.), *The Brussels I Regulation Recast*, OUP, 2015; T. Domej, "Die Neufassung der EuGVVO. Quantensprünge im europäischen Zivilprozessrecht", *Rabelszeitschrift* 78 (2014), pp. 508-550; A. Frackowiak-Adamska, "Time for a European «full faith and credit clause»" (2015) 52 *Common Market Law Review*, Issue 1, pp. 191-218; F. Gascón Inchausti,

trámite previo para otorgar eficacia ejecutiva en un Estado miembro a las resoluciones judiciales procedentes de otro Estado miembro. El nuevo artículo 39 RBIbis señala de forma clara y sin excepciones que las resoluciones dictadas en un Estado miembro que tengan fuerza ejecutiva en él gozarán también de ésta en los demás Estados miembros sin necesidad de una declaración de fuerza ejecutiva. El procedimiento de exequátur, por tanto, ha desaparecido del espacio judicial europeo, al menos en las materias que forman parte del ámbito de aplicación del RBIbis.[2]

En consecuencia, quien pretenda ejecutar una sentencia procedente de un Estado miembro de la UE en otro Estado miembro se limitará a presentar demanda ejecutiva en los mismos términos en que habría de hacerlo si la decisión la hubiera dictado un tribunal nacional. Lo único que exige el RBIbis es la aportación, como documento adicional, del nuevo certificado expedido conforme al artículo 53 por el órgano jurisdiccional de origen[3], que acredita la fuerza ejecutiva de la resolución: con ello basta para desencadenar la incoación de un proceso de ejecución que se tramitará con arreglo a la normativa procesal del foro.

De este modo, el cuadro conceptual ha variado completamente. Cuando se aplica el Reglamento 44/2001 (Reglamento Bruselas I o RBI, en lo sucesivo) a la ejecución de una decisión extranjera[4], el título ejecutivo es la suma de dos elementos, la sentencia extranjera en sí misma y la resolución firme de un tribunal del Estado requerido concediéndole el exequátur: y cada uno de ellos se obtiene de tribunales distintos pertenecientes a Estados igualmente diversos. Cuando resulta de aplicación el nuevo

---

Reconocimiento y ejecución de resoluciones extranjeras en el nuevo Reglamento Bruselas I bis, Valencia, 2016; O. Lopes Pegna, "Il regime di circolazione delle decisioni nel regolamento (UE) n. 1215/2012 («Bruxelles I-*bis*»), *Rivista di diritto internazionale*, 2013-4, pp. 1206-1220; P.A. Nielsen, "The New Brussels I Regulation", *Common Market Law Review*, vol. 50 (2013), pp. 503-528; A. Nuyts, « La refonte du règlement Bruxelles I », *Revue critique de droit international privé*, Vol. 102, 2013-1, pp. 1-63; M. Pohl, «Die Neufassung der EuGVVO - im Spannungsfeld zwischen Vertrauen und Kontrolle», *IPRax* 2/2103, pp. 109-114; C. Rosende Villar, "Principales novedades del reglamento nº 1215/2012, de 12 de diciembre de 2012, relativo a la competencia judicial, el reconocimiento y la ejecución de resoluciones judiciales en materia civil y mercantil", *Revista Aranzadi Unión Europea*, 2014-11, pp. 1-45; S. Sánchez Lorenzo, "El nuevo sistema de reconocimiento y ejecución de resoluciones en el Reglamento (UE) 1215/2012 («Bruselas I bis»), *La Ley Unión Europea*, Nº 25, abril 2015; L.J. Timmer, "Abolition of Exequatur under the Brussels I Regulation: Ill Conceived and Premature?", *Journal of Private International Law*, Vol. 9, Nº 1 (2013), pp. 129-147.

[2] Además, por supuesto, de en aquellas otras en relación con las cuales ya había sido previamente suprimido, según se indicará más adelante.

[3] En los términos establecidos por el artículo 42 RBIbis, se puede pedir traducción del contenido del certificado y, sólo si la autoridad de ejecución lo considera imprescindible, traducción de la resolución. Pero estas traducciones, en rigor, no conforman el título ejecutivo.

[4] Y debe notarse que el RBI seguirá siendo de aplicación a la ejecución de resoluciones judiciales dictadas a resultas de procesos incoados antes de la entrada en vigor del RBIbis (es decir, antes del 10 de enero de 2015), según se desprende del art. 66.2 RBIbis.

RBIbis, el segundo elemento del título ejecutivo será diferente: además de la sentencia extranjera, habrá que aportar el certificado del artículo 53; pero, como lo expide el tribunal de origen, no hará falta ninguna decisión de ninguna autoridad del Estado requerido. En esta medida, el sistema se asemeja al del certificado de título ejecutivo europeo (art. 20.2 del Reglamento por el que se establece un título ejecutivo europeo, RTEE) y al del Reglamento 2201/2003 en materia matrimonial y de responsabilidad parental (RBIIbis), en materia de derecho de visita y de retorno de menores que hayan sido objeto de sustracción.

En definitiva, y vistas las cosas desde fuera, la nueva regulación parece servir para dar plena implementación al principio del mutuo reconocimiento, pues el tribunal de la ejecución, de oficio, no podrá rechazar la ejecución forzosa con el argumento de que la sentencia es extranjera y no ha sido previamente homologada, ni tampoco podrá él mismo, de oficio, comprobar si concurren motivos por los que el reconocimiento y/o la ejecución debieran ser rechazados. Su análisis será puramente formal y versará únicamente sobre los requisitos procesales y documentales establecidos por el RBIbis y, eventualmente, por la legislación interna. Será carga del deudor defenderse, en el contexto de un proceso de ejecución ya en curso, alegando los motivos por los que a su juicio la ejecución es improcedente (aunque teniendo en cuenta que el propio RBIbis tipifica y tasa los motivos de defensa aducibles que deriven del carácter transfronterizo de la ejecución).

> Este cambio estructural será igualmente aplicable a los documentos públicos con fuerza ejecutiva y a las transacciones aprobadas judicialmente en otro Estado miembro.

La afirmación de que la supresión del exequátur operada por el RBIbis sirve para dar cumplimiento al principio del mutuo reconocimiento es cierta y como tal ha sido exhibida por el legislador europeo con orgullo. Ahora bien, también admite importantes matices, pues resulta obvio a día de hoy que no está claramente definido qué es y hasta dónde debe llegar ese tan traído y llevado principio del mutuo reconocimiento, tal y como lo proclaman los artículos 67.4, 81.1 y 81.2 a) TFUE (en el ámbito de la cooperación judicial civil), pero también los artículos 82.1 y 82.2 TFUE (para la cooperación judicial penal).[5]

En efecto, si se entiende, de forma limitada, que el principio de reconocimiento mutuo (sólo) exige la desaparición de los procedimientos intermedios de control (de forma metafórica, la supresión de las barreras en las fronteras de los Estados o, más gráficamente aún, de las «colas en las aduanas»), entonces está claro que la subsistencia del procedimiento de exequátur regulado en el RBI no era, al menos en

---

[5] Cfr. M. Bergström, "Mutual Recognition in Civil and Criminal Justice: Towards Order and Method?", en *EU Civil Justice. Current Issues and Future Outlook* (B. Hess, M. Bergström, E. Storskrubb, eds.), Hart, Oxford, 2016.

apariencia, respetuosa con aquél. Ahora bien, no deja de resultar llamativo que el propio legislador europeo haya optado recientemente por mantener el procedimiento de exequátur en el Reglamento sobre regímenes económicos matrimoniales,[6] en el Reglamento sobre efectos patrimoniales de las uniones registradas,[7] en el Reglamento sobre sucesiones[8], o en materia de alimentos[9] (cuando no resulte de aplicación el Protocolo de La Haya) o en materia matrimonial y de responsabilidad parental (salvo cuando se trata de resoluciones en materia de visita o restitución de menores sustraídos ilícitamente, conforme al RBIIbis). Por eso, aunque sólo se le atribuyera este alcance limitado, el mutuo reconocimiento no dejaría de ser un principio de valor relativo.

Ahora bien, en rigor, la expresión «mutuo reconocimiento» debería ser interpretada de forma mucho más amplia, como expresiva de una suerte de «plena equiparación de resultados», es decir, con el alcance amplio con que la generó en 1979 el Tribunal de Justicia con ocasión del célebre *Cassis de Dijon*[10]. En consecuencia, mutuo reconocimiento debería significar ausencia de controles en el Estado de ejecución, esto es, en el Estado «de destino» de la resolución judicial. Pero esto es algo que, sin embargo, no se ha producido en todos los instrumentos normativos que se han presentado por el legislador europeo como implementaciones del principio del mutuo reconocimiento. De hecho, el RBIbis mantiene un sistema de «control en destino» sobre la sentencia y sobre el procedimiento de origen, sólo que procesalmente reubicado: ya no se hará en el marco del procedimiento de exequátur, sino en el seno de la ejecución forzosa. En cambio, la supresión de esos controles en el Estado de ejecución sí se ha materializado con plenitud respecto del título ejecutivo europeo, las sentencias dictadas en materia de alimentos cuando resulta aplicable el Protocolo de La Haya (Reglamento de alimentos), las resoluciones en materia de visita y resti-

---

[6] Reglamento (UE) 2016/1103 del Consejo, de 24 de junio de 2016, por el que se establece una cooperación reforzada en el ámbito de la competencia, la ley aplicable, el reconocimiento y la ejecución de resoluciones en materia de regímenes económicos matrimoniales (DO L 183).

[7] Reglamento (UE) 2016/1104 del Consejo, de 24 de junio de 2016, por el que se establece una cooperación reforzada en el ámbito de la competencia, la ley aplicable, el reconocimiento y la ejecución de resoluciones en materia de efectos patrimoniales de las uniones registradas (DO L 183).

[8] Reglamento (UE) 650/2012 del Parlamento Europeo y del Consejo, de 4 de julio de 2012, relativo a la competencia, la ley aplicable, el reconocimiento y la ejecución de las resoluciones, a la aceptación y la ejecución de los documentos públicos en materia de sucesiones *mortis causa* y a la creación de un certificado sucesorio europeo (DO L 201).

[9] Reglamento (CE) 4/2009 del Consejo, de 18 de diciembre de 2008, relativo a la competencia, la ley aplicable, el reconocimiento y la ejecución de las resoluciones y la cooperación en materia de obligaciones de alimentos (DO L 7).

[10] Cfr. Guzmán Zapater, "Un elemento federalizador para Europa: el reconocimiento mutuo en el ámbito del reconocimiento de decisiones judiciales", *Revista de Derecho Comunitario*, vol. 10, 2001 julio-diciembre, págs. 405-438; E. Storskrubb, "Mutual Recognition as a Governance Strategy for Civil Justice", en *EU Civil Justice. Current Issues and Future Outlook*, cit.

tución de menores (RBIIbis), los requerimientos de pago europeos[11] o las sentencias dictadas al término de un proceso europeo de escasa cuantía: en todos estos casos sí podría hablarse de un mutuo reconocimiento aplicado a fondo -y, tal vez por ello, frecuentemente criticado...

> Si se desplaza la atención al ámbito de la cooperación judicial en materia penal se comprueba cómo todos los instrumentos normativos de reconocimiento mutuo de resoluciones judiciales[12] omiten cualquier instrumento de declaración de ejecutividad que pudiera parecerse a un exequátur; ahora bien, todos ellos incluyen importantes controles en el Estado de ejecución, que pueden impedir el reconocimiento y/o la ejecución de la resolución procedente del Estado de origen. De hecho, en la medida en que respecto de algunos motivos estos controles son posibles de oficio, no puede dejar de señalarse cómo, a efectos prácticos, su análisis por la autoridad requerida del Estado de ejecución encierra o «encubre» una suerte de procedimiento de exequátur, que se halla disfrazado o camuflado dentro de un sistema que pretendidamente se inspira en el principio del mutuo reconocimiento.

Es inevitable asumir, en definitiva, que el mismo legislador europeo ha optado por ofrecer manifestaciones diversas de este principio, que han conducido a instrumentos normativos que ofrecen posibilidades muy distintas de control en el Estado de destino[13]. Debe quedar, pues, de manifiesto el valor relativo del reconocimiento

---

[11] Cfr. la STJUE de 4 de septiembre de 2014 (asunto C-119/13, *eco cosmetics y Raiffeisenbank St. Georgen*), que insiste en que el control debe hacerse en el Estado de origen, no en el de destino.

[12] Se trata, por orden cronológico, de los siguientes: 1) Decisión Marco 2002/584/JAI, relativa a la orden europea y a los procedimientos de entrega entre Estados miembros; 2) Decisión Marco 2003/577/JAI, de 22 de julio de 2003, relativa a la ejecución en la Unión Europea de las resoluciones de embargo preventivo de bienes y aseguramiento de pruebas; 3) Decisión Marco 2005/214/JAI, de 24 de febrero de 2005, relativa a la aplicación del principio de reconocimiento mutuo de sanciones pecuniarias; 4) Decisión Marco 2006/783/JAI, de 6 de octubre de 2006, relativa a la aplicación del principio de reconocimiento mutuo de resoluciones de decomiso; 5) Decisión Marco 2008/909/JAI, de 27 de noviembre de 2008, relativa a la aplicación del principio de reconocimiento mutuo de sentencias en materia penal por las que se imponen penas u otras medidas privativas de libertad a efectos de su ejecución en la Unión Europea; 6) Decisión Marco 2008/947/JAI, de 27 de noviembre de 2008, relativa a la aplicación del principio de reconocimiento mutuo de sentencias y resoluciones de libertad vigilada; 7) Decisión Marco 2008/978/JAI, de 18 de diciembre de 2008, relativa al exhorto europeo de obtención de pruebas para recabar objetos, documentos y datos destinados a procedimientos en materia penal; 8) Decisión Marco 2009/829/JAI, de 23 de octubre de 2009, relativa a la aplicación, entre Estados miembros de la Unión Europea, del principio de reconocimiento mutuo a las resoluciones sobre medidas de vigilancia como sustitución de la prisión provisional; 9) Directiva 2011/99/UE, de 13 de diciembre de 2011, sobre la orden europea de protección; y 10) Directiva 2014/41/CE, de 3 de abril de 2014, relativa a la orden europea de investigación en materia penal.

[13] Cfr. M.A. Rodríguez Vázquez, "Una nueva fórmula para la supresión del exequátur en la reforma del Reglamento Bruselas I", *Cuadernos de Derecho Transnacional* (Marzo 2014), Vol. 6,

mutuo o, si se prefiere, su *flexibilidad*: no significa lo mismo según el contexto de actuación, ni ha permitido tampoco alcanzar los mismos resultados en todos los ámbitos en que resulta posible o necesario que las resoluciones judiciales u otros instrumentos desplieguen efectos transfronterizos. Se trata de algo lógico, que es el reflejo de la tensión que subyace siempre a las cesiones de soberanía que comporta la cooperación judicial internacional.

Ahora bien, esta misma relatividad del principio de mutuo reconocimiento en cuanto a lo que debe comportar ha de servirnos también para rechazar la existencia de un hipotético mandato imperativo europeo «de máximos»: que en algunos contextos subsista el procedimiento de exequátur y que en otros ámbitos siga siendo posible efectuar un control en destino no deben considerarse fracasos del legislador europeo, especialmente cuando en términos generales los operadores jurídicos reconozcan que el sistema vigente resulta operativo y es funcional.

Esta flexibilidad es la que justifica, en lo que ahora interesa, que la supresión del exequátur no haya comportado la supresión de los controles en el Estado de ejecución y, en especial, que no se haya eliminado el llamado «control de orden público», por muy residual que acabe siendo en la práctica y, sobre todo, a pesar de que su apreciación en un caso concreto sólo pueda articularse a instancia de la parte frente a la que ya se ha despachado la ejecución forzosa.

2. EL ORDEN PÚBLICO EN EL MARCO GENERAL DE LAS HERRAMIENTAS DE DEFENSA DEL EJECUTADO

Según se ha apuntado ya, el RBIbis permite que el deudor ejecutado solicite la denegación de la ejecución por los mismos motivos en que antes podía sostener su rechazo al exequátur. Esto, a su vez, puede analizarse desde varios prismas diferentes.

a) Desde un punto de vista global o «de sistema», este dato puede considerarse sintomático de que la supresión del exequátur no ha sido total: se ha eliminado el exequátur como procedimiento, pero no como «control en destino». Y, en especial, se ha mantenido el motivo de denegación que más impacto o relevancia sistémica tiene, la infracción del orden público del Estado de ejecución. Se pone así de manifiesto que, aunque el nivel de confianza recíproca existente entre los Estados miembros es muy elevado, se ha considerado conveniente mantener una válvula de escape para casos excepcionalísimos en que la diversidad en los ordenamientos llamados a interrelacionarse -el del Estado de origen y el del Estado de ejecución- conduzca a situaciones inasumibles para el segundo de ellos.

b) Ahora bien, desde un punto de vista funcional, ha de tenerse en cuenta que los motivos de denegación de la ejecución sólo operan a instancia de parte y que es-

---

Nº 1, pp. 330-347.

tán al servicio del deudor ejecutado, es decir, tutelan su interés particular: cuando un ejecutado invoca un motivo de denegación de la ejecución no lo hace en salvaguarda del sistema jurídico del Estado de ejecución, sino porque es lo que mejor conviene a su posición jurídica (partiendo de la premisa, como se verá más adelante, de que quien está en condiciones de alegar con éxito una infracción al orden público habrá padecido en el Estado de origen una lesión grave a sus derechos procesales o se habrá visto perjudicado por una resolución cuyo contenido material es incompatible con valores fundamentales del Estado de ejecución). Este segundo enfoque, sin duda, no puede perderse de vista cuando se trata de analizar cuál es el papel del orden público en el sistema general y ordinario de reconocimiento y ejecución de resoluciones judiciales establecido en el RBIbis.

En efecto, conviene insistir en la idea de que la ejecución de títulos ejecutivos extranjeros no deja de ser una herramienta para la tutela del crédito transfronterizo, en cuya aplicación práctica sólo se hallan implicados los derechos e intereses de los particulares, no de los Estados. La supresión del exequátur comporta una apuesta decidida por reforzar la posición de quien figura como acreedor en el título ejecutivo, aunque admitiendo la defensa efectiva del deudor, si considera que la ejecución abierta contra él resulta, en algún extremo, injusta o antijurídica. De hecho, cuando la ejecución tiene carácter transfronterizo resulta necesario distinguir dos planos diversos en relación con su ilicitud.

a) Están, de un lado, los motivos que pueden afectar a la licitud de la ejecución forzosa que son independientes de su carácter transfronterizo y que se encuentran directamente vinculados a la estructura y a la función de los procesos de ejecución, en términos generales. Así, una ejecución forzosa -transfronteriza o no- puede ser injusta por motivos que tienen que ver con los derechos e intereses en juego en el caso concreto, esto es, por motivos «de fondo»: v.g., porque el deudor considera que ya ha pagado, en todo o en parte, la cantidad reclamada, o que ya ha realizado la prestación que se le exige. Y también puede ser ilícita porque no se han respetado las reglas procesales que condicionan el correcto desarrollo del proceso ejecutivo, es decir, por motivos «procesales»: v.g., porque el documento presentado por el acreedor no merece la consideración de título ejecutivo; porque la persona que se presenta como acreedora no acredita ser sucesora de la persona fallecida que figura como acreedor en el título ejecutivo; o porque el juez ante el que se ha formulado la demanda ejecutiva carece de competencia para tramitar la ejecución forzosa.

b) Junto a los anteriores, sin embargo, existen también motivos o razones asociados directamente al carácter transfronterizo de la ejecución y que pueden determinar su ilicitud. Una ejecución forzosa transfronteriza se caracteriza, a los efectos que ahora nos importan, por el hecho de que el título ejecutivo se ha generado en un Estado diverso de aquél donde se hace preciso transformar la realidad para adecuarla a él. Es necesario, por tanto, hacer «convivir» una resolución o un título extrajudicial con un sistema jurídico distinto de aquél del que procede, tanto en lo procesal como en lo sustantivo. Y algunas dificultades asociadas a esa «inserción» del título ejecutivo extranjero pueden convertirse en genuinos óbices para la licitud del proceso de ejecución que pretenda fundarse en aquél.

De forma tradicional el Convenio de Bruselas (CB) y el RBI asumieron esta dualidad de planos y la consiguiente duplicidad de motivos, y partieron de la premisa de que los primeros competen exclusivamente a los legisladores nacionales, mientras que los segundos son aquéllos que merecen regulación especial por su parte.

Así, de forma tradicional la jurisprudencia del Tribunal de Justicia ha resaltado que la ejecución en sí de las resoluciones extranjeras, una vez recibido el exequátur, es competencia exclusiva de los Estados, esto es, se trata de una materia no regulada por el legislador europeo[14] (de hecho, hasta la aprobación del TFUE no habría tenido tampoco título competencial que le habilitara para hacerlo).

Por eso, tanto el CB como el RBI dieron cabida únicamente a los motivos que podrían convertir una ejecución en ilícita debido a su carácter transfronterizo; y lo hicieron seleccionando algunos de ellos y atribuyéndoles la condición de motivos para denegar el reconocimiento y la ejecución. Por esta razón, cuando se pretendía con ellos evitar la ejecución, habían de hacerse valer en el seno del propio procedimiento de exequátur. La selección de estos motivos era, además, competencia exclusiva del legislador europeo una vez que éste regulaba esta materia; y el Tribunal de Justicia insistió de forma invariable en su jurisprudencia en que su listado constituía *numerus clausus* y era de interpretación restrictiva[15].

Durante la vigencia del sistema del CB y del RBI, la dualidad existente entre procedimiento de exequátur y posterior proceso de ejecución hacía más visible la pertenencia funcional al exequátur de los motivos asociados al carácter transfronterizo de la ejecución, así como la postergación al proceso de ejecución de aquellas otras razones desvinculadas del mencionado carácter transfronterizo. El Tribunal de Justicia, de hecho, no se vio en la necesidad de efectuar la distinción en los mismos términos en que se acaba de trazar, sino que se limitó a insistir en el carácter limitado de las causas de denegación del reconocimiento y el exequátur, así como en la imposibilidad de hacerlas valer fuera de ese contexto.

Por eso, en el asunto *Prism Investments*[16] señaló que no resultaba posible oponerse al exequátur alegando la extinción del crédito reclamado mediante una compensa-

---

[14] Entre las primeras, la STJCE de 2 de julio de 1985 (asunto 148/84, *Deutsche Genossenschaftsbank*) y la STJCE de 4 de febrero de 1988 (asunto 145/86, *Hoffmann*), constantemente citadas en las resoluciones posteriores del Tribunal.

[15] Recientemente, y con rotundidad, en la STJUE de 26 de septiembre de 2013, asunto C-157/12, *Salzgitter Mannesmann*.

[16] STJUE de 13 de octubre de 2011, asunto C-139/10, *Prism Investments*. En el fallo, el Tribunal de Justicia insiste en la atribución de la condición de *numerus clausus* a los motivos de dene-

ción de créditos, sino que la eficacia de dichos actos habría de ser valorada por el tribunal nacional que se ocupara de la ejecución forzosa *stricto sensu*.[17] En sentido inverso, y con unos cuantos años de antelación, el Tribunal de Justicia ya había establecido en el asunto *Hoffmann* la imposibilidad de alegar en la fase de ejecución de la sentencia los motivos que podría haber invocado válidamente en el previo procedimiento de exequátur. En definitiva, la dualidad exequátur/ejecución, vigente bajo el CB y el RBI, impedía «mezclar motivos» y, al mismo tiempo, permitía controlar con sencillez que esa mezcla no se llegara a producir.

Con el tránsito del modelo de exequátur del RBI al modelo de ejecución directa del RBIbis los postulados básicos que se acaban de anunciar se mantienen. En efecto, la naturaleza jurídica de los motivos que pueden determinar la ilicitud de una ejecución transfronteriza no varía, a pesar de la clara voluntad política de suprimir el exequátur y de eliminar controles asociados al carácter transfronterizo de la ejecución.

El RBIbis, igual que sus predecesores, no se ha propuesto incidir en las reglas propias de la ejecución forzosa en sí y, por tanto, tampoco en la forma en que los legisladores nacionales afrontan y resuelven la ilicitud de la ejecución fundada en motivos ajenos a su carácter transfronterizo. Pero el RBIbis no se ha desentendido de las causas de ilicitud asociadas al carácter transfronterizo de la ejecución, sino que ha seguido ocupándose de ellas con un nivel de intensidad elevado.

El punto de partida se halla en los dos primeros apartados del artículo 41, en virtud de los cuales:

— La ejecución de la resolución extranjera se regirá por la legislación nacional del Estado miembro que corresponda y se hará en las mismas condiciones que si se hubiera dictado en el Estado miembro requerido.
— La aplicación de la legislación procesal nacional, sin embargo, no puede privar de efecto a las previsiones del RBIbis, de forma singular en materia de motivos de oposición y denegación de la ejecución.

---

gación del exequátur: «El artículo 45 del Reglamento [...] debe interpretarse en el sentido de que se opone a que el tribunal que debe pronunciarse sobre el recurso previsto en los artículos 43 o 44 de dicho Reglamento deniegue o revoque el otorgamiento de la ejecución de una resolución por un motivo distinto de los mencionados en los artículos 34 y 35 del antedicho Reglamento, como la ejecución de la referida resolución en el Estado miembro de origen.» En un asunto muy similar de compensación de crédito, cfr. también el AAP Barcelona (Sección 14ª) de 5 de noviembre de 2004 (núm. 159/2004, JUR\2005\16445).

[17] Y, por eso también, el AAP Barcelona (Sección 15ª) de 30 de noviembre de 2009 (núm. 186/2009; JUR\2010\118398) establece que debe quedar fuera del proceso de exequátur la queja de que los intereses moratorios reclamados están mal calculados, al tratarse de una alegación propia del proceso de ejecución.

Esta primacía de las previsiones del RBIbis sobre el Derecho nacional, que es obvia y que no puede cuestionarse, se proyecta sobre los motivos de denegación de la ejecución en sentido propio, incluida la infracción del orden público.

En principio, en un sistema de ejecución de sentencias extranjeras que se presenta como manifestación reforzada del principio de mutuo reconocimiento tendría sentido suponer que el elemento transfronterizo debería ser irrelevante o, por lo menos, muy poco relevante a la hora de determinar las posibilidades de reacción del ejecutado. De forma especial, no debería existir margen para que en el Estado de ejecución se controlaran (i) ni el modo en que el tribunal de origen aplicó el Derecho al caso concreto, (ii) ni el modo en que se desarrolló el proceso que dio lugar a la sentencia que se está ejecutando: esos controles no se efectúan cuando se ejecutan sentencias nacionales y, por tanto, tampoco habrían de hacerse si se sostiene que la ejecución se desarrollará «en las mismas condiciones que si se hubieran dictado en el Estado miembro requerido».

Lo primero -no controlar el modo en que se resolvió la controversia en el Estado de origen- se corresponde con la conocida prohibición de revisión en cuanto al fondo, que es un postulado clásico de la cooperación judicial internacional y que se recoge ahora en el artículo 52 RBIbis. Esta prohibición de revisión en cuanto al fondo se asocia en gran medida con el control de orden público -como se verá en breve-; también es una de las explicaciones de que no resulte posible formular en un Estado miembro una nueva demanda en la que se ejerza una pretensión ya resuelta por sentencia dictada en otro Estado miembro y que sea susceptible de reconocimiento y ejecución en el primero, según señaló el Tribunal de Justicia en el asunto *De Wolf*[18].

En cambio, en cuanto a lo segundo -no controlar el modo en que se tramitó el proceso en el Estado de origen-, la situación es distinta. Aunque era un objetivo perseguido por la Comisión al lanzar el proyecto de reforma del RBI, durante el proceso de elaboración legislativa se puso de manifiesto cómo los Estados (es decir, el Consejo) no quisieron llegar tan lejos como con el título ejecutivo europeo, con el requerimiento de pago europeo o con la ejecución de sentencias dictadas tras un proceso europeo de escasa cuantía o tras un proceso en materia de alimentos. El legislador europeo, en definitiva, no quiso dar el paso de proceder a una supresión generalizada de la cláusula de orden público[19] -ni tampoco quiso renunciar al control

[18] STJCE de 30 de noviembre de 1976. asunto 42-76, *De Wolf.*

[19] La posible supresión de la cláusula de orden público dio lugar a fuertes críticas y discusiones en la doctrina. Entre otras, cfr. P. Beaumont, E. Johnston, «Abolition of the Exequatur in Brussels I: Is a Public Policy Defence Necessary for the Protection of Human Rights?», *IPRax* 2/2010, pp. 105-111; G. Hohloch, «Zur Bedeutung des Ordre public-Arguments im Vollstreckbarerklärungsverfahren», en D. Baetege, J. von Hein, M. von Hinden (eds.), *Die richtige Ordnung: Festschrift für Jan Kropholler*, Tübingen, 2008, pp. 809-818; C. Oró Martínez, «Control del orden público y supresión del exequátur en el espacio de libertad, seguridad y justicia: perspectivas de futuro», *Anuario Español de Derecho Internacional Privado*, 2009, pp. 201-224; F.

por el Estado de ejecución de los términos en que se había producido la rebeldía del demandado en el Estado de origen (en vez de centralizar ese control en el Estado de origen)-. La razón de esta marcha atrás respecto de la propuesta inicial se encuentra, posiblemente, en la apreciación de que pueden ser herramientas útiles -quizá necesarias- para salvaguardar adecuadamente el derecho a un proceso con todas las garantías consagrado en el artículo 6.1 CEDH y en el artículo 47 CDFUE.

Debe tenerse en cuenta, en todo caso, que la supresión del exequátur y del control de orden público en el Estado requerido respecto de las resoluciones judiciales que ordenan el retorno de un menor al amparo de los artículos 11 y 42 RBIIbis ha sido objeto de una decisión del TEDH en el asunto *Povse c. Austria* (asunto 3890/11, decisión de 18 de junio de 2013). El TEDH, en ella, consideró compatible con el CEDH el sistema establecido por el RBIIbis y no formuló objeción alguna al hecho de que los tribunales del Estado requerido no hubieran podido tomar en consideración las eventuales consecuencias negativas que podría comportar para la menor su retorno de Austria a Italia. A juicio del Tribunal es suficiente con que dichos controles fueran posibles en el Estado de origen para llegar a la conclusión de que quedan suficientemente protegidos los derechos fundamentales de los menores. Poco después el TEDH también enjuició -nuevamente sin objeciones serias- la adecuación al CEDH del sistema de exequátur del RBI en un asunto en que se denunciaba la incorrecta falta de aplicación de la regla sobre rebeldía involuntaria del demandado [sentencia (Gran Sala) de 23 de mayo de 2016, asunto 17502/07, *Avotiņš c. Letonia*, que sustituye a la previa de 25 de febrero de 2014].[20]

La solución a la que se ha llegado en este punto resulta sencilla: el RBIbis mantiene los motivos que hasta ahora eran de denegación del exequátur, aunque los convierte en motivos de oposición a la ejecución[21]. No cambian, pues, las razones por las

Pocar, «Révision de Bruxelles I et ordre juridique international: Quelle approche uniforme?», *Rivista di diritto internazionale privato e processuale*, 2011-3, pp. 591-600; T. Schilling, «Das Exequatur und die EMRK», *IPRax* 1/2011, pp. 31-40; P.F. Schlosser, «The Abolition of Exequatur Proceedings - Including Public Policy Review?», *IPRax* 2/2010, pp. 101-105; A. Stadler, «Das Europäische Zivilprozessrecht im Spannungsfeld zwischen Beschleunigung und Beklagtenschutz», en E.-M. Kieninger, O. Remien (eds.), *Europäische Kollisionsrechtsvereinheitlichung*, Baden-Baden, 2012, pp. 165-184.

[20] Cfr. al respecto, con más detenimiento, F. Gascón Inchausti, "El Derecho Procesal Civil Europeo *comparece* ante el Tribunal Europeo de Derechos Humanos: Reflexiones a partir de las resoluciones recaídas en los asuntos *Povse c. Austria* y *Avotiņš c. Letonia*", en *Cuadernos de Derecho Transnacional* (Octubre 2014) Vol. 6, Nº 2, pp. 91-111: M. Requejo Isidro, "Exequaturverfahren und EMRK: Die EuGVVO vor dem EGMR", *IPRax* 1/2015, pp. 69-75; y G. Cuniberti, "Abolition de l'exequatur et présomption de protection des droits fondamentaux. À propos de l'affaire Povse c/ Autriche", *Revue critique de droit international privé*, 2014-2, pp. 303-327.

[21] Debe tenerse en cuenta, además, que cuanto se diga en cuanto a las causas de denegación de la ejecución debe valer también para la denegación del reconocimiento, dado que son las mismas

que el legislador europeo considera que el carácter transfronterizo de una ejecución puede hacer que ésta sea injusta. Lo que sí cambia es el momento y la forma en que operan: ya no se pueden invocar antes de la ejecución y para impedir que ésta pueda abrirse (ésa era su función en el contexto del proceso de exequátur), sino que ahora se deben invocar, de ordinario, cuando la ejecución ya ha comenzado, con el objetivo de que termine sin la satisfacción del acreedor. Se ha producido así, en cierto modo, una inversión de los términos: con el régimen anterior, era el acreedor quien tenía la carga de promover un procedimiento específico para lograr el exequátur y franquear las puertas de la ejecución; con el nuevo sistema, es el deudor quien tiene la carga de promover una actividad procesal específica para lograr privar de eficacia ejecutiva transfronteriza a la resolución.

> Por otra parte, esta conservación de los motivos -aunque convertidos en causas de rechazo de la ejecución y no del exequátur- tiene una ventaja práctica muy clara: conserva toda su utilidad la jurisprudencia del Tribunal de Justicia que los ha interpretado, al igual que puede conservarla también la jurisprudencia interna que se haya creado en cada Estado miembro. El cambio en la manera de hacer operativos los motivos no invalida una interpretación que lo es de los motivos en sí mismos y que se efectúa siempre teniendo en cuenta su relevancia en un contexto transfronterizo, pero también europeo.[22]

El artículo 45.1 RBIbis establece los motivos que puede invocar el deudor para solicitar la denegación del reconocimiento y/o de la ejecución. Salvo en algunos aspectos secundarios y de redacción, se funden en este texto las previsiones que hasta ahora formulaban los artículos 34 y 35 RBI (y, antes aún, en los artículos 27 y 28 CB). Debe recordarse, además, que según interpretación reiterada del Tribunal de Justicia se trata de motivos tasados que han de ser objeto de interpretación restrictiva, dado que constituyen obstáculos al objetivo comunitario de la libre circulación de resoluciones judiciales en el contexto de un espacio judicial europeo que aspira a ser único. Además, se trata de motivos de aplicación obligatoria para el tribunal ante el que se esgriman y que los considere concurrentes: no facultan al tribunal para denegar el reconocimiento o la ejecución cuando concurran, sino que estas

---

(en rigor, las causas de denegación del reconocimiento establecidas en el artículo 45 lo son también de denegación de la ejecución, en virtud del artículo 46)

[22] El Tribunal de Justicia ya confirmó en varias ocasiones la validez de la jurisprudencia dictada por él mismo en interpretación del CB para seguir interpretando el RBI: *cfr.*, entre otras, la STJUE de 23 de abril de 2009 (asunto C-167/08, *Draka NK Cables*) o la STJUE de 18 de octubre de 2011 (asunto C-406/09, *Realchemie Nederland*). De cara al futuro esta regla puede mantenerse, salvo en aquellos extremos en que se hayan producido cambios significativos (v.g., en el procedimiento para conseguir la ejecución, pero no tanto en los motivos para oponerse a ella). En esta misma línea apunta el considerando 34 del Reglamento: «La misma continuidad debe aplicarse por lo que respecta a la interpretación del Convenio de Bruselas de 1968 y de los Reglamentos que lo sustituyen por el Tribunal de Justicia de la Unión Europea».

consecuencias se imponen forzosamente, al margen de eventuales apreciaciones de conveniencia[23].

La infracción al orden público del Estado requerido, ahora igual que antes, es la primera de las causas de denegación del reconocimiento y de la ejecución. Tratándose de la ejecución de transacciones judiciales y de documentos públicos con fuerza ejecutiva, de hecho, la infracción del orden público es el único motivo que puede esgrimirse para oponerse a la ejecución -por motivos asociados a su carácter transfronterizo- (arts. 58.1 y 59 RBIbis). Como se ha apuntado antes, la infracción del orden público es la causa de denegación que más claramente pone de manifiesto que la aplicación del reconocimiento mutuo no tiene por qué ser absoluta, debido a la primacía absoluta de los derechos fundamentales en el ordenamiento de la UE y de los Estados miembros, cuya salvaguarda última puede encomendarse igualmente a esta «válvula de escape» dentro de un sistema que, en general, funciona con un elevado nivel de automatismo.

Ahora bien, la noción de orden público es por definición imprecisa y, por ello, da cabida en la práctica a una alegación recurrente, a modo de «cajón de sastre» en el que tratar de dar encaje a cualesquiera razones en virtud de las cuales el ejecutado aspire a obtener el sobreseimiento de la ejecución, aduciendo discordancias jurídicas, defectos procesales de cualquier índole en el proceso de origen o efectos poco deseables en el Estado requerido en caso de ejecución o eficacia de la resolución extranjera. En la práctica, sin embargo, su incidencia sobre el funcionamiento del sistema es muy limitada[24], por el carácter restrictivo con que ha sido interpretado por los tribunales nacionales y, sobre todo, por el Tribunal de Justicia de la Unión Europea. Veámoslo.

3. ELEMENTOS DEFINITORIOS DEL ORDEN PÚBLICO EN EL SISTEMA DEL REGLAMENTO BRUSELAS I BIS

Conviene recordar antes que nada el tenor literal del precepto: según el artículo 45.1 a) RBIbis la ejecución ha de denegarse «si resulta *manifiestamente* contraria al orden público del Estado requerido». El empleo del adverbio *manifiestamente* consti-

---

[23] Así lo proclamó expresamente el Tribunal de Justicia en la STJUE de 6 de junio de 2002 (asunto C-80/00, *Italian Leather*): asignar un carácter facultativo a los motivos de denegación del reconocimiento y la ejecución sería contrario a las exigencias de seguridad jurídica que inspiran la normativa europea en este punto.

[24] Acerca del (limitado) impacto real en la praxis de los Estados miembros, cfr. B. Hess / T. Pfeiffer, *Interpretation of the Public Policy Exception as referred to in EU Instruments of Private International and Procedural Law* (2011), Estudio encargado por el Parlamento Europeo, disponible en http://www.europarl.europa.eu/RegData/etudes/etudes/join/2011/453189/IPOL-JURI_ET(2011)453189_EN.pdf

tuye en sí mismo un claro indicio de que la interpretación de la causa de denegación ha de ser restrictiva. En este sentido, para tratar de acotar *a priori* eventuales alegaciones improcedentes de la vulneración del orden público, el propio texto del Reglamento aporta dos reglas adicionales:

a) De un lado, no puede aducirse la infracción del orden público como vía indirecta para burlar la prohibición de revisión en cuanto al fondo enunciada en el artículo 52 RBIbis, según recuerda constantemente el Tribunal de Justicia cuando resuelve cuestiones prejudiciales que se formulan en relación con la interpretación de este criterio[25].

b) De otro, no resulta posible aplicar el criterio de compatibilidad con el orden público a las normas relativas a la competencia judicial (artículo 45.3 *i.f.*, que reproduce lo que ya se introdujo en el artículo 35.3 RBI). En efecto, la aplicación de las reglas del RBIbis en materia de ejecución no requiere, como es sabido, que el proceso se haya tramitado en el estado de origen al amparo de las reglas de competencia internacionales establecidas en el propio Reglamento: es suficiente con que la sentencia se haya dictado por un tribunal de un Estado miembro. En lo que ahora nos interesa, cabe distinguir tres situaciones:

— Si la competencia para conocer del proceso en el Estado miembro de origen se rige por alguna de las reglas del propio RBIbis, de ningún modo podrá sostenerse que se infringe el orden público por considerar que, en el caso concreto, la aplicación de las reglas del Reglamento conduce a resultados inasumibles en el Estado de ejecución: los criterios de atribución de la competencia internacional que subyacen a los fueros del RBIbis han de considerarse en todo caso razonables y compatibles con el orden público.
— Si el ejecutado considera que el tribunal de origen conoció del proceso infringiendo las reglas de competencia del propio Reglamento podrá oponerse a la ejecución, pero sólo si se dan los requisitos especiales establecidos en el artículo 45.1 e) y, por tanto, al margen de la noción de orden público.
— Puede suceder, por último, que el tribunal de origen haya conocido del proceso al amparo de reglas de competencia internas -pues no era aplicable el RBIbis, v.g., por estar el demandado domiciliado fuera de la Unión Europea- que, además, puedan considerarse exorbitantes y, en alguna medida, desproporcionadamente ventajosas para el acreedor o en todo caso contrarias a valores básicos de justicia procesal. Es en estos casos donde resulta realmente operativa la prohibición de control de orden público del artículo 45.3 *i.f.*, que excluye de entrada la posibilidad de sostener que el solo dato de que el fuero sea abusivo o exorbitante pueda comportar infracción de

[25] El Tribunal Constitucional español también ha insistido con rotundidad en este límite: cfr. STC 54/1989 y STC 132/1991; también el ATS de 9 de junio de 1998 (RJ 1998\5323).

orden público[26]. Debe tenerse en cuenta, no obstante, que en estos casos aún resulta posible aplicar la excepción prevista en el artículo 72 y que es reproducción de lo que ya establecía el RBI bajo el mismo número[27].

Partiendo de esta delimitación de aquello que no está cubierto por ella, la jurisprudencia del Tribunal de Justicia se ha encargado de perfilar el alcance de esta «excepción de orden público» en materia patrimonial privada -esto es, en el marco de aplicación del CB y del RBI (hasta ahora), y del RBIbis (en lo sucesivo)-; y lo ha hecho de forma bastante sostenida y coherente[28].

El Tribunal de Justicia parte siempre de una proclamación general, consistente en que la noción de orden público está vinculada de forma directa a cada Estado miembro: por eso dice el precepto que la ejecución o el reconocimiento han de ser contrarios al orden público «del Estado miembro requerido». No es posible, por tanto, efectuar una definición autónoma de orden público en el plano europeo.

El Tribunal de Justicia, sin embargo, sí se considera facultado para establecer los límites dentro de los cuales corresponde ya a las autoridades judiciales nacionales determinar cuándo se ha de entender vulnerado «su» orden público. Estos límites son los que, a juicio del Tribunal, se derivan del propio sistema europeo de reconocimiento y ejecución de sentencias y de los principios generales del propio ordenamiento europeo (plena efectividad a la hora de conseguir los objetivos perseguidos por el Reglamento).

En este sentido, el Tribunal de Justicia recuerda siempre que la cláusula de orden público no puede utilizarse para poner de relieve motivos que tienen encaje en otro apartado específico del propio texto normativo (en especial la rebeldía involuntaria o

---

26 Así lo señaló expresamente el Tribunal de Justicia, bajo la vigencia del CB, respecto de los casos en que el tribunal de origen había basado su competencia en la nacionalidad de la víctima de una infracción (STJUE de 28 de marzo de 2000, asunto C-7/98, *Krombach*).

27 «El presente Reglamento no afectará a los acuerdos por los que los Estados miembros, antes de la entrada en vigor del Reglamento (CE) n.º 44/2001, se hubieran comprometido en virtud del artículo 59 del Convenio de Bruselas de 1968 a no reconocer una resolución dictada en otro Estado contratante del citado Convenio contra un demandado que tenga su domicilio o su residencia habitual en un tercer Estado cuando, en el caso previsto en el artículo 4 del citado Convenio, la resolución solo hubiera podido fundamentarse en un criterio de competencia contemplado en el artículo 3, apartado 2, de dicho Convenio.» Y, según se recordará, el artículo 3.2 CB contenía la enumeración de los criterios de competencia internacional previstos en algunos ordenamientos nacionales que merecían la consideración de foros exorbitantes.

28 Lo hizo por primera vez en la sentencia de 28 de marzo de 2000 (asunto C-7/98, *Krombach)* y lo ha reiterado después en las sentencias de 11 de mayo de 2000 (asunto C-38/98, *Renault),* 2 de abril de 2009 (asunto C-394/07, *Gambazzi),* 28 de abril de 2009 (asunto C-420/07, *Apostolides),* 6 de septiembre de 2012 (asunto C-619/10, *Trade Agency*), 23 de octubre de 2014 (asunto C-302/13, *flyLAL*), 16 de julio de 2015 (asunto C-681/13, *Diageo Brands*) y 25 de mayo de 2016 (asunto C-559/14, *Meroni*). También versaba sobre esta noción la cuestión prejudicial archivada por ATJUE de 5 de junio de 2014 (asunto C-350/13, *Antonio Gramsci Shipping*).

la inconciliabilidad de resoluciones), al margen de la prohibición expresa de aplicar el control de orden público a las normas de competencia sobre las que se ha sostenido el proceso en el Estado de origen.

El Tribunal también recuerda invariablemente que la excepción de orden público no puede servir como subterfugio para realizar una revisión en cuanto al fondo. Y, con algo más de precisión, deduce de ello dos consecuencias:

— En primer lugar, que no cabe denegar la ejecución «debido únicamente a la existencia de una divergencia entre la norma jurídica aplicada por el tribunal del Estado miembro de origen y la que habría aplicado el tribunal del Estado miembro requerido si se le hubiera sometido a él el litigio»: y esto comporta, por supuesto, que está prohibido denegar la ejecución por el solo hecho de que el desenlace del proceso habría sido diferente en el Estado de ejecución si se hubiera desarrollado ante sus tribunales y/o aplicando su propio ordenamiento.
— En segundo término, y sin entrar en valoraciones acerca del posible resultado del proceso, tampoco resulta posible al amparo de la cláusula de orden público «controlar la exactitud de las apreciaciones de hecho o de Derecho que realizó el tribunal del Estado de origen»: en consecuencia, sin entrar en valoraciones sobre el resultado del proceso, tampoco es posible hacer comprobaciones que afecten a la fundamentación de la decisión cuya ejecución se pretende.

Por eso, el Tribunal de Justicia señaló en el asunto *Renault* que no resulta compatible con el sistema del Reglamento considerar que comporta infracción del orden público la incorrecta aplicación del ordenamiento de la Unión Europea (en concreto, de normas en materia de propiedad intelectual con potencial repercusión sobre los principios de libre circulación de mercancías y de libre competencia). Y ha mantenido recientemente esta misma visión en el asunto *Diageo Brands*, en relación con las normas europeas sobre protección de marcas: el Tribunal señala que un error en la aplicación del Derecho de la Unión sólo tendría relevancia a estos efectos si constituyera la infracción de una norma jurídica esencial en el ordenamiento jurídico de la Unión y, por ende, en el del Estado requerido[29].

Sentados los límites negativos del control de orden público, el Tribunal de Justicia se aventura a formular unos postulados mínimos en positivo: «Sólo cabe aplicar la cláusula de orden público [...] en el caso de que el reconocimiento o la ejecución de la resolución dictada en otro Estado miembro choque de manera inaceptable con el ordenamiento jurídico del Estado requerido, por menoscabar un principio fundamental. Para respetar la prohibición de revisión en cuanto al fondo de la resolución dictada en otro Estado miembro, el menoscabo debería constituir una vio-

[29] Sentencia *Diageo Brands*, apartados 48 a 52.

lación manifiesta de una norma jurídica considerada esencial en el ordenamiento jurídico del Estado requerido o de un derecho reconocido como fundamental en este ordenamiento»[30].

Este enfoque es plenamente coherente con la visión que existe en nuestro ordenamiento del orden público, que en el contexto del reconocimiento de resoluciones judiciales extranjeras experimentó una clara evolución -en sentido restrictivo- tras la entrada en vigor de la Constitución: a juicio de nuestro Tribunal Constitucional, ha de identificarse con el respeto a los principios constitucionales y derechos fundamentales, y en especial a las garantías del debido proceso y del juicio justo consagradas en el artículo 24 CE[31]. Una resolución judicial extranjera lesiona el orden público español, por tanto, si es contraria a alguno de los valores constitucionales esenciales vigentes en España.

4. DIMENSIONES PROCESAL Y MATERIAL DEL ORDEN PÚBLICO

Sentadas estas reglas generales, será ya tarea del juez nacional determinar cuáles son los principios básicos, las normas esenciales o los derechos fundamentales propios de su ordenamiento, aunque lo cierto es que el Tribunal de Justicia ha optado siempre por un *enfoque predominantemente procesal* del orden público: le resulta relativamente sencillo asociar infracción de orden público con la infracción de las garantías procesales inherentes a la noción de «juicio justo» o «proceso equitativo»; no obstante, debe también ponerse de manifiesto que la denegación fundada en la rebeldía involuntaria del demandado a que se refiere el apartado b) del artículo 45.1 RBIbis no deja de ser una manifestación muy singular de la dimensión procesal del orden público, a la que se ha querido dispensar un tratamiento específico.[32]

---

[30] Y lo hace usando de forma invariable utilizando los términos transcritos desde la sentencia *Krombach*.

[31] Cfr. ATC 276/1983, de 8 de junio; STC 54/1989, de 23 de febrero; STC 132/1991, de 17 de junio; ATS de 10 de septiembre de 1996 (RJ 1998\4446). En este sentido, la STC 43/1986, de 15 de abril, señala lo siguiente: «aunque los derechos fundamentales y libertades públicas que la Constitución garantiza sólo alcanzan plena eficacia allí donde rige el ejercicio de la soberanía española, nuestras autoridades públicas, incluidos los Jueces y Tribunales, no pueden reconocer ni recibir resoluciones dictadas por autoridades extranjeras que supongan vulneración de los derechos fundamentales y libertades públicas garantizados constitucionalmente a los españoles o, en su caso, a los españoles y extranjeros. El orden público del foro ha adquirido así en España un contenido distinto, impregnado en particular por las exigencias del artículo 24 de la Constitución». Este tipo de formulaciones se han reiterado constantemente en las decisiones del Tribunal Supremo y de los demás tribunales al pronunciarse sobre el reconocimiento y la ejecución de resoluciones extranjeras [cfr., entre otros, ATS de 24 de diciembre de 1996 (RJ 1997\8394); ATS de 4 de marzo de 2003 (JUR 2003\87951); STS de 14 de marzo de 2007 (núm. 294/2007)].

[32] Resulta llamativa, en este sentido, la opción del legislador español en la Ley 29/2015, de 30 de julio, de Cooperación Jurídica Internacional en materia civil (LCJIC, en adelante). En

En los asuntos *Krombach* y *Gambazzi* lo que se cuestionó fue precisamente la lesión del derecho a un proceso equitativo desde la perspectiva del derecho de defensa del demandado. En concreto, en el asunto *Krombach* el Tribunal se planteó la lesión al derecho de defensa en su vertiente de derecho a la asistencia letrada y consideró efectivamente lesionado el orden público porque en el proceso de origen (un proceso penal por homicidio en el que también se ventilaba la acción civil *ex delicto*) se negó, durante la vista pública, la posibilidad de intervenir al abogado del acusado con el argumento de que su cliente no había comparecido, lo que le impidió defender su posición jurídica. En el asunto *Gambazzi* se planteó una situación diversa: en un proceso ante la *High Court* inglesa, el demandado fue requerido por el tribunal para presentar cierta información y documentos reclamados por el demandante (*unless order*); ante su negativa a hacerlo (y tras la desestimación de sus recursos) el tribunal consideró su actitud como *contempt of court*, lo excluyó del proceso (*debarment*) y lo trató como demandado en rebeldía, lo que condujo al dictado de una sentencia estimatoria de la demanda frente a él. La violación del derecho de defensa, por tanto, pudo radicar en la estimación de la demanda ante la exclusión del demandado del proceso. En este caso, el Tribunal de Justicia no se pronunció de forma directa, pero sí que señaló que el tribunal requerido estaba facultado para entender que semejante proceder del tribunal de origen -valorado en el contexto del conjunto de actuaciones procesales- podría ser considerado lesivo del orden público.

En los asuntos *Trade Agency* y *flyLAL* el Tribunal de Justicia consideró que, al menos en abstracto, podría considerarse lesiva del orden público la ausencia de motivación de la resolución judicial que pretende ejecutarse, pues se trata de una de las vertientes o implicaciones del derecho a un proceso equitativo. De forma singular, en el asunto *Trade Agency* el problema de la ausencia de motivación se asociaba al hecho de que, conforme al ordenamiento inglés, se hubiera dictado sentencia estimatoria ante la rebeldía del demandado, pues en estos casos de automatismo en la estimación de las demandas cuando el demandado queda voluntariamente en situación de rebeldía no existe una explicación por el

---

efecto, el artículo 46.1 LCJIC, que establece los motivos de denegación del reconocimiento y de la ejecución, ha optado por una separación diferente. En el subapartado a) se menciona, sin más, que la resolución sea contraria al orden público. Y en el apartado b) se establece la improcedencia del reconocimiento «[c]uando la resolución se hubiera dictado con manifiesta infracción de los derechos de defensa de cualquiera de las partes. Si la resolución se hubiera dictado en rebeldía, se entiende que concurre una manifiesta infracción de los derechos de defensa si no se entregó al demandado cédula de emplazamiento o documento equivalente de forma regular y con tiempo suficiente para que pudiera defenderse». Parece, pues, que nuestro legislador ha optado por concentrar en el subapartado b) la vertiente procesal del orden público, atribuyendo a la rebeldía involuntaria del demandado la condición de supuesto especial, de manera que la referencia del subapartado a) se ha de ceñir, primordialmente, al orden público material -aunque habrá de funcionar, en todo caso, como cláusula residual.

tribunal de los motivos que fundan aquélla. En el asunto *flyLAL*, en cambio, el problema radicaba sin más en una supuesta ausencia de justificación en la resolución judicial de las razones que habían llevado a la determinación del *quantum* indemnizatorio que quería asegurarse por medio de las medidas cautelares que pretendían ejecutarse.

En todos los casos en que el Tribunal ha considerado que podría estar en juego el orden público (al menos en su dimensión procesal), ha efectuado siempre un juicio de ponderación y de proporcionalidad, que parte de la asunción de que los derechos fundamentales -incluidas las diversas facetas del derecho a un proceso equitativo- no pueden tener eficacia absoluta y que admiten limitaciones derivadas de la vigencia de otros valores igualmente fundamentales: el juicio sobre infracción del orden público debe formularse siempre tras realizar una adecuada ponderación de las circunstancias de cada caso concreto.

> Así, por ejemplo, en el asunto *Trade Agency* el Tribunal constató que cuando la sentencia se dictaba en rebeldía de forma automática por incomparecencia del demandado, la ausencia de motivación podía verse limitada por el objetivo -igualmente asociado a la noción de proceso justo- de «garantizar un desarrollo rápido, eficaz y menos costoso de los procedimientos iniciados para recuperar créditos indiscutidos, en aras de una buena administración de la justicia»[33].

Y en el asunto *Gambazzi* asumió que las sanciones a los litigantes también pueden estar justificadas como forma de evitar actitudes dilatorias que conduzcan a una denegación de justicia para el demandante y para garantizar el desarrollo eficaz del procedimiento en pro de una buena administración de justicia[34].

En cambio, el Tribunal de Justicia parece haber encontrado muchas más dificultades para admitir *a priori* como posible una lesión al orden público cuando las normas, valores o repercusiones son de índole primordialmente material[35] -o, en todo

---

[33] STJUE *Trade Agency*, apartados 57 y 58.

[34] STJUE *Gambazzi*, apartados 31 y 32.

[35] A esto contribuye, claro está, el ámbito material de aplicación del sistema (Derecho patrimonial privado, primordialmente), en el que resulta difícil llegar a la conclusión de que las divergencias existentes en las diversas regulaciones materiales nacionales puedan tener implicaciones de rango constitucional. Nuestra propia experiencia jurisprudencial pone de manifiesto que son más frecuentes las cuestiones de orden público cuando se trata del reconocimiento de resoluciones en materia de Derecho de familia. Así ha sucedido, v.g., con divorcios procedentes de países de cultura islámica. En relación con Marruecos, cfr. AATS de 8 de junio de 1999 (RAJ 4346), 6 de febrero de 1996 (RAJ 1998\7192) y 17 de septiembre de 1996 (RAJ 1998\2908); respecto de Egipto, cfr. ATS de 21 de abril de 1998 (RAJ 3563). Lo que preocupaba entonces al Tribunal Supremo no era tanto que el Derecho matrimonial se asentara sobre bases religiosas o sociales diversas al nuestro, sino sobre todo, dos cuestiones: que efectivamente lo obtenido en el Estado musulmán fuera una resolución que pone fin de manera definitiva e irrevocable al vínculo, pues hay ciertas modalidades de divorcio que, según nuestros parámetros, no lo serían [cfr. AATS de 8

caso, cuando no están asociadas al modo en que se desarrolló el proceso en el Estado de origen-.[36]

> Así, en el asunto *flyLAL* la infracción al orden público pretendía cifrarse en las repercusiones económicas que tendría la ejecución de la resolución, una medida cautelar que comportaba el bloqueo de una suma muy elevada de dinero en aseguramiento de una indemnización de daños y perjuicios por abuso de posición dominante y acuerdos contrarios a la competencia de una entidad pública (siendo así que era un Estado el accionista mayoritario de la sociedad cuyos activos habrían de quedar afectos por la medida cautelar). El Tribunal de Justicia señaló entonces que «el concepto de «orden público» en el sentido del artículo 34, punto 1, del Reglamento nº 44/2001, pretende proteger intereses jurídicos expresados en una norma jurídica y no intereses puramente económicos»[37].

De forma más anecdótica, el Tribunal también consideró en el asunto *Apostolides* que no comportaba infracción de orden público la imposibilidad de ejecutar la resolución en su Estado de origen (se trataba de un inmueble situado en la zona norte de Chipre sobre el que se había pronunciado un tribunal de la zona sur de la isla).

También merece análisis la cuestión acerca de si puede considerarse contraria al orden público la ejecución de una resolución en la que se ven directamente afectados -incluso lesionados- los derechos de terceros que no han sido parte en el proceso[38]. Un enfoque procesal del problema permite abordarlo desde la perspectiva de la vulneración del principio de audiencia y del derecho de defensa, de modo que se podría sostener una denegación de la ejecución en caso de lesión *irremediable* a los derechos

---

de junio de 1999 (RAJ 4346), 17 de septiembre de 1996 (RAJ 1998\2908) o 23 de julio de 1996 (RAJ 1998\2907)]; y que se hubiera respetado la igualdad de trato que merecen ambos cónyuges (ATS de 21 de abril de 1998, RAJ 3563). Cuando así sucedía, con independencia del nombre que recibiera la figura, el Tribunal Supremo no encontraba dificultades para otorgar el exequátur, incluso aunque fuera un repudio [cfr. AATS de 8 de junio de 1999 (RAJ 4346); de 27 de enero de 1998 (RAJ 2924), respecto del divorcio o repudio «Khole», mediante compensación; y de 21 de abril de 1998 (RAJ 3563) para un divorcio revocable egipcio, una vez expirado el plazo para la revocación sin que hubiera tenido lugar].

[36] Un ejemplo de infracción al orden público en su dimensión material, sin embargo, sí que lo encontramos en nuestra propia jurisprudencia, en el AAP Barcelona (Sección 15ª) de 15 de marzo de 2010, núm. 32/2010 (AC\2010\1203), en relación con la ejecución de una resolución alemana acordando una medida cautelar en materia de propiedad intelectual, que ordenaba la cesación en la conducta de difusión de ciertos contenidos en Internet, bajo apercibimiento de imposición de una multa coercitiva de hasta 250.000 euros o, alternativamente, de un arresto sustitutorio de hasta seis meses. La Audiencia consideró que dicho arresto era contrario al orden público, pues nuestro ordenamiento no tolera la imposición de medidas de privación de libertad en el orden civil, y revocó parcialmente el exequátur otorgado (en lo relativo a dicho apercibimiento de arresto).

[37] STJUE *flyLAL*, apartado 56.

[38] La cuestión se suscitó por primera vez de forma expresa en el asunto *Antonio Gramsci Shipping*, con ocasión de la ejecución de una medida cautelar; pero el proceso ante el Tribunal de Justicia se sobreseyó por el alzamiento en origen de la medida.

de los terceros -al menos una denegación parcial, en relación con aquellos pronunciamientos de la resolución que se consideren lesivos de los derechos de terceros-.

> El problema se planteó recientemente en el asunto *Meroni*, con ocasión de la ejecución en Letonia de una medida cautelar inglesa que establecía la prohibición de disponer de determinados activos y que había de afectar no sólo a los deudores en sentido propio, sino también a cuantos terceros gozaran de derechos sobre los activos en cuestión (a los que se requería expresamente para realizar cuantos actos estuvieran razonablemente a su alcance para evitar que los demandados/deudores dispusieran de los activos). Esos terceros no habían sido parte del proceso de medidas cautelares y, por ello, cuando se pretendió hacer valer frente a uno de ellos la medida, éste se opuso aduciendo la infracción del orden público, por vulneración del derecho de audiencia. El Tribunal de Justicia, sin embargo, consideró que en este caso no se había violado el orden público, por cuanto el auto del tribunal inglés preveía expresamente que todo sujeto frente a quien pretendiera hacerse valer -i.e., los terceros- tenía derecho a dirigirse al tribunal para oponerse a la medida decretada: siendo posible la defensa de los derechos del tercero en el Estado de origen no podía considerarse infringido el artículo 47 CDFUE.[39]

Este enfoque predominantemente procesal del orden público tiene una consecuencia adicional, que, según se acaba de apuntar, resulta apreciable de forma singular en la jurisprudencia más reciente: para el Tribunal de Justicia es relevante la comprobación de si el demandado pudo o no denunciar en el proceso de origen la vulneración de su derecho a un juicio justo[40]. Y cabe suponer que esta relevancia se

---

[39] STJUE *Meroni*, apartados 49 y 50.

[40] En el asunto *flyLAL*, el Tribunal, a la hora de verificar si se había producido una lesión injusta del derecho a la motivación de las resoluciones judiciales, puso de manifiesto que las partes dispusieron de la facultad de recurrir la decisión supuestamente inmotivada y que, de hecho, hicieron uso de ella (apartado 53). Y esta apreciación le sirvió para considerar que se habían observado los principios elementales del proceso equitativo y que no había infracción al orden público. Este argumento se eleva a categoría más general en el asunto *Diageo Brands*, en el que el Tribunal sostiene, en la parte dispositiva de la sentencia, lo siguiente: «Cuando comprueba la posible existencia de una violación manifiesta del orden público del Estado requerido, el juez de ese Estado debe tener en cuenta que, salvo que concurran circunstancias particulares que dificulten el ejercicio de los recursos en el Estado miembro de origen, los justiciables deben utilizar en ese Estado miembro todos los recursos disponibles para prevenir tal violación en un nivel superior». El Tribunal rechaza, además, con cierta dureza, el argumento esgrimido por la parte de que el ejercicio de dichos recursos en el Estado de origen no habría tenido sentido, pues es incompatible con el principio de la confianza recíproca en la justicia dentro de la Unión (cfr. apartados 62 y 63). Finalmente, en el asunto *Meroni*, el Tribunal ya asume como criterio ordinario que el sistema «se basa en la idea fundamental de que los justiciables están obligados, en principio, a utilizar todas las vías de recurso que el Derecho del Estado miembro de origen les brinda. Salvo que concurran circunstancias particulares que dificulten o imposibiliten el ejercicio de los recursos en el Estado miembro de origen, los justiciables deben utilizar en ese Estado miembro todas las vías de recurso disponibles para impedir con anterioridad la violación del orden público» (cfr. apartado 48).

traduce en la posibilidad de no apreciar la excepción de orden público si se constata la efectiva lesión de una garantía procesal básica en el proceso de origen frente a la que el demandado -y ahora ejecutado- no reaccionó a pesar de haber podido hacerlo. Se incorpora, con ello, una lógica similar a la establecida en relación con la rebeldía involuntaria de la parte demandada.

De forma más singular, debe tenerse en cuenta lo dispuesto en el artículo 64 RBI bis, que guarda también relación con la noción de orden público y con la identificación de las garantías fundamentales del proceso:

> «Sin perjuicio de las disposiciones nacionales más favorables, las personas domiciliadas en un Estado miembro y acusadas por infracciones involuntarias ante los órganos jurisdiccionales del orden penal de otro Estado miembro del que no sean nacionales podrán, aunque no comparezcan personalmente, defenderse por medio de las personas autorizadas a tal fin. No obstante, el órgano jurisdiccional que conozca del asunto podrá ordenar la comparecencia personal. En caso de incomparecencia, la resolución dictada sobre la acción civil sin que la persona encausada haya tenido la posibilidad de defenderse podrá no ser reconocida ni ejecutada en los demás Estados miembros.»[41]

En los procesos penales por infracción imprudente algunos ordenamientos contemplan la posibilidad de que el juicio oral se celebre en ausencia del acusado (que también es responsable civil). Esta disposición pretende dejar claro que, desde una perspectiva europea, la ausencia del acusado no es incompatible con su defensa por parte de un abogado que acuda a la vista oral[42], al menos cuando se trata de infracciones imprudentes[43]: la falta de respeto a este estándar puede así ser considerada

---

[41] La regla no es en absoluto novedosa: ya figuraba en términos casi idénticos en el artículo II del Protocolo anexo al CB y de él pasó al artículo 61 RBI.

[42] La importancia de la intervención del abogado defensor en el juicio celebrado en ausencia fue subrayada por la Decisión Marco 2009/299/JAI de 26 de febrero de 2009 por la que se modifican las Decisiones Marco 2002/584/JAI, 2005/214/JAI, 2006/783/JAI, 2008/909/JAI y 2008/947/JAI, destinada a reforzar los derechos procesales de las personas y a propiciar la aplicación del principio de reconocimiento mutuo de las resoluciones dictadas a raíz de juicios celebrados sin comparecencia del imputado. Sin embargo, resulta paradójico que los niveles de precisión que establece el RBIbis en este punto no lleguen a tener el mismo reflejo en la Directiva 2013/48/UE, de 22 de octubre de 2013, sobre el derecho a la asistencia de letrado en los procesos penales y en los procedimientos relativos a la orden de detención europea, y sobre el derecho a que se informe a un tercero en el momento de la privación de libertad y a comunicarse con terceros y con autoridades consulares durante la privación de libertad.

[43] La noción de «infracción imprudente» fue definida en la sentencia de 26 de mayo de 1981 (asunto 157/80, *Rinkau*): «toda infracción cuya definición legal no exija, expresamente o por la naturaleza misma del delito que define, la existencia en el encausado de la intención de cometer la acción u omisión penalmente sancionada». Según se estableció en la misma sentencia, lo que buscaba el CB con esta regla era excluir del beneficio de defenderse sin comparecer personalmente a las personas perseguidas por infracciones cuya gravedad lo justificase (apartado 12).

como un óbice al reconocimiento y a la ejecución del pronunciamiento que se dicte respecto de la responsabilidad civil. Aunque su regulación se encuentre un tanto alejada sistemáticamente del artículo 45.1, lo cierto es que, por su naturaleza se trata de un óbice reconducible a la vulneración del orden público, en tanto que infracción del derecho de defensa deducible de los artículos 6.1 CEDH y 47 CDFUE.

5. PARÁMETROS DE JUSTICIA PROCESAL ASOCIADOS AL ORDEN PÚBLICO

Cabe plantearse, adicionalmente, cuáles son los parámetros de justicia procesal conforme a los cuales el tribunal de la ejecución habrá de determinar si se ha producido o no una lesión al orden público (por vulneración de alguno de los elementos esenciales del derecho a un proceso equitativo). El Tribunal de Justicia no se ha pronunciado sobre esta cuestión de modo directo, pero la lógica del precepto y de su desarrollo jurisprudencial puede dar cabida a varios escenarios posibles.

El tenor literal de la norma («orden público *del Estado miembro requerido*») permite entender que el parámetro lo debe ofrecer, de forma primordial, el ordenamiento del Estado en que se pretende la ejecución. Así, el tribunal de la ejecución puede controlar si en el Estado de origen se desarrolló el proceso de un modo que, aun siendo conforme con la legislación del propio Estado de origen -o más aún si ni siquiera lo fue-, no lo es con los valores de justicia procesal que se consideran fundamentales en el Estado requerido. La cláusula de orden público permite así llevar a cabo un control que evite una suerte de «vulneración indirecta de derechos fundamentales» -por usar la terminología de nuestro Tribunal Constitucional-.[44]

Ocurre, no obstante, que a la hora de fijar cuáles son los parámetros que definen el núcleo del derecho a un juicio justo, los ordenamientos nacionales no pueden dejar de tener en cuenta los estándares europeos deducibles del artículo 6.1 CEDH y, más recientemente, también del artículo 47 CDFUE, pues forman parte de aquéllos. Por eso, sin necesidad de efectuar controles acerca de la vulneración indirecta de derechos fundamentales, ha de resultar posible también apreciar la excepción de orden público si la infracción aducida puede considerarse incompatible con las nociones de justicia procesal deducibles de ambos textos supranacionales. La brecha en este punto la abrió el Tribunal en el asunto *Krombach*[45], respecto del CEDH. El tránsito a la prevalencia de

[44] Cfr. M. Pérez Manzano, "El Tribunal Constitucional español ante la tutela multinivel de derechos fundamentales en Europa. Sobre el ATC 86/2011, de 9 de junio", *Revista Española de Derecho Constitucional*, Nº 95, 2012, pp. 311-345.

[45] STJUE *Krombach*, apartado 44: «De esta evolución jurisprudencial se deduce que la aplicación de la cláusula del orden público es posible en los casos excepcionales en los que las garantías establecidas en la legislación del Estado de origen y en el propio Convenio no bastan para proteger al demandado de una violación manifiesta de su derecho a defenderse ante el tribunal de origen, *tal como está reconocido por el CEDH*» (la cursiva es mía). Debe notarse, además, que

la CDFUE se produjo en el asunto *Trade Agency*[46], justamente porque ése fue también el enfoque que ofreció el órgano judicial que había formulado la cuestión prejudicial.[47] Y cabe esperar una suerte de generalización de este doble estándar, al menos en la jurisprudencia del Tribunal de Justicia, pues ambos preceptos son el mínimo denominador común al que le resulta sencillo acudir en sus razonamientos. De hecho, y de forma un tanto significativa, en el asunto *Meroni*[48] el Tribunal ciñe el término de referencia al artículo 47 CDFUE, sin mención alguna al CEDH, quizá en un gesto llamado a poner de manifiesto la autosuficiencia del sistema de la Unión Europea en este punto.

En cambio, puede resultar más discutible si resulta posible denegar la ejecución por infracción al orden público cuando se puede considerar lesionado el derecho a un proceso justo del demandado en el Estado de origen con arreglo a parámetros puramente internos de dicho Estado de origen, que no comporten lesión del CEDH ni de la CDFUE y que tampoco pudieran alcanzar ese rango conforme a la legislación interna del Estado requerido -pues de ser así el punto de referencia determinante estaría en éstos, y no en aquélla-. Pienso que sólo de forma muy excepcional debería darse margen a que el tribunal requerido considere contrario a sus valores admitir la ejecución de resoluciones lesivas de valores propios del Estado de origen que no tengan el mismo rango que en el propio Estado de ejecución (ni directamente, ni por el bies de aplicar el CEDH o la CDFUE).

6. ALGUNAS OBSERVACIONES FINALES

La interpretación restrictiva a la que el Tribunal de Justicia ha sometido a la infracción del orden público ha conducido a una situación de progresivo estrechamiento en la que se hace cada vez más difícil dar cabida a su aplicación. No se trata, tanto, de que los sistemas procesales nacionales hayan adquirido un nivel tal de calidad que

---

el asunto *Krombach* acabó dando lugar también a una sentencia del TEDH (STEDH de 13 de febrero de 2001, asunto 29731/96).

46 En el apartado 52 de la sentencia se puede leer lo siguiente: «En relación con el derecho a un proceso equitativo, al que se refiere la cuestión planteada, cabe recordar que este derecho es fruto de las tradiciones constitucionales comunes a los Estados miembros y ha sido reafirmado en el artículo 47, párrafo segundo, de la Carta, que se corresponde, como se desprende de las explicaciones relativas a dicho artículo, con el artículo 6, apartado 1, del CEDH».

47 En el asunto *flyLAL*, de hecho, el Abogado General trató en sus conclusiones (§ 74) de sentar la regla de que el CEDH y la CDFUE eran parámetros válidos en todo caso para valorar la lesión del orden público: «en ningún caso un órgano jurisdiccional nacional excede los límites a que está sujeto para apreciar una vulneración del orden público cuando al denegar la ejecución esté evitando una violación manifiesta de los derechos fundamentales reconocidos en el CEDH o en el ordenamiento jurídico de la Unión.» El Tribunal, sin embargo, no recogió esta idea de forma expresa en su sentencia.

48 STJUE *Meroni*, apartados 43 a 46.

pueda presumirse que ya no se producen defectos procesales graves en la tramitación de los litigios (¡ojalá fuera así!). Lo que sucede, más bien, es que la infracción de orden público -alegable en el Estado de ejecución- ha cobrado carácter subsidiario respecto de la denuncia del defecto en el Estado de origen: y sí que cabe presumir que los ordenamientos procesales de los Estados miembros de la UE disponen de mecanismos adecuados para que el demandado perjudicado por una infracción procesal grave la denuncie, sea antes de que se llegue a dictar sentencia, sea con posterioridad. Esta concentración de los medios de defensa en el Estado de origen no es nueva, sino que el legislador europeo ya se había «permitido el lujo» de experimentarla al regular el régimen del título ejecutivo europeo, del proceso monitorio europeo y del proceso europeo de escasa cuantía: las últimas tendencias en la interpretación del TJUE, por tanto, han venido a asimilar el «régimen general europeo» (es decir, el del RBI y del RBIbis) al de los regímenes especiales -siempre, en materia patrimonial privada-.

Por eso, la excepción de orden público no puede ya concebirse como una genuina herramienta de uso potencialmente frecuente y eficaz por parte de los justiciables, sino que es una cláusula de cierre del sistema, pensada para no tener cabida más que en supuestos realmente muy excepcionales y patológicos. La existencia del orden público se mantiene en RBIbis como una suerte de «obsequio al sistema», como una «cláusula de cierre», más pensada para dotar de armonía conceptual al modelo que para ser realmente aplicada en la práctica. Es importante, pues, que el legislador europeo se asegure de que la presunción antes apuntada se sostiene, es decir, que realmente todos los Estados miembros disponen de herramientas eficaces que permitan la corrección, *a priori* o *a posteriori* -incluso aunque haya pasado mucho tiempo-, de las infracciones procesales graves cometidas en procesos tramitados ante sus tribunales. En semejantes coordenadas, sólo cobrará relevancia práctica la dimensión material del orden público, razón por la cual cabe aventurar un mayor margen de aplicación a las reglas sectoriales en materia matrimonial (incluidos los regímenes económicos matrimoniales y los efectos económicos de parejas registradas), de responsabilidad parental y sucesoria.

LEY APLICABLE EN LA LITIGACIÓN CIVIL TRANSFRONTERIZA EN MATERIA CIVIL Y MERCANTIL

EXPERIENCIAS DE LA JUDICATURA EN LA DETERMINACIÓN DE LA LEY APLICABLE

MANUEL ORTIZ ROMANÍ

Juez
Miembro de la REJUE

Sumario: 1. Introducción. 2. Dificultades internas. 3. Dificultades prácticas 4. Conclusiones.

1. INTRODUCCIÓN

Antes de abordar la experiencia de la judicatura, en particular la mía propia, en el ámbito de la determinación de la ley aplicable creo relevante dejar testimonio, a modo de presentación, de mi propia trayectoria profesional. Desde que, en 2003 me incorporé a la carrera judicial, mi primer destino fue un Juzgado mixto de pueblo, con competencia exclusiva además en materia de violencia sobre la mujer. Posteriormente, me trasladé a un Juzgado Mixto, digámoslo clásico, y tras casi diez años allí, en abril del año 2015 pasé a ocupar una plaza de Juez de Adscripción Territorial, reforzando los Juzgados de Primera Instancia de Valencia, en materia de participaciones preferentes, swaps y acciones de Bankia. En ese destino estuve menos de lo esperado pues, gracias entre otras circunstancias al Máster en Estudios Internacionales y de la Unión Europea que cursé en la Universidad de Valencia, he estado realizando una estancia de 10 meses, desde septiembre del año 2015, en el Tribunal de Justicia de la Unión Europea (TJUE) en el entorno del gabinete del Juez letón, M. Egils Levits, encargado, entre otros asuntos, de la famosa cuestión prejudicial sobre la limitación de la retroactividad en el asunto de las cláusulas suelo, resuelto por el Tribunal Supremo (TS), a través de su conocida sentencia de 9 de mayo de 2013.

De todo ello se infiere que mi labor jurisdiccional se ha centrado, especialmente en los últimos tiempos, en el ámbito civil. Si a esto añadimos que fui designado corresponsal territorial de le Red Judicial Española de Cooperación Jurídica Internacional (REJUE) y que he intentado participar en todos los cursos de formación organizados por el Consejo General del Poder Judicial (CGPJ) en materia de Derecho de la Unión Europea, puede deducirse que necesité esta inmersión en el Derecho de la UE para "salir airoso de los numerosos problemas" relacionados con este ámbito jurídico que me fueron asignados.

Lamentablemente, como luego expondré, la deducción no responde a la realidad. A nivel profesional la relación con el Derecho de la Unión Europea ha sido más bien testimonial. De ahí que a la hora de abordar las experiencias de la judicatura en la determinación de la ley aplicable, puedo tratar de ilustrar acerca de lo que considero que son las dificultades inherentes a nuestra relación con el Derecho de la UE. En este sentido, he identificado dos dificultades o grupo de dificultades que he calificado del siguiente modo: internas y prácticas. Las dificultades internas estarían relacionadas con la propia formación como Juez y con la actuación de los profesionales que se han relacionado en todo este tiempo conmigo, en cuanto titular de un órgano jurisdiccional. Mientras que las prácticas harían referencia a los problemas con que te encuentras cuando has de enfrentarte a una cuestión jurídica relacionada con el derecho de la Unión Europea. Expuestas dichas dificultades, trataré de hacer una breve conclusión.

2. DIFICULTADES INTERNAS

Las dificultades internas a las que quería hacer referencia estarían relacionadas con el terrible desconocimiento que tenía al principio de mi carrera profesional acerca de todo lo relacionado con el Derecho de la UE. Y la pregunta inevitable es ¿por qué? ¿Qué tipo de formación había recibido hasta ese momento en ese concreto ámbito?

Pues bien, revisando mi plan de estudios, que era el plan de 1965 nada más y nada menos, me encontré con que el Derecho internacional privado (DIPr.), en una carrera de cinco años, se impartía en el quinto año de carrera y equivalía actualmente a 8 créditos. Es cierto que era el año 1997, pero dudo que la situación haya cambiado mucho. Cabría esperar que la cosa mejorara con la oposición pero después de analizar el contenido del temario de las oposiciones desde el año 2002, el resultado es totalmente desalentador.

Encontramos alguna referencia en Derecho constitucional relativa a cuestiones más bien básicas como los principios informadores del Derecho comunitario, los de efecto directo y primacía, un análisis de las instituciones fundamentales de la UE. Pero poco más. Y todo ello en dos o tres temas a lo sumo, ¡de un total de más de 350!. Es cierto que en algunos pocos temas más se trataban, de manera aislada, cuestiones como el régimen de los bienes en el DIPr., en materia de derechos reales, o en materia de matrimonio, adopción o sucesiones, pero resulta muy llamativo a mi juicio que no se tratarán de manera específica y detallada cuestiones como los Reglamentos 44/2001 (Bruselas I), 2201/2003 (II bis), la Directiva 93/13 (imaginaos la situación en la que muchas personas podrían encontrarse si se hubiera prestado especial atención a esa cuestión), Roma I (obligaciones contractuales) o Roma II (obligaciones extracontractuales), Reglamento 4/2009 (ley aplicable, reconocimiento y ejecución en materia de obligaciones de alimentos)... etc. Pero es que por no tratarse no se habla ni del proceso monitorio europeo (Reglamento 1896/2006), algo que resultaría muy sencillo habiendo un tema dedicado al proceso monitorio.

Y ¿cuál es la consecuencia que se puede extraer de todo esto? Sinceramente, nos encontramos con un funcionario al que se supone altamente cualificado pero que carece de suficientes conocimientos en una materia tan trascendental como es el Derecho comunitario o de la UE y su encaje en el conjunto del ordenamiento jurídico español.

El paso por la Escuela Judicial, con todo lo positivo que tuvo, no significó particularmente un salto cualitativo en dichas cuestiones, más allá del consabido estudio de los principios de efecto directo y de primacía, importante ciertamente, pero insuficiente de cara a nuestra completa y satisfactoria formación.

Pues con estos mimbres hacías frente a tu primer destino como Juez, esperando ser capaz de hacer frente a todas las presiones y dificultades que te fueran surgiendo, y confiando en poder encontrar una solución adecuada para cada problema.

No obstante, la actividad jurisdiccional diaria es tan absorbente, y las carencias humanas y materiales de los juzgados tan alarmantes, que bastante tenías y tienes con salir a flote cada semana, de ahí que plantearse que las cosas pudieran ser distintas se te antoja como una quimera. Por otro lado, no sólo es que tú no te lo plantearas, sino que sorprendentemente tampoco los demás operadores jurídicos te lo exigían.

En efecto, si he de referirme a las ocasiones en que, en mis 12 años de actividad jurisdiccional, me he visto confrontado a problemas relacionados con el Derecho de la UE, y más en particular con la ley aplicable, la respuesta es bien simple: un proceso monitorio europeo. Uno en 12 años, pese al elevado número de asuntos civiles que han caído en mis manos en todo ese tiempo; da qué pensar. Puede incluso parecer que, realmente, no había porqué asustarse tanto.

¿Cuál puede ser la causa de esa situación? Por ejemplo, teniendo en cuenta que los Reglamentos Roma I y II parten del principio de la autonomía de la voluntad en la determinación de la ley aplicable, el número tan insignificante de casos en que me he visto obligado a aplicar un Derecho distinto del español ¿será porque las partes así lo han elegido, o porque ni siquiera se han planteado la posibilidad de hacerlo?

Al preparar este trabajo me planteé que tal vez el mío no fuera más que un caso aislado. Así que busqué y analicé la estadística judicial, accesible a través de la página web del CGPJ. Centrándome en el TSJ de la Comunidad Valenciana, en el año 2014, en lo relativo a auxilios judiciales internacionales ingresados, hubo 36 asuntos en el ámbito del Reglamento 1393/07 de notificación y traslado de documentos; 11 en el ámbito del Reglamento 1206/01 de obtención de pruebas; 69 títulos de ejecución europeos dimanantes de reglamentos comunitarios y 172 actos de comunicación. La pregunta que debemos hacernos es ¿no hay suficientes asuntos para que los instrumentos comunitarios entren en juego o es que se usan poco? ¿Se llega en estos asuntos a acuerdos extrajudiciales en mayor número que en el resto de los casos? ¿O es que simple y llanamente da miedo plantearse que las cosas puedan ser distintas?

Por otro lado, además, se da la circunstancia de que en un gran número de ocasiones cuando se usan dichos instrumentos, se usan mal, y ello por parte de todos los operadores jurídicos. En este sentido me gustaría traer a colación un reciente Auto de nuestro TS. Omitiré cualquier referencia a año, ponente y demás circunstancias, pues eso no es lo importante, sino las circunstancias del caso.

Se trata de una persona separada de otra, residente en el extranjero, que solicita ante un órgano jurisdiccional español la ejecución de la resolución judicial referida a una obligación alimenticia. Al residir en el extranjero, la petición la formuló el Abogado del Estado, en aplicación del primer inciso del art. 56.1 b) del Reglamento 4/2009: "ejecución de una resolución dictada o reconocida en el Estado miembro requerido". Turnada la demanda a un órgano jurisdiccional, se planteó de oficio la falta de competencia territorial y, al amparo de lo previsto en el citado Reglamento, se declaró incompetente y la remitió al que estimaba que lo era. Este último, considerando que el Reglamento era de aplicación, y debía estarse al tribunal del domicilio del demandado, declaró su falta de competencia territorial. Planteada la pertinente cuestión o conflicto de competencia ante el TS, éste, siguiendo la opinión del segundo órgano jurisdiccional, del Abogado del Estado y del TS, resolvió que la competencia le correspondía al primer órgano jurisdiccional.

Alguien puede preguntarse ¿qué hay de raro? Pues simple y llanamente que la resolución a ejecutar no era extranjera, sino española, y emanaba precisamente del segundo órgano jurisdiccional, el cual no debería haber acudido nunca a las reglas de competencia del Reglamento 4/2009 sino a la LEC, tal y como dicho Reglamento prevé en su el mismo artículo 56.

Seguramente es un caso aislado, pero es llamativo que tanto el segundo juzgado, como el Abogado del Estado, el Ministerio Fiscal y el propio TS hayan errado en algo tan evidente. Ello no hace sino evidenciar las dificultades con las que, a mi juicio, nos enfrentamos cuando ponemos en práctica el Derecho de la UE.

3. DIFICULTADES PRÁCTICAS

En este segundo grupo quería hacer referencia a todas aquellas cuestiones que podríamos calificar como accesorias, pero que inciden de manera notable en la aplicación del Derecho extranjero. En este sentido, quería abordar un aspecto práctico que me genera una cierta inseguridad, el de la determinación y la prueba del Derecho extranjero aplicable.

No pretendo en modo alguno dar una lección magistral de DIPr., pero sí al menos destacar un aspecto que, examinando la reciente ley 29/2015, de 30 de julio, de cooperación jurídica internacional en materia civil, publicada cuando yo ya estaba pensando en Luxemburgo, ha llamado mi atención.

En el ámbito del Reglamento Roma I, en el supuesto de que las partes no hubieran elegido el Derecho aplicable o la cláusula de sumisión no fuera válida, el artículo 4 determina el ordenamiento jurídico conforme al cual el juez ha de resolver el asunto. En un primer apartado se establecen unos tipos contractuales. Si la relación se incluye en uno de ellos el ordenamiento jurídico aplicable será el que Roma I determine para ese caso. En el caso de que el contrato no quede incluido en ninguna categoría el ordenamiento jurídico aplicable será el de la residencia habitual del prestador característico, es decir de aquel encargado de realizar la prestación característica ("obligación del contrato que define o caracteriza el tipo de contrato y desvela su función económica y jurídica", Sentencia de la AP de Valencia (Sección 11ª) núm. 31/2014, de 5 de febrero). En el supuesto de que no sea posible identificar la prestación característica del contrato (por ejemplo en los contratos de permuta) entonces el ordenamiento jurídico aplicable se localizará en aplicación de la conexión vínculos más estrechos (…). Por último, el juez podrá elegir un ordenamiento distinto, bien porque la relación no coincida con ninguno de los tipos contractuales y no sea posible identificar la residencia habitual del prestado característico, o puede que entienda que existe otro país con el que existen vínculos manifiestamente más estrechos y determine la aplicación de su ordenamiento jurídico descartando los anteriores.

Hay que apreciar que la aplicación de esta cláusula de excepción se ha de hacer de forma muy limitada como así se deprende de su carácter excepcional. La carga de probar que la vinculación del ordenamiento en cuestión con el supuesto le corresponde a la parte que invoca la cláusula (sin ser esta una cuestión pacífica en cuanto a la posible actuación del órgano judicial). En relación a la concreción de la cláusula resultan interesantes los Considerandos 20 y 21 del Reglamento[1].

Por su parte, la prueba del Derecho extranjero viene actualmente regulada en el artículo 281 de la LEC que establece que "también serán objeto de prueba la costumbre y el derecho extranjero.... El derecho extranjero deberá ser probado en lo que respecta a su contenido y vigencia, pudiendo valerse el tribunal de cuantos medios de averiguación estime necesarios para su aplicación". (…)

Hay jurisprudencia muy restrictiva sobre este tema, que ha exigido que las partes prueben cumplidamente la vigencia del Derecho extranjero y la interpretación que de dicho Derecho hacen los tribunales del país. Actualmente existe mayor flexibilidad y se reconoce que los tribunales deben realizar una labor activa en la búsqueda del Derecho aplicable (…). El nuevo precepto de hecho no hace referencia alguna a

---

1 En relación al juego de esta cláusula véase la Sentencia del TJUE de 6 de octubre de 2009 en el asunto C-133/08.

la necesidad de invocar el Derecho extranjero. El juez puede ser el que reclame a las partes dicha aportación aunque no haya sido invocada su aplicación por ninguna de ellas.

Las consecuencias de la falta de prueba del Derecho extranjero que resulta aplicable según la norma de conflicto no han sido siempre las mismas.

Cabe diferenciar tres tratamientos distintos:

1.º- Desestimar la demanda sin entrar en el fondo del asunto por falta de prueba del Derecho extranjero. Cabe destacar una sentencia del Tribunal Constitucional (TC), de 11 de febrero de 2002, que concedió el amparo por vulneración del derecho a la tutela judicial efectiva en un supuesto de un despido en el que la parte demandada alegó la aplicación del Derecho inglés y tanto el juzgado de lo social como el TSJ desestimaron la demanda por falta de prueba del Derecho extranjero, considerando el Alto Tribunal que, habiendo sido alegada la aplicación del Derecho extranjero por parte del demandado, correspondía a este la prueba y no al actor, que, además, no había tenido ocasión u oportunidad procesal para acreditarlo.

La SAP de Las Palmas, sec. 3.ª, de 13 de junio de 2008 desestima una demanda de divorcio por no haberse acreditado el Derecho ecuatoriano al ser ambos nacionales de dicho país. La SAP Santa Cruz de Tenerife de 14 de septiembre de 2009 (rollo 302/09) desestima la nulidad por no haberse probado el Derecho extranjero.

2.º- Aplicación del Derecho español cuando no se ha probado suficientemente el Derecho extranjero. En este sentido, las STS de 5 de junio de 2000, 13 de diciembre de 2000, 5 de marzo de 2002. También la SAP Castellón de 7 de abril de2005, en la que el Derecho aplicable era el senegalés y debido a la imposibilidad de prueba se aplicó el Derecho interno; la SAP Castellón de 6 de marzo de 2007 en la que la nacionalidad común de los litigantes era la iraní que no pudo aportarse; la SAP de Barcelona, sec. 12, de 24 de enero de 2008 aplica el Derecho español por falta de prueba del Derecho marroquí; la SAP de Girona de 9 de julio de 2008 y la S.A.P de Guipúzcoa de 29 de febrero de 2008 que aplican el Derecho español en lugar del marroquí por falta de prueba. En uno de los supuestos el juzgado de primera instancia había desestimado la demanda.

3.º- Obtención por el juzgado del Derecho extranjero aplicable. La SAP de Huesca 27 de noviembre de 2007 y la SAP Madrid de 7 de noviembre de 2008 aplican el Derecho ecuatoriano, que fue aportado mediante copia, aplicando el art. 281 LEC en relación con la doctrina del TC y hace referencia a la posibilidad de obtener el Derecho a través del CENDOJ. La SAP Madrid de 7 de noviembre de 2008 señala que "las dudas que podría suscitar la prueba aportada por la actora sobre la legislación ecuatoriana, en orden a su ajuste a la realidad, podían ser despejadas por diversos medios y, entre ellos, los del fondo documental del CENDOJ proporcionado, a través de la extranet de Jueces y Magistrados, por el Consejo General del Poder Judicial, en el que se recoge el Código Civil ecuatoriano vigente que, en los artículos aplicables al caso, coincide plenamente con la prueba documental aportada con el escrito rector del presente procedimiento". La SAP Barcelona, sec. 18, de 14 de octubre de 2010 se orienta en el mismo sentido que la anterior.

La SAP Barcelona de 17 de abril de 2007, que aplica el Derecho alemán para determinar el régimen económico matrimonial, señalando que no es necesaria la alegación y prueba del Derecho extranjero, con referencia a una STS de 10 de junio de 2005, cuyo ponente es D. José Ramón Ferrandiz, que así lo señala.

Una reciente sentencia de la Audiencia Provincial de Huesca, sec. 1.ª, de 31 de enero de 2012 declara el divorcio de un matrimonio de Ghana pese a que no se ha probado el Derecho extranjero con la siguiente argumentación: "En el presente supuesto, no se ha acreditado el Derecho de la República de Ghana... Por otro lado, este Tribunal tampoco ha llegado a conocer el Derecho de Ghana con los medios de que dispone (en la página web del Consejo General del Poder Judicial -http://www.poderjudicial.es-, acceso restringido, enlaces Actividades internacionales/Red Judicial Española de Cooperación Judicial Internacional - REJUE / derecho extranjero de familia y sucesiones, solo aparecen referencias a América del Norte y Canadá, Europa, Iberoamérica y Norte de África, pero no al resto de los países africanos, como Ghana). Ahora bien, el desconocimiento del Derecho de Ghana, que sería el aplicable conforme a la ley nacional común de los cónyuges, no puede llevar en este caso a rechazar la solicitud de divorcio. Una cosa es que no se haya solicitado el exequátur ni se reconozcan sus efectos para impedir que se declare el divorcio en España y otra distinta es la eficacia probatoria, en el procedimiento que nos ocupa, del documento que recoge el certificado de divorcio expedido por el Tribunal ghanés, de fecha 11 de marzo de 2011, y que ha sido oportunamente traducido. De dicho documento resulta que corresponde declarar disuelto el matrimonio por divorcio con fundamento precisamente en el Derecho ghanés, por solicitud de ambas partes y al haber "quedado roto irremediablemente", según dice literalmente el mismo certificado de divorcio. Por tanto, el Derecho de Ghana, aun desconocido en sus detalles, permite la declaración de divorcio en este caso, por lo que no encontramos motivos para su denegación en España en virtud de la demanda presentada".

El Reglamento 1259/2010 hace especial referencia a los mecanismos de cooperación existentes en el ámbito de la Unión Europea para la obtención de la ley de un Estado miembro, estableciendo en el considerando (14) que "en caso de designación de la ley de otro Estado miembro, la Red establecida por medio de la Decisión 2001/470/CE del Consejo, de 28 de mayo de 2001, por la que se crea una Red Judicial Europea en materia civil y mercantil podría prestar asistencia a los órganos jurisdiccionales informándoles sobre el contenido de la ley extranjera".[2]

---

[2] Véase también M. D. Viñas Maestre, "Procesos de familia con elemento de extranjería", *Cuadernos Digitales de Formación*, número 4, año 2012.

La Ley de cooperación jurídica internacional en material civil parece que opta por el segundo de los sistemas, al señalar, en el artículo 33, que:

> *"1. La prueba del contenido y vigencia del Derecho extranjero se someterá a las normas de la Ley de Enjuiciamiento Civil y demás disposiciones aplicables en la materia.*
>
> *2. Los órganos jurisdiccionales españoles determinarán el valor probatorio de la prueba practicada para acreditar el contenido y vigencia del Derecho extranjero de acuerdo con las reglas de la sana crítica.*
>
> *3. Con carácter excepcional, en aquellos supuestos en los que no haya podido acreditarse por las partes el contenido y vigencia del Derecho extranjero, podrá aplicarse el Derecho español.*
>
> *4. Ningún informe o dictamen, nacional o internacional, sobre Derecho extranjero, tendrá carácter vinculante para los órganos jurisdiccionales españoles."*

Llegados a este punto, ¿de qué manera conjugamos dicho precepto con nuestra ley de enjuiciamiento civil? Es decir, ¿quién debe probar el Derecho extranjero? Si es el juez el que considere que debe estarse a la ley que presenta vínculos más estrechos, ¿a quién debería perjudicar la falta de prueba? Y, para poner las cosas más difíciles no debemos olvidar que, en el ámbito de los Reglamentos Roma I y Roma II, las partes pueden elegir cualquier ley aplicable, incluso la de un Estado que no sea miembro de la UE. Además, nada impide el denominado *dépeçage*, esto es, que las partes elijan diversas leyes reguladoras de aspectos distintos de las obligaciones extracontractuales, si bien con el límite de que ello no dé lugar a un acuerdo incoherente.[3]

Por otro lado, en el supuesto de que la búsqueda incumba al juez ¿es eficaz la consulta al Ministerio de Justicia? ¿Nos basamos en lo que buenamente encontremos en google? ¿Basta con el texto escrito de la ley o debemos ir más allá en nuestra búsqueda? Se me ocurren distintas posibilidades.

1. Oficio al Ministerio de Justicia (MJ). No he utilizado nunca este sistema, pero presumo que no será rápido. Los juzgados pueden dirigirse a la Secretaria General Técnica del Ministerio de Justicia. Según tengo entendido, además, es solo accesible a los jueces, no al resto de los profesionales, y en la práctica funciona muy mal porque, con importante retraso, el MJ se limita a remitir fotocopias del cuerpo legal vigente en ese momento, sin análisis sobre su aplicabilidad al caso de autos -si ha habido reformas-, sin jurisprudencia y sin dictamen alguno.

[3] Francisco de Paula Puig Blanes, Wikipedia del Derecho comunitario, Código: GI12104. Grupo de Investigación (GI) 12104. Plan anual de formación del CGPJ.

2. CENDOJ. Herramienta sin lugar a dudas muy práctica, pero insuficiente y accesible únicamente para los jueces y magistrados.
3. REJUE. Este tal vez sea el sistema más práctico, pero con limitaciones. En mi caso intentaría por todos los medios contactar con un compañero del Estado correspondiente.
4. Recurso al CGPJ, Servicio de Relaciones Internacionales. Sería una posibilidad, incluso tal vez la más deseable, pero no están para eso.

De esta manera, tenemos que apañarnos como buenamente podamos.

Resulta, en cambio, llamativa la comparación con la situación existente en el TJUE. Allí cuentan con el *Service de recherche et documentation*, formado por juristas de distintos países de la UE, muchos procedentes del ámbito universitario, encargados de redactar informes sobre el Derecho, la doctrina y la jurisprudencia relativos a cuestiones jurídicas suscitadas por los gabinetes de los distintos jueces del Tribunal.

En definitiva, el Derecho de la UE es algo que supones que está ahí, pero no sabes muy bien ni cómo ni de qué manera puede tener influencia en tu trabajo diario, si es que la tiene, cosa que dudas mucho. Sin embargo, los acontecimientos recientes han provocado un giro radical en nuestro modo de actuar.

En el caso de la Directiva 93/13, por ejemplo, es llamativo el salto cualitativo que se ha producido en España a raíz de la sentencia dictada en el asunto C-618/10, también llamado el caso Banesto. Recuerdo brevemente el asunto: se planteaba la posibilidad o imposibilidad para el Juez español de revisar el contrato que servía de título a la presentación del escrito inicial del proceso monitorio. En aquellos momentos el procedimiento era tan automático que sólo podíamos llevar a cabo un control meramente formal, y si no había oposición del deudor, directamente se abría la fase ejecutiva. Además, la legislación nos obligaba a moderar la cláusula relativa al interés, de manera que siempre se acordara una cierta suma en tal concepto.

Sinceramente pienso que esa sentencia tuvo la virtud de hacernos despertar, de ver que había otra forma de valorar e interpretar la normativa vigente, y de romper los estrechos moldes que nos imponía la legislación y la jurisprudencia nacional hasta entonces vigentes. ¡Podíamos actuar de oficio!. Lo nunca visto en el ámbito civil.

Pero la pregunta que cabría formularse es, ¿por qué no lo hicimos antes? Tengo la sensación de que, hasta ese momento, para los jueces españoles no había más palabra que la del TS y el TJUE era algo que ni nos planteábamos. Quedaba muy lejos. De repente, nos dimos cuenta que había quizá otra forma de actuar, y que tal vez lo que nos parecía en nuestro fuero interno como desproporcionado (unos intereses del 29% o el vencimiento anticipado) jurídicamente puede que también tuviera una respuesta válida. Y descubrimos que acudiendo al TJUE realmente veíamos cumplido adecuadamente aquel supuesto papel que se nos había adjudicado como juez comunitario. Lo triste es que tuvimos que esperar al año 2012 para que ello sucediera, pese a que estamos hablando de una directiva del año 1993, aplicable en teoría a partir del 31/12/1994, y digo en teoría porque el legislador español ya fue renuente en este aspecto, y no la transpuso hasta 1998, con la Ley de Condiciones Generales de la Contratación.

Algunos, incluso dentro de la magistratura, han tachado a quienes han decidido convertirse realmente en jueces comunitarios de oportunistas. Lo siento por ellos. Sinceramente, no tienen ni idea de por dónde van los tiros. La vida está cambiando a pasos agigantados, y los jueces no podemos permanecer pasivos, so pena de no dar una respuesta adecuada al ciudadano. Hay mundo más allá de nuestro código civil, e incluso de nuestra constitución. Y para afrontarlo debemos estar preparados.

Volviendo a mi propia experiencia, aunque sea salirme un poco del ámbito de la ley aplicable, me gustaría sacar a colación lo sucedido cuando planteé la, por el momento, única cuestión prejudicial que he elevado al TJUE. La redacté y firmé en noviembre de 2012 y surgió en el ámbito de una oposición a la ejecución hipotecaria en el que la entidad bancaria adujo que las cuestiones planteadas por el deudor, relativas al posible carácter abusivo de algunas cláusulas del préstamo, no tenían cabida en dicho procedimiento. Y así era conforme a la normativa aplicable y a la jurisprudencia existente. Pero me planteé, ¿por qué?, ¿realmente eso tiene que ser así?, ¿la protección dispensada al consumidor es satisfactoria desde el punto de vista de la Directiva 93/13? Obviamente, la sentencia del caso Banesto representó el punto de inflexión en mi discurrir jurídico, pues situó la protección del consumidor en un punto hasta entonces desconocido.

No obstante, a qué mala hora me hice esa pregunta. Ello supuso más de dos meses de estudio y reflexión para plantear debidamente la cuestión prejudicial y, luego, un sinfín de recursos y procedimientos suspendidos a la espera de la resolución del TJUE. Porque, consecuentemente, no sólo suspendí el procedimiento de ejecución hipotecaria en el ámbito del cual elevé la cuestión sino todos aquellos en los que pudiera darse la misma situación: consumidor, préstamo hipotecario y posibles cláusulas abusivas. Es fácil imaginar el número tan elevado de procedimientos que resultaron afectados. Pero hay que ser consecuente, y para eso estamos los jueces, entre otras cosas claro está.

Los problemas no surgieron sólo dentro del Juzgado, también venían de fuera. La ley sigue sin contemplar el mecanismo procesal para formular una cuestión prejudicial y las consecuencias de su planteamiento. Tampoco está previsto el efecto que dicha cuestión pueda tener en otros procedimientos. ¿Cabe recurso contra las resoluciones en las que extiendes dicha suspensión a otros asuntos? Yo entendía que no, igual que no cabe contra el auto en el que planteas la cuestión prejudicial, pero la Audiencia Provincial no era de la misma opinión.

Los abogados, al menos los que actuaban en el partido judicial en que estaba destinado, tampoco se mostraron demasiado hábiles a la hora de utilizar la nueva vía que se les estaba abriendo para defender a sus clientes y se limitaban a formular alegaciones totalmente estereotipadas utilizando incluso un escrito "modelo" en el que, por pedir, pedían hasta el planteamiento de cuestiones de inconstitucionalidad haciendo referencia en muchas ocasiones a cuestiones no discutidas en el caso en litigio.

Entre mis compañeros de la carrera judicial, en ocasiones, tampoco ha sido fácil. Muchos siguen considerando, más por desconocimiento que por otra causa, que no se puede ir contra lo que dice la ley interna y que, en caso de conflicto con el Derecho de la UE, prevalece aquélla. Se mostraban incluso reacios a romper el esquema tradicional de las ejecuciones hipotecarias diciendo que era imposible convertir dicho procedimiento en casi un declarativo y que no se podían acordar pruebas de oficio, puesto que esa no era nuestra función. Obviamente, esa actitud respondía a la concepción tradicional de la función jurisdiccional pero no al papel que el Derecho de la UE nos asigna en este concreto ámbito. Afortunadamente, el tiempo y el TJUE han ido dando la razón a quienes manteníamos esa posición aparentemente disparatada para algunos.

Todo ello no hace sino evidenciar una cosa: el pavor que nos da salirnos del camino marcado por nuestra legislación interna, por un lado, y la obligación que tenemos de improvisar un poco y forzar la interpretación nuestro Derecho interno.

Lamentablemente, el legislador tampoco ayuda. En este sentido, quería traer a colación el caso del Reglamento (UE) nº 655/2014 del Parlamento Europeo y del Consejo de 15 de mayo de 2014 por el que se establece el procedimiento relativo a la orden europea de retención de cuentas a fin de simplificar el cobro transfronterizo de deudas en materia civil y mercantil.

En el artículo 3, a la hora de definir lo que es un litigio transfronterizo se dice que:

> "*1. A efectos del presente Reglamento, será asunto transfronterizo aquel en el que la cuenta o las cuentas bancarias que deban retenerse mediante la orden de retención se mantengan en un Estado miembro que no sea:*
>
> *a) el Estado miembro del órgano jurisdiccional al que se solicite la orden de retención, de conformidad con el artículo 6, ni*
>
> *b) el Estado miembro de domicilio del acreedor.*"

En cambio, en la versión francesa, se dice que:

> « *1. Aux fins du présent règlement, un litige transfrontière est un litige dans lequel le ou les comptes bancaires devant faire l'objet d'une saisie conservatoire par l'effet de l'ordonnance de saisie conservatoire sont tenus dans un État membre autre que:*
>
> *a) l'État membre de la juridiction qui a été saisie de la demande d'ordonnance de saisie conservatoire en vertu de l'article 6; ou*
>
> *b) l'État membre dans lequel le créancier est domicilié* »

La diferencia es alarmante, puesto que en la primera versión la formulación es cumulativa, mientras que en la segunda, que se corresponde también con la inglesa, es alternativa. ¿Qué quiero poner de manifiesto con este ejemplo? Simplemente la dificultad de poner en práctica instrumentos distintos de los clásicos y la necesidad de profundizar en el conocimiento de las instituciones y del Derecho de la UE, para garantizar realmente una justicia de calidad.

Y ello por no hablar de lo tarde y mal que se reacciona a las diferentes sentencias del TJUE, por ejemplo, en materia de consumidores: con el plazo de un mes por ejemplo de la ley 1/2013; en esa misma ley con la ampliación de nuevo genérica a tres meses impagados para el vencimiento anticipado; retrasando hasta finales de 2015 la posibilidad formal para el juez de conocer el contrato origen del proceso monitorio... etc.

Y ya que estamos, ¿por qué no mencionar la imperiosa necesidad de mejorar nuestros conocimientos lingüísticos, particularmente el inglés y el francés?

Por último, cabría destacar, entre los jueces y magistrados españoles, una cierta tendencia a la nacionalización de los instrumentos comunitarios, es decir a interpretar todos los términos conforme a nuestra tradición jurídica, a considerar que si dice domicilio es lo que se entiende por tal en el Código Civil, olvidando que se trata de conceptos autónomos del Derecho de la UE que deben interpretarse conforme a la doctrina del TJUE.

La misma noción de obligación extracontractual es un concepto autónomo y propio del Derecho de la UE ya que la misma varía de un Estado miembro a otro. O la noción de materia civil y mercantil, concepto autónomo del Derecho de la UE, para la que es posible tomar en consideración la jurisprudencia elaborada al amparo del Reglamento (CE) nº 44/2001 del Consejo, de 22 de diciembre de 2000, relativo a la competencia judicial, el reconocimiento y la ejecución de resoluciones judiciales en materia civil y mercantil ("Bruselas I") y su antecedente el Convenio de Bruselas 27 de septiembre de 1968.

4. CONCLUSIÓN

Claramente, los retos a los que nos enfrentamos como jueces son numerosos y de una complejidad cada vez mayor, consecuencia inevitable de la paulatina desaparición de fronteras y de la constante movilidad de bienes y personas. Para hacerles frente debemos estar perfectamente preparados y formados.

En este sentido, es necesario poner de manifiesto que en la UE se ha dado el caldo de cultivo necesario para que se produzca un gran desarrollo de la cooperación o asistencia judicial entre los distintos Estados, tanto desde la perspectiva normativa como a través de la creación de mecanismos institucionales para favorecerla. De esta manera se ha producido, y se sigue produciendo, un proceso acelerado de superación de los instrumentos del Derecho internacional clásico ante limitaciones que éstos han demostrado para hacer frente a los nuevos retos. Y este nuevo sistema se ha construido otorgando un gran protagonismo a las autoridades judiciales de los Estados miembros de la UE.

Se puede afirmar que los jueces de los distintos Estados miembros de la UE asumen un importante papel en el proceso de construcción del Espacio Judicial Europeo, deviniendo partícipes y protagonistas de una nueva cultura judicial que despliega importantes efectos en la tutela de los derechos de los ciudadanos europeos. Como afirmaba el Programa de La Haya (aprobado por el Consejo Europeo de Bruselas de fecha 4 y 5 de noviembre de 2004), "la cooperación judicial tanto en materia penal como civil podría verse potenciada mediante la consolidación de la confianza mutua y mediante el desarrollo paulatino de una nueva cultura judicial europea basada en la diversidad de los sistemas jurídicos y en la unidad del Derecho europeo". En este sentido, y como afirma Gómez Martínez, "la integración europea a nivel judicial, la creación del espacio judicial europeo, obliga a nuevos planteamientos, a la asunción de nuevos conceptos sobre la función del juez que ya no actúa únicamente a nivel nacional sino en dimensión europea"[4]. Sin embargo, ¿son los Jueces realmente conscientes de este fenómeno? Probablemente la conciencia aún sea escasa, por lo que resulta relevante la realización de actuaciones destinadas a incrementar la sensibilización y la formación en esta materia. Por otra parte, también resulta importante la realización de actividades tendentes a propiciar el contacto y los intercambios entre las autoridades judiciales de los distintos Estados miembros de la UE. En definitiva, un mejor conocimiento recíproco incrementa la confianza necesaria para el funcionamiento efectivo del principio de reconocimiento mutuo.

En lo relativo a la formación, el Programa de Estocolmo afirmaba que "para estimular una auténtica cultura judicial y policial europea, es fundamental reforzar la formación en las cuestiones relacionadas con la Unión y hacerla sistemáticamente accesible a todas las profesiones que intervienen en la realización del espacio de libertad, seguridad y justicia. Ello afectará a los jueces, los fiscales, los funcionarios judiciales, los agentes de policía y de aduanas y los guardias fronterizos. Debería perseguirse el objetivo de ofrecer programas de formación europeos sistemáticos a todas las personas implicadas".[5]

---

[4] C. Gómez Martínez, "La dimensión europea en la formación judicial del Juez. La Red Europea de formación judicial", en (cva) Libro homenaje a Eduardo Font Serra. (Tomo I) Ministerio de Justicia. Centro de Estudios Jurídicos, 2004, p. 457.

[5] J. Delgado Martín, "Espacio judicial europeo en materia civil y mercantil: notas características y principio de reconocimiento mutuo. Papel del juez y nueva cultura judicial. La normativa de la UE: situación actual y tendencias. Instrumentos para mejorar la asistencia judicial. Posibilidades de actuación en caso de ausencia de normativa de la Unión Europea", Cuadernos Digitales de Formación (CGPJ), número 11/2015.

La correcta aplicación del Derecho comunitario o de la UE depende en gran parte de la forma en que lo aplican los profesionales de la justicia, y para ello la formación de los jueces y de los demás profesionales que se relacionan con la administración de justicia es esencial. La Universidad puede y debe cumplir un papel fundamental en ese sentido, fomentando sus vínculos institucionales con el CGPJ, pero incrementando de manera sustancial el contacto directo con los titulares de los distintos órganos jurisdiccionales. Nosotros podríamos así beneficiarnos de conocimientos más técnicos y profundos de los que somos capaces de adquirir en la vorágine judicial diaria, mientras que la Universidad adquiriría una visión práctica, en ocasiones muy distinta de la que se imparte en las aulas.

En cualquier caso, las dificultades que he expuesto no son en modo alguno insalvables, y no deben hacernos caer en la desesperación, sino darnos motivos para trabajar más duro cada día, ofreciendo al ciudadano el servicio público que se merece.

RETOS EN LA PRÁCTICA ESPAÑOLA EN MATERIA DE LEY APLICABLE A LAS OBLIGACIONES EXTRACONTRACTUALES

ELISA TORRALBA MENDIOLA

Profesora Titular de Derecho internacional privado
Universidad Autónoma de Madrid

1. INTRODUCCIÓN

La determinación de la ley aplicable a las obligaciones extracontractuales se enfrenta en España a un reto fundamental: el de la delimitación del texto concreto a aplicar en cada caso, dada la pluralidad de disposiciones en vigor reguladoras de la cuestión. Junto al Reglamento Roma II, relativo a la ley aplicable a las obligaciones extracontractuales[1] (el Reglamento), que es la norma "general", conviven convenios internacionales de conflicto de leyes (Convenios de La Haya de 1971 sobre la ley aplicable en materia de accidentes de circulación por carretera[2], y de 1973 sobre la ley

[1] Reglamento (CE) número 864/2007, del Parlamento Europeo y del Consejo, de 11 de julio de 2007. *DO* núm. L 199, de 31 de julio de 2007.

[2] *BOE* núm. 264, de 4 de noviembre de 1987.

aplicable a la responsabilidad por productos[3]) y el artículo 10.9 del CC que, aunque tiene carácter residual, conserva cierto margen de aplicación dadas las exclusiones del Reglamento no cubiertas por textos convencionales[4].

Junto a ello, la gran variedad de supuestos que integran el epígrafe general de "obligaciones extracontractuales" hace que en ocasiones haya que preguntarse si resulta realmente adecuado aplicar la norma de conflicto prevista para la materia extracontractual o si lo es más aplicar la misma ley que rige la relación jurídica de que derivan los daños[5].

En esa situación nuestro legislador debería plantearse la "depuración" del sistema mediante la denuncia de algunos de los Convenios de los que España es parte y que en el actual contexto normativo han perdido su razón de ser para los Estados miembros de la UE que los han ratificado.

Pero no es esa la única acción necesaria para la mejora del sistema. Si se analiza la jurisprudencia española, se observa que la aplicación de los instrumentos normativos mencionados es muy escasa y técnicamente deficiente. Las explicaciones pueden buscarse en varias razones, entre ellas la complejidad señalada, pero la situación pone en evidencia la necesidad de mejorar la formación en Derecho internacional privado de nuestros operadores jurídicos, así como la de flexibilizar el sistema de aplicación del Derecho extranjero, de manera que éste deje de operar como un aliciente para la inaplicación del Derecho conflictual.

Este trabajo pretende analizar ambos aspectos con el objetivo de poner de manifiesto las acciones que deberían llevarse a cabo para la mejora del sistema y se divide

---

3 *BOE* núm. 21, de 25 de enero de 1989.

4 El artículo 1 del Reglamento delimita su ámbito de aplicación y excluye una serie de supuestos. Resulta especialmente llamativa la exclusión de *"las obligaciones extracontractuales que se deriven de la violación de la intimidad o de los derechos relacionados con la personalidad; en particular, la difamación"*, que no están cubiertos por otros textos internacionales, por tratarse de una exclusión que no responde a razones objetivas de carácter jurídico. Sobre esta cuestión ver, entre otros, AAVV, *Difamación y protección de los derechos de la personalidad,* Cizur Menor, Thomson Reuters Aranzadi, 2009; J.J. Álvarez Rubio, "Derecho aplicable a los daños derivados de la difamación", *Revista del Derecho de la Unión Europea,* 2012, nº 22, pp. 137-152; "Jurisdicción competente y ley aplicable en materia de difamación y protección de los derechos de la personalidad", *Anuario Español de Derecho Internacional Privado,* 2011, nº 11, pp. 89-118; AAVV, *Difamación y protección de los derechos de la personalidad,* Cizur Menor, Thomson Reuters Aranzadi, 2009; M. Amores Conradi/E. Torralba Mendiola, "XI tesis sobre el estatuto delictual", *www.reei.org,* 2004, nº 8; E. Torralba Mendiola, "La difamación en la era de las comunicaciones: ¿nuevas? Perspectivas de Derecho Internacional Privado", *InDret,* 2013, nº 1.

5 Es el caso, por ejemplo, de las obligaciones extracontractuales que deriven de relaciones familiares, excluidas del ámbito de aplicación del Reglamento por su artículo 1.2.a) y respecto de las que resulta más adecuado aplicar la ley rectora de la relación familiar de que derivan que acudir al art. 10.9 del Código Civil. A ese entendimiento responde la exclusión del Reglamento. Sobre esta cuestión, por todos, M. Amores Conrari, "Obligaciones no contractuales (estatuto delictual)", en AAVV, *Derecho Internacional Privado. Parte Especial.,* Eurolex 1993, pp. 291-336.

en dos partes. La primera está destinada a establecer cuáles son las opciones de que dispone el legislador para reducir la complejidad (2) y la segunda, más especulativa, en la medida en que exige buscar las razones de la escasa aplicación de las reglas y de los motivos que pueden llevar a los operadores jurídicos a prescindir de ellas, aborda, a su vez, dos cuestiones: los desincentivos que genera nuestro sistema de aplicación del Derecho extranjero y la necesidad de mejorar la formación de quienes están destinados a aplicar estas normas, jueces y abogados, en Derecho internacional privado (3). Por último, se exponen las conclusiones alcanzadas (4).

2. PROPUESTA DE LEGE FERENDA

La complejidad normativa a que se ha hecho referencia resulta evidente. Como se ha señalado, el texto de base en la determinación de la ley aplicable a las obligaciones extracontractuales es el Reglamento Roma II. Alejándose de los precedentes en materia extracontractual, el Reglamento admite el juego de la autonomía de la voluntad, al permitir, en su artículo 14, que las partes escojan el Derecho aplicable a su controversia. Se trata de una autonomía de la voluntad limitada, puesto que no cabe en absoluto en relación con ciertos tipos de daño (los derivados de actos de competencia desleal y actos que restrinjan la libre competencia o de la infracción de los derechos de propiedad intelectual e industrial) y para los demás se restringe a los casos en que el pacto es posterior al hecho generador del daño, salvo que las partes desarrollen una actividad comercial, en cuyo caso puede ser anterior.

Aparte de las limitaciones introducidas por el propio artículo, lo cierto es que en el sector de la responsabilidad extracontractual los pactos de Derecho aplicable serán muy infrecuentes: los anteriores al acaecimiento del daño porque en la mayoría de los casos las partes no tendrán relación previa alguna entre ellas y los posteriores porque sus intereses contrapuestos llevarán a que el Derecho más favorable a una sea menos favorable a la otra, no existiendo, en consecuencia, incentivos para pactar la elección de ley.

Los artículos 5 a 12 recogen reglas especiales para ciertos daños (los derivados de supuestos de responsabilidad por productos, competencia desleal y actos que restrinjan la libre competencia, daño medioambiental, infracción de los derechos de propiedad intelectual e industrial, daños causados como consecuencia de acciones de conflicto colectivo, enriquecimiento injusto, gestión de negocios y *culpa in contrahendo*) y, de no encontrarnos ante ninguno de ellos, ni haberse ejercido la autonomía de la voluntad en los casos en que fuera posible, sería de aplicación la regla general del artículo 4.

La regla general recoge la norma de conflicto clásica en esta materia: el lugar del daño, si bien específica que se atenderá al lugar del resultado dañoso y no al del hecho generador y que tampoco se tomarán en consideración las consecuencias indirectas. No obstante, si la persona cuya responsabilidad se alega y la perjudicada tienen su residencia habitual en el mismo país en el momento en que se produce el daño, se aplicará la ley de ese país. Como cláusula de cierre se prevé la aplicación de la ley del país que presente los vínculos más estrechos con el hecho dañoso.

Junto a lo señalado, el artículo 28 del Reglamento prevé la aplicación, con preferencia a la del Reglamento, de los Convenios internacionales de los que sean parte dos o más Estados miembros en el momento de la adopción de aquél y que regulen los conflictos de leyes en materia de obligaciones extracontractuales. Entre estos se encuentran los Convenios de La Haya ya citados, cuyas soluciones conflictuales deben ser aplicadas por los jueces españoles con preferencia a las del Reglamento.

Por lo que se refiere al Convenio de 1973, la materia que aborda es objeto de una regla especial en el Reglamento: su artículo 5 contempla una solución conflictual específica para la responsabilidad por productos, basada en la acumulación de puntos de conexión, tomando el modelo del Convenio de 1973, pero que resulta una solución más simple que las reglas previstas en aquél.

El juego de los dos textos en el ámbito de la UE conduce a resultados no uniformes: si se plantea un caso relacionado con ese tipo de daños un tribunal español deberá determinar el Derecho aplicable[6].

Junto a ello, los ámbitos de aplicación del Convenio y del artículo 5 del Reglamento no son exactamente coincidentes, lo que puede generar problemas adicionales en la determinación del texto aplicable. Así, por ejemplo, el Convenio no se aplica en los casos en los que aquel a quien se exige la responsabilidad transmitió el producto a la víctima del daño[7], o en aquellos otros en los que el daño es causado por una materia prima agrícola[8]. Para esos supuestos hay que volver al Reglamento para determinar el Derecho aplicable, teniendo en cuenta, además, que esa "vuelta" al texto europeo no debe interpretarse necesariamente a su artículo 5, sino que, como se ha visto, cabría la autonomía de la voluntad en las condiciones del artículo 14.

En esas circunstancias, sería aconsejable la denuncia del texto convencional. De ese modo se incrementaría el grado de uniformidad en la determinación del Derecho aplicable en la UE, se reduciría notablemente la complejidad a la que se enfrenta el operador jurídico y no se reduciría la calidad de la norma a aplicar, puesto que la solución prevista por el artículo 5 del Reglamento resulta razonable, toma en consideración los puntos de conexión relevantes, sigue el criterio de la acumulación de

---

[6] Considerando 6 de la Exposición de Motivos.

[7] Artículo 1.2: *"Cuando hubiere sido transferida la propiedad o el disfrute de un producto a la persona que sufra el daño por aquella a quien se imputa la responsabilidad, no se aplicará el Convenio a las relaciones entre las mismas"*. La exclusión se introdujo con la finalidad de evitar conflictos de calificaciones entre aquellos Estados que en esos supuestos hubieran considerado la responsabilidad como contractual y aquellos otros que la calificarían de extracontractual, incluso mediando contrato.

[8] Como consecuencia de la reserva introducida por España en el momento de la ratificación del Convenio, al amparo de su artículo 16.2.

puntos de conexión para asegurar la aplicación de la ley más próxima al supuesto, como hace el Convenio[9], y resulta de más sencilla aplicación.

A la misma conclusión se puede llegar en relación con el Convenio de La Haya de 1971. Es cierto que en este caso el Reglamento no contiene una regla especial para este tipo de daños, pero la general contenida en el artículo 4, basada en el lugar del daño, salvo en caso de residencia habitual común de la víctima y el responsable, y con el correctivo de los vínculos más estrechos, resulta adecuada para hacer frente a la determinación del Derecho aplicable. De esta manera se evitaría la excesiva complejidad del Convenio y se incrementaría la ya mencionada uniformidad de soluciones.

3. LOS RETOS DE LA PRÁCTICA EN LA APLICACIÓN DE LAS REGLAS

En el contexto señalado, la aplicación de estas reglas en la jurisprudencia española es muy escasa. En los algo más de siete años de aplicación del Reglamento Roma II transcurridos hasta la fecha[10] no llegan a veinte las sentencias que los tribunales españoles han dictado haciendo referencia a él. De ellas, la mayoría lo mencionan únicamente como instrumento en el que basar una determinada calificación en supuestos en los que se discute el carácter contractual o extracontractual de una relación[11], siendo muy escasos los casos en los que se pretende su aplicación para la finalidad que le es propia: la determinación del Derecho aplicable. En el mismo período, tampoco el resto de normas de conflicto en materia extracontractual son objeto de una extensa aplicación.

---

[9] Sobre la técnica utilizada en el Convenio ver, entre otros, E. Zabalo Escudero, *"La ley aplicable a la responsabilidad por daños derivados de los productos en el Derecho internacional privado español", Revista Española de Derecho internacional*, 1991, nº 1, pp. 75-107; P.M. Patocchi, *Règles de rattachement localisatrices et règles de rattachement à caractère substantiel*, Ginebra, Études suisses de Droit international, 1985; P. Lagarde, "Le principe de proximité dans le Droit international privé contemporain. Cours general de Droit International Privé, *Recueil des Cours*, 1986, I, T. 196, pp. 13-237 (espec. Pp. 58-59); A. Dyer, "The Hague Convention on the law applicable to products liability after one fifth of a century", *International Litigation Quarterly*, diciembre 1993, pp. 41-55.

[10] El Reglamento entró en vigor el 11 de enero de 2009 y se aplica a los hechos generadores de daño producidos tras dicha fecha (artículos 31 y 32).

[11] A título de ejemplo: SAP de Cáceres de 14 de diciembre de 2015, (referencia CENDOJ, Roj: SAP CC 911/2015); SJM Palma de Mallorca de 29 de julio de 2015, (referencia CENDOJ, Roj: SJM IB 2174/2015); SAP Badajoz de 22 de enero de 2015, (referencia CENDOJ, Roj: SAP BA 42/2015); SAP Bilbao de 13 de diciembre de 2013, (referencia CENDOJ, Roj: SAP BI 1881/2013); SAP Alicante de 22 de marzo de 2013, (referencia CENDOJ, Roj: SAP A 1362/2013); SJPI Madrid de 1 de febrero de 2013, (referencia CENDOJ, Roj: SJPIM 162/2013); SAP Bilbao de 2 de marzo de 2012,(referencia CENDOJ, Roj: SAP BI 2964/2012); SAP Pontevedra de 21 de octubre de 2009, (referencia CENDOJ, Roj: SAP PO 2891/2009) o STS de 22 de diciembre de 2008, (referencia CENDOJ, Roj: STS 7354/2008).

Si se compara ese número con el generado en el Reino Unido en el mismo lapso temporal la diferencia es sustancial: el número de resoluciones en aquél país supera la centena. El parámetro de comparación no resulta probablemente representativo porque no parece que deba asumirse que una cifra similar sea alcanzada también en otros Estados miembros, pero un estudio, sin pretensiones de exhaustividad, de la jurisprudencia inglesa permite extraer ciertas conclusiones útiles para la valoración de la práctica española.

Por otra parte, la búsqueda de las razones de esta escasa aplicación conduce a la identificación de varios elementos. Determinar las razones por las que los operadores jurídicos dejan de hacer algo es una tarea con bastantes factores especulativos. No obstante, tanto de la propia jurisprudencia, como de las manifestaciones de esos mismos operadores jurídicos es posible concluir la veracidad de estas conclusiones, sin perjuicio de que puedan existir otros factores adicionales que contribuyan a explicar la situación y que no se identifiquen en este trabajo.

3.1. La escasa aplicación de las reglas no está ligada a razones derivadas de la competencia judicial internacional

No parece que las razones de esta escasez de casos planteados esté ligada a razones derivadas de la aplicación de las reglas de competencia judicial internacional. Esos motivos pueden explicar porqué se aplica más en unos Estados que en otros el Reglamento Roma I, sobre la ley aplicable a las obligaciones contractuales, dada la preferencia, sobre todo en el ámbito de la contratación internacional, de unos tribunales frente a otros, pero no parece que permita también explicar las diferencias en la aplicación del Reglamento Roma II o de los demás textos en materia de ley aplicable a la responsabilidad extracontractual.

La elección de foro es posible también en los supuestos de responsabilidad extracontractual, si se atiende al Reglamento 1215/2012 (Bruselas I bis)[12], al Convenio de Lugano de 2007[13] y, en general, a las reglas internas de los Estados miembros de la UE respecto de situaciones no cubiertas por los dos textos anteriores. No obstante, la sumisión a tribunales, al menos en su versión expresa, es mucho menor en el ámbito de la responsabilidad extracontractual, por la propia naturaleza de los supuestos que, en la mayoría de los casos, no permiten prever *ex ante* el daño y los sujetos afectados.

---

[12] Reglamento del Parlamento Europeo y del Consejo, de 12 de diciembre de 2012, relativo a la competencia judicial, el reconocimiento y la ejecución de resoluciones judiciales en materia civil y mercantil (*DOUE* L 351, de 20 de diciembre de 2012). Este texto sustituye al Reglamento 44/2001 (Bruselas I), sobre la misma materia (*DOUE* L 12, de 16 de enero de 2001).

[13] Este Convenio vincula a la UE con Suiza, Noruega e Islandia y recoge, con muy escasas diferencias, las soluciones sobre competencia judicial y reconocimiento y ejecución de resoluciones en materia civil y mercantil previstas en el Reglamento Bruselas I (*DOUE* L 147, de 10 de junio de 2009).

Por otra parte, si se tiene en cuenta que en los litigios en reclamación de daños extracontractuales en un número considerable de casos las demandadas son las compañías de seguros por la vía de la acción directa, las disposiciones del Reglamento 1215/2012 facilitarían a las víctimas domiciliadas en España acudir a los tribunales españoles, sobre todo teniendo en cuenta como ha interpretado el TJUE la regla de competencia judicial internacional en materia de acción directa del artículo 13.2 del Reglamento 1215/2012[14].

3.2. La escasa aplicación de las reglas no está ligada a la menor internacionalización de la economía española respecto de la de otros países de la UE. Los accidentes de circulación por carretera

Los motivos de la escasez de supuestos resueltos por nuestros tribunales en materia de responsabilidad extracontractual en el ámbito internacional podrían buscarse en una menor internacionalización de la economía española respecto de la de otros países en los que el número de resoluciones puede ser mayor.

Esta resultaría, de nuevo, una explicación más obvia en el caso de la responsabilidad contractual, pero no debe descartarse *a priori* en el de la extracontractual. Si se piensa en el tipo de supuestos que pueden generar esta última, es obvio que la reclamación de cierto tipo de daños está ligada al desarrollo económico y, en lo que aquí nos interesa, a su internacionalización. Es el caso por ejemplo, de los daños derivados de la infracción de las normas en materia de competencia o competencia desleal, los ligados a la infracción de las reglas de propiedad intelectual o industrial, o incluso los daños causados por productos defectuosos.

Pero, utilizando de nuevo el ejemplo del Reino Unido como parámetro de comparación, no son estos los únicos supuestos que se plantean, sino que, proporcionalmente, los daños que con más frecuencia dan lugar en ese país a resoluciones en las que se aplica el Reglamento Roma II son los derivados de accidentes de circulación

[14] Según este artículo los foros de protección en materia de seguros contemplados en los artículos 10, 11 y 12 pueden utilizarse para plantear la acción directa del dañado contra la compañía de seguros, siempre que tal acción directa fuera posible en aplicación de las normas de Derecho internacional privado del foro. Según el artículo 18 del Reglamento Roma *II "La persona perjudicada podrá actuar directamente contra el asegurador de la persona responsable para reclamarle resarcimiento si así lo dispone la ley aplicable a la obligación extracontractual o la ley aplicable al contrato de seguro"* y la misma solución conflictual recoge el artículo 9 del Convenio de La Haya de 1971. Cuando en virtud de esas normas resulta de aplicación el Derecho material español, el artículo 76 de la Ley del Contrato de Seguro permite esa acción directa. Siendo así, la acción se puede ejercitar ante los tribunales previstos en los artículos 10, 11 y 12 del Reglamento Bruselas I bis, con el añadido de que, de acuerdo con la STJUE de 13 de diciembre de 2007, en el asunto C-463/06, *FBTO*, la víctima puede ejercitar la acción directa en su propio domicilio. La sentencia se refiere al artículo 9,1, b del Reglamento 44/2001 (Bruselas I) y su doctrina es trasladable al texto del nuevo Reglamento.

por carretera[15]. Siendo así, no parece que haya motivos para que estos no se planteen en España incluso en mayor medida que en otros Estados dada, entre otros factores, la elevada presencia de ciudadanos de otras nacionalidades en nuestro país, sea de manera permanente, sea con fines meramente turísticos. Sin embargo, lo cierto es que los supuestos españoles, en los que nuestros tribunales, como se ha visto, no deberían aplicar el Reglamento, sino el Convenio de La Haya de 1971, son también muy escasos en relación con este tipo de daños.

La mayor parte de las reclamaciones por daños derivados de accidentes de circulación se plantean frente a las compañías de seguros, lo que permite pensar que gran parte de ellas se resuelven únicamente con base en los términos de la póliza y no se entra en discusiones acerca de la ley aplicable a la responsabilidad asegurada. No obstante, sin descartar que esto ocurra en cierto número de casos, no parece que deba ser la única explicación. Incluso cuando eso ocurre, la ley aplicable a la responsabilidad asegurada no resulta irrelevante, puesto que la responsabilidad de la aseguradora deberá venir limitada por la del responsable del daño, de manera que la discusión sobre la cuantificación del daño puede plantearse tomado en consideración dos leyes distintas (la del daño y la rectora de la propia póliza), lo que exigiría recurrir a las normas de conflicto[16].

3.3. El sistema español de aplicación del Derecho extranjero

3.3.1. Prueba por quien alega el Derecho extranjero

El tratamiento procesal del Derecho extranjero sí que resulta más relevante en el análisis de los motivos de la escasa aplicación de la norma de conflicto. La afirmación del artículo 12.6 del Código Civil, según el que las normas de conflicto se aplican de oficio, no viene acompañada de un sistema de aplicación del Derecho extranjero que resulte coherente con esa obligación La reforma del sistema operada por la Ley de Cooperación Jurídica Internacional en Materia Civil (LCJI)[17] trata de hacer frente a algunas de las críticas que han venido planteándose tradicionalmente, pero no resulta suficiente para aclarar la cuestión.

---

[15] Veánse, a título de ejemplo, las siguientes sentencias: [2015] EWHC 1002 (QB); [2014] EWHC 3164 (QB); [2014] EWCA Civ 138; [2010] EWHC 1941 (QB). Todas ellas se pueden consultar en www.bailii.org.

[16] Esa es la cuestión que se plantea en gran parte de las sentencias inglesas analizadas (por ejemplo, EWHC 1941(QB), [2014] EWCA, Civ. 138, entre muchas otras). También lo es en algunas de las escasas sentencias españolas, como se analiza en páginas siguientes. Sobre esta cuestión A. Espiniella, "Práctica española sobre accidentes de circulación transfronterizos", *Revista de Responsabilidad Civil y Seguro,* nº 47, 2013, p. 43.

[17] Ley 29/2015, de 30 de julio, *BOE* núm. 182, de 31 de julio.

El régimen procesal del Derecho extranjero se recoge tanto en la Ley de Enjuiciamiento Civil[18], como en la LCJI. De acuerdo con el artículo 281.2 del primer texto, el Derecho extranjero deberá ser probado en lo que respecta a su contenido y vigencia y si bien añade que el tribunal podrá valerse de cuantos medios estime necesarios para su averiguación, no se puede obviar que el artículo 282 prevé que las pruebas se practicarán a instancia de parte.

A lo anterior se añaden los artículos 34 y 35 de la LCJI, que se refieren a la información del Derecho extranjero. Estos preceptos especifican que ésta podrá referirse al "*texto, vigencia y contenido de la legislación, a su sentido y alcance, a la jurisprudencia, al marco procedimental y de la organización judicial, y a cualquier otra información jurídica relevante*" y prevén, además un mecanismo para que los jueces, notarios y registradores soliciten información del Derecho extranjero, que complementa los medios convencionales y europeos. No obstante, no se modifica sustancialmente el sistema en vigor hasta ahora, que hace recaer el peso de la prueba del Derecho extranjero en la actividad de la parte que lo alegue.

Por último, el artículo 33 de ese mismo cuerpo legal consagra la solución que, tras ciertas divergencias, había sido ya adoptada por nuestra jurisprudencia para los casos en los que no haya podido acreditarse por las partes el contenido y vigencia del Derecho extranjero[19]: se aplicará, se afirma que con carácter excepcional, el Derecho español.

En consecuencia, a la parte que lo alega corresponde probar el Derecho extranjero de manera que se posibilite su aplicación integral, es decir, tal como se aplicaría en el Estado al que pertenece. De ahí que sea necesario probar el ordenamiento extranjero como sistema jurídico y que no baste con la prueba de las normas en vigor, sino que sea necesario demostrar también como se interpreta y aplica ese Derecho a través de la jurisprudencia. El ordenamiento no limita los medios de prueba, sino que cabe cualquiera de los generales previstos en la LEC. Los más habituales son los documentos públicos o intervenidos por fedatario público, donde se hace constar el contenido y vigencia de la norma que se alega y el dictamen de jurisconsultos debidamente legalizado.

A la vista de las características del sistema, resulta obvio concluir que los tribunales se encuentran mediatizados por las actuaciones de las partes que con frecuencia no suscitan la cuestión internacional. La razón es comprensible: la prueba del Derecho extranjero es costosa en términos procesales, puesto que la necesidad de obtener dictámenes, traducciones, etc, ralentiza el procedimiento, y también en términos económicos. Los incentivos para alegar la aplicación del Derecho extranjero existen solo en aquellos casos en los que quien lo pretende espera obtener una clara ventaja de la aplicación de ese ordenamiento. En otros casos, cuando o bien no hay una ventaja clara, o la que

[18] Ley 1/2000, de 7 de enero, *BOE* núm. 7, de 8 de enero de 2000.

[19] Véase, por todas, la STC 10/2000, de 17 de enero de 2000. *BOE* núm. 42, de 18 de febrero.

puede producirse quede compensada por los costes en los que se incurriría por esa aplicación de otro ordenamiento, no hay razones para suscitar la cuestión. Y ello no puede reprocharse a las partes, es del todo razonable que velen por sus intereses.

Claro ejemplo de cuanto se señala en este punto es la sentencia de la Audiencia Provincial de Gijón de 10 de febrero de 2012[20], en la que, tras afirmarse la aplicación simultánea del artículo 10.9 del Código Civil y del Convenio de La Haya de 1971, la apelante, una compañía de seguros, alega la aplicación del Derecho marroquí, del lugar en el que se había producido el accidente, entre otras cuestiones a la determinación de los daños y la cuantía indemnizatoria[21], lo que llevaría a unas cantidades menores que las resultantes de aplicar el baremo previsto por la ley española. No obstante, no se hace ningún esfuerzo probatorio, por lo que el tribunal aplica subsidiariamente el Derecho español.

Aunque especular sobre las razones de ello puede conducir a conclusiones erróneas en el caso concreto, no resulta descabellado asumir que la apelante hizo un cálculo de los costes que suponía la prueba del Derecho marroquí y consideró que no quedaban compensados por los beneficios que podrían obtenerse de su aplicación al caso teniendo en cuenta la cuantía reclamada, que era algo más de siete mil euros.

Un sistema más flexible de alegación y prueba del Derecho extranjero contribuiría al planteamiento más frecuente de las cuestiones conflictuales y a la solución de los conflictos de acuerdo con lo pretendido por la norma. Mientras este no exista, no se puede reprochar a las partes que no planteen en el proceso cuestiones de las que no esperan obtener ningún beneficio.

El establecimiento de un sistema distinto no está exento de complicaciones. Es obvio que no se puede exigir a los tribunales españoles el conocimiento de todos los ordenamientos extranjeros, pero sí podría dotarse al juez de mayores facultades de indagación[22]. Sin embargo, en supuestos de dificultad desproporcionada de dicha prueba, no hay más remedio que optar por una solución que, como bien han señalado nuestros tribunales, no puede ser más que la aplicación de la ley del foro. El

[20] Referencia CENDOJ, Roj: SAP O 283/2012.

[21] De acuerdo con el artículo 8 del Convenio de La Haya de 1971 la ley aplicable según sus normas de conflicto determina, entre otras cuestiones, las condiciones y el alcance de la responsabilidad; las causas de exoneración, así como toda limitación y distribución de responsabilidad; la existencia y la índole de los daños indemnizables; las modalidades y la cuantía de la indemnización; la transmisibilidad del derecho a indemnización; las personas que tengan derecho a indemnización por daños que hayan sufrido personalmente; la responsabilidad del comitente por causa de su encargado y las prescripciones y caducidades por expiración de un plazo, con inclusión del comienzo, la interrupción y la suspensión de los plazos.

[22] Sobre estas cuestiones, por todos F. Garcimartín Alférez, *Sobre la norma de conflicto y su aplicación judial. Cinco cuestiones clásicas,* Madrid, Tecnos, 1994.

objetivo es que esos supuestos, como resulta del tenor literal de la CLCI, sean verdaderamente residuales.

3.3.2. Consecuencia: ¿elección tácita del Derecho aplicable?

Más curiosa resulta la constatación de que el sistema actual funciona en cierta medida como una elección tácita del Derecho aplicable. Esta posibilidad no es, como se ha visto, ajena al Reglamento Roma II, que admite, con ciertos límites, la elección del Derecho en su artículo 14. Puesto que en la situación que se describe esta suerte de elección operaría siempre una vez surgido el litigio, ya que se manifestaría dentro del proceso, no alteraría las previsiones del Reglamento. No obstante, a esta afirmación hay que hacer dos excepciones: en los casos de daños derivados de la infracción de normas de defensa de la competencia o competencia desleal y en aquellos otros que lo hacen de la infracción de normas sobre propiedad intelectual e industrial tal posibilidad de elección se descarta por completo en el texto europeo y, sin embargo, resulta indirectamente facilitada por este sistema.

Es obvio que cuando se aplica el Derecho español en lugar del extranjero previsto por la norma de conflicto como consecuencia del tratamiento procesal de que es objeto este último no está operando propiamente una elección, ni el elenco de ordenamientos "disponible" se corresponde con el que resultaría de aplicarse el artículo 14 del Reglamento, pero sí se deja en manos de las partes en el litigio una cierta disponibilidad del Derecho aplicable.

Si bien las razones de esa excepción resultan cuestionables[23] no puede ignorarse que el Reglamento no admite interpretación al respecto y que el resultado indirecto de cuanto se viene exponiendo es que se deja de aplicar el Derecho del mercado afectado, en caso de defensa de la competencia, el del país en cuyo territorio las relaciones de competencia o los intereses colectivos de los consumidores resulten o puedan resultar afectados, en caso de competencia desleal[24] o la ley del Estado para el que se reclama la protección en los casos de propiedad intelectual o industrial.

En el ámbito de la responsabilidad extracontractual, además, el resto de los textos de aplicación en España no contemplan esta posibilidad de elección. No lo hacen, desde luego, ni el Convenio de La Haya de 1971, ni el de 1973, ni el 10.9 del Código Civil, que responden a una concepción de la materia más anclada en el pasado que el Reglamento Roma II.

---

[23] Sobre esta cuestión ver M. Amores Conradi/E. Torralba Mendola, "XI tesis...", *cit.*

[24] El artículo 6, que recoge la ley aplicable a estos dos supuestos contempla también la situación en que el acto de competencia desleal afecte exclusivamente a los intereses de un consumidor en particular, en cuyo caso se aplicará el artículo 4 del Reglamento, y aquella en que la restricción de competencia afecte a más de un país, para la que se prevé una solución específica.

3. 4. La necesidad de mayor formación en Derecho Internacional Privado

A lo señalado en el apartado anterior se une la necesidad de fomentar la mayor formación de nuestros operadores jurídicos en materia de Derecho internacional privado. La complejidad normativa que se ha puesto de relieve para determinar la ley aplicable a una obligación extracontractual no es más que una muestra de los problemas a los que se enfrentan cuando se trata de aplicar las reglas de Derecho internacional privado. En otros ámbitos la diversidad de fuentes es probablemente menor, pero no lo es la complejidad de las reglas. Los últimos años han sido de una gran proliferación normativa, sobre todo procedente del legislador europeo, lo que ha dificultado en gran medida el conocimiento de las reglas de Derecho internacional privado. Si a ello se une que esas disposiciones permiten determinar el Derecho aplicable, pero no resuelven el fondo de la cuestión, y que el sistema de aplicación del Derecho extranjero ya expuesto conduce con frecuencia a la aplicación subsidiaria del Derecho español, aun cuando este no fuera el seleccionado por la norma de conflicto, se explica que el centro de interés de nuestros tribunales no haya sido el adecuado conocimiento de las normas de Derecho internacional privado.

Lo señalado se pone claramente de manifiesto en gran parte de las sentencias analizadas, en las que con frecuencia se identifica la norma de conflicto que sería necesario aplicar, pero se cita junto con otras, sin tomar en consideración que su aplicación no es cumulativa y que se excluyen mutuamente[25].

En otras, incluso, esa referencia cumulativa a normas mutuamente excluyentes, no viene acompañada de la identificación de la correcta. Es el caso, por ejemplo, de la sentencia de la Audiencia Provincial de Pontevedra de 16 de mayo de 2014[26], de nuevo sobre una reclamación de responsabilidad por los daños derivados de un accidente de circulación por carretera acaecido en Portugal, a la que se afirma que resulta aplicable el Derecho portugués tanto en virtud del artículo 10.9 del CC, como del 4.1 del Reglamento Roma II, e, incluso, del artículo 31 del Real Decreto Legislativo 8/2004 por el que se aprueba el texto refundido de la Ley sobre responsabilidad civil y seguro en la circulación de vehículos a motor[27], sin que en ningún momento se haga referencia al texto que resultaría de aplicación: el Convenio de La Haya de

---

[25] Es el caso, por ejemplo, de la sentencia de la sentencia de la Audiencia Provincial de Cáceres de 10 de abril de 2013 (referencia CENDOJ, Roj: SAP CC 264/2013), en la que para determinar la ley aplicable a la reclamación de responsabilidad por los daños causados por un accidente de circulación ocurrido en Portugal se hace referencia al Reglamento 44/2001, que no contiene normas de conflicto de leyes, al Convenio de La Haya de 171 y al Reglamento Roma II para acabar aplicando este último. También en un caso similar la sentencia de la Audiencia Provincial de Pontevedra de 13 de diciembre de 2012 se refiere tanto al Reglamento Roma II como al Convenio de La Haya de 1971, sin que quede claro que se decanta por el segundo (referencia CENDOJ, Roj: SAP PO 3057/2012).

[26] Referencia CENDOJ, Roj: SAP PO 1255/2014.

[27] *BOE* nº 267, de 5 de noviembre de 2004.

1971. En cualquier caso, la cuestión se resolvió en aplicación del Derecho español por falta de prueba suficiente de la aseguradora, que alegaba la aplicación del Derecho portugués, conforme al cual la cuantía indemnizatoria sería menor.

Algo similar ocurre en la sentencia de la Audiencia Provincial de Madrid de 25 de enero de 2011, en la que se afirma la aplicabilidad del Derecho marroquí a las reclamación de la responsabilidad extracontractual derivada de un accidente de circulación ocurrido en Marruecos en virtud del artículo 10.9 del Código Civil, olvidándose de nuevo la existencia del Convenio de La Haya de 1971. Se añade, además, como disposiciones determinantes del Derecho aplicable los artículos 12. 6 del Código Civil y 4.4 del Texto Refundido de la Ley sobre Responsabilidad Civil y Seguro en la Circulación de Vehículos de Motor[28], o en la de la Audiencia Provincial de Pontevedra de 6 de noviembre de 2012[29] en que la reclamación, una vez más de los daños derivados de un accidente de tráfico, se resuelve en aplicación del Derecho portugués, del lugar del accidente, en virtud del artículo 4 del Reglamento Roma II, sin ninguna referencia al Convenio de La Haya de 1971. Que la norma de conflicto del Código Civil y la del Convenio condujeran al mismo resultado no exime de la necesidad de realizar la adecuada identificación del texto a aplicar.

En otras ocasiones, la correcta identificación del texto normativo se acompaña de un incorrecto entendimiento de su alcance. Es el caso de la sentencia de la Audiencia Provincial de Lleida de 27 de noviembre de 2015, referida a los daños derivados de un accidente de esquí en Andorra. En ella, tras identificarse correctamente el Reglamento Roma II, se llega a la conclusión de que no debe ser aplicado porque solo se extiende a conflictos de leyes y jurisdicción (sic) entre Estados miembros de la Comunidad europea, de la cual Andorra no es parte, por lo que se acude al artículo 10.9 del Código Civil. En este caso, además, ambos textos no conducen al mismo resultado: por la vía del 10.9 se consideró de aplicación el Derecho andorrano, mientras que de haberse aplicado el Reglamento hubiera debido resolverse la cuestión según el Derecho español por tener tanto aquellos a los que se reclamaba la responsabilidad como la víctima del daño residencia habitual en España[30].

---

[28] Referencia CENDOJ, Roj: SAP M 737/2011. Resulta curiosa la referencia en esta sentencia a la recaída en primera instancia, en la que el juez consideró que la falta de interés probatorio del Derecho extranjero de una de las partes, debería conllevar una sanción, estimando procedente en el caso reducir la cuantía de intereses moratorios que le correspondían.

[29] Referencia CENDOJ, Roj: SAP PO 2888/2012. En el caso se discute además sobre el alcance de la cláusula de escape de los vínculos más estrechos recogida en el artículo 4 del Reglamento y que las demandantes alegaban que conducía al Derecho español. La Audiencia la rechaza en una apreciación que resultaría correcta si no fuera porque no era el Reglamento la norma conflictual que debía aplicarse.

[30] Cuestión distinta es que "Derecho español" debería aplicarse entonces. Una de las cuestiones discutidas era la prescripción de la acción: tres años en Derecho andorrano, uno en el Código civil y, de nuevo, tres en el Codi Civil de Catalunya (referencia CENDOJ, Roj: SAP L 955/2015).

De lo anterior no puede concluirse que no existan asuntos en los que la aplicación de la norma de conflicto resulte plenamente satisfactoria. Es el caso por ejemplo de la Sentencia de la Audiencia Provincial de Ceuta de 22 de febrero de 2011[31] en la que, de nuevo, se reclaman los daños surgidos de un accidente de circulación en Marruecos, pretendiendo la compañía de seguros la aplicación del Derecho marroquí. No obstante, se concluye correctamente la aplicación del Derecho español en virtud del artículo 4 del Convenio de La haya de 1971 por estar implicados en el accidente varios vehículos, todos ellos matriculados en España.

También debe ser positivamente valorada la sentencia del Juzgado de Primera Instancia número 34 de Barcelona, de 3 de marzo de 2010[32] y las de los tribunales que han ido resolviendo los sucesivos recursos[33]. Los razonamientos que en ellas se hacen sobre la aplicabilidad del Convenio de La Haya de 1973 sobre ley aplicable a los daños causados por productos y sobre el modo de interpretar sus artículos 4, 5 y 6 evidencia un muy adecuado conocimiento del texto y del Derecho internacional privado en general.

La necesidad de facilitar el conocimiento y la formación en Derecho internacional privado se extiende también a los abogados. La escasa aplicación de los textos en esta materia, además de a las razones señaladas, obedece en ocasiones al desconocimiento de la relevancia que pueden tener factores de internacionalidad en una situación determinada, que conduce a que no se plantee la cuestión conflictual o a que se plantee sin la adecuada argumentación.

Siendo no solo la información, sino también la formación una necesidad evidente, es indudable el papel que deben desarrollar las Universidades. En este momento el peso de la materia Derecho internacional privado de los planes de estudios de grado en general parece adecuado, pero no puede decirse lo mismo en los programas de los másteres de acceso a la abogacía, donde apenas se le presta atención. Junto a ello, corresponde a los órganos que tienen a su cargo la formación de los miembros de la judicatura procurar la mejora de sus conocimientos en este ámbito.

---

[31] Referencia CENDOJ, Roj: SAP CE 8/2011.

[32] Se trata de la reclamación planteada por los familiares de las víctimas de la colisión aérea ocurrida el 1 de julio de 2002 en Alemania entre un Boeing de DHL Airlines y un Tupolev de Bashkirian Airlines. La reclamación se presentó en España frente a dos empresas estadounidenses fabricantes de un sistema de advertencia anticolisión instalado en ambas aeronaves, que se afirmaba que no había funcionado correctamente (referencia CENDOJ, Roj: SJPI 100/2010).

[33] Sentencia de la Audiencia Provincial de Barcelona de 7 de mayo de 2012 (referencia CENDOJ, Roj: SAP B 6351/2012) y Sentencia del Tribunal Supremo, Sala Primera, de 13 de mayo de 2015 (referencia CENDOJ, Roj: STS 181/2015). Ambas confirman la decisión del Juzgado de primera instancia, que, en aplicación del artículo 6 del Convenio de La Haya de 1973, concluía la aplicación de los Derechos de Arizona y Nueva Jersey, de la residencia habitual de las sociedades cuya responsabilidad se reclamaba.

Otro tanto puede decirse del papel que deberían desempeñar los Colegios de Abogados, a través de los cursos que organizan e imparten en los que se deberían introducir, con mayor frecuencia y extensión que las escasas existentes hasta ahora, las cuestiones de Derecho internacional que las materias a las que se refieren plantean, junto a cursos monográficos de Derecho internacional privado en que se aclarasen algunos de los aspectos esenciales de la disciplina desde una perspectiva práctica.

4. CONCLUSIONES

La aplicación de las normas de conflicto en materia de responsabilidad extracontractual es muy escasa en España. Esa falta de resoluciones no es una realidad aislada en el ámbito del Derecho internacional privado español, sino que se inscribe en un panorama general en el que el amplio elenco de normas de que ahora disponemos encuentra una aplicación muy poco frecuente.

La complejidad normativa no favorece la adecuada aplicación de las reglas, por lo que procurar, en lo que hace a la responsabilidad extracontractual, una cierta simplificación, mediante la denuncia de los Convenios de La Haya de 1971 y 1973, sobre la ley aplicable a los accidentes de circulación en carretera y a los daños causados por productos, respectivamente, facilitaría el conocimiento del sistema por los operadores jurídicos.

No obstante, no es esa complejidad el único obstáculo al que se enfrenta la práctica. Además de en ella, las razones de la escasa aplicación de las normas de Derecho internacional privado deben buscarse fundamentalmente en dos motivos: por un lado nuestro sistema de alegación y prueba del Derecho extranjero que fomenta que esta no se produzca por las partes en un litigio salvo que tengan incentivos muy claros para hacerlo porque los beneficios que esperan obtener de la aplicación de ese ordenamiento superan con creces los costes procesales y económicos de tal prueba.

Por otro, la complejidad normativa, unida a las lagunas en la formación en cuestiones de Derecho internacional de nuestros operadores jurídicos constituyen asimismo un obstáculo. Con frecuencia se ignora la trascendencia que puede tener la presencia de un elemento de extranjería en un determinado supuesto. Esas lagunas de información deberían ser suplidas por las Universidades, y en ello el master de acceso a la abogacía tendría que prestar mayor atención a esas cuestiones. Además, los órganos del poder judicial, facilitando la formación de los jueces en estas materias y los colegios de abogados, a través de los ya existentes cursos de formación a sus colegiados, que, sobre todo en aquellas plazas donde la litigiosidad con elementos de internacionalidad suele ser mayor, deberían ampliar los temas tratados, extendiéndolos a estas cuestiones internacionales, tienen en sus manos la posiblidad de contribuir a mejorar la situación.

LA APLICACIÓN JURISPRUDENCIAL DEL CONVENIO DE ROMA Y EL REGLAMENTO ROMA I: UN VIAJE DE IDA Y VUELTA AL DERECHO ESPAÑOL

Laura CARBALLO PIÑEIRO*

Profesora Titular de Derecho internacional privado
Universidad de Santiago de Compostela

Sumario: 1. Introducción. 2. Examen de los ámbitos de aplicación del Convenio de Roma y del Reglamento Roma I por la jurisprudencia. 3. El comportamiento de las partes y su influencia en la determinación de la ley aplicable al contrato. 3.1. La elección tácita de la ley rectora del contrato. 3.2. La prueba del Derecho extranjero y la elección de la ley aplicable. 4. Contrato de trabajo y cláusula de escape. 5. Consideraciones finales.

1. INTRODUCCIÓN

La relevancia del proyecto *Cross-border Litigation in Europe: Private International Law Legislative Framework, National Courts and the Court of Justice of the European Union* (EUPillar), liderado en España por la Profesora Carmen Otero-García Castrillón, se aprecia cuando se contemplan sus objetivos a la luz del afán uniformizador del legislador de la Unión Europea en materia de Derecho internacional privado (DIPr.), que persigue además una buena razón: evitar el *forum shopping* dentro del espacio de justicia europeo. El examen comparado de en qué se traducen estas normas en la práctica judicial de distintos países miembros es muy necesaria a efectos de comprobar lo acertado del razonamiento de la Unión Europea, y a buen seguro sentará las bases de una reflexión muy necesaria sobre la evolución del DIPr. europeo.

---

* Miembro del Grupo *De Conflictu Legum*. *Alumna* de la Fundación Alexander von Humboldt. Este trabajo se ha beneficiado de una ayuda con cargo a Fondos FEDER y Consellería de Educación de la Xunta de Galicia.

En el contexto de este ambicioso proyecto, este trabajo busca formular algunas, si bien modestas, conclusiones sobre la aplicación en España del Convenio sobre la ley aplicable a las obligaciones contractuales abierto a la firma en Roma el 19 de junio de 1990[1], y el Reglamento (CE) 593/2008 del Parlamento Europeo y del Consejo, de 17 de junio de 2008, sobre la ley aplicable a las obligaciones contractuales (Roma I)[2]. Como es sabido, el propósito comercial de un negocio se puede frustrar por distintas razones y éstas se acentúan en la contratación internacional donde existen importantes costes de transacción que lastran el comercio internacional y, por tanto, la economía de un país. Buscando precisamente reducir estos costes nace el Convenio de Roma, al que ha sucedido el Reglamento Roma I en la determinación la ley aplicable a los contratos celebrados a partir del 17 de diciembre de 2009. Ambos instrumentos persiguen como objetivo básico incrementar la seguridad jurídica y del tráfico jurídico en las transacciones internacionales en la medida en que establecen normas de conflicto uniformes, lo que se traduce en que, supuestamente, la obligación contractual en disputa se decidirá conforme a la misma ley con independencia del Estado miembro en el que el litigio se plantee[3].

Sentada esta premisa, el objetivo del trabajo es analizar la aplicación jurisprudencial de estos instrumentos en España. A estos efectos, se ha procedido a recopilar las decisiones judiciales que mencionan alguno de estos instrumentos en un periodo comprendido entre los años 2008 y 2016[4]. Para los años anteriores y desde la entrada en vigor del Convenio de Roma se recomienda la consulta del exhaustivo análisis realizado por Paula Paradela Areán[5]. Un primer examen de las sentencias consultadas en este trabajo revela que el Convenio de Roma o el Reglamento Roma I fueron mero *obiter dicta* en cuarenta y tres decisiones[6]; cincuenta y ocho versan

---

[1] *BOE* núm. 171, 19.7.1993.

[2] *DOUE* L 177, 4.7.2008.

[3] El objetivo de base es evitar el *forum shopping* en un contexto en el que el sistema Bruselas-Lugano, - y del que baste citar ahora el Reglamento (UE) 1215/2012, y el Convenio de Lugano de 2007, relativo a la competencia judicial internacional, el reconocimiento y la ejecución de resoluciones judiciales en materia civil y mercantil - permite discutir por el mismo contrato en distintos Estados miembros.

[4] Las referencias han sido extraídas mayoritariamente de la base de datos CENDOJ.

[5] Véase P. Paradela Areán, «Quince años de aplicación en España del Convenio de Roma sobre ley aplicable a las obligaciones contractuales», *AEDIPr*, t VIII, 2008, pp. 469-480.

[6] STS, Sala de lo Civil 998/2011, 21.12.2011 (ECLI:ES:TS:2012:5354); STS, Sala de lo Social, 100/2014, 20.4.2015 (ECLI:ES:TS:2015:2306); STS, Sala de lo Civil, 140/2015, 23.3.2015 (ECLI:ES:TS:2015:1700); STSJ, Sala de lo Social, Galicia 270/2008, 18.3.2008 (ECLI:ES:TSJGAL:2008:2129); STSJ. Sala de lo Civil y Penal, Cataluña 22/2011, 26.5.2011 (ECLI:ES:TSJCAT:2011:6728); STSJ, Sala de lo Social, Madrid 404/2011, 29.4.2011 (ECLI:ES:TSJM:2011:5477); STSJ, Sala de lo Social, Madrid 498/2011, 27.5.2011 (ECLI:ES:TSJM:2011:4112); STSJ, Sala de lo Civil y Penal, País Vasco 14/2012, 31.5.2012 (ECLI:ES:TSJNA:2012:195); STSJ, Sala de lo Social, Madrid 842/2013, 30.9.2013 (ECLI:ES:TSJM:2013:12822); STSJ, Sala de lo Social, Ma-

sobre contrato de trabajo[7], y las cincuenta y dos restantes sobre distintas cuestiones,

---

drid 66/2015, 2.3.2015 (ECLI:ES:TSJM:2015:403); SAP Valencia 2/2008, 2.1.2008 (ECLI:ES:APV:2008:92); SAP Madrid 193/2008, 22.2.2008 (ECLI:ES:APM:2008:2866); SAP Barcelona 48/2010, 2.2.2010 (ECLI:ES:APB:2010:1030); SAP Zaragoza 524/2010, 22.11.2010 (ECLI:ES:APZ:2010:2760); SAP Huelva 16/2011, 24.1.2011 (ECLI:ES:APH:2011:38); SAP Guadalajara 246/2011, 13.12.2011 (ECLI:ES:APGU:2011:411); SAP Las Palmas de Gran Canaria 293/2011, 3.6.2011 (ECLI:ES:APGC:2011:1650); SAP Valencia 826/2011, 23.11.2011 (ECLI:ES:APV:2011:5738); SAP Barcelona 123/2012, 8.3.2012 (Roj: SAP B 2717/2012); SAP Barcelona 357/2011, 30.6.2011 (ECLI:ES:APB:2011:7738); SAP Barcelona 14030/2012, 10.12.2012 (ECLI:ES:APB:2012:14030); SAP Barcelona 554/2012, 26.11.2012 (ECLI:ES:APB:2012:13113); SAP Toledo 216/2013, 30.7.2013 (ECLI:ES:APTO:2013:715); SAP Barcelona 213/2013, 5.4.2013 (ECLI:ES:APB:2013:3747); SAP Bilbao 306/2013, 13.12.2013 (ECLI:ES:APBI:2013:1881); SAP Barcelona 155/2014, 7.4.2014 (ECLI:ES:APB:2014:3876); SAP Pamplona/Iruña 161/2014, 30.6.2014 (ECLI:ES:APNA:2014:773); SAP Pamplona 16/2015, 31.3.2015 (ECLI:ES:APNA:2015:122); SAP Pamplona 17/2015, 31.3.2015 (ECLI:ES:APNA:2015:88); SAP Almería 38/2016, 2016 (ECLI:ES:APAL:2016:12); SJPI núm. 1 Fuenlabrada 114/2012,11.5.2012 (JUR\2012\211398); SJM Donostia 302/2015, 23.9.2015 (ECLI:ES:JMSS:2015:3590); SJM Vigo 75/2016, 21.3.2016 (ECLI:ES:JMPO:2016:1342); SJM Vigo 76/2016, 21.3.2016 (ECLI:ES:JMPO:2016:1341); ATSJ, Sala de lo Civil y Penal, Cataluña 37/12, 15.3.2012 (ECLI:ES:TSJCAT:2012:100A); ATSJ, Sala de lo Civil y Penal, Cataluña 51/2012, 29.3.2012 (ECLI:ES:TSJCAT:2012:103A); AAP Madrid 36/2008, 15.1.2008 (ECLI:ES:APM:2008:244A); AAP Madrid 52/2008, 22.1.2008 (ECLI:ES:APM:2008:908A); AAP Madrid 157/2008, 9.4.2008 (ECLI:ES:APM:2008:5832A); AAP Madrid 221/2008, 3.6.2008 (ECLI:ES:APM:2008:7831A); AAP Madrid 357/2008, 15.10.2008 (ECLI:ES:APM:2008:14097A); AAP Madrid 395/2009, 20.11.2009 (ECLI:ES:APM:2009:15498A); AJPI Barcelona 139/2012, 31.10.2012 (ECLI:ES:APB:2012:7854A).

[7] Estas resoluciones han sido dictadas por las Salas de lo Social de los siguientes tribunales: STS 20.1.2015 (ECLI: ES: TS: 2015: 962); STSJ Islas Canarias 1033/2008, 11.6.2008 (ECLI: ES: TSJICAN: 2008: 3439); STSJ Cataluña 6877/2008, 19.7.2008 (ECLI: ES: TSJCAT:2008:10084); STSJ Galicia 2404/2008, 30.6.2008 (ECLI: ES: TSJGAL: 2008:2541); STSJ Madrid 201/2008, 28.3.2008 (ECLI: ES: TSJM: 2008:24718); STSJ Islas Canarias 333/2009 (ECLI: ES: TSJICAN:2009:766); STSJ Valencia 756/2009, 5.3.2009 (ECLI: ES: TSJCV:2009:1129); STSJ Madrid 222/2009, 20.3.2009 (ECLI: ES: TSJM:2009:1557); STSJ Islas Canarias 481/2009, 30.3.2009 (ECLI: ES: TSJICAN: 2009:1158); STSJ Andalucía 2387/2009, 17.12.2009 (ECLI:ES:TSJAND:2009:19665); STSJ Cataluña 2351/2010, 26.3.2010 (ECLI: ES: TSJCAT:2010:3907); STSJ País Vasco 1794/2010, 15.6.2010 (ECLI:ES:TSJPV:2010:3107); STSJ Islas Canarias 530/2010, 28.4.2010 (ECLI: ES: TSJICAN:2010:738); STSJ Valencia 1093/2010, 13.4.2010 (ECLI:ES:TSJCV:2010:2261); STSJ Islas Baleares 37/2011, 22.2.2011 (ECLI: ES: TSJBAL:2011:213); STSJ Cataluña 1548/2011, 28.2.2011 (ECLI:ES:TSJCAT:2011:2583); STSJ Madrid 583/2011, 30.6.2011 (ECLI: ES: TSJM: 2011:9097); STSJ Islas Canarias 1128/2012, 29.6.2012 (ECLI: ES:TSJICAN:2012:2746); STSJ Madrid 90/2012, 3.2.2012 (ECLI:ES:TSJM:2012:758); STSJ Madrid 294/2012, 30.3.2012 (ECLI: ES:TSJM:2012:5976); STSJ Madrid 775/2012, 28.9.2012 (ECLI:ES:TSJM:2012:18696); STSJ Madrid 519/2013, 10.6.2013 (ECLI: ES:TSJM:2013:9106); STSJ Madrid 739/2013, 16.9.2013 (ECLI: ES:TSJM:2013:13054); STSJ Islas Canarias 1523/2013, 17.10.2013 (ECLI: ES:TSJICAN:2013:3609); STSJ Madrid 488/2014, 9.6.2014 (ECLI: ES:TSJM:2014:8972); STSJ Asturias 230/2013, 1.2.2013 (ECLI: ES:TSJAS:2013:402); STSJ Cataluña 4605/2014, 25.6.2014 (ECLI: ES: TSJCAT:2014:7285);

si bien con predominio de las reclamaciones de pago[8]. Estas últimas son un número

STSJ Madrid 548/2014, 18.6.2014 (ECLI: ES: TSJM:2014:6020); STSJ Madrid 1017/2014, 9.12.2014 (ECLI: ES: TSJM:2014:15671); STSJ Madrid 351/2014, 28.4.2014 (ECLI: ES: TSJM:2014:5466); STSJ Islas Canarias 2070/2014, 11.12.2014 (ECLI: ES: TSJICAN: 2014:4517); STSJ Islas Canarias 2117/2014, 15.12.2014 (ECLI:ES: TSJICAN: 2014:4482); STSJ Islas Canarias 496/2015, 19.3.2015 (ECLI: ES: TSJICAN:2015:943); STSJ Islas Canarias 677/2015, 17.4.2015 (ECLI:ES: TSJICAN:2015:667); STSJ Islas Canarias 814/2015, 11.5.2015 (ECLI: ES: TSJICAN:2015:814); STSJ Andalucía 777/2015, 14.5.2015 (ECLI: ES: TSJAND:2015:3985); STSJ Madrid 461/2015, 10.6.2015 (ECLI: ES: TSJM:2015:7204); STSJ Valencia 1970/2015, 6.10.2015 (ECLI:ES:TSJCV:2015:4568); STSJ Galicia 5522/2015, 15.10.2015 (ECLI: ES: TSJGAL:2015:7749); STSJ Cataluña 6409/2015, 28.10.2015 (ECLI: ES:TSJCAT:2015:10308); STSJ Madrid 957/2015, 23.12.2015 (ECLI:ES:TSJM:2015:14999); STSJ Islas Baleares 317/2015, 4.11.2015 (ECLI:ES:TSJBAL:2015:979); STSJ Islas Canarias 1506/2015, 19.11.2015 (ECLI:ES: TSJICAN: 2015:3749); STSJ Islas Canarias 1536/2015, 20.11.2015 (ECLI: ES: TSJICAN:2015:3775); STSJ Castilla La Mancha, 25.11.2015 (ECLI:ES:TSJCL:2015:5597); STSJ Castilla La Mancha, 9.12.2015 (ECLI: ES: TSJCL:2015:5672); STSJ Islas Canarias 1760/2015, 30.12.2015 (ECLI: ES: TSJICAN: 2015:4016); STSJ Andalucía 1618/2015, 16.7.2015 (ECLI: ES: TSJAND:2015:7950); STSJ Cataluña 4166/2015, 25.6.2015 (ECLI: ES:TSJCAT:2015:6221); STSJ Madrid 210/2015, 6.3.2015 (ECLI:ES:TSJM:2015:2810); STSJ Islas Canarias 275/2016, 31.3.2016 (ECLI: ES: TSJICAN:2016:712); STSJ Castilla-La Mancha 11.5.2016 (ECLI:ES:TSJCL:2016:1864); STSJ Castilla-La Mancha 25.5.2016 (ECLI:ES:TSJCL:2016:1959); STSJ Castilla-La Mancha 25.5.2016 (ECLI: ES:TSJCL:2016:1961); STSJ Madrid, 335/2016, 9.5.2016 (ECLI: ES: TSJM: 2016:5287); SJSO Valencia 316/2014, 24.9.2014 (ECLI:ES:JSO:2014:132); ATS 153/2010, 12.1.2010 (ECLI:ES:TS:2010:153A); ATS 20.11.2012 (ECLI:ES:TS:2012:12318A).

[8] STS, Sección Primera, 528/2014, 14.10.2014 (ECLI:ES:TS:2014:5567); STS, Sala de lo Civil, 342/2015, 23.6.2015 (ECLI:ES:TS:2015:3200); STS, Sala de lo Civil, 198/2015, 17.4.2015 (ECLI:ES:TS:2015:1868) ; STSJ Cataluña 6475/2010, 8.10.2010 (ECLI:ES:TSJCAT:2010:6611); STSJ, Sala de lo Civil y Penal, Pamplona-Iruña 14/2012, 31.5.2012 (ECLI:ES:TSJNA:2012:195); STSJ, Sala de lo Contencioso, Madrid 765/2013, 30.10.2013 (ECLI:ES:TSJM:2013:16236); STSJ. Sala de lo Civil y Penal Barcelona 22/2011, 26.5.2011 (ECLI:ES:TSJCAT:2011:6728); SAP Pontevedra 451/2008, 10.7.2008 (ECLI:ES:APPO:2008:1893); SAP Logroño 10/2008, 15.1.2008 (ECLI:ES:APLO:2008:9); SAP Elche 446/2009, 21.7.2009 (ECLI:ES:APA:2009:2489); SAP Valencia 32/2010 (ECLI:ES:APV:2010:1481); SAP Madrid 100/2010, 19.2.2010 (ECLI:ES:APM:2010:6507); SAP Murcia 89/2010, 18.3.2010 (ECLI:ES:APMU:2010:508): SAP Zaragoza 524/2010, 22.11.2010 (ECLI:ES:APZ:2010:2760); SAP Alicante 236/2011, 30.5.2011 (ECLI:ES:APA:2011:1666); SAP Bilbao 377/2011, 26.5.2011 (ECLI:ES:APBI:2011:370); SAP Valencia 826/2011, 23.11.2011 (ECLI:ES:APV:2011:5738); SAP Barcelona 662/2012, 10.12.2012 (ECLI:ES:APB:2012:14030; SAP Palma de Mallorca 95/2013, 12.3.2013 (ECLI:ES:APIB:2013:1275); SAP Alicante 200/2013, 15.5.2013 (ECLI:ES:APA:2013:1994); SAP Ávila 88/2013, 12.6.2013 (ECLI:ES:APAV:2013:195); SAP Barcelona 19/2013, 23.1.2013 (ECLI:ES:APB:2013:9347); SAP Bilbao 306/2013, 13.12.2013 (ECLI:ES:APBI:2013:1881); SAP León 373/2013, 25.9.2013 (ECLI:ES:APLE:2013:1308); SAP Las Palmas de Gran Canaria 6/2013, 15.1.2013 (ECLI:ES:APGC:2013:28); SAP Valencia 502/2013, 11.11.2013 (ECLI:ES:APV:2013:5749); SAP Madrid 58/2014, 30.1.2014 (ECLI:ES:APM:2014:1342); SAP Pamplona/Iruña 161/2014, 30.6.2014 (ECLI:ES:APNA:2014:773); SAP Barcelona 464/2014, 11.11.2014 (ECLI:ES:APB:2014:12300); SAP Logroño 252/2014, 13.10.2014

sorprendentemente bajo si se tiene en cuenta el amplio ámbito de aplicación material de los instrumentos analizados. Aunque no puede dejar de notarse que estamos ante un ámbito en el que predomina la negociación y existen a disposición de las partes contratantes otras vías alternativas de resolución de litigios.

Una lectura más atenta de estas resoluciones judiciales permite clasificar las cuestiones a tratar en los siguientes grandes grupos de problemas. El primero de ellos afecta a la aplicación en sentido estricto de estos instrumentos, esto es, a la comprensión por parte de los tribunales españoles de que estamos ante fuentes del Derecho que también son españolas y que han de ser aplicadas al caso si este entra en su ámbito de aplicación. El segundo grupo concierne al papel que tiene el comportamiento de las partes en el sistema conflictual contenido en el Convenio de Roma y el Reglamento Roma I a través del juego de la autonomía de la voluntad. El último grupo de cuestiones no es tanto tal como el necesario examen de la numerosísima jurisprudencia vertida a propósito de la norma de conflicto en materia de contrato de trabajo y en la que predomina el recurso a la cláusula de escape. El trabajo se cierra con unas breves reflexiones finales sobre la evidente tendencia al legeforismo de nuestra práctica judicial, al menos en esta materia, que hace que sean residuales los casos en los que se aplica Derecho extranjero.

2. EXAMEN DE LOS ÁMBITOS DE APLICACIÓN DEL CONVENIO DE ROMA Y DEL REGLAMENTO ROMA I

Significativamente, tanto el Convenio de Roma como el Reglamento Roma I indican que se aplican a las «obligaciones contractuales en materia civil y mercantil que

(ECLI:ES:APLO:2014:483); SAP Valencia 31/2014, 5.2.2014 (ECLI:ES:APV:2014:1188); SAP Valencia 22/2015, 2.2.2015 (ECLI:ES:APV:2015:489); SAP Ourense 208/2015, 9.6.2015 (ECLI:ES:APOU:2015:387); SAP A Coruña 168/2015, 15.6.2015 (ECLI:ES:APC:2015:1556); SAP A Coruña 180/2015, 15.6.2015 (ECLI:ES:APC:2015:1599); SAP Las Palmas de Gran Canaria 385/2015, 15.10.2015 (ECLI:ES:APGC:2015:2181); ATS, Sala de lo Civil, 14.9.2010 (ECLI:ES:TS:2010:10760A); ATS, Sala de lo Civil, 8.1.2013 (ECLI:ES:TS:2013:450A); ATSJ, Sala de lo Civil y Penal, Catalunya 37/2012, 15.3.2012 (ECLI:ES:TSJCAT:2012:100A); ATSJ, Sala de lo Civil y Penal Barcelona 51/2012, 29.3.2012 (ECLI:ES:TSJCAT:2012:103A); AAP Madrid 395/2009, 20.11.2009 (ECLI:ES:APM:2009:15498A); AAP A Coruña 118/2011, 26.10.2011 (ECLI:ES:APC:2011:1080A); AAP Madrid 197/2012, 13.9.2012 (ECLI:ES:APM:2012:14831A); AAP Barcelona 139/2012, 31.10.2012 (ECLI:ES:APB:2012:7854A; AAP Madrid 39/2014, 3.3.2014 (ECLI:ES:APM:2014:10ª); SJM La Palmas de Gran Canaria 52/2011, 17.2.2011 (ECLI:ES:JMGC:2011:17); SJPI núm. 1 Fuenlabrada 114/2012, 11.5.2012 (JUR\2012\211398); SJM Madrid 113/2013, 30.9.2013 (ECLI:ES:JMM:2013:380); SJSO Bilbao 294/2014, 29.9.2014 (ECLI:ES:JSO:2014:160); SJM Donostia 63/2016, 22.2.2016 (ECLI:ES:JMSS:2016:713); AJPI Barcelona 139/2012, 31.10.2012 (ECLI:ES:APB:2012:7854A).

impliquen un conflicto de leyes»[9]. No hay precisiones sobre cuándo se entiende que existe una situación privada internacional, aunque sí es claro que no se aplican a conflictos interregionales salvo declaración expresa en otro sentido del Estado miembro del foro, tal y como por otra parte es meridianamente claro para la jurisprudencia española[10]. No lo es tanto el que estos instrumentos sólo contienen normas de conflicto que sirven a determinar la ley aplicable a una situación privada internacional, y no la competencia judicial internacional como algunas sentencias recientes desafortunadamente entienden[11]. Aunque también se encuentran ejemplos de buenas prácticas como el que proporciona la Audiencia Provincial de Barcelona al enmendar la plana al juzgado de primera instancia poniendo de manifiesto que es el Reglamento (CE) 44/2001, relativo a la competencia judicial internacional, el reconocimiento y la ejecución de resoluciones judiciales en materia civil y mercantil, y no el Reglamento Roma I, el aplicable a efectos de solventar la declinatoria internacional[12].

---

[9] Véase art. 1.1. En general, no hay problemas en cuanto al ámbito de aplicación material de estos instrumentos: véase STSJ Galicia 2404/2008, 30.6.2008 (ECLI: ES: TSJGAL:2008:2541); STSJ, Sala de lo Social, Islas Baleares 317/2015, 4.11.2015 (ECLI: ES: TSJBAL:2015:979) y STSJ, Sala de lo Social, Galicia 5522/2015, 15.10.2015 (ECLI:ES:TSJGAL:2015:7749), todas sobre seguridad social.

[10] En STSJ. Sala de lo Civil y Penal Barcelona 22/2011, 26.5.2011 (ECLI:ES:TSJCAT:2011:6728), se aprecia correctamente su inaplicación a un caso que exigía resolver un conflicto interregional habiendo sido traída su mención a colación por las instancias inferiores.

[11] Véase el auto de la Audiencia Provincial de Madrid 197/2012, 13.9.2012 (ECLI:ES:APM:2012:14831A), donde no sólo se utilizan argumentos de ley aplicable para afirmar la incompetencia judicial internacional de los tribunales españoles para conocer de un contrato sometido a la ley andorrana, sino que la aplicación del Reglamento Roma I se hace depender de que ambos Estados sean miembros de la Unión Europea desconociendo el carácter universal de sus normas (véase art. 2 Roma I). En STSJ, Sala de lo Social, Andalucía 777/2015, 14.5.2015 (ECLI:ES:TSJAND:2015:3985) se hace referencia conjunta a los arts. 19 del Reglamento (CE) 44/2001 y al 8 del Reglamento Roma I para justificar la incompetencia de los tribunales españoles para conocer de un contrato de trabajo, que finalmente acaba aceptándose aplicando el art. 25 LOPJ. También muy confusas STSJ, Sala de lo Social, Madrid 222/2009, 20.3.2009 (ECLI:ES:TSJM:2009:1557); STSJ, Sala de lo Social, Madrid 519/2013, 10.6.2013 (ECLI:ES:TSJM:2013:9106); y STSJ, Sala de lo Social, Andalucía 1618/2015, 16.7.2015 (ECLI:ES:TSJAND:2015:7950), donde se recurre a consideraciones de ley aplicable para decidir sobre cuestiones de competencia judicial internacional.

[12] AAP Barcelona 139/2012, 31.10.2012 (ECLI:ES:APB:2012:7854A). Véase también incidiendo en la diferencia entre sectores del derecho internacional privado AJPI Barcelona 139/2012, 31.10.2012 (ECLI:ES:APB:2012:7854A); STSJ, Sala de lo Social, Madrid 461/2015, 10.6.2015 (ECLI:ES:TSJM:2015:7204), donde se rechaza la aplicación del Convenio de Roma para solventar problema de competencia judicial internacional en una demanda presentada frente a la filial española del grupo para el que había trabajado el demandante. Igualmente, STS, Sala de lo Social, 100/2014, 20.4.2015 (ECLI:ES:TS:2015:2306) y STSJ, Sala de lo Social, Islas Canarias 2117/2014, 15.12.2014 (ECLI:ES:TSJICAN:2014:4482).

En otros casos, el problema no es la confusión de sectores del DIPr., sino directamente la ignorancia del elemento internacional[13]. No es posible computar estos casos, pero sí llamar la atención sobre aquellos en los que es evidente puesto que una de las partes es extranjera, como ocurría en el caso de la empresa irlandesa Ryanair[14], a propósito de una acción de cesación en la utilización de cláusulas contractuales abusivas en contratos de transporte de pasajeros[15]. Otros casos curiosos se detienen a examinar extensamente la competencia judicial internacional, pero no llegan a hacer lo propio con la ley aplicable acudiendo directamente al Derecho español[16].

El artículo 2 de los instrumentos en examen aclara que tienen ámbito de aplicación universal, es decir, que se aplican con independencia de la ley designada, sea esta la de un Estado miembro, sea la de un tercer Estado. Sorprendentemente y aunque vaya disminuyendo el número de supuestos en los que ocurre, todavía es posible

---

[13] Aunque a título de *obiter dicta*, el AAP A Coruña 118/2011, 26.10.2011 (ECLI:ES:APC:2011:1080A), FJ 5ª, critica que se dé por hecho en la sentencia de instancia la aplicación del derecho español sin tomar en consideración el Convenio de Roma. Así sucede en la STSJ, Sala de lo Social, Madrid 548/2014, 18.6.2014 (ECLI:ES:TSJM:2014:6020), en la que se enfrentan trabajadores de la Embajada de España en Roma y del Consulado General con el Ministerio de Asuntos Exteriores y Cooperación español donde el art. 8 Roma I es mencionado, pero sólo como *obiter dicta*. Así también en STS, Sala de lo Civil, 140/2015, 23.3.2015 (ECLI:ES:TS:2015:1700), aunque la explicación puede estar en que resuelve un recurso extraordinario por infracción procesal.

[14] Véase SJM Madrid 113/2013, 30.9.2013 (ECLI:ES:JMM:2013:380): la sentencia, por lo demás excelente, ignora el elemento internacional y omite la discusión a propósito del carácter contractual o extracontractual de la acción de cesación, finalmente calificada de extracontractual y que tiene cabida expresa en el art. 6.1 del Reglamento (CE) 864/2007, sobre la ley aplicable a las obligaciones extracontractuales (Roma II), en la medida en que estamos ante un acto de competencia desleal que daña los intereses generales de los consumidores, en este caso los españoles. Véase Carballo Piñeiro, L, «La construcción del mercado interior y el recurso colectivo de consumidores», en F. Esteban de la Rosa (ed.), *La protección del consumidor en dos espacios de integración: Europa y América. Una perspectiva de Derecho internacional, europeo y comparado*, Valencia, Tirant lo Blanch, 2015, pp. 1055-1088.

[15] La STSJ, Sala de lo Contencioso, Madrid 765/2013, 30.10.2013 (ECLI: ES: TSJM:2013:16236), versa sobre el recurso planteado por Ryanair contra las sanciones impuestas a la compañía por la Consejería de Economía y Hacienda de la Comunidad de Madrid y allí sí se puntualiza que existe una cláusula de sometimiento al derecho irlandés en los contratos de transporte de pasajeros que celebra la compañía y que vendrían respaldados por el art. 3 Roma I con la salvedad de que se consideren cláusulas abusivas de la contratación de acuerdo con la legislación española. Una vez eliminada la elección de ley, el tribunal indica que se aplica el derecho español en virtud del art. 5.2 Roma I.

[16] Véase la STSJ, Sala de lo Social, Cataluña 2351/2010, 26.3.2010 (ECLI: ES: TSJCAT:2010:3907), sobre una reclamación laboral por traslado del lugar habitual de trabajo a Irlanda en la que se analiza en detalle la cuestión de la competencia judicial internacional, se cita el art. 6 del Convenio de Roma, pero no se entra en el análisis de cuál es la ley aplicable al contrato de trabajo acudiendo directamente al derecho español. Igualmente, véase STSJ, Sala de lo Social, Valencia 756/2009, 5.3.2009 (ECLI:ES:TSJCV:2009:1129).

localizar decisiones que resucitan el art. 10.5 del Código civil, a pesar de que este precepto no sirve a determinar la ley rectora en materia contractual desde la entrada en vigor del Convenio de Roma; es decir, sólo es aplicable si el contrato hubiera nacido antes del año 1993 y para resolver los conflictos de leyes internos por mor del artículo 16 del mismo Código. Sorprende, en particular, que sea el Tribunal Supremo quien encabece este proceder y así, en su sentencia 528/2014, de 14 de octubre de 2014[17], estima casación afirmando que el contrato en disputa y celebrado en 2007 se somete al Derecho chino de acuerdo con las conexiones previstas en el artículo 10.5 del Código civil y no en el 4 del Convenio de Roma, a pesar de que este último es invocado por la parte recurrente[18]. En parecidos términos se expresa el Tribunal Supremo en su sentencia de 17 de abril de 2015[19], en la que se discutía de una cesión de créditos sujeta al Derecho holandés y en la que el rol central vuelve a atribuirse al artículo 10.5[20]. Algo parecido ocurre con el artículo 10.6 del Código civil[21]. En general, se aprecia en la jurisprudencia una querencia por la cita del Código civil conjuntamente con las normas internacionales: aunque finalmente se resuelva conforme a estas últimas, la cita conjunta se revela como una mala práctica debido a las confusiones a las que puede dar lugar.

Por último, el carácter general de estos instrumentos internacionales obliga a examinar su relación con otros de carácter específico. En particular, España es signataria del Convenio de Viena de 1980 sobre compraventa internacional de mercaderías[22]. Como es sabido, este último Convenio es un instrumento de Derecho uniforme que se caracteriza por aplicarse siempre y cuando las partes contractuales tengan esta-

---

[17] STS, Sección Primera, núm. 528/2014, 14.10.2014 (ECLI:ES:TS:2014:5567).

[18] Aunque también cabe señalar que en SAP Barcelona 213/2013, 5.4.2013 (ECLI:ES:APB:2013:3747) se aplica el Convenio de Roma a un contrato del año 1987.

[19] STS, Sala de lo Civil, 198/2015, 17.4.2015 (ECLI:ES:TS:2015:1868).

[20] Con la misma mezcla de fuentes véase SAP Madrid 100/2010, 19.2.2010 (ECLI:ES:APM:2010:6507) que se apoya en el Convenio de Roma pero acaba afirmando que se aplica el art. 10.5 del Código Civil. Igualmente, la SAP A Coruña 168/2015, 15.6.2015 (ECLI:ES:APC:2015:1556). No es el caso de ATS, Sala de lo Social, 153/2010, 12.1.2010 (ECLI:ES:TS:2010:153A) donde se concluye la inaplicación del Convenio de Roma por haber nacido la relación laboral antes de su entrada en vigor; se aplica el art. 1.4 del Estatuto de los Trabajadores. Igualmente, SAP Alicante 200/2013, 15.5.2013 (ECLI:ES:APA:2013:1994) y SAP Valencia 502/2013, 11.11.2013 (ECLI:ES:APV:2013:5749).

[21] STSJ, Sala de lo Social, Madrid 294/2012, 30.3.2012 (ECLI:ES:TSJM:2012:5976), donde se indica que no se aplica el Convenio de Roma porque el supuesto no afecta a Estados miembros y se opta por aplicar el art. 10.6 CC a un contrato laboral suscrito en 1996. Con una mezcla de fuentes y conceptos, véase en esta línea STSJ, Sala de lo Social, Madrid 739/2013, 16.9.2013 (ECLI:ES:TSJM:2013:13054); y STSJ, Sala de lo Social, Madrid 351/2014, 28.4.2014 (ECLI:ES:TSJM:2014:5466). En la STSJ, Sala de lo Social, Islas Canarias 481/2009, 30.3.2009 (ECLI:ES:TSJICAN:2009:1158) se da preferencia al art. 1.4 del Estatuto de Trabajadores.

[22] Convención de Naciones Unidas sobre los contratos de compraventa internacional de mercaderías, hecha en Viena el 11 de abril de 1980 (*BOE* núm. 26, 30.1.1991).

blecimiento en Estados partes del mismo, configurándose sus reglas como normas materiales especiales independientes de cualquier norma de conflicto[23]; por tanto, su aplicación no exige resolver el conflicto de leyes ni acudir al Convenio de Roma o al Reglamento Roma I. Ello puede explicar en parte el reducido número de resoluciones judiciales recaídas en España sobre estos últimos instrumentos, dado que la compraventa de mercaderías es uno de los contratos más frecuentes en el comercio internacional. Ha de destacarse, además, que la aplicación jurisprudencial del Convenio de Viena en España ha experimentado una evolución muy positiva que se refleja en una rica práctica jurisprudencial[24].

3. EL COMPORTAMIENTO DE LAS PARTES Y SU INFLUENCIA EN LA DETERMINACIÓN DE LA LEY APLICABLE AL CONTRATO

3.1. La elección tácita de la ley rectora del contrato

Tanto el Convenio de Roma como el Reglamento Roma I consagran en su respectivo artículo 3 la posibilidad de que las partes elijan, expresa o tácitamente, la ley rectora de las obligaciones contractuales, por cuanto asumen que la autonomía de la voluntad constituye una de las claves del sistema de normas de conflicto en materia contractual[25]. La jurisprudencia española es muy respetuosa con este principio y no duda en respaldar las elecciones expresas de ley[26], como tampoco en adentrarse en

---

[23] Véase art. 1 Convenio de Viena. Si una de las partes no tuviera establecimiento en un Estado parte del Convenio, el mismo todavía se aplicaría si la ley rectora del contrato fuera la de un Estado parte, de manera que sus normas pasarían a considerarse dependientes de la norma de conflicto y, por tanto, del Convenio de Roma y del Reglamento Roma I.

[24] Véase sobre esta evolución, Mª P. Perales Viscasillas, «La aplicación jurisprudencial en España de la Convención de Viena de 1980 sobre compraventa internacional, los Principios de UNIDROIT y los Principios del Derecho contractual europeo: de la mera referencia a la integración de lagunas», *La Ley: Revista jurídica española de doctrina, jurisprudencia y bibliografía*, 2007, núm. 3, pp. 1750-1761. Véase correctamente estableciendo la aplicación del Convenio de Viena con independencia de las normas de conflicto previstas en el caso en el Convenio de Roma, SJPI núm. 1 Fuenlabrada 114/2012,11.5.2012 (JUR\2012\211398).

[25] Véase Considerando 11 del Reglamento Roma I.

[26] Apreciando la validez del pacto expreso de elección del derecho extranjero conforme al art. 3 del Convenio de Roma (y no Roma I por el ámbito temporal), véase AAP Madrid 39/2014, 3.3.2014 (ECLI:ES:APM:2014:10ª). La SAP Bilbao 377/2011, 26.5.2011 (ECLI:ES:APBI:2011:370) aplica en cambio el art. 3 Roma I a un contrato suscrito el 10 de mayo de 2005, no tomando en consideración, por tanto, el ámbito de aplicación temporal de este instrumento. La SJM La Palmas de Gran Canaria 52/2011, 17.2.2011 (ECLI:ES:JMGC:2011:17) afirma el sometimiento del contrato de seguro a la ley inglesa pactada expresamente por las partes de acuerdo con el art. 7.2 Roma I. También lo hace la SAP Valencia 32/2010

aquellos casos en los que la elección de ley puede «resultar de manera inequívoca de los términos del contrato o de las circunstancias del caso»[27].

Aparte de supuestos en los que los que la elección se desprende de los términos del contrato[28], también se encuentra algún ejemplo en la práctica española en los que resulta de las circunstancias del caso que, normalmente, consisten en que el demandante argumenta conforme al Derecho español y el demandado contesta de acuerdo con el mismo Derecho. Así ocurre en el supuesto subyacente a la Audiencia Provincial de Ávila 195/2013, de 12 de junio de 2013[29], ante la que se discutía la obligación de pago resultante de tres contratos celebrados entre una empresa española y otra libanesa; suscitada en apelación la aplicación del Convenio de Viena de 1980 al supuesto de hecho, el ente juzgador pone de manifiesto el rol que la autonomía de la voluntad juega en este Convenio a efectos de descartar su aplicación, y correctamente argumenta que el hecho de que la discusión transcurriera en primera instancia exclusivamente dentro de los márgenes del Código civil español implica, de una parte, que las partes han elegido tácitamente dicho Derecho, y, de otra, que han excluido la aplicación al caso del Convenio de Viena[30].

El análisis de si las partes han elegido de modo implícito la ley rectora del contrato ha de ser muy estricto, en particular cuando se basa en las circunstancias del caso - normalmente posteriores a la celebración del contrato -, ya que esta modalidad de pacto, si es apreciado de forma liberal, rompe la uniformidad a la que aspiran el Convenio de Roma y el Reglamento Roma I: no sólo hace ilusorio el postulado de que, con independencia de dónde se plantee el litigio, todos los órganos jurisdiccionales de la Unión Europea aplican el mismo Derecho[31], sino que convierte a las normas de conflicto en facultativas *de facto* y, por tanto, va en contra del efecto útil del Derecho de la Unión Europea[32]. En esta tesitura, los tribunales han de ser estrictos en la motivación de la efectiva concurrencia de la voluntad de las partes en la elección de ley aplicable al con-

---

(ECLI:ES:APV:2010:1481) con base en el art. 107.2 de la Ley de Contrato de Seguro ya que se trataba de un seguro marítimo, y acertadamente descarta la aplicación del Convenio de Roma.

27 La cita es del art. 3.1 Roma I. El Convenio de Roma indica que la elección de ley debe «resultar de manera cierta de los términos del contrato o de las circunstancias del caso».

28 Véase STSJ, Sala de lo Social, de Andalucía 2387/2009, 17.12.2009 (ECLI:ES:TSJAND:2009:19665): ley danesa; y la SAP Pontevedra 451/2008, 10.7.2008 (ECLI:ES:APPO:2008:1893): ley venezolana. Igualmente, véase STSJ, Sala de lo Social, Cataluña 6877/2008, 19.7.2008 (ECLI:ES:TSJCAT:2008:10084), aunque esta decisión no menciona el art. 6 Convenio de Roma a pesar de que estamos ante un contrato de trabajo; y la STSJ, Sala de lo Social, Madrid, 335/2016, 9.5.2016 (ECLI:ES:TSJM:2016:5287).

29 ECLI:ES:APAV:2013:195.

30 Véase art. 6 del Convenio de Viena de 1980.

31 Véase Considerando 6 Reglamento Roma I.

32 Véase J. von Hein, «Artikle 3 Rom I-VO», en Rauscher, Th. (dir.), *Europäisches Zivilprozess- und Kollisionsrecht EuZPR/EuIPR Kommentar*, t III, Colonia, 4ªed, Dr. Otto Schmidt, 2016, pp. 94-187, p. 132 con cita de Sonnenberger en nota 207.

trato en disputa; es decir, la elección de ley ha de ser concluyente en el sentido de que las partes *quieren* aplicar un concreto ordenamiento jurídico[33]. Esta exigencia tiene, además, una influencia decisiva en cómo se han de evaluar los indicios que lleven a concluir que efectivamente las partes quieren que el contrato se rija por una concreta ley puesto que, por ejemplo, no cabe otorgar el mismo valor a una cláusula de elección de foro[34], que a la lengua en la que está redactado el contrato[35]. Lo mismo ocurre con las circunstancias del caso cuya apreciación también exige examinar si existe voluntad real de ambas partes en aplicar el Derecho del foro habiendo, por ejemplo, elevado el Tribunal Supremo alemán el estándar de prueba de que así es[36].

En cualquier caso, la elección de ley como vía para ignorar el Derecho extranjero y sólo discutir de acuerdo con la *lex fori* ante los tribunales del foro se admite en términos generales, siempre sujeta a límites en la medida en que ha de acreditarse la voluntad real de las partes en aplicar dicho Derecho. Es por ello que los tribunales han de constatar que existe un elemento internacional y que, por tanto, ha de aplicarse una norma de conflicto en la medida en que ni el Convenio de Roma ni el Reglamento Roma I son disponibles -en otras palabras, no se puede ignorar que, si se llega al Derecho español, es vía estos instrumentos y porque permiten la elección tácita de ley-, además de argumentar el encaje del comportamiento procesal de las partes en un caso de elección tácita de la ley española. Planteado el debate procesal en estos términos, ha de destacarse que esto implica renunciar a la aplicación de la *lex causae* y, por tanto, no hay que probar el Derecho extranjero[37]. Ello nos lleva a la segunda cuestión a tratar en este epígrafe, la relación de la falta de prueba del Derecho extranjero con la elección tácita de ley aplicable.

3.2. La prueba del Derecho extranjero y la elección de la ley aplicable al contrato

La aplicación del sistema conflictual español, incluidas las reglas de procedencia europea, está fuertemente mediatizada por el problema de la prueba del Derecho

---

33 Véase R. Fentiman, *International commercial litigation*, Oxford, 2ª ed., OUP, p. 201. A estos efectos, es interesante traer a colación el Considerando 31 del Reglamento Roma II sobre ley aplicable a las obligaciones extracontractuales, donde se aclara a propósito de su art. 14 y la elección de ley allí permitida que «A la hora de establecer la existencia de un acuerdo, el órgano jurisdiccional debe respetar la voluntad de las partes».

34 Véase Considerando 12 del Reglamento Roma I.

35 Véase J. von Hein, *loc.cit.*, nota 32, p. 120; y la sentencia de la *Cour de Cassation* francesa que rechaza que baste el que la agencia turística tenía sede en Alemania, el contrato estaba redactado en alemán y el pago se hacía en marcos alemanes para entender que existe elección tácita de la ley aplicable a un contrato celebrado con un consumidor francés (*Rev.crit.dr.int.pr*, 2006, p. 94).

36 Véase sentencias *Bundesgerichtshof* (BGH) 19.1.2000 (*JZ*, 2000, pp. 1115-1117); 31.5.2011 (*NJW*, 2011, pp. 2809-2814); 6.3.2012 (*RIW*, 2012, pp. 403-405).

37 Véase estableciendo esta correlación para el Derecho inglés R. Fentiman, *op.cit.*, nota 33, pp. 206-207.

extranjero. Ello se debe a que la jurisprudencia española traslada la carga de la prueba a las partes y, por tanto, hace depender de ellas la aplicación de la norma de conflicto, alterando así el claro mandato del artículo 12.6 Código civil: «Los Tribunales y autoridades aplicarán de oficio las normas de conflicto del Derecho español». Más ambiguo es el artículo 281.2 de la Ley 1/2000 de enjuiciamiento civil, donde se advierte de forma genérica que el contenido y vigencia del Derecho extranjero ha de ser probado, si bien aclara: «pudiendo valerse el tribunal de cuantos medios de averiguación estime necesarios para su aplicación»[38]. La jurisprudencia recaída en materia de obligaciones contractuales no es, sin embargo, ambigua, sino que basta constatar que falta la prueba de Derecho extranjero para que los tribunales españoles apliquen Derecho español[39]. Al menos, sí cabe señalar que nuestro ordenamiento jurídico considera al Derecho extranjero, Derecho[40], de manera que la consecuencia de no probarlo ya no es la desestimación de la pretensión - salvo algún desafortunado caso aislado[41] -, sino la aplicación de la *lex fori*. Que sea Derecho implica, además, que accede a casación y que cabe aportar pruebas del mismo o que el tribunal realice averiguaciones, incluso en instancias superiores a la primera[42].

La prueba del Derecho extranjero es una cuestión que la Unión Europea no acaba de abordar[43], pero en la que la dispersión de modelos no ayuda a la uniforme aplicación de su sistema de conflicto de leyes. En todo caso, es un problema lo suficientemente complejo como para que merezca análisis a la luz de los intereses presentes en

---

[38] Poco nuevo añade el art. 33 de la Ley 29/2015, de 30 de julio, de cooperación jurídica internacional en materia civil y mercantil (*BOE* núm. 182, 31.7.2015).

[39] Véase casos de aplicación de *lex fori* por falta de prueba del derecho extranjero en STSJ, Sala de lo Social, Valencia 1093/2010, 13.4.2010 (ECLI:ES:TSJCV:2010:2261); STSJ, Sala de lo Social, Madrid 775/2012, 28.9.2012 (ECLI:ES:TSJM:2012:18696): derecho australiano; STSJ, Sala de lo Social, Madrid 957/2015, 23.12.2015 (ECLI:ES:TSJM:2015:14999), derecho italiano; SAP Madrid, 17/2013 de 18 de enero de 2013: ley mexicana; SAP Alicante 200/2013, 15.5.2013 (ECLI:ES:APA:2013:1994): derecho italiano; SAP Barcelona 213/2013, 5.4.2013: derecho suizo elegido expresamente; SAP A Coruña 168/2015, 15.6.2015 (ECLI:ES:APC:2015:1556): ley portuguesa; SAP A Coruña 180/2015, 15.6.2015 (ECLI:ES:APC:2015:1599): ley portuguesa; SAP Alicante, sección 6ª, 200/2013, 15 mayo 2013: ley italiana; SAP A Coruña 180/2015, 15.6.2015 (ECLI:ES:APC:2015:1599): derecho portugués; SJSO Valencia 316/2014, 24.9.2014 (ECLI:ES:JSO:2014:132); derecho peruano. Muy curiosa es la SAP Logroño 252/2014, 13.10.2014 (ECLI:ES:APLO:2014:483) que da la razón a la recurrente de que existe una sumisión expresa a la ley italiana, para luego resolver los demás motivos de apelación conforme a derecho español.

[40] Véase ATS, Sala de lo Civil, 14.9.2010 (ECLI:ES:TS:2010:10760A).

[41] La SAP Valencia 502/2013, 11.11.2013 (ECLI:ES:APV:2013:5749) desestima la pretensión porque no se probó el derecho eslovaco elegido por las partes.

[42] Así, el Tribunal Supremo admite en su sentencia de 14 octubre 2014 la presentación de un certificado emitido por la Embajada de la República Popular de China, en el que se da cuenta de la interrupción de la prescripción por reclamación extrajudicial.

[43] Aunque ha financiado trabajos clave como el publicado en C. Esplugues, J.-L. Iglesias, G. Palao (eds.), *Application of Foreign Law*, Múnich, Sellier, 2011.

cada uno de los sectores del Derecho privado. Así y en el caso de las obligaciones contractuales, no se puede ignorar que el sistema conflictual se asienta sobre la autonomía de la voluntad; este principio influye en el tratamiento de la prueba del Derecho extranjero[44], dado que el comportamiento de las partes es susceptible de conformar la opinión judicial de que la elección de la *lex fori* resulta de manera inequívoca de las circunstancias del caso.

El razonamiento queda a mitad de camino en la sentencia de la Audiencia Provincial de León 373/2013, de 25 de septiembre de 2013, donde se discute la resolución de un contrato sometido expresamente a la legislación alemana en el marco del concurso de la parte española; el tribunal afirma que es aplicable el artículo 3 Roma I, pero descarta la aplicación del Derecho alemán porque no fue probado en primera instancia «disponiendo el citado artículo 281 que la prueba del Derecho extranjero corresponde a las partes»[45]. Completando esta motivación, se habría producido aquí una elección tácita de la ley española[46], pero que el tribunal omite constatar, lo que en el caso hubiera podido ser relevante ya que la partes se apartan de la previa elección expresa de ley[47]. La modificación es, ciertamente, posible, pero tribunal y partes hubieran debido ser conscientes de ella ya que el artículo 3.2 de los instrumentos estudiados no la admite de forma indiscriminada, sino sólo cuando la nueva ley no perjudique a terceros o a la validez formal de la obligación contractual.

Por otra parte, el hecho de que la falta de prueba del Derecho extranjero equivalga a una elección tácita de ley en el contexto del Convenio de Roma y el Reglamento

---

[44] Véase L. Carballo Piñeiro, «El carácter imperativo de la norma de conflicto y la prueba del derecho extranjero. Una relectura en clave procesal (y) constitucional», *AEDIPr,* t 1, 2001, pp. 483-503, p. 500.

[45] Véase SAP León 373/2013, 25.9.2013, FJ 2º (ECLI:ES:APLE:2013:1308). El tribunal correctamente apunta que también cabe en segunda instancia la prueba del derecho extranjero, pero dado que sólo ha sido invocado y no se han propuesto pruebas, entiende que ha de aplicarse el derecho español en su defecto. No tan correcta es la aplicación del Convenio de Roma sin tomar en consideración el Reglamento (CE) 1346/2000, sobre procedimientos de insolvencia, pero no es este el lugar para un análisis exhaustivo del caso. También aplicando la doctrina discutida en texto, véase SAP Elche 446/2009, 21.7.2009 (ECLI:ES:APA:2009:2489).

[46] Lo mismo sucede en STSJ, Sala de lo Social, Madrid 90/2012, 3.2.2012 (ECLI:ES:TSJM:2012:758), donde los trabajadores que habían ejercido como traductores de las tropas españolas en Bosnia Herzegovina invocan el derecho español y es el Abogado del Estado quien afirma la aplicabilidad de la ley bosnia pero sin probarla. El Tribunal concluye así que es aplicable la *lex fori* por falta de prueba del derecho extranjero. En cualquier caso, esta decisión se apoya en el Reglamento Roma I cuando los contratos fueron celebrados antes del 17 de diciembre de 2009. Véase también STSJ, Sala de lo Social, Madrid 201/2008, 28.3.2008 (ECLI:ES:TSJM:2008:24718), ante la invocación de la ley de Costa de Marfil por la recurrente en suplicación.

[47] Es en este contexto que el BGH alemán comienza a elevar el estándar de prueba de que se ha producido una elección tácita de ley como consecuencia del comportamiento de las partes: BGH 19.1.2000 (*JZ*, 2000, pp. 1115-1117).

Roma I no obsta a la obligación del tribunal que conoce del asunto de constatar que, efectivamente, existe voluntad real de que se aplique el Derecho del foro. Por ejemplo, habrá situaciones en las cuales las partes intenten probar el Derecho extranjero, pero no lo consigan. En estos casos, no podrá el tribunal escudarse en que no se ha probado para simplemente aplicar el Derecho español, puesto que es claro que las partes no quieren que dicho Derecho rija su relación, sino que le corresponde echar mano de los medios de averiguación del Derecho extranjero que pone a su disposición el ordenamiento jurídico. Si bien todavía muy escasos o en estado casi embrionario, existen instrumentos y estructuras internacionales que ayudan en esta tarea[48], además de la importante novedad de la Ley 29/2015 de cooperación jurídica internacional en materia civil y mercantil, cuyos artículos 34 y 35 especifican cómo ha de operar el tribunal que busca información del Derecho extranjero y de los que se desprende su rol como cooperador necesario en la aplicación de la norma de conflicto[49].

4. CONTRATO DE TRABAJO Y CLÁUSULA DE EXCEPCIÓN

La reducción de una buena parte de las disputas sobre ley aplicable a una cuestión de prueba del Derecho extranjero conlleva que otras cuestiones relevantes en la aplicación de estos instrumentos pasen desapercibidas en la práctica española. Una de ellas es el rol de la cláusula de escape en materia contractual[50], aunque sí hay un ámbito en el cual domina y es en los contratos de trabajo, en particular los contratos de embarque[51]. Ahora bien, el recurso a este expediente confirma la tendencia le-

---

[48] Véase Convenio europeo acerca de la información sobre el derecho extranjero, hecho en Londres el 7 de junio de 1968 (*BOE* núm. 240, 7.10.1974); y Convención interamericana sobre prueba e información acerca del derecho extranjero, hecha en Montevideo el 8 de mayo de 1979 (*BOE* núm. 11, 13.1.1988). En cuanto a estructuras cabe destacar el desarrollo de redes de cooperación como la Red Judicial Europea que desafortunadamente descuida el derecho sustantivo en favor de la cooperación procesal, de modo que muy poco se ha hecho a la hora de poner a disposición de otros Estados miembros traducciones de la legislación clave en los respectivos ordenamientos.

[49] Sobre la obligación de los órganos jurisdiccionales de cooperar con las partes en la prueba del derecho extranjero, véase L. Carballo Piñeiro, *loc.cit.*, nota 44, p. 500.

[50] Véase SAP Ourense 208/2015, 9.6.2015 (ECLI:ES:APOU:2015:387): acción de resolución de contrato de compraventa por defectos en las mercaderías: ley portuguesa, pero entiende vínculos más estrechos con España, simplemente porque aquí habían de entregarse. Desconoce además Convenio de Viena de 1980.

[51] Véase las sentencias del TSJ, Sala de lo Social, Islas Canarias 1033/2008, 11.6.2008 (ECLI: ES:TSJICAN:2008:3439); 333/2009 (ECLI:ES:TSJICAN:2009:766); 530/2010, 28.4.2010 (ECLI:ES:TSJICAN:2010:738); 1128/2012, 29.6.2012 (ECLI:ES:TSJICAN:2012:2746); 1523/2013, 17.10.2013 (ECLI: ES:TSJICAN:2013:3609); 677/2015, 17.4.2015 (ECLI: ES: TSJICAN: 2015:667); 814/2015, 11.5.2015 (ECLI: ES: TSJICAN: 2015: 814); 1506/2015, 19.11.2015 (ECLI: ES: TSJICAN: 2015: 3749) ; 1536/2015, 20.11.2015 (ECLI: ES: TSJICAN: 2015: 3775); 1760/2015, 30.12.2015 (ECLI: ES:TSJICAN:2015:4016); 275/2016, 31.3.2016 (ECLI:ES:TSJICAN:2016:712).

geforista de nuestro ordenamiento jurídico ya que siempre se acaba aplicando la ley española[52]. Tras ello se aprecia otra tendencia, la de proteger al trabajador nacional, que, sin embargo, no se cohonesta con la lógica de las normas de conflicto vigentes en esta materia. Lo cierto es que la liberal interpretación de esta cláusula por parte del Tribunal de Justicia en materia de contratos individuales de trabajo permite amparar *grosso modo* la jurisprudencia citada. No así otros casos fuera de este ámbito en los que la cláusula de escape ha de ser aplicada con mucha prudencia.

La cláusula de escape abre un margen de discreción judicial a la hora de determinar la ley aplicable sobre el que poco se dice en los instrumentos aquí analizados. Los artículos 4.5 del Convenio de Roma y 4.3 del Reglamento Roma I establecen que se aplique la ley designada por la norma de conflicto, a salvo que exista una ley manifiestamente más vinculada a la obligación contractual. Los preceptos que se ocupan de contratos de transporte (artículo 5.3 Roma I), seguros (7.2 Roma I), y trabajo (6 CR/8.4 Roma I) se pronuncian en parecidos términos. En consecuencia, la cláusula de escape ha de operar, en primer lugar, cuando exista una ley que presenta vínculos más estrechos con la obligación contractual en juego que la determinada de acuerdo con las conexiones rígidas de la norma de conflicto; y, en segundo lugar, cuando esta última ley, la designada objetivamente, no presente vínculos reales con el supuesto de hecho. La aplicación práctica de este test da paso a nuevos interrogantes, algunos de las cuales han acabado ante el Tribunal de Justicia, siempre a propósito del Convenio de Roma[53]. Dada la relación genética entre este instrumento y el Reglamento Roma I, cabe esperar que el Alto Tribunal mantenga su doctrina en el momento de interpretar este último, de ahí que las observaciones que siguen sean comunes a ambos.

La cláusula de escape pivota sobre qué ha de entenderse por «vínculos más estrechos». Esto implica una operación de evaluación que obliga a determinar, primero, cuáles son los vínculos a tomar en consideración - en relación con las partes, en relación con el propio contrato o extrínsecos como seguros, impuestos, etcétera -, y, segundo, qué peso se le ha de dar a los mismos. En este último punto existen dos posiciones, la meramente geográfica y que otorga un peso decisivo a la mayor vinculación fáctica con un país, y la evaluativa que hace depender la mayor conexión del tipo de vínculo o vínculos con un país y que implica que, a la hora de entender qué

---

[52] Véase esta conclusión en Mª. A. Asín Cabrera, «La ley aplicable a los contratos de embarque internacional y el Reglamento Roma I», *AEDIPr*, t. VIII, 2008, pp. 373-386, analizando la práctica anterior a las sentencias reseñadas en nota anterior y que la confirman. Ahora bien, sí cabe citar, aunque en un supuesto que versaba sobre seguridad social pero en el que también se analiza la ley aplicable al contrato, la STSJ, Sala de lo Social, Islas Baleares 317/2015, 4.11.2015 (ECLI:ES:TSJBAL:2015:979) que acaba acudiendo a la ley del pabellón y descartando la existencia de vínculos más estrechos.

[53] SSTJUE 6.10.2009, As. C133/08, *Intercontainer Interfrigo SC (ICF) v Balkenende Oosthuizen BV, MIC Operations BV*, para. 58-63; 12.9.2013, As. C-64/12, *Anton Schlecker v Melitta Josefa Boedeker*, para. 36-38.

vínculo es más significativo, se deba atender al contexto en el que opera la cláusula, es decir, a la *ratio* del instrumento que la articula[54]. El Tribunal de Justicia ya se ha decantado por este segundo método al enfatizar que el tribunal requerido debe tener en cuenta todos los elementos que definen una relación de trabajo y elegir uno o más que puedan ser entendidos como los más significativos[55].

La elección del método no acaba, sin embargo, de solventar el interrogante de qué se ha de entender por «vínculos más estrechos». Comenzando por excluir qué no son vínculos estrechos, ha de recordarse que el Tribunal de Justicia exige una evaluación similar a la aquí requerida en sus decisiones *Koelszch* y *Voogsgeerd*[56], si bien a efectos de establecer dónde está el lugar habitual de prestación de servicios de un trabajador; de ahí que quepa entender que las tareas que un trabajador lleva a cabo para su empleador no pueden tomarse en consideración a la hora de establecer cuál es la ley más vinculada con el contrato de trabajo, sino cuál es el lugar habitual de trabajo que es la conexión rígida en principio aplicable cuando no hay elección de ley[57]. Por contra, el Tribunal de Justicia sugiere en su decisión *Schlecker* que vínculos más estrechos no son sólo aquellos que apuntan a condiciones laborales distintas de la prestación de servicios como el pago de salarios[58], sino también factores de carácter público como el lugar donde el empleado paga impuestos, está afiliado a la seguridad social o régimen similar, y es beneficiario de una pensión, seguro de enfermedad o de discapacidad[59]. El problema con estos últimos vínculos es que obedecen a intereses distintos de los que presiden la relación laboral[60], por lo que no puede dejar de criticarse que

---

[54] Véase R. Fentiman, «The Significance of Close Connection», en J. Ahern, W. Binchy (eds.), *The Rome II Regulation on the Law Applicable to Non-Contractual Obligations*, Leiden-Boston, Martinus Nijhoff Publishers, 2009, pp. 85-112, p. 98. A nuestros efectos, estarían en juego la seguridad jurídica, previsibilidad y uniformidad de la ley aplicable a las obligaciones contractuales y, por tanto, la protección de las legítimas expectativas de las partes, así como de los objetivos de política legislativa que sustentan las leyes aplicables y las consecuencias de su aplicación.

[55] STJUE 12.9.2013, Asunto C-64/12, *Schlecker*, marg. 40.

[56] Véase SSTJUE 15.3.2011, Asunto C 29/10, *Heiko Koelzsch v Gran Ducado de Luxemburgo*; 15.12.2011, Asunto C-384/10, *Jan Voogsgeerd v. Navimer.*

[57] Véase Conclusiones del Abogado General Sr. N. Wahl al Asunto C-64/12, marg. 45.

[58] STJUE 12.9.2013, Asunto C-64/12, *Schlecker*, marg. 41, *in fine*.

[59] STJUE 12.9.2013, Asunto C-64/12, *Schlecker*, marg. 41.

[60] Así, por ejemplo, el lugar de pago de impuestos puede haber venido determinado por los intereses del trabajador, o el lugar donde se pagan las contribuciones a la seguridad social puede haberse establecido en función del solo interés del empleador: un caso interesante es el que revela la sentencia del *Tribunal da Relação* Porto, Sección 4 (Social), 5.5.2014, que aplica la cláusula de escape para eludir la aplicación de la legislación francesa al contrato de trabajo prestado a bordo de un buque francés y a pesar de que las contribuciones a la seguridad social se pagaban en Francia. La relevancia que el Tribunal de Justicia concede a estos factores de carácter público podría justificarse por la legislación que existe en la Unión Europea al respecto. Ahora bien, estas reglas de conflicto están llamadas a aplicarse con independencia de que la ley designada sea la de un Estado no miembro y, por tanto, no vinculado por dicha legislación.

el Tribunal de Justicia también eche mano de ellos cuando de lo que se trata es de decidir la ley aplicable al contrato individual de trabajo.

A la luz de los vínculos y el método antes reseñados podría establecerse la existencia de una ley que está vinculada con el contrato, siendo la siguiente cuestión a esclarecer cuánto de más ha de estar esta ley más vinculada al contrato de trabajo que la ley de otro modo aplicable, normalmente la ley del lugar habitual de trabajo. Aquí es importante reseñar que el Tribunal de Justicia distingue entre la cláusula de escape prevista en el artículo 4 y la indicada en el artículo 6/8 del Convenio de Roma y del Reglamento Roma I, puesto que los términos en los que está expresada difieren de un precepto al otro. En palabras del Abogado General Sr. Wahl, la cláusula de escape prevista en este último precepto es una norma de conflicto abierta y no se necesitan más requisitos que la identificación de la ley que es más próxima a la relación de trabajo[61]. En consecuencia y de acuerdo con esta interpretación, no existe subordinación entre las conexiones previstas en el artículo 6/8, de modo que el recurso a la cláusula de escape no depende de que la ley del lugar habitual de trabajo o, en su defecto, la ley del lugar donde estuviere el establecimiento que contrató al trabajador, no esté vinculada a la relación laboral, sino de que lo esté menos que otra ley.

Téngase en cuenta, además, que la ley más vinculada lo es porque es más próxima a la relación laboral y no porque sea más beneficiosa para el trabajador; la protección del trabajador es importante cuando se trata de establecer si la ley aplicable en defecto de elección de ley es más beneficiosa que la elegida por las partes en el contrato. Sin embargo, este principio no informa las demás conexiones del artículo 6/8, que obedecer al principio de proximidad con la intención de reforzar la seguridad jurídica y previsibilidad de la ley aplicable al contrato de trabajo. El Tribunal de Justicia ha sentado claramente esta doctrina en *Schlecker*[62]. Aunque, al igual que en *Koelszch* y *Voogsgeerd*, también afirma que la aplicación de la ley con la conexión más estrecha con la relación laboral equivale a garantizar una protección adecuada a los trabajadores.

La aplicación de la cláusula de escape prevista en el artículo 6 del Convenio de Roma y 8 del Reglamento Roma I es, por tanto, mucho más laxa que la de la prevista en su artículo 4. Ello no obsta a que siempre haya de procederse, primero, a establecer cuál es la ley rectora del contrato en defecto de elección de ley para, después, apreciar si existe una ley más próxima a la obligación contractual[63]. Además, la liberalidad con la que se aplica esta cláusula en este contexto no debería disminuir la pre-

[61] Véase las Conclusiones del Abogado General Sr. N. Wahl al Asunto C-64/12, marg. 51.

[62] STJUE 12.9.2013, Asunto C-64/12, *Schlecker*, marg. 34. En el caso la trabajadora había invocado la aplicación de la ley holandesa como la ley del lugar habitual de trabajo y más favorable a sus intereses; sin embargo, el Alto Tribunal acepta que la ley más vinculada con la relación laboral es la indicada por el empleador alemán, la ley alemana.

[63] STJUE 12.9.2013, Asunto C-64/12, *Schlecker*, marg. 35.

visibilidad de la ley aplicable a los contratos individuales de trabajo, esto es, la ley del lugar habitual de trabajo sólo debería ser desplazada cuando el examen de todas las circunstancias permita concluir que el centro de la gravedad de la relación de trabajo no está allí donde el trabajo se lleva a cabo[64].

La mayoría de las decisiones españolas que aplican la cláusula de escape lo hacen en términos muy similares ya que se vierten sobre el mismo tipo de casos: pescadores contratados por empresas pesqueras mixtas para prestar trabajo en barcos con pabellón extranjero. Tras establecer que la ley del pabellón es la ley del lugar habitual de trabajo, estas decisiones recurren a la cláusula de escape barajando vínculos con España como el lugar donde se sitúa el establecimiento de la empleadora, la residencia habitual del trabajador, la residencia habitual o nacionalidad común de los contratantes, la moneda pactada para el pago del salario, el lugar de pago o ingreso del salario, la existencia de relaciones previas entre las partes, etcétera[65]. A estos efectos, destacan como vínculo más significativo las relaciones previas entre las partes o el capital español en la empresa mixta[66]. La deslocalización podría aconsejar tomar en consideración otro factor, el de las expectativas de las partes en el momento de la celebración del contrato o al inicio de la relación contractual, siempre y cuando ambos se apoyen en sólidos factores[67]. Ahora bien, la introducción de este factor para aplicar la cláusula de escape puede llevar a confusión con la elección tácita de ley; de ahí que sea preferible mantener los factores subjetivos al margen de este test y mantenerlo en los márgenes de los objetivos antes señalados.

5. CONSIDERACIONES FINALES

Los tribunales españoles aplican Derecho extranjero en muy contadas ocasiones si se atiende a las ciento diez resoluciones judiciales aquí examinadas y que han aplicado el Convenio de Roma o el Reglamento Roma I[68]. A través de uno u otro expediente, con mayor o menor acierto, existe una clara aversión al Derecho extranjero comprometiendo los objetivos generales a los que responden ambos instrumentos.

---

[64] Véase las Conclusiones del Abogado General Sr. N. Wahl al Asunto C-64/12, marg. 61. Véase sobre estos desarrollos L. Carballo Piñeiro, International Maritime Labour Law, Heidelberg, Springer, 2015, pp. 203-210.

[65] Véase estos vínculos en STSJ, Sala de lo Social, Canarias 1033/2008 11.7.2008 (ECLI:ES:TSJICAN:2008:3439) citando a STS, Sala Tercera, 8.7.89 (RJ 1989\5249).

[66] Véase M. A. Asín Cabrera, *loc.cit.*, nota 52, pp. 382-384.

[67] En este sentido, véase las Conclusiones del Abogado General Sr. N. Wahl al Asunto C-64/12, marg. 77 and 78. Ahora bien, el Tribunal de Justicia no reproduce esta opinión en su decisión.

[68] En las STSJ, Sala de lo Social, Valencia 1970/2015, 6.10.2015 (ECLI: ES: TSJCV: 2015: 4568) se aplica ley inglesa porque se prueba por el interesado; y en SAP Madrid 58/2014, 30.1.2014 (ECLI:ES:APM:2014:1342) el derecho taiwanés. Véase también nota 26.

En una etapa en la que el DIPr. ha crecido significativamente en normas y en complejidad, es preocupante que la aplicación de dos instrumentos ya entrados en años y con los que los operadores del Derecho debieran estar familiarizados siga presentando los mismos déficits que hace una década[69]. Las inercias se repiten y hay muy poco espacio para problemas interpretativos[70], desde luego por carga de trabajo[71], carencia de soluciones más eficientes a la averiguación del contenido y vigencia del Derecho extranjero, y quizás por la ausencia de una clara consciencia de lo que implica la correcta aplicación de las normas de conflicto, también en términos económicos. Desde luego, no puede hacerse recaer la sola responsabilidad de esta situación en los órganos jurisdiccionales españoles, sino que es un problema que concierne a todas las profesiones jurídicas que, entre otras cosas, parecen desconocer el volumen de negocio que se esconde tras estos instrumentos internacionales. Quizás sirva como toque de atención el que la *Law Society of England and Wales* haya llegado a publicitar sus servicios presumiendo de la experiencia de la *High Court* inglesa en escuchar la prueba del Derecho extranjero y en decidir casos de acuerdo con el mismo[72].

---

[69] Muy revelador el trabajo de P. Paradela Areán, *loc.cit.*, nota 5, *passim.*

[70] Aunque existen excepciones, por supuesto, como las que proporcionan la SAP Las Palmas de Gran Canaria 6/2013, 15.1.2013 (ECLI:ES:APGC:2013:28) sobre la ley aplicable a la forma de un contrato de donación de un inmueble sito en España; SAP Murcia 89/2010, 18.3.2010 (ECLI:ES:APMU:2010:508): calificación intereses como procesales o de mora lo que redunda en subsunción a la *lex processus* o a la ley extranjera aplicable; SAP Las Palmas de Gran Canaria 385/2015, 15.10.2015 (ECLI:ES:APGC:2015:2181 sobre incapacitación y art. 13 Roma I; o las que discuten sobre cuál es la prestación característica: SAP Barcelona 19/2013, 23.1.2013 (ECLI:ES:APB:2013:9347); y SAP Alicante 236/2011, 30.5.2011 (ECLI:ES:APA:2011:1666): crédito documentario y opta por el banco emisor; SAP Valencia 31/2014, 5.2.2014 (ECLI:ES:APV:2014:1188).

[71] Véase L. Carballo Piñeiro, J. Nieva Fenoll, «The Impact of the Economic Downturn in the Spanish Civil Justice System», *Erasmus Law Review*, 2015-4, pp. 174-184 (doi: 10.5553/ELR.000049).

[72] Así se indica que «Parties may agree to select England and Wales as the jurisdiction in which to resolve their dispute whatever the law governing their dispute. The English High Court is experienced in hearing evidence of foreign law and deciding issues in accordance with that law», en The Law Society of England and Wales, «England and Wales: The Jurisdiction of Choice», 2008, p. 12, accesible en <https://www.google.es/url?sa=t&rct=j&q=&esrc=s&source=web&cd=1&ved=0ahUKEwif9OLx1JbOAhURlxQKHUeCB10QFggeMAA&url=http%3A%2F%2Fwww.eversheds.com%2Fdocuments%2FLawSocietyEnglandAndWalesJurisdictionOfChoice.pdf&usg=AFQjCNGOK7UEJbWX3KihFwqzklbVcqOqIg&sig2=U7wNYip-RaQ5_OFfiibY2A&cad=rj>. En la página web de esta asociación puede encontrarse, además, muy interesantes estudios sobre el peso económico del sector jurídico en la economía inglesa: < http://www.lawsociety.org.uk/support-services/research-trends/a-25-billion-legal-sector-supports-a-healthy-economy/>.

DERECHO DE FAMILIA

EXPERIENCIAS DE LOS TRIBUNALES ESPAÑOLES EN LOS PROCESOS RELATIVOS A CRISIS MATRIMONIALES: ALGUNOS RETOS Y CUESTIONES CONTROVERTIDAS

Cristina González Beilfuss

Catedrática de Derecho internacional privado
Universidad de Barcelona
Letrada del CGPJ
Punto de contacto operativo de la Red Judicial civil europea

Sumario: 1. Introducción.- 2. Los supuestos típicos.- 3. La competencia judicial internacional de los tribunales españoles.- 4. Cuestiones de derecho aplicable.- 5. El reconocimiento y ejecución de sentencias.- 6. Conclusiones.

1. INTRODUCCIÓN

El presente trabajo tiene como objeto el análisis de la aplicación en España de las normas de DIPr relativas a la competencia judicial internacional, la ley aplicable y el reconocimiento y ejecución en materia de crisis matrimoniales contenidas en los Reglamentos 2201/2003[1] y 1259/2010[2]. Se centrará, en particular, en el divorcio, pues las separaciones judiciales y las nulidades civiles son mucho menos frecuentes en la

[1] Reglamento (CE) nº 2201/2003 del Consejo, de 27 de noviembre de 2003, relativo a la competencia, el reconocimiento y la ejecución de resoluciones judiciales en materia matrimonial y de responsabilidad parental, por el que se deroga el Reglamento (CE) nº 1347/2000 (*DOUE* L 338, de 23 de diciembre de 2003).

[2] Reglamento (UE) nº 1259/2010 del Consejo, de 20 de diciembre de 2010, por el que se establece una cooperación reforzada en el ámbito de la ley aplicable al divorcio y a la separación judicial, (*DOUE* L 343, de 29 de diciembre de 2010).

práctica española[3] y los litigios relativos a la responsabilidad parental que se plantean fuera del marco de un proceso de disolución matrimonial constituyen el objeto de otro trabajo.

En un primer apartado, se harán una serie de consideraciones en relación al número de casos con elemento internacional enjuiciados por los tribunales españoles y al sustrato sociológico de los mismos, pues cualquier valoración acerca de la utilidad y efectividad de la intervención judicial en esta materia ha de tener en cuenta las necesidades de los ciudadanos y también las condiciones de trabajo, formación e intereses de los operadores jurídicos intervinientes. A continuación, se seleccionarán las cuestiones que se consideran más significativas en relación a cada uno de los sectores del DIPr a los que se ha aludido con anterioridad. Finalmente, se llevará a cabo una valoración de la situación actual.

2. LOS SUPUESTOS TÍPICOS

Uno de los efectos más positivos de la comunitarización de las normas de DIPr de familia es que ha hecho aflorar los supuestos de tráfico externo. En un pasado no muy lejano era frecuente que el elemento extranjero se ignorara y el proceso de divorcio se resolviera como si fuera un supuesto interno. Actualmente son, en cambio, relativamente frecuentes los supuestos que se identifican correctamente como supuestos de DIPr. Según el Instituto Nacional de estadística, que elabora anualmente una estadística de nulidades, separaciones y divorcios a partir de la información sobre sentencias proporcionada por los órganos judiciales competentes en la materia, en el año 2014 en el 10,6 por cien de los divorcios uno de los cónyuges era extranjero y en el 5,7 por cien eran extranjeros ambos[4]. Esto significaría que en el momento actual un 16% de los divorcios tramitados en España son divorcios internacionales.

Las estadísticas elaboradas por el INE posiblemente no revelen la totalidad de los divorcios con elemento internacional que se tramitan en España. Desde un punto de vista metodológico se elaboran a través de sistema de recogida continua de información mediante un cuestionario electrónico a través de la página web del Punto Neutro Judicial. En dicho cuestionario se solicita información sobre la nacionalidad de los cónyuges, pero no acerca de su residencia habitual. Dicho sistema identificaría, por tanto, como nacionales a los divorcios de ciudadanos españoles residentes en el extranjero y posiblemente también a los divorcios en los que uno o ambos esposos tengan alguna nacionalidad extranjera además de la española. Existe, por tanto un

3 En el año 2014 se produjeron 100.746 divorcios, 5.034 separaciones y 113 nulidades. Los divorcios representaron el 95,1 por cien del total, las separaciones el 4,8 por cien y las nulidades el 0,1 por cien restante. INE: Nota de prensa de 15 de septiembre de 2015 en www.ine.es/prensa/np927.pdf (página visitada el 10 de agosto de 2016).

4 INE: Nota de prensa de 15 de septiembre de 2015, *supra* nota 3.

error de planteamiento en la estadística judicial que consideraría internos o menos internacionales algunos supuestos que, en puridad, según los criterios europeos, son internacionales.

Que las estadísticas judiciales identifiquen la presencia de un elemento de extranjero en el proceso no implica necesariamente que se apliquen las normas de DIPr vigentes, ni tampoco que la aplicación de las mismas sea correcta. Valorar esta cuestión es difícil pues no existen estudios empíricos que requerirían un examen de la totalidad de divorcios resueltos por una muestra significativa de tribunales de primera instancia, pues solo se recurre un pequeño porcentaje cuando una de las partes no está de acuerdo con el resultado material de la sentencia, no siendo una incorrecta fundamentación jurídica motivo suficiente.

Podemos a partir de la experiencia aventurar que dicho estudio probablemente revela una práctica que sigue siendo deficiente, en la que el análisis de las cuestiones de DIPr es excesivamente simplista. Son numerosas las decisiones judiciales que se limitan a una mera cita de las normas de DIPr sin entrar en mayores honduras. En sucesivos apartados se analizarán algunos de los déficits más comunes.

Hay, sin embargo, un dato relevante sobre el que no siempre se hace suficiente hincapié. Parece, en efecto, bastante evidente que el acceso a una Justicia de calidad depende en los supuestos internacionales en mayor medida del sustrato social, cultural y económico de los litigantes que en los supuestos internos.

Pese a la ausencia de estudios empíricos un análisis de la jurisprudencia española permitiría identificar cuatro casos tipo. Son frecuentes en la práctica forense los divorcios de matrimonios mixtos, de español/a y extranjero/a, con residencia habitual en España. Estos matrimonios pertenecen a todas las clases sociales y la tramitación de las disoluciones matrimoniales no parece plantear especiales dificultades, pues no existen dudas acerca de la competencia judicial internacional de nuestros tribunales ni acerca de la aplicación a las mismas del Derecho español[5], pues, como veremos, es muy infrecuente que las partes elijan otro Derecho rector[6].

Tampoco parecen estar planteando especiales dificultades los divorcios de ciudadanos extranjeros de una misma nacionalidad residentes en España, cuando estos ciudadanos pertenecen a las élites sociales y económicas. Al respecto puede únicamente apuntarse que los "expats" que residen en España parecen tener cierta preferencia por dirimir sus crisis matrimoniales frente a los tribunales de sus lugares de origen. La ausencia de estudios empíricos impide determinar si esta impresión es correcta y si, de serlo, la opción por los tribunales del Estado de la nacionalidad de los

[5] La competencia de los tribunales españoles como tribunales del Estado de la residencia habitual de los cónyuges en el momento de la interposición de la demanda se fundamenta en el art. 3 a) primer inciso del Reglamento 2201/2003. La aplicación del Derecho español resulta del art. 8 a) del Reglamento 1259/2010.

[6] *Infra.*

cónyuges se explica porque la crisis matrimonial tiene como consecuencia que uno de ellos regrese a su Estado de origen, o si se debe a que en estos sectores de población existe cierta desconfianza respecto al funcionamiento del sistema judicial español. En cualquier caso, puesto que las normas de competencia judicial internacional permiten a estas parejas optar por un divorcio en su Estado de origen[7] tampoco se trata de casos que comporten una situación de desprotección.

Las crisis matrimoniales que parecen plantear mayores dificultades son las que afectan a inmigrantes económicos, en muchas ocasiones nacionales de Estados terceros, residentes en España. Se puede observar, como factor adicional de dificultad, que recientemente parecen haber aumentado los casos en los que uno de los cónyuges ya no reside en España, lo que podría ser consecuencia de la crisis económica, y que, como consecuencia, son más frecuentes los supuestos en los que el divorcio se tramita como un divorcio contencioso. Existen en estos casos importantes barreras de acceso a una resolución de la crisis matrimonial satisfactoria. Los limitados recursos económicos de las partes implican que se recurra con frecuencia a abogados de oficio con conocimientos muy limitados en materia de DIPr. Puesto que estos abogados reciben una remuneración muy escasa, no suelen además estar en disposición de dedicar al asunto, que jurídicamente puede ser complejo, un tiempo suficiente. Factores adicionales como el traslado de documentos judiciales a Estados terceros o la eventual prueba del Derecho extranjero contribuyen a dificultar, encarecer y dilatar el procedimiento. No está finalmente garantizado el reconocimiento del divorcio en los Estados terceros implicados[8]. Puede, por tanto concluirse, que estas parejas no encuentran una adecuada respuesta a sus necesidades.

Finalmente cabria identificar un cuarto caso típico, el de el español/a residente en el extranjero que acude a nuestros tribunales para resolver su crisis matrimonial. Puede tratarse típicamente de un ciudadano/a casado con extranjero/a, aunque empiezan a plantearse también supuestos en los que ambos cónyuges son de nacionalidad española. Puesto que la reciente crisis económica ha generado una nueva oleada de emigración podríamos encontrarnos frente a un fenómeno incipiente, que aumentará en un futuro.

La principal dificultad en estos supuestos es que las normas europeas no garantizan la competencia de nuestros tribunales respecto a las cuestiones accesorias que se plantean comúnmente en el marco de un proceso de divorcio[9]. Son especialmente

---

[7] El art. 3 b) del Reglamento 2201/2003 otorga también competencia a los Tribunales del Estado de la nacionalidad común de los cónyuges en el momento de interposición de la demanda.

[8] Esta cuestión no se regula en las normas de la UE sino que depende de los Tratados o, en su defecto, las normas de DIPr de los Estados de origen. Puesto que la UE ha adquirido competencias externas respecto a la celebración de Tratados sería importante impulsar la negociación de Tratados con los Estados de origen.

[9] *Infra.*

difíciles los supuestos en los que la residencia habitual común de los cónyuges se localiza en un Estado tercero. Si el matrimonio es un matrimonio mixto, de español/a y extranjero/a no existe en estos momentos foro de competencia que garantice el acceso a los tribunales españoles de estas parejas[10].

Se podría argüir que en la mayoría de estos casos los cónyuges podrían optar por plantear el divorcio allí donde tengan o hayan tenido su domicilio conyugal, pues los foros de competencia judicial internacional del Reglamento son alternativos y, de no aplicarse allí el Reglamento, probablemente las normas de competencia judicial internacional del Estado de residencia así lo permitan. Pero el sistema no garantiza que los cónyuges sean realmente informados de las opciones de las que disponen. En primer lugar, porque pocos abogados españoles de familia tienen conocimientos especializados de DIPr. Y en segundo término, porque probablemente sea excesivo esperar que el abogado actúe contra sus propios intereses. Si los cónyuges decidieran litigar en el extranjero la remuneración del abogado seria considerablemente inferior que si el proceso se tramita en España. Para que el sistema funcionara adecuadamente sería, por tanto, importante un cambio en la estructura profesional. Sólo si los abogados establecieran relaciones de cooperación transfronteriza serían más proclives a renunciar a llevar pleitos en España cuando existen alternativas más adecuadas fuera.

3. LA COMPETENCIA JUDICIAL INTERNACIONAL DE LOS TRIBUNALES ESPAÑOLES

En la práctica española son muy comunes tres errores. Se entiende equivocadamente que puesto que se trata de un Reglamento de la Unión Europea no es aplicable a los divorcios de ciudadanos nacionales de Estados terceros. Esta interpretación no tiene base alguna en el texto de la norma, pero se trata de una cuestión que sigue causando perplejidad a los operadores jurídicos que se acercan a los Reglamentos.

Una sentencia de la Audiencia Provincial de Málaga de 17 de febrero de 2010[11] resulta bastante ilustrativa al respecto. Señala la Audiencia que "*En la Exposición de Motivos del Reglamento 2201/2003 del Consejo de la Unión Europea se dice que el mismo nace porque la Comunidad Europea se ha fijado el objetivo de crear un espacio de libertad, de seguridad y de justicia, en el que se garantiza la libre circulación de personas, y con este fin, debe adoptar, entre otras cosas, las medidas de cooperación judicial en materia civil necesarias para el correcto funcionamiento del mercado interior, estableciéndose en su artículo 72 que el mismo será obligatorio en todos sus elementos y directamente aplicable en los Estados miembros de conformidad con el Tratado constitutivo de la Comunidad Europea. Por eso dicha normativa resulta inaplicable*

[10] *Infra.*

[11] JUR\2010\246124.

en el presente supuesto en el que se está discutiendo la competencia para conocer de la separación matrimonial entre los órganos jurisdiccionales de España (estado miembro CE) y Marruecos (estado no miembro), sin que en esta situación resulte de aplicación las normas sobre competencia establecidas en dicho Reglamento comunitario europeo pues su artículo 3 parte de que la competencia se plantee entre dos estados miembros". Como vemos, la Audiencia interpreta, de manera aleatoria, que el espacio judicial común se construye sólo en beneficio de los ciudadanos de la Unión, demostrando además un inadecuado conocimiento de las categorías conceptuales de DIPr, pues parece entender que existe un "conflicto de competencias".

Cuesta asimismo asimilar el ámbito de aplicación sumamente limitado del Reglamento 2201, que se aplica únicamente a la disolución del vínculo y no alcanza a las cuestiones accesorias[12]. El fraccionamiento, que caracteriza a las normas de DIPr aplicables a las crisis matrimoniales, choca con la tradición española que condiciona la disolución del matrimonio al acuerdo respecto a las cuestiones accesorias y, en su defecto, obliga al juez a pronunciarse (art. 90 CC). Este planteamiento parece presuponer que el juez del divorcio ha de ser competente respecto a todas las cuestiones accesorias. La Audiencia Provincial de Málaga en una sentencia de 10 de diciembre de 2013[13] así lo entiende. Tras establecer que los tribunales españoles son competentes en relación al divorcio de dos ciudadanos rumanos residentes en España, deduce incorrectamente que también son competentes para dirimir la disputa relativa a la responsabilidad parental de la menor residente en Rumania al tratarse de "*medidas inherentes a la declaración de divorcio entre sus padres*"

La pulsión hacia la concentración se advierte, en efecto, allí donde las normas de la Unión le atribuyen un papel mucho más limitado, esto es, por lo que respecta a la responsabilidad parental. En España prevalece una interpretación laxa de la posibilidad de prórroga de la competencia prevista en el artículo 12.1 del Reglamento Bruselas II bis que se explica probablemente por la configuración del proceso de divorcio como un proceso único que resuelve todas las cuestiones controvertidas. En los supuestos en los que los hijos no residen en el foro se entiende que si el demandado pide un pronunciamiento acerca de la custodia y la parte demandada no impugna la competencia, está de hecho aceptando inequívocamente la prórroga.

Es dudoso que esta interpretación se ajuste a Derecho pues el Tribunal de Justicia ha puesto de manifiesto que las disposiciones relativas a la prórroga han de someterse

---

[12] Ha de reconocerse que a efectos prácticos el fraccionamiento solo afecta a la responsabilidad parental, ya que en materia de alimentos y de régimen económico matrimonial, el Reglamento 4/2009 de alimentos el art. 22 quater de la LOPJ y en un futuro también el Reglamento (UE) 2016/1103 del Consejo, atribuyen al juez del divorcio competencia para tomar las decisiones que procedan.

[13] JUR 2014/97425.

a una interpretación estricta[14] y la distinta redacción de las normas relativas a la prórroga en los Reglamentos Bruselas I[15] y Bruselas II bis parecen sugerir que la voluntad de la parte no puede deducirse rígidamente simplemente de un comportamiento procesal. Tampoco parece claro que se controle en la práctica si la prórroga obedece al interés superior del niño.

La tercera cuestión que planteaba y sigue planteando dificultades es la relación entre el Reglamento y la LOPJ. Es bastante habitual que la competencia de los tribunales españoles se fundamente simultáneamente en ambas normas, lo que es incorrecto desde un punto de vista técnico y revela una inadecuada comprensión de las denominadas competencias residuales. Este proceder induce además a la comisión de un error. Cuando las normas del Reglamento no otorgan competencia a los tribunales españoles se acude a las normas de la LOPJ para fundamentar dicha competencia sin verificar, con carácter previo, si ningún otro tribunal de un Estado miembro tiene competencia.

Contribuye, en mi opinión, a este estado de cosas la desafortunada redacción de la LOPJ incluso después de su reciente reforma[16]. La LOPJ salvaguarda formalmente el principio de primacía al disponer en el art. 21.1 que "los tribunales civiles españoles conocerán de las pretensiones que se susciten en territorio español con arreglo a lo establecido en los tratados y convenios internacionales en los que España sea parte, en las normas de la Unión Europea y en las leyes españolas". Pero materialmente copia literalmente, en el artículo 22 *quáter* c), las disposiciones del Reglamento 2201, lo que revela que el legislador no es consciente del papel que corresponde a las normas de DIPr autónomo. Pues, en aquellos supuestos que aparecen en el supuesto de hecho de la norma interna, la competencia ya viene, de hecho, determinada por el Reglamento y la LOPJ carece de espacio en el que desplegarse, por lo que sus normas son superfluas.

Esta inadecuada comprensión del papel de las competencias residuales conduce a un callejón sin salida precisamente en relación a un supuesto que, como comentaba anteriormente, tiene visos de aumentar en un futuro próximo. La LOPJ no permite a los tribunales españoles conocer de las demandas de divorcio planteadas por un ciudadano español casado con extranjero/a y residente en un Estado tercero. En estos supuestos, en los que el Reglamento no otorga competencia a los tribunales de ningún Estado miembro, sería perfectamente razonable que la LOPJ otorgara competencia a los tribunales españoles. En Derecho español el divorcio se configura como

---

[14] Sentencia del Tribunal de Justicia (Sala Cuarta) de 21 de octubre de 2015, asunto C-215/15, *Gogova* , FJ 41.

[15] Reglamento 1215/2012 de 12 de diciembre de 2012 relativo a la competencia judicial, el reconocimiento y la ejecución de resoluciones judiciales en materia civil y mercantil (refundición).

[16] Ley Orgánica 7/2015, de 21 de julio, por la que se modifica la Ley Orgánica 6/1985, de 1 de julio, del Poder Judicial (*BOE* núm. 174, de 22 de julio de 2015).

un "derecho" vinculado al libre desarrollo de la personalidad. La mera voluntad de uno de los cónyuges permite acceder al divorcio[17]. Desde esa concepción lo lógico sería permitir el acceso a los tribunales españoles de los nacionales residentes en un Estado tercero, en el que el divorcio puede ser de difícil obtención.

La LOPJ, con una redacción ciertamente confusa, parece proscribir en esta materia la sumisión expresa, pues la misma se subordina en el artículo 22 *bis* a que una norma expresamente la permita y el precepto añade que no surtirán efectos los acuerdos que atribuyan competencia a los tribunales contrarios a lo establecido en los artículos 22 *quáter*. Tampoco puede acudirse fácilmente al foro de necesidad previsto en términos sumamente restrictivos en el artículo 22 *octies* apartado 3º, pues exige que los tribunales de los distintos Estados conectados hayan declinado su competencia, lo que hace en la práctica inviable su aplicación[18].

En materia de litispendencia puede hacerse mención de una interesante sentencia del Tribunal Supremo[19], que resuelve conforme a las pautas proporcionadas por el Tribunal de Justicia de la Unión Europea en el Auto del Tribunal de Justicia (Sala Décima) de 16 de julio de 2015 (asunto C-507/14), *P contra M*. El Tribunal Supremo portugués planteó el recurso prejudicial para que se valorara si la suspensión del procedimiento de medidas previas solicitada por la demandante permitía considerar que no se había, de hecho, iniciado en España un procedimiento en primer lugar, habida cuenta que dicha suspensión tuvo como consecuencia que también se aplazara la notificación de la demanda.

El Tribunal de Justicia había señalado que el artículo 16 del Reglamento 2201 no prevé que una solicitud de suspensión sea un elemento que incida sobre la determinación de la fecha de inicio del procedimiento, salvo que dicha suspensión y el subsiguiente aplazamiento de la notificación obedezca a una conducta negligente del actor. Y en relación a esa cuestión el TJUE precisaba que es el órgano nacional quien ha de valorar los hechos.

El Tribunal Supremo español, tomando el testigo, concluye que la demandante no actuó de forma negligente al utilizar una posibilidad que está prevista legalmente y que resulta común y conveniente en este tipo de procedimientos, como es la suspensión del procedimiento para llegar a acuerdos. Constata asimismo que en el caso de autos el demandado remitió por correo una propuesta de convenio regulador lo cual demostraría la veracidad de las razones alegadas para justificar la petición suspensión. Puesto que con frecuencia se arguye que el Reglamento Bruselas II bis

---

[17] Art. 86 CC.

[18] Podría, no obstante, pensarse en flexibilizar el precepto en supuestos extremos, si el nacional español residiera en un Estado en el que la disolución del matrimonio no estuviera prevista legalmente.

[19] Tribunal Supremo, Sala de lo Civil, Sección Primera, Sentencia nº 710/2015 de 16 diciembre 2015. Ponente: Excmo. Sr. José Antonio Seijas Quintana. RJ 2015\6185.

tiene un impacto negativo sobre la consecución de acuerdos entre los progenitores ha de saludarse esta interpretación, pues resulta coherente con uno de los principales objetivos del Derecho de familia en relación a los supuestos de disputa en materia de responsabilidad parental.

Por lo que respecta a la tramitación de divorcios con elemento de extranjería existen dificultades relacionadas con la notificación de la demanda. En el ámbito europeo se revela como especialmente problemático el supuesto de personas con domicilio desconocido, pues no es aplicable el Reglamento 1393/2007[20] (art. 1.2). En el momento actual en el que la averiguación de un domicilio suele ser una cuestión muy fácil, solventable telemáticamente, no acaba de justificarse esta limitación, sobre todo teniendo en cuenta que la averiguación del domicilio obedece a la finalidad de posibilitar al destinatario el ejercicio de su derecho de defensa. En la práctica algunos Estados miembros acceden a proporcionar dicha información, sobre todo en aquellos casos en los que se ha cursado la petición, pero el destinatario del documento ha cambiado de domicilio. Otros Estados miembros entienden que la averiguación del domicilio puede constituir el objeto de una comisión rogatoria para la obtención de pruebas a las que podría aplicarse el Reglamento 1206/2001[21], pero la cuestión es controvertida.

Las dificultades son aún mayores si el demandado reside en un Estado tercero y la notificación ha de practicarse según los cauces del Convenio de La Haya de 1965[22] o la Convención de Panamá[23], pues los tiempos de respuesta, especialmente en relación a Iberoamérica, parecen excesivos y no son infrecuentes las solicitudes que no obtienen respuesta. En algunos casos, como en relación a Estados Unidos[24], los costes asociados a la tramitación pueden parecer elevados, sobre todo para aquellos demandantes que disponen de escasos recursos, especialmente porque la tramitación de un proceso exige varios actos de notificación. Si se ha reconocido al demandante el beneficio de justicia gratuita los costes deberían ser asumidos por la Administración española, pero la práctica es desigual en el territorio nacional.

---

[20] Reglamento (CE) n° 1393/2007 del Parlamento Europeo y del Consejo, de 13 de noviembre de 2007 , relativo a la notificación y al traslado en los Estados miembros de documentos judiciales y extrajudiciales en materia civil o mercantil (notificación y traslado de documentos) y por el que se deroga el Reglamento (CE) n° 1348/2000 del Consejo.

[21] Reglamento (CE) No 1206/2001 del Consejo de 28 de mayo de 2001 relativo a la cooperación entre los órganos jurisdiccionales de los Estados miembros en el ámbito de la obtención de pruebas en materia civil o mercantil.

[22] Convenio relativo a la notificación o traslado en el extranjero de documentos judiciales y extrajudiciales en materia civil o comercial, hecho en La Haya el 15 de noviembre de 1965 (*BOE* núm. 203, de 25 de agosto de 1987).

[23] Convención Interamericana sobre Exhortos o Cartas Rogatorias, hecha en Panamá el 30 de enero de 1975.(*BOE* núm. 195, de 15 de agosto de 1987).

[24] Estados Unidos ha subcontratado la notificación y traslado de documentos a una sociedad privada que exige el pago de una tasa de 95 dólares americanos.

En relación a estas cuestiones ha de valorarse positivamente el impacto de la reciente Ley de cooperación jurídica internacional en materia civil[25], pues en la misma se establece que la notificación puede efectuarse por correo postal (art.21.2) y hay un precepto que salvaguarda el derecho de acceso a los tribunales del demandante al disponer que, transcurridos seis meses desde la remisión de la solicitud de notificación, podrá continuarse con el procedimiento (art.24).

4. CUESTIONES DE DERECHO APLICABLE

La ley aplicable al divorcio y a la separación se regula en el Reglamento 1259/2010, que devino aplicable el 21 de junio de 2012. La experiencia en la aplicación del mismo es, por tanto, limitada en el tiempo. En general, puede, sin embargo, decirse que el citado Reglamento ha tenido un efecto positivo, pues la anterior regulación del artículo 107.2 CC remitía a la ley de la nacionalidad común como primer punto de conexión y, por consiguiente, conducía en mayor medida a la aplicación de Derecho extranjero que la regulación actual, que estipula que el divorcio se sujeta a la ley de la residencia habitual común en el momento de la interposición de la demanda.

Existen, sin embargo, como veíamos, cada vez más supuestos en los que o bien los cónyuges de nacionalidad española residen en el extranjero, o bien uno de los esposos ha abandonado el territorio español hace más de un año y ambos cónyuges tienen una nacionalidad extranjera. En estos casos la norma de conflicto remitiría a Derecho extranjero, bien en virtud de la primera conexión del artículo 8 del Reglamento (residencia habitual común) bien como consecuencia de la tercera conexión (nacionalidad común de los cónyuges en el momento de interposición de la demanda).

En estos supuestos la dificultad no es tanto la aplicación de las normas del Reglamento como la aplicación de Derecho extranjero, ya que éste es el verdadero talón de Aquiles del DIPr español. No es este el lugar para un examen en profundidad de la aplicación del Derecho extranjero en los procesos sustanciados frente a los tribunales españoles, pues este no es un problema particular de la materia objeto de este trabajo. Quisiera, sin embargo, señalar que desde mi punto de vista las dificultades son eminentemente prácticas y únicamente se resolverían si se arbitrara un sistema que permitiera a los jueces solicitar dictámenes de Derecho extranjero a especialistas en la materia. Pretender que, con las actuales cargas de trabajo, los jueces españoles puedan aplicar de oficio Derecho extranjero sin ningún tipo de apoyo institucional resulta ilusorio. La Comisión Europea pretende que la los puntos de contacto de la Red Judicial civil puedan proporcionar información sobre el Derecho del Estado al que pertenecen, pero los recursos de los que disponen son en la mayoría de los Esta-

[25] Ley 29/2015, de 30 de julio, de cooperación jurídica internacional en materia civil (*BOE* núm. 182, de 31 de julio de 2015).

dos insuficientes para proporcionar una respuesta adecuada y en cualquier caso ello no permite la obtención de información acerca del Derecho de Estados terceros.

El Reglamento Roma III permite a los cónyuges convenir que su divorcio se rija bien por la ley del lugar de residencia habitual común en el momento de la elección, bien por la ley del último lugar de residencia siempre que uno de ellos continúe residiendo allí o por la ley de cualquiera de las nacionalidades que tengan los cónyuges en el momento de la elección y finalmente por la ley del foro (art. 5). El Reglamento contiene asimismo reglas sobre la validez material y formal de dicha elección.

En la práctica española no ha sido frecuente que esta posibilidad se utilice[26]. No existen estudios acerca de la razones del escaso uso de la autonomía de la voluntad conflictual. Puede, sin embargo, aventurarse que probablemente la aplicación de Derecho extranjero carezca de interés habida cuenta que el Derecho español es sumamente liberal. Ello no explicaría, sin embargo, las razones por las que no se elige el Derecho español cuando la conexión objetiva remite a Derecho extranjero. En algunos casos podría deberse a que el divorcio es un divorcio contencioso, promovido por un cónyuge que ha permanecido en España, con escasa o nula participación del otro cónyuge. En otros, podría ser que las partes no reciban el asesoramiento adecuado respecto a las ventajas y desventajas de optar por uno u otro ordenamiento. Son, en efecto, pocos los abogados de Familia con conocimientos especializados de DIPr y menos los que tienen conocimientos de Derecho comparado. Finalmente ha de admitirse que aunque sea aplicable el Derecho extranjero en España es muy frecuente que se acabe aplicando Derecho español, por lo que no es de hecho necesario elegirlo.

Si se ventilan en España no únicamente la disolución del vínculo sino también las consecuencias de dicha disolución causa nuevamente problemas la fragmentación, pues cada una de las consecuencias es el objeto de normas de conflicto diferentes. Y en este sentido cabe señalar que se han producido en ocasiones problemas relativos a la calificación de las pretensiones. Al plantearse la demanda en España es frecuente que se soliciten pensiones compensatorias y, si hay hijos, que el cónyuge que pretende la custodia solicite la atribución del uso del domicilio conyugal, pues se trata de efectos del divorcio típicos del Derecho español. Ambas pretensiones deberían probablemente considerarse peticiones de alimentos, pero la cuestión genera dudas.

5. EL RECONOCIMIENTO Y EJECUCIÓN DE SENTENCIAS

Las dificultades relativas al reconocimiento de sentencias no se refieren a la disolución del vínculo, sino a alguna de las cuestiones accesorias. En materia de pensiones alimenticias parece que la actuación de las Autoridades Centrales prevista en

---

[26] *Vide* I. Viarengo, "The Rome III Regulation in legal practice: case law and comments", *ERA Forum,* December 2014, Volume 15, Issue 4, pp 547-559.

el Reglamento 4/2009 no es siempre tan eficaz como debería. Y en relación a las estipulaciones relativas a los menores la ejecución plantea dificultades tanto en los supuestos internacionales como en los supuestos internos, si el progenitor que detenta la custodia tiene una actitud poco cooperadora.

Por lo que respecta a la primera cuestión el principal problema es la falta de capacidad operativa de las Autoridades Centrales, debida esencialmente a la falta de recursos materiales y personales de las que se las dota. En un momento como el actual, en el que la reducción del déficit público es un objetivo irrenunciable, quizás convendría realizar un análisis de las obligaciones contraídas que tuviera como objetivo optimizar los recursos. En algunos casos, como por ejemplo, en el ámbito de la sustracción de menores se va más allá de lo estrictamente necesario, pues el progenitor que solicita el retorno de un niño dispone, independientemente de sus recursos, de la Abogacía del Estado para la tramitación del procedimiento de restitución. Esta no es una solución habitual en los demás Estados de la Unión y podría por consiguiente revisarse.

6. CONCLUSIONES

Si comparamos la práctica española anterior a la entrada en vigor de los Reglamentos Bruselas II bis y Roma III con la situación actual son indudables los avances. Mientras que en el pasado era muy frecuente que el elemento extranjero se ignorara y el proceso de divorcio se tramitara como si fuera interno, omitiendo toda referencia a las normas de DIPr, son ahora numerosas las sentencias en las que se identifica correctamente el elemento internacional.

Pero ha de convenirse que el manejo de los instrumentos del DIPr europeos no siempre es el adecuado, lo que se explica por la escasa formación en la materia de los operadores jurídicos. El sistema de acceso a la judicatura implica el estudio de unos temarios cerrados en los que el DIPr apenas tiene presencia. Con posterioridad, si bien se han producido mejoras en los últimos tiempos, el tiempo que puede dedicarse a la materia en la fase de formación inicial de los jueces es limitado, de manera que la formación es muy básica. Finalmente, ha de señalarse que los cambios tan acelerados que se han vivido en la última década hacen sumamente difícil que los operadores jurídicos puedan mantener al día sus conocimientos.

Por lo general, el acceso a un abogado con conocimientos especializados de DIPr y de Derecho comparado es difícil, sobre todo para los litigantes con escasos recursos. Ello es especialmente preocupante, pues los casos probablemente más difíciles se plantean en relación a inmigrantes económicos originarios de Estados terceros. En Derecho de familia puede, además, decirse que la estructura profesional de despachos pequeños y poco internacionalizados no incentiva que las partes reciban un asesoramiento adecuado acerca de todas las opciones de las que disponen. No parece frecuente que se las informe de que la mejor opción es litigar en el extranjero, pues eso tendría importantes repercusiones sobre la remuneración de los profesionales y, por tanto, presupone que el abogado actúe contra sus propios intereses.

ESTRATEGIAS PROCESALES EN LAS CRISIS MATRIMONIALES TRANSFRONTERIZAS, UTILIDAD DE LOS INSTRUMENTOS COMUNITARIOS

Elena Zarraluqui Navarro

Abogada
Elena Zarraluqui Abogados

1. INTRODUCCIÓN

Doce millones y medio de ciudadanos europeos viven en otro Estado miembro diferente a su país de origen, lo que supone un 2'5% de la población europea. Veinte millones y medio de personas procedentes de Estados no miembros de la Unión Europea viven en países de la Unión Europea, es decir, el 4,1% de la población. Globalmente, el 3,2% de la población mundial viven en un país diferente de su país de origen, es decir, 232 millones de personas no viven en su país natal.[1] Estos datos -anteriores a la crisis de los refugiados que asola Europa en estos últimos tiempos- revelan, sin lugar a dudas, el muy importante crecimiento de la movilidad de las personas

[1] Ponencia de M. Groff "*Protecting vulnerable adults in personal and financial issues: solutions offered by the Hague 2000 Convention*" impartida en el seno de la conferencia anual de Derecho de Familia Europeo celebrada en la Academia de Derecho Europea de Trier, Alemania (ERA) los días 24 y 25 de Septiembre de 2015.

dentro y fuera de la Unión Europea, con la consecuencia lógica de que el número de matrimonios con componente internacional se ha visto, igualmente, incrementado.

Este aumento de la movilidad de las personas y de las libertades comunitarias hacen que los intereses económicos y personales de los ciudadanos comunitarios se dispersen, ocasionando la expansión del Derecho internacional privado comunitario que, en el ámbito del Derecho de familia, tiene, como denominador común, un refuerzo en el principio de la autonomía de la voluntad que va a ser el principio rector, directa o indirectamente, de las normas tanto de competencia judicial internacional como de Derecho aplicable en materia de familia.

En Derecho internacional privado comunitario de familia la autonomía de la voluntad es la manifestación del poder de la persona de autorregular sus relaciones personales, de elegir el tribunal competente y el Derecho aplicable a las relaciones jurídicas familiares y a sus efectos. No obstante, este poder otorgado a los ciudadanos europeos en función de los diferentes Reglamentos comunitarios no es absoluto, sino que se encuentra limitado y controlado por el legislador europeo en la búsqueda del necesario equilibrio entre la libertad individual y la intervención del interés público, máxime cuando mucha de la materia a regular es de orden público. Por ello el legislador europeo va a permitir la posibilidad de elección pero, únicamente, entre diferentes leyes previamente seleccionadas, basadas en el principio de proximidad objetiva con la relación objeto de regulación[2].

Uno de los fines de la Unión Europea es garantizar a sus ciudadanos un verdadero espacio de libertad, seguridad y justicia que les facilite su vida cotidiana, porque no cabe duda que la existencia de un componente extranjero en la pareja crea incertidumbre y, porque no decirlo, miedo en cuanto a la resolución de los problemas personales y/o económicos derivados de la posible ruptura de su relación, máxime si existe el proyecto de tener hijos en común. La oportunidad que se da a los miembros de la pareja de autorregular sus crisis matrimoniales les va a dar mayor certeza y seguridad, al ser posible, incluso, que designen una misma ley para que regule todas las cuestiones vinculadas con su ruptura.

El fin teórico de los Reglamentos comunitarios de familia es crear un marco jurídico a los ciudadanos europeos en materia familiar, garantizando soluciones adecuadas para los ciudadanos en términos de seguridad jurídica, previsibilidad y flexibilidad, e impedir que los cónyuges inicien una carrera hacia los tribunales con objeto de que aquel que primero demande sea el que obtenga el llamado "privilegio del demandante", es decir, que sea él quien elija qué ley va a regir el procedimiento matrimonial en función de sus particulares intereses. Sin embargo, la realidad es que existe una

[2] B. Añoveros Terradas: "La autonomía de la Voluntad como principio rector de las normas de Derecho Internacional Privado comunitario de la Familia" en *Entre Bruselas y la Haya, Estudios sobre la unificación internacional y regional del Derecho internacional privado. Liber Amicorum Alegría Borrás*. Ed. Marcial Pons. 2013.- Pág. 120.

ausencia de complementariedad entre los diferentes Reglamentos comunitarios cuyo efecto principal es un aumento de la litigiosidad en una carrera a los tribunales para ser el primero en demandar y, como hemos dicho, conseguir que el procedimiento se rija por la ley más favorable a los intereses del demandante. La realidad, hoy por hoy, es que las partes buscan el "*fórum shopping*" en la resolución de sus controversias matrimoniales en el seno comunitario en un claro abuso de derecho, todo ello, apoyado por la falta de armonización de la normativa comunitaria en materia de Derecho de familia y por el propio contenido de esa normativa europea que les va a dar la oportunidad de hacerlo. Y ello es posible, entre otras cosas, por el establecimiento de unos foros de competencia alternativos que, como hemos dicho, el demandante podrá controlar siempre y cuando se den los requisitos previos de residencia habitual o nacionalidad común fijados en el artículo 3 de Bruselas II bis[3].

Las reglas relativas a la litispendencia internacional en nuestro ordenamiento, al igual que en el ámbito comunitario, pretenden evitar, en aras de una buena administración de justicia en la Unión, procesos paralelos ante órganos jurisdiccionales de diferentes Estados miembros y los conflictos entre resoluciones judiciales que pudieran resultar de ellos, por lo que se establece que conocerá el órgano jurisdiccional que conozca en primer lugar.[4]

La propuesta de Reglamento del Consejo por el que se modifica el Reglamento (CE) nº 2201/2003 del Consejo relativo a la competencia, el reconocimiento y la ejecución de resoluciones judiciales en materia matrimonial y de responsabilidad parental y se introduce la regulación de la ley aplicable en materia matrimonial tenía como objetivo proporcionar un marco jurídico claro y completo en materia matrimonial y dar mayor seguridad jurídica a los ciudadanos de la Unión Europea, puesto que pretendía eliminar los problemas existentes para la libre circulación de las personas que se enfrentan actualmente a los problemas derivados de la aplicación de las diferentes legislaciones nacionales en virtud de los diferentes foros de competencia. Este nuevo Reglamento tenía como objetivo unificar la regulación en materia matrimonial, aumentando de este modo la seguridad jurídica, la previsibilidad y la flexibilidad de las relaciones, al dar la posibilidad a los cónyuges de pactar y elegir conjuntamente el órgano jurisdiccional competente. A pesar de su importancia y de la trascendencia de su regulación y de haber recibido el visto bueno del Parlamento Europeo, no llegó a aprobarse por lo que los trabajos se centraron en la aprobación del Reglamento (UE) nº 1259/2010 del Consejo de 20 de diciembre de 2010, por el que se establece una cooperación reforzada en el ámbito de la ley aplicable al divorcio y a la separación

---

[3] Mª Á. Sánchez Jiménez: "Reglamentación comunitaria relativa a las crisis matrimoniales y la particular "crisis" entre los Reglamentos que la integran". *Entre Bruselas y la Haya, Estudios sobre la unificación internacional y regional del Derecho internacional privado. Liber Amicorum Alegría Borrás*. Ed. Marcial Pons. 2013, pp. 800 y ss.

[4] Art. 19 del Reglamento (CE) nº 2201/2003.

judicial. Básicamente Roma III es el resultado parcial de un proyecto global que tenía unas mayores miras en aras a unificar la legislación comunitaria en materia de crisis matrimoniales, pero que solo regula las normas conflictuales en los procedimientos de separación y/o divorcio.

Los principios rectores de Roma III son la cooperación reforzada y la autonomía de la voluntad. El propio Reglamento, en su considerando, establece que su ámbito de aplicación material y su articulado deben ser coherentes con los de Bruselas II bis, aunque Roma III no se aplique a los procedimientos de nulidad matrimonial.

Pero entrando en la materia objeto de este trabajo, debo analizar las diferentes estrategias que tenemos los abogados a la hora de intentar solucionar los conflictos que puedan derivarse de las crisis familiares, empezando por la importancia que tiene en Derecho, como en otras áreas, la prevención y regulación de sus posibles consecuencias. En síntesis, lo que venimos a llamar el Derecho preventivo de familia.

2. ACUERDOS PREMATRIMONIALES

Nos encontramos con la posibilidad de que los futuros cónyuges, en ejercicio de la autonomía de la voluntad que el legislador, tanto nacional como internacional, le reconoce cada vez con mayor extensión, puede pactar, antes de contraer matrimonio, no solo la ley aplicable a los efectos de su matrimonio, sino también a su crisis matrimonial y los efectos de esta. Cada vez son más las parejas, con componente internacional, que acuden a los despachos para recibir asesoramiento sobre la posibilidad de pactar sobre esta materia, bien porque uno de los dos sea español, bien porque tienen su residencia habitual en España o van a tenerla en un futuro. Quieren conocer cuáles serán las consecuencias legales para ellos si su matrimonio fracasa y su pleito matrimonial pueda ventilarse en España, con aplicación o no del Derecho español.

Nuestro Tribunal Supremo está dando pleno valor a los pactos prematrimoniales, siempre y cuando sus estipulaciones no sean contrarias a las leyes, buenas costumbres o limitativas de la igualdad de derechos de los cónyuges, en cuyo caso, las declarará nulas, y siempre y cuando lo acordado no sea dañoso para los menores o gravemente perjudicial para uno de los cónyuges. Así lo ha venido a determinar, por todas, la reciente sentencia del Tribunal Supremo, Sala de lo Civil, de 24 de junio de 2015 al establecer, en su Fundamento de Derecho Quinto, que:

> *"El fenómeno pactos prematrimoniales tiene la denominación de capitulaciones matrimoniales en nuestro ordenamiento, si bien sujetas a restrictivos criterios formales, al deber formalizarse en escritura pública con inscripción posterior (arts. 1327 y 1333 Civil).*
>
> *En cualquier caso las capitulaciones no solo afectan al régimen económico matrimonial sino también con criterio más flexible a "cualesquiera otras disposiciones por razón del mismo" (art. 1325 C. Civil).*

Por otro lado el art. 1328 del C. Civil considera nulas las estipulaciones que sean contrarias a las leyes, buenas costumbres o limitativas de la igualdad de derechos de los cónyuges.

En el profundo cambio del modelo social y matrimonial que se viene experimentando (art. 3.1 del C. Civil) la sociedad demanda un sistema menos encorsetado y con mayor margen de autonomía dentro del Derecho de familia, compatible con la libertad de pacto entre cónyuges que proclama el art. 1323 C. Civil, a través del cual debe potenciarse la facultad de autorregulación de los cónyuges (art. 1255 C. Civil) que ya tiene una regulación expresa en lo que se refiere a los pactos prematrimoniales, previsores de la crisis conyugal, en los arts 231-19 del Código Civil Catalán y en el art. 25 del ley 10/2007 de 20 de marzo de la Comunidad Valenciana.

De lo expuesto se deduce que no existe prohibición legal frente a los denominados pactos prematrimoniales, debiendo ponerse el acento en los límites a los mismos, que están en la protección de la igualdad de los cónyuges y en el interés de los menores, si los hubiere, pues, no en vano, el art. 90.2 del C. Civil establece como requisito para los convenios reguladores, aplicable por analogía en ese caso, para su aprobación, que no sean dañosos para los menores o gravemente perjudiciales para uno de los cónyuges. En igual sentido el art. 39 de la Constitución cuando establece la protección de la familia y de la infancia."

Ahora bien, esto no es así en todos los Estados miembros, por cuanto todavía, a día de hoy, algunos no reconocen la validez de los acuerdos prematrimoniales y otros, exigen que los mismos reúnan una serie de requisitos que, en la práctica, hace muy difícil su reconocimiento.

Evidentemente, de suscribirse en España estos pactos prematrimoniales, conforme dispone el artículo 1327 del CC, deberá hacerse en capitulaciones matrimoniales otorgadas en escritura pública.

2.1. Ley aplicable a los efectos del matrimonio

En cuanto a la posibilidad de pactar sobre ley aplicable a los efectos del matrimonio, ante la carencia de regulación comunitaria al respecto[5], debemos acudir al

[5] El Reglamento Comunitario 2016/1103, de 24 de junio, del Consejo relativo a la competencia, ley aplicable, el reconocimiento y la ejecución de resoluciones en materia de regímenes económico-matrimoniales tiene sus orígenes en la petición que hicieron entre diciembre de 2015 y febrero de 2016, diecisiete Estados miembros (Suecia, Bélgica, Grecia, Croacia, Eslovenia, España, Francia, Portugal, Italia, Malta, Luxemburgo, Alemania, República Checa, Países Bajos, Austria, Bulgaria y Finlandia) cuando se dirigieron a la Comisión expresando su deseo de establecer entre sí una cooperación reforzada en el ámbito de los regímenes económicos de las parejas internacionales y, concretamente, de la competencia, la ley aplicable, el reconocimiento y la ejecución de resoluciones en materia de regímenes económicos matrimoniales, así como de la competencia, la ley aplicable, el reconocimiento y la ejecución de resoluciones en materia de efectos patrimoniales de

artículo 9 del Código Civil (CC), en sus apartados 2 y 3. El primero de ellos regula la ley aplicable a las relaciones personales y patrimoniales derivadas del matrimonio, estableciéndose unos foros de competencia jerárquicos en caso de ausencia de pacto y que tendrán especial importancia en cuanto a la existencia y posterior liquidación del régimen económico del matrimonio, al referirse a ellos el siguiente apartado 4, relativo a la ley aplicable al régimen económico del matrimonio:

a. La ley nacional de los cónyuges al tiempo de contraer el matrimonio.
b. En caso de carecer de nacionalidad común en el momento de contraer matrimonio, será de aplicación la ley nacional o de residencia habitual de cualquiera de los cónyuges, elegida por ambos en documento auténtico otorgado con anterioridad a la celebración del matrimonio.
c. En ausencia de elección de las partes, se regularán por la ley de la residencia habitual común del matrimonio inmediatamente posterior a la celebración.
d. Faltando las anteriores conexiones, se estará a la ley de celebración del matrimonio.

Por su parte, el art. 9.3 CC establece que los pactos o capitulaciones por los que se estipule, modifique o sustituya el régimen económico del matrimonio serán válidos cuando sean conformes bien a la ley que rija los efectos del matrimonio, bien a la ley de la nacionalidad o de la residencia habitual de cualquiera de las partes al tiempo del otorgamiento.

2.2. Ley aplicable a la separación y al divorcio

Una vez designada la ley aplicable al matrimonio, en cuanto a sus efectos personales y patrimoniales y fijado, en su caso, el régimen económico matrimonial, los cónyuges podrán pactar la ley aplicable a la separación y al divorcio. El Reglamento (UE) nº 1259/2010 del Consejo de 20 de diciembre de 2010 por el que se establece una cooperación reforzada en el ámbito de la ley aplicable al divorcio y a la separación judicial es de aplicación, únicamente, a la ley aplicable al divorcio y a la separación, excluyendo, como es lógico, la nulidad matrimonial que, sin embargo, si se incluía en el Reglamento Bruselas II bis al regular la competencia judicial internacional en esta materia. La nulidad matrimonial, conforme dispone el artículo 107.1 del CC vendrá regulada por la ley del lugar de celebración del matrimonio.

Uno de los primeros problemas que se plantea es si esta elección puede hacerse en los pactos prematrimoniales, puesto que el articulado del Reglamento Roma III se

las uniones registradas, y solicitaron a la Comisión que presente una propuesta al Consejo a tal fin. El objeto principal de este nuevo Reglamento es unificar las normas de conflicto, pero no entra a unificar las normas materiales de los regímenes matrimoniales, lo que no soluciona el conflicto. La meta debería ser que los futuros esposos pudiesen elegir su régimen económico matrimonial pero que éste fuera igual en toda la Unión Europea.

refiere siempre a "los cónyuges", no obstante establecer que se podrá hacer en cualquier momento, pero a más tardar en la fecha en que se interponga la demanda ante un órgano jurisdiccional.

La existencia y validez de un convenio de elección de ley aplicable y sus cláusulas se determinará con arreglo a la ley por la que se regiría el convenio en virtud de Roma III si el convenio o cláusula fuera válida, debiendo formularse el convenio por escrito, estar fechado y firmado por ambos cónyuges, permitiéndose toda transmisión efectuada por medios electrónicos que proporcione un registro duradero del convenio. Si la legislación del Estado miembro participante en el que ambos cónyuges tengan su residencia habitual en la fecha de celebración del convenio exigiese requisitos formales adicionales para este tipo de convenios, dichos requisitos serán de aplicación. En caso de España, como he indicado anteriormente, deberá formularse en escritura pública.

Para poder designar la ley aplicable válidamente, es importante que los cónyuges tengan acceso a información actualizada sobre los aspectos de la legislación nacional, del Derecho de la Unión Europea y de los procedimientos de divorcio y separación judicial, con el fin de garantizar el acceso a una información pertinente y de calidad, para lo cual, la Comisión actualizará periódicamente los datos del sistema de información al público a través de Internet[6]. Es conveniente, además, que cada uno de los cónyuges esté asesorado por su respectivo letrado, siendo recomendable, en este caso, que conste en el convenio que así ha sido. Con la proliferación de este tipo de acuerdos se plantea la duda de la validez de los mismos, y así se regula en el propio articulado que el cónyuge que desee impugnar su consentimiento pueda hacerlo acogiéndose a la ley del país en el que tenga su residencia habitual en el momento en que se interponga la demanda ante el órgano jurisdiccional si de las circunstancias se desprende que no sería razonable determinar el efecto de su conducta de conformidad con la ley de aplicación del convenio.

El Reglamento 1259/2010 tiene carácter universal, por lo que se puede designar como ley aplicable, la ley de un Estado miembro participante, la de un Estado miembro no participante o la de un Estado que no pertenezca a la Unión Europea (cdo.12). En este sentido, y dado que los cónyuges pueden designar la ley de otro Estado que no sea el que, finalmente, vaya a conocer del procedimiento de separación y divorcio, la Red Judicial Europea en materia civil y mercantil podrá prestar asistencia a los órganos jurisdiccionales informándoles sobre el contenido de la ley extranjera. Se echa en falta que no existan, como ocurre en otro Estados miembros, Juzgados de Familia especializados en Derecho internacional privado, dado que con ello se

---

[6] Considerando 17 del Reglamento (UE) nº 1259/2010 del Consejo de 20 de diciembre de 2010 por el que se establece una cooperación reforzada en el ámbito de la ley aplicable al divorcio y a la separación judicial

agilizaría y mejoraría, enormemente, la resolución de los conflictos familiares con componente internacional.

Debo resaltar el hecho de que Roma III solo contempla la posibilidad de pactar la ley aplicable a la separación y al divorcio, excluyendo las obligaciones alimentarias y los efectos patrimoniales derivados del matrimonio (art.1). También quedan excluidas las cuestiones prejudiciales como la capacidad jurídica y la validez del matrimonio, el apellido, la responsabilidad parental y cualesquiera medidas accesorias cuyas normas deberán ser determinadas conforme a las normas de conflicto de leyes aplicables en cada Estado miembro participante de que se trate.[7]

No obstante lo anterior, los cónyuges podrán designar una única ley aplicable a su separación y/o divorcio y a las obligaciones alimentaria, dado que las leyes entre las que pueden elegir pueden ser coincidentes.

3. COMPETENCIA JUDICIAL INTERNACIONAL EN MATERIA DE RELACIONES PERSONALES Y PATRIMONIALES ENTRE CÓNYUGES

Las normas de competencia judicial internacional en materia de relaciones personales y patrimoniales entre cónyuges viene recogida en la LOPJ, puesto que ni el Reglamento 1215/2012, ni el 2001/2003 o el 1259/2010 actualmente se refieren a estas materias, dado que el Reglamento 2016/1103 de 24 de junio, relativo a la competencia, la ley aplicable, el reconocimiento y la ejecución de resoluciones en materia de regímenes económico matrimoniales no entrará en vigor hasta el 29 de enero de 2019. En este sentido, junto al foro del domicilio del demandado recogido en el artículo 22 *ter* LOPJ, la ley incorpora unos foros especiales en el apartado *quater* c) de este artículo 22, que otorgarán la competencia a los tribunales españoles para resolver sobre las relaciones personales y patrimoniales entre cónyuges siempre y cuando ningún otro tribunal extranjero tenga competencia. Estos foros alternativos de competencia son coincidentes con los fijados en el artículo 3 de Bruselas II bis. Así, España tendrá competencia para resolver sobre estas materias en los siguientes casos:

a. Cuando ambos cónyuges posean residencia habitual en España al tiempo de la interposición de la demanda, o,
b. Cuando hayan tenido en España su última residencia habitual y uno de ellos resida allí, o,
c. Cuando España sea la residencia habitual del demandado, o,
d. En caso de demanda de mutuo acuerdo, cuando en España resida uno de los cónyuges, o,

---

[7] Considerando 10 del Reglamento (UE) nº 1259/2010 del Consejo de 20 de diciembre de 2010 por el que se establece una cooperación reforzada en el ámbito de la ley aplicable al divorcio y a la separación judicial.

e. Cuando el demandante lleve al menos un año de residencia habitual en España desde[8] la interposición de la demanda, o,
f. Cuando el demandante sea español y tenga su residencia habitual en España al menos seis meses antes de la interposición de la demanda,
f. Así como cuando ambos cónyuges tengan la nacionalidad española.

4. OBLIGACIONES ALIMENTICIAS

La normativa europea permite el acuerdo de las partes (en esta caso ya no se habla de "cónyuges") en relación con la competencia judicial internacional y la ley aplicable a las obligaciones alimenticias, incluyendo las derivadas de las relaciones familiares, de parentesco, de matrimonio o afinidad, a fin de garantizar la igualdad de trato a todos los acreedores de alimentos.

No cabe la menor duda que cuando se habla del termino obligaciones alimenticias se incluyen las pensiones compensatorias reconocidas a favor de ex cónyuges, y así lo interpretó el Tribunal de Justicia de la Unión Europea en su sentencia de 6 de marzo de 1980, dictada en el asunto 120/79 que recogía expresamente la posibilidad de incluir una pensión compensatoria periódica y posteriormente, en la dictada el 27 de febrero de 1997 al interpretar el concepto "alimentos entre esposos" de una forma más amplia, al declarar que debe considerarse que una resolución, dictada en el contexto de un proceso de divorcio, por la que se ordena el pago de una cantidad global, así como la transmisión de la propiedad de determinados bienes de uno de los esposos a favor de un ex cónyuge hace referencia a obligaciones alimentarias, puesto que tiene como objeto garantizar la manutención de uno de ellos. En este mismo sentido se han pronunciado nuestros tribunales, y en concreto, la Sentencia de la Audiencia Provincial de León (sección 1ª) de 27/2/ 2015 y las citadas en ella[9] al establecer que:

> *"la pensión compensatoria no tiene como finalidad ofrecer alimentos a uno de los cónyuges. Sin embargo, al no existir la posibilidad de alimentos entre cónyuges cuando se disuelve el matrimonio hemos de entender que la pensión compensatoria se incorpora en un sentido amplio en el concepto de obligación de alimentos previsto en el convenio internacional citado. (...)*
>
> *(...) A tal conclusión hemos de llegar si tenemos en cuenta que el Estado español está vinculado por los convenios antes indicados, y también por el Convenio de la Haya de 23 de noviembre de 2007 sobre cobro internacional de alimentos para*

[8] Claramente debe tratarse de un error, puesto que no tiene sentido que España se declare competente en este caso con posterioridad a la interposición de la demanda. Donde dice "desde" debe decir "con anterioridad".

[9] SSAP Barcelona (Secc. 12ª) de 24 de julio de 2013, 18 de diciembre de 2013, 5 de marzo de 2014 y 3 de abril de 2012, y SAP Valencia (Secc. 10ª) de 11 de marzo de 2009.

los niños y otros miembros de la familia. En todos ellos se contempla el supuesto de alimentos entre cónyuges, que en nuestro sistema jurídico no tendría sentido en caso de nulidad y divorcio, y muy residualmente, en caso de separación, si entendiéramos que la pensión compensatoria no se puede equiparar a la obligación de alimentos entre cónyuges prevista en los Reglamentos y convenios señalados. El rechazo de tal equiparación supondría, además, sustraer la posibilidad de que los acreedores de pensión compensatoria fijada en resoluciones judiciales de nuestros tribunales pudieran beneficiarse de la cooperación jurisdiccional internacional que se ofrece en dichos Reglamentos y convenios, sustrayéndose, además, a las normas en ellos establecidos en una materia (pensión compensatoria)...".

La designación de la competencia judicial internacional y de la ley aplicable va a ser fundamental a la hora de que los esposos pacten sobre la pensión compensatoria, puesto que las condiciones para la validez de ese acuerdo podrán ser muy diferentes en uno u otro Estado miembro. Es más, el apartado 5 del artículo 8 del Protocolo de la Haya es de vital importancia, puesto que dispone que a menos que en el momento de la designación las partes fueran debidamente informadas y conscientes de las consecuencias de la ley designada, esta no se aplicará cuando conlleve consecuencias manifiestamente injustas o no razonables para cualquiera de las partes. En este sentido y con objeto de garantizar la efectividad de lo acordado por las partes, en virtud del principio de autonomía de la voluntad y de seguridad jurídica, es fundamental que las partes que vayan a pactar conozcan las consecuencias de lo pactado, para lo cual, es muy importante que estén defendidas cada uno por su propio abogado y que así conste expresamente en el documento que suscriban.

4.1. Competencia judicial

El Reglamento (CE) 4/2009 del Consejo relativo a la competencia, la ley aplicable, el reconocimiento y la ejecución de las resoluciones y la cooperación en materia de obligaciones alimenticias permite, en su artículo 4, que las partes elijan de mutuo acuerdo que órgano jurisdiccional de un Estado miembro va a ser competente para resolver los litigios en materia de obligaciones alimenticias suscitados o que puedan suscitarse entre ellos, excluyéndose los pactos referentes a los alimentos de un menor de 18 años.

Así las partes podrán elegir uno de los siguientes foros de competencia (art. 4), que deberá cumplirse en el momento de celebrarse el convenio de elección del foro o en el momento de presentación de la demanda:

a. El órgano jurisdiccional del Estado miembro en que una de las partes tenga su residencia habitual;

b. El órgano jurisdiccional del Estado miembro del que sea nacional una de las partes;

c. Por lo que respecta a las obligaciones de alimentos entre cónyuges o ex cónyuges:
   i. El órgano jurisdiccional competente para conocer de sus litigios en materia matrimonial, o,
   ii. El órgano jurisdiccional del Estado miembro en cuyo territorio hayan tenido su última residencia habitual común los cónyuges durante al menos un año.

4.2. Ley aplicable

No solo podrán pactar las partes la competencia judicial internacional en materia de obligaciones de alimentos, sino que también podrán convenir la ley aplicable a esta materia, y ello en virtud del Reglamento 4/2009 que en su artículo 15 remite directamente al Protocolo de la Haya de 23 de noviembre de 2007 sobre la ley aplicable a las obligaciones alimenticias, excluyendo, como en el caso de la designación de la competencia judicial internacional, las obligaciones de alimentos de menores de 18 años, por ser materia de orden público y, por lo tanto, necesitar de una especial protección y vigilancia por parte de los Estados.

De este modo, el artículo 8 del Protocolo permite, no obstante lo dispuesto en los artículos 3 al 6, que el acreedor y el deudor de alimentos puedan designar en cualquier momento una de las leyes siguientes como aplicable a una obligación alimenticia:

a) la ley de un Estado del cual alguna de las partes tenga la nacionalidad en el momento de la designación;
b) la ley del Estado de la residencia habitual de una de las partes en el momento de la designación;
c) la ley elegida por las partes para regir sus relaciones patrimoniales o la ley efectivamente aplicada a tales relaciones;
d) la ley elegida por las partes para regir su divorcio, separación de cuerpos o la ley efectivamente aplicada a tal divorcio o separación.

El acuerdo deberá constar por escrito o ser registrado en cualquier soporte cuyo contenido sea accesible para su ulterior consulta, y deberá ser firmado por ambas partes.

Cobra especial importancia el apartado 4 de este artículo 8, por cuanto establece que no obstante la ley designada por las partes en virtud del apartado 1, la ley del Estado de residencia habitual del acreedor, en el momento de la designación, determinará si el acreedor puede renunciar a su derecho a alimentos, incluyéndose, como hemos visto, el derecho a percibir una pensión compensatoria.

Es evidente que en caso de que el acuerdo suscrito por las partes no cumpla con los requisitos formales del lugar de su otorgamiento y/o, en cuanto a su contenido, no respete los límites legalmente establecidos para su reconocimiento [10] y/ o sea gravemente perjudicial para uno de los cónyuges o contraria a los intereses de los menores, no podrá ser respetado y podrá ser declarado nulo.

5. CRISIS MATRIMONIALES

Como he señalado al inicio del trabajo, el que la Unión Europea se haya marcado como objetivo mantener y desarrollar un espacio de libertad, seguridad y justicia que garantice la libre de circulación de las personas está fomentando la creación de un marco jurídico en materia de crisis matrimoniales, que garantice a los ciudadanos la máxima seguridad jurídica, previsibilidad y flexibilidad e impida situaciones en las que uno de los cónyuges solicite el divorcio antes que el otro con el fin de que el procedimiento se rija por una ley determinada que dicho cónyuge estime más favorable a la protección de sus intereses.

En el ámbito comunitario, al igual que en nuestro ordenamiento, las reglas relativas a la litispendencia pretenden evitar, en aras de una buena administración de justicia en la Unión, procesos paralelos ante los órganos jurisdiccionales de diferentes Estados miembros y los conflictos entre resoluciones judiciales que pudieran resultar de ellos.[11] En este sentido, nuestro Tribunal Supremo ha dictado una Sentencia recientemente, que analiza de forma exhaustiva, las reglas de la litispendencia comunitarias, disponiendo con carácter previo, que si la excepción de litispendencia no es alegada por las partes, debe ser apreciada de oficio a lo largo de todo el procedimiento.[12]

Ahora bien, la falta de complementariedad de los distintos Reglamentos comunitarios hacen que hoy por hoy esa regulación no sea todo lo completa y clara que se pretendía, habiendo desperdiciado el Consejo una oportunidad de oro al no haber logrado la promulgación de la propuesta de Reglamento por el que se modifica el Reglamento (CE) nº 2201/2003 del Consejo relativo a la competencia, el reconocimiento y la ejecución de resoluciones judiciales en materia matrimonial y de responsabilidad parental y se introduce la regulación de la ley aplicable en materia matri-

---

[10] Art. 1328 CC: Será nula cualquier estipulación contraria a las leyes o a las buenas costumbres o limitativa de la igualdad de derechos que corresponda a cada cónyuge.

[11] Sentencias del TJUE de 9 de diciembre de 2003 (asunto Gasser, C-116/2002, apartado 41), de 14 de octubre de 2007 (asunto *Maersk Olie & Gas A/S*, C-39/02, apartado 31) y de 9 de noviembre de 2010 (asunto *Purrucker* C-296/10, apartado C-296/10, apartado 64).

[12] STS (1ª) de 16 de diciembre de 2015 (Roj. STS 5223/2015-ECLI:ES:TS:2015:5223) y las citadas en ella SSTS 1152/2007 de 7 de noviembre, 47/2006 de 24 de enero, 266/2006 de 22 de marzo.

monial. Porque no cabe ninguna duda que tener un elemento único y completo de regulación internacional en materia matrimonial proporcionaría un marco jurídico claro y completo en esta materia tan importante para los ciudadanos, dándoles una mayor seguridad jurídica y facilitándoles, de este modo, su libre circulación.

Al no ser objeto de este trabajo, no voy a tratar en profundidad la competencia judicial internacional en materia matrimonial y responsabilidad parental, pero si debo insistir sobre el hecho de que es el demandante quien va a poder tener un control relativo sobre los tribunales que van a conocer de su pleito matrimonial, lo que le otorgará la ventaja a la hora de pleitear, puesto que siempre buscará el tribunal del Estado miembro que vaya a beneficiar sus intereses.

Por lo tanto, fijada la competencia judicial internacional, habrá que valorar cual va a ser la ley, conforme a los diferentes instrumentos comunitarios, que va a ser de aplicación a la separación o divorcio, a los efectos de la crisis matrimonial y a la determinación del régimen económico y su liquidación, en su caso.

La reciente Sentencia dictada por la Sección 18ª de la AP de Barcelona el 26 de febrero de 2016 analiza detalladamente todas estas materias al estimar la sentencia apelada por considerar que:

> *"La sentencia de instancia hace dos únicos juicios de fijación de la Ley aplicable (al divorcio y sus efectos -ley española- y a las resultas económicas para el cónyuge desfavorecido - ley suiza), cuando son varias las materias que se ventilan y los criterios de determinación. Por otra parte, cita el Código civil estatal en vez del catalán, que sería el aplicable por razones de territorialidad.*
>
> *Se acompaña el texto legal suizo que regula el divorcio y sus efectos (f.96 y ss.), pero aquél y éstos se rigen por la ley del lugar en que halla la residencia habitual de los cónyuges (art. 8 del Reglamento 1259/2010), es decir, la ley española y, en concreto, la ley catalana. Se dice en la demanda que desde el año 2000 la familia vive en España, aunque el padre durante la semana trabaja en Suiza. Los cónyuges se instalaron en Rubí el año 2000, dato que el esposo no ha rebatido suficientemente y aunque por razones laborales, al parecer, pasara días laborables en el país helvético. Los litigantes y sus hijos figuran inscritos en el Padrón de Rubí.*
>
> *Ello afecta al uso de la vivienda familiar que se ha de resolver conforme a la ley catalana.*
>
> *El art. 15 del Reglamento 4/2009 sobre ley aplicable a las obligaciones alimentarias, que rige para las prestaciones compensatorias, fija como ley aplicable por remisión al Protocolo de la Haya de 23 de noviembre de 2007, la del Estado de la residencia habitual del acreedor de alimentos (la española y, en concreto, la catalana).*
>
> *Las partes no determinaron de común acuerdo la elección de la ley suiza al establecer una "manutención equitativa", de modo que, en este punto, la pensión, su naturaleza y alcance, debe estudiarse conforme a los arts. 233-14 y siguientes del CCCat.*

La liquidación del régimen económico matrimonial y su liquidación, se rige a falta de norma internacional que regule la ley aplicable, por los criterios de los arts. 9.2 y 9.3 C.c. Es decir, la ley aplicable al régimen económico, su disolución y liquidación es la del lugar en que fijaron los cónyuges su residencia habitual después de contraer el matrimonio, lo que implica aplicar la ley suiza. De hecho, bajo su vigencia establecieron los pactos matrimoniales en el contrato matrimonial de 18 de diciembre de 1990 y optaron por el régimen suizo de separación de bienes.

En cuanto a la división de bienes, también viene vinculada a la liquidación del régimen económico matrimonial (en tanto la pretensión del marido es que se reconozca a su favor una titularidad real del 100% frente a la titularidad formal del 50%), por lo que también se ha de aplicar la Ley suiza. Y con carácter supletorio, si ésta no se prueba, el derecho español (STS 20 de mayo de 2015, 17 de abril de 2015 y las que citan)."

No obstante lo anterior, a la hora de decidir, en su caso, qué Estado miembro va a conocer de un determinado procedimiento matrimonial y, sobre todo, de sus efectos, debemos tener muy en cuenta, no solo la legislación aplicable en cada uno de los Estados miembros, sino la legislación procesal de cada Estado miembro, pues ello va a ser determinante en el resultado.

No es lo mismo tramitar un procedimiento matrimonial en un Estado miembro donde la actividad probatoria va a poder ser exhaustiva y donde las partes van a estar obligadas a dar un fiel reflejo de su situación patrimonial que hacerlo en otro en que la única prueba que se va a tener es aquella que las partes quieran facilitar al tribunal. En este sentido no es lo mismo solicitar unas medidas económicas en Reino Unido, donde existe la obligación de revelar todos los datos económicos, bajo sanciones penales en caso de no hacerlo, que hacerlo en España, con todos los respetos, en que la carga de la prueba la tiene aquel que pretende la fijación o reconocimiento, de una determinada medida económica.

Es más, con respecto a la prueba, debemos tener muy en cuenta que en caso de que debamos aplicar el Derecho extranjero, en virtud de las normas de conflicto, los tribunales españoles van a dar soluciones muy volátiles y poco concretas.

El Tribunal Supremo (Sala Civil) en sus sentencias de 4 de julio de 2006[13] y 24 de junio de 2010[14] viene a declarar que cuando se ha acreditado cual es el Derecho aplicable, este no puede ser tratado como un mero hecho, sino que es un conjunto de normas jurídicas que deben ser aplicadas por el juez. Es más, la STS de 24 de junio de 2010 especifica que si de acuerdo con la norma de conflicto española es aplicable el Derecho extranjero, la exigencia de prueba del mismo no transforma el Derecho extranjero, en cuanto conjunto de reglas para la solución de conflictos, en un simple hecho, y de ahí que desde la perspectiva probatoria, tanto el derogado art. 12.5 del

---

[13] STS(1ª) de 4 de julio de 2006 (Roj: STS 4079/2006- ECLI:ES:TS:2006:4079).

[14] STS (1ª) de 24 de junio de 2010 (Roj: STS 3753/2010 - ECLI:ES:TS:2010:3753).

CC como artículo 281.2 de la LEC, afirmen de forma concorde, que el Tribunal puede valerse de cuantos instrumentos de averiguación considere necesarios. Es más, continúa diciendo el Tribunal Supremo en ambas resoluciones dictadas, que desde la perspectiva del control de la aplicación de la norma por la vía de la casación, cuando se ha demostrado al Juez cuál es el Derecho aplicable, éste no puede ser tratado como un mero hecho, porque es un conjunto normas jurídicas y el Juez está obligado a emplear las técnicas jurídicas apropiadas para su interpretación y aplicación.

Cabría, por lo tanto, interponer recurso de casación por la existencia de interés casacional por oposición a la doctrina del TS sobre alegación y prueba del Derecho extranjero, al no haberlo aplicado correctamente y ser la ley designada por la norma de conflicto[15].

En cuanto al acceso a los recursos, los tribunales, según dice la última de las Sentencias del TS citada en el párrafo precedente, "*no deben hacer diferencia entre derecho extranjero y derecho nacional una vez que se ha demostrado que el primero es el aplicable al caso sometido al juzgador, porque otra consecuencia sería tanto como impedir el acceso a los recursos establecidos por la Ley (artículo 24 CE), además de infringir la norma conflictual española. Sin embargo, la doctrina formulada en un recurso de casación por infracción del derecho extranjero no deba ser tenida como doctrina legal a los efectos del artículo 6.1 del Código civil, sin perjuicio de que pueda servir de pauta en posteriores conflictos ante los Tribunales españoles producidos en problemas semejantes en los que deban aplicarse las mismas normas jurídicas*".

Dado que el artículo 12.6 del CC dice que los tribunales españoles aplicarán de oficio las normas de conflicto del Derecho español, en teoría, las partes no tienen la necesidad de alegar la aplicación de una determinada norma de conflicto al exponer sus pretensiones al Juez, sino que deberá ser el órgano judicial quien deberá hacerlo al verificar, de oficio, la presencia de un elemento extranjero en el litigio que esté tramitando[16].

No obstante lo anterior, el Juez no tiene la obligación de conocer el contenido del Derecho extranjero y es a las partes a las que se les exige su prueba, conforme dispone el artículo 281 de la LEC[17] y el artículo 33.1 de la LCJIMC[18], determinando los

---

[15] STS (1ª) de 23 de marzo de 2015 (Roj: STS 972/2015- ECLI:ES:TS:2015:972).

[16] SAP de Barcelona (Secc. 18) de 28 de enero de 2016: "Corresponde al Tribunal establecer la ley aplicable a la obligación alimenticia, de oficio, sin que pueda deferirse a la actuación de parte la acreditación de la ley argelina, como hace la sentencia porque no es esta la ley a aplicar".

[17] Art. 281.2 LEC. "*También serán objeto de prueba la costumbre y el derecho extranjero. (...) El derecho extranjero deberá ser probado en lo que respecta a su contenido y vigencia, pudiendo valerse el Tribunal de cuantos medios de averiguación estime necesarios para su aplicación*".

[18] Art. 33 Ley 29/2015, de 30 de julio, de cooperación jurídica internacional en materia civil: "De la prueba del derecho extranjero: 1. La prueba del contenido y vigencia del Derecho extranjero se someterá a las normas de la Ley de Enjuiciamiento Civil y demás disposiciones aplicables en la materia."

órganos jurisdiccionales españoles el valor probatorio de la prueba practicada para acreditar el contenido y vigencia del Derecho extranjero de acuerdo con las reglas de la sana critica (art. 33.2 LCJIMC). Es más, ningún informe o dictamen, nacional o internacional, sobre Derecho extranjero tendrá carácter vinculante para los órganos jurisdiccionales españoles.

En cuanto a los concretos medios de prueba que pueden utilizarse para acreditar el contenido y la vigencia de la ley extranjera, las SSTS de 24 de junio de 2010 y 4 de julio de 2006, anteriormente citadas, ponen de relieve la posibilidad de utilizar "*todos los medios de prueba a su alcance*", enumerando ellos a los siguientes: *"a) documentos públicos o intervenidos por fedatarios públicos que pueden aportarse al proceso mediante las correspondientes certificaciones, aunque esta prueba sólo se limita al texto de la norma vigente, pero elude su interpretación muy necesaria en cualquier litigio; b) «mediante testimonio conforme de dos jurisconsultos del país respectivo aportado por los autos» (sentencia de 3 febrero 1975, aunque la de 9 noviembre 1984 entendió que las conclusiones de los jurisconsultos no son vinculantes), lo que resulta perfectamente admisible en virtud del propio artículo 12. 6 CC. Pero en este punto, el artículo 12.6.2 CC admite que el Juez utilice sus propios conocimientos, aunque nunca podrá suplir la prueba del derecho extranjero, sino que podrá recabar de las partes que se le aporten los documentos correspondientes. Así la sentencia de 17 marzo 1992 señala que «no obstante la conveniencia de practicarla para mayor ilustración del órgano jurisdiccional, puede ser conocido y aplicado de oficio por el órgano jurisdiccional o simplemente acreditado por medio de la aportación de las fotocopias de la Gazetta officiale, como ha ocurrido en el presente caso»"*.

Si a lo anterior le sumamos el hecho de que bastará con que las partes no puedan probar el Derecho extranjero o que el Juez entienda que no le ha sido suficientemente probado para que no lo aplique (art 33.3 de la LCJIMC), ¿Cómo vamos a poder cumplir con la norma de conflicto española y con la imperatividad de lo dispuesto en el artículo 12.6 del CC?

Tanto la Ley de Enjuiciamiento Civil (art. 281.2) como la Ley de Cooperación Jurídica Internacional en Materia Civil (art. 34) regulan y favorecen una actuación más activa de los jueces a la hora de solicitar información sobre el contenido y la vigencia del Derecho extranjero a la autoridad central. Ahora bien, la realidad práctica es que el Juez cooperará si las partes han sido mínimamente diligentes en su actividad probatoria, pero si las partes han estado pasivas, el Juez podrá aplicar el Derecho español. Pero lo que nunca podrá hacer el Juez es suplir la falta de prueba del Derecho extranjero con sus personales conocimientos sobre la materia.

Se trata de una cooperación del órgano judicial con las partes a la hora de probar el contenido y la vigencia del Derecho extranjero, pero en ningún caso supone una sustitución de la actividad probatoria de las partes por el Juez. En este sentido se ha pronunciado el Tribunal Constitucional en su Sentencia 10/2000 al establecer que:

"(...) si bien es cierto que es doctrina de uso habitual entre los órganos judiciales ordinarios que el derecho extranjero es un "hecho" que debe ser probado por quién lo alegue, a tenor de lo dispuesto en el segundo párrafo del art. 12.6 del Código Civil, sin que semejante interpretación y aplicación del citado precepto de la legislación civil deje de ser una cuestión de mera legalidad ordinaria ajena, en principio, a la jurisdicción de amparo, no lo es menos, sin embargo, que en el inciso final de ese mismo apartado sexto del art. 12 del Código Civil se dice que para la aplicación de ese derecho, "el juzgador podrá valerse de cuantos instrumentos de averiguación considere necesarios, dictando al efecto las providencias oportunas". Extremo que, en casos como el presente, puede trascender de la mera legalidad ordinaria en la que inicialmente debe situarse para alcanzar la decisión del órgano judicial sobre el uso de la facultad que el precepto civil le confiere relevancia constitucional a la luz del art. 24 CE, puesto que esa decisión deberá adoptarse siempre condicionada por la obligación del órgano judicial de prestar a las partes en el proceso judicial del que conozca una efectiva tutela de sus derechos e intereses legítimos, en particular cuando la aplicación del derecho extranjero resulta debida por imposición del propio ordenamiento jurídico español y como consecuencia de lo alegado por las partes en el litigio."

En cuanto al momento procesal oportuno para alegar la aplicación del Derecho extranjero y aportar los medios de prueba pertinentes para la acreditación de su contenido y vigencia, es aquel en que las partes plantean sus posturas, es decir, con la demanda y contestación y en su caso, la reconvención y su contestación. Debemos tener en cuenta, además, que los dictámenes de jurisconsultos de reconocido prestigio del país concreto deberán aportarse conforme a lo dispuesto en el artículo 336 y siguientes de la LEC, al tratarse de una prueba pericial. No obstante lo anterior, debemos tener en cuenta que tratándose de procedimientos matrimoniales y de menores, rige el artículo 752.1 de la LEC.[19]

Otros de los aspectos que preocupan a los ciudadanos son el coste de los procesos, muy diferente en uno u otro Estado miembro, y la tardanza en su tramitación, factores que deberán ser tenidos en cuenta a la hora de valorar la interposición de un procedimiento en un Estado miembro o en otro. Debemos tener en cuenta que para la acreditación del Derecho extranjero mediante la aportación de dictamen, estos tienen un coste y además, conforme dispone el artículo 144 de la LEC, todos los documentos deberán constar en la lengua oficial, lo que también encarece, enormemente, el procedimiento.

A) El artículo 20 del Reglamento Bruselas II bis permite la interposición de unas medidas provisionales o cautelares en relación con personas o bienes presentes en dicho Estado miembro aunque conforme al artículo 3 de dicho Reglamento,

---

[19] Art. 752.1 LEC: "Los procesos a que se refiere este Título se decidirán con arreglo a los hechos que hayan sido objeto de debate y resulten probados, con independencia del momento en que hubieran sido alegados o introducidos de otra manera en el procedimiento".

ese Estado miembro no vaya a tener competencia para conocer del procedimiento principal de separación judicial, nulidad y/o divorcio, pero siempre que las mismas respondan a una necesidad urgente y limitando su vigencia a que el tribunal del Estado miembro competente haya adoptado las medidas que considere oportunas, por lo que siendo de aplicación preferente la normativa comunitaria, el plazo fijado en el artículo 771.5 de la LEC[20], no sería de aplicación.

En esta misma línea, el artículo 14 del Reglamento 4/2009 contempla la posibilidad de solicitar las medidas provisionales o cautelares previstas en un Estado miembro, aunque finalmente este no vaya a tener competencia para conocer del fondo del asunto.

B) En materia de obligaciones alimenticias, los foros de competencia general, salvo acuerdo al respecto, serán:

a) El órgano jurisdiccional del lugar donde el demandado tenga su residencia habitual, o
b) El órgano jurisdiccional del lugar donde el acreedor tenga su residencia habitual, o
c) El órgano jurisdiccional competente en virtud de la ley del foro para conocer de una acción relativa al estado de las personas, cuando la demanda relativa a una obligación de alimentos sea accesoria de esta acción, salvo si esta competencia se basa únicamente en la nacionalidad de una de las partes, o
d) El órgano jurisdiccional competente en virtud de la ley del foro para conocer de una acción relativa a la responsabilidad parental, cuando la demanda relativa a una obligación de alimentos sea accesoria de esta acción, salvo si esta competencia se basa únicamente en la nacionalidad de una de las partes.[21]

El artículo 5 del citado Reglamento admite la autonomía de la voluntad tácita, cuando, con independencia de aquellos casos en que la competencia de un órgano jurisdiccional resulte de otras disposiciones de del Reglamento 4/2009, el demandado comparece ante el tribunal de un Estado miembro, salvo que sea para impugnar la competencia, en cuyo caso, deberá hacerlo dentro de los diez primeros días desde que fue emplazado, en virtud del artículo 64 de la LEC.

Del mismo modo, el Reglamento fija como competencia subsidiaria la de los órganos jurisdiccionales del Estado miembro del que las partes tengan nacionalidad

---

[20] Art. 771.5 LEC dispone que "los efectos y medidas acordados de conformidad con lo dispuesto en este artículo solo subsistirán si, dentro de los treinta días siguientes a su adopción se presenta la demanda de nulidad, separación y divorcio".

[21] Art. 3 del Reglamento (CE) 4/2009 del Consejo, de 8 de diciembre de 2008, relativo a la competencia, la ley aplicable, el reconocimiento y la ejecución de las resoluciones y la cooperación en materia de obligaciones de alimentos.

común, con el objetivo de excluir la aplicación de las normas de competencia judicial internacional de los distintos Estados en la materia.

El Reglamento 4/2009 también regula un *fórum necessitatis* con el fin de evitar situaciones de denegación de justicia, de tal forma que cuando las partes no se hayan sometido a un tribunal competente, expresa o tácitamente, o la competencia no pueda determinarse conforme a los fueros de carácter general regulados en su artículo 3, los órganos jurisdiccionales de un Estado miembro podrán, de forma excepcional, conocer de un litigio si este no puede introducirse razonablemente o no puede llevarse a cabo o resulta imposible en un Estado tercero con el cual el litigio tiene una estrecha relación, por ejemplo, porque ese Estado esté en guerra. En cualquier caso, el artículo 16 del Reglamento exige que el Estado que vaya a conocer en este caso guarde una conexión suficiente con el litigio que se va a ventilar en sus tribunales.

Sí me parece importante resaltar lo dispuesto por la Sentencia del Tribunal de Justicia de la Unión Europea (Sala Tercera) de 16 de julio de 2015 dictada en el asunto C-184/14 que da respuesta a la cuestión prejudicial planteada por la Corte Suprema de Casación de Italia deseando saber cuál de los dos órganos jurisdiccionales que estaban conociendo de un pleito de responsabilidad parental uno, y de un procedimiento de separación el otro, era competente para resolver sobre la cuestión relativa a las obligaciones de alimentos a favor de los hijos.

El Tribunal de Justicia considera que, por su propia naturaleza, una demanda relativa a una obligación de alimentos a favor de hijos menores se halla intrínsecamente relacionada con la acción relativa a la responsabilidad parental. Por tanto, el juez competente para conocer de las acciones relativas a la responsabilidad parental es quien se halla en mejor situación para apreciar detalladamente las consecuencias de una demanda relativa a una obligación de alimentos a favor de un hijo. Por ello puede fijar el importe de dicha obligación adaptándolo según la modalidad de custodia establecida, el derecho de visita, la duración de dicho derecho, y los demás elementos relativos al ejercicio de la responsabilidad parental. Además, esta solución tiene en cuenta el interés superior del menor, interés que, con arreglo Derecho de la Unión, debe ser una consideración primordial.

El Tribunal de Justicia deduce de lo anterior que, cuando un órgano jurisdiccional de un Estado miembro conoce de una acción de divorcio o de separación judicial, y un órgano jurisdiccional de otro Estado miembro conoce de la cuestión de la responsabilidad parental, la demanda relativa a la obligación de alimentos de uno de los padres a favor de sus hijos menores de edad es accesoria a la acción relativa a la responsabilidad parental y debe por lo tanto ser examinada por el órgano jurisdiccional competente en esta materia.

6. CONCLUSIONES

En conclusión, las normas de Derecho internacional privado comunitarias, hoy por hoy, no facilitan la resolución de los conflictos matrimoniales, sino que los complican, siendo necesaria su unificación y simplificación, con objeto de garantizar a los ciudadanos comunitarios, de una forma real, un verdadero espacio de libertad, seguridad y justicia que les facilite su vida cotidiana.

EXPERIENCIAS DE LOS TRIBUNALES ESPAÑOLES EN MATERIA DE RESPONSABILIDAD PARENTAL Y RETENCIÓN ILÍCITA DE MENORES: ALGUNOS RETOS Y CUESTIONES CONTROVERTIDAS

EMELINA SANTANA PÁEZ

Magistrada titular Juzgado Primera Instancia nº 79 de Madrid.
Miembro de la REJUE

1. INTRODUCCIÓN

La jurisdicción de Familia ha experimentado en los últimos años grandes cambios, fruto de las nuevas legislaciones en materia de separación y divorcio, así como de la regulación legal de la custodia compartida, y sin duda, de la aplicación del Derecho Internacional Privado (DIPr.) en esta jurisdicción. Esto supone que en la actualidad, el Derecho de Familia es un escenario complejo, de difícil conocimiento y que genera importantes problemas en la práctica.

La aplicación del Derecho internacional privado exige un cambio importante en la mentalidad de los operadores jurídicos, ya que estamos ante un sistema geométrico, complejo, al que nos tenemos que adaptar y es un hecho que pese a ser una realidad, sigue siendo difícil sustituir en los escritos forenses y resoluciones judiciales el Derecho interno por el Derecho internacional.

Resulta, pues, necesario incrementar la formación de los operadores jurídicos en Derecho internacional; formación que en estos momentos, resulta claramente insuficiente. Sin duda, dentro del ámbito judicial, la tarea que lleva a cabo el Consejo

General del Poder Judicial (CGPJ), a través de la Red Española de Cooperación Judicial Internacional (REJUE/REDUE) está jugando un importante papel en difundir el conocimiento del DIPr., entre los Jueces y Magistrados. También ocurre lo mismo con la Red Española de Secretarios Judiciales en Cooperación Jurídica Internacional (RESEJ), y Red de Fiscales de Cooperación Jurídica Internacional (RFCJI), aunque a mi juicio, debe extremarse el esfuerzo para seguir avanzando en esta línea. También resulta necesario reforzar los planes de estudio en la Universidad, y en los Colegios de Abogados, con especial interés en el turno de oficio, ya que son muchas las designaciones en estos casos. De particular trascendencia resultan iniciativas como la organizada por la UCM, a fin de poner en contacto distintas instituciones que debemos avanzar por el mismo camino.

La libre circulación de personas en el ámbito de la Unión Europea (UE) y la globalización mundial ha incrementado significativamente el número de matrimonios o parejas de hecho estables entre personas de distintas nacionalidades, no necesariamente comunitarias, o con distintas residencias o domicilios, con el consiguiente aumento de litigios con elemento extranjero o transfronterizo. De hecho, este tipo de litigios ha sufrido un incremento notable, pasando de cifras casi anecdóticas a un elevado porcentaje de los asuntos que se registran en esta jurisdicción.

Es cada vez más elevado el número de asuntos en la jurisdicción de familia en los que existe un elemento internacional por razón de la nacionalidad, a lo que habría que sumarse aquellos en que lo fueran por razón de residencia, con independencia de la nacionalidad. Basta revisar las estadísticas anuales del Instituto Nacional de Estadística (INE) o ver el estadillo de juicios de cualquier Juzgado para comprobarlo.

Si los dos litigantes se encuentran en territorio nacional, el tiempo de respuesta no tendría que diferir de cualquier otro procedimiento de idéntica naturaleza, a salvo las particularidades de cada caso. El tiempo de respuesta se dilata cuando es preciso realizar notificaciones y/o emplazamientos transfronterizos, o cuando es necesario llevar a cabo la práctica de pruebas fuera del territorio nacional.

La aplicación del Reglamento 1393/2007 del Parlamento Europeo y del Consejo, de 13 de noviembre de 2007, relativo a la notificación y al traslado en los Estados miembros de documentos judiciales y extrajudiciales en materia civil o mercantil (notificación y traslado de documentos) y por el que se deroga el Reglamento 1348/2000 del Consejo ha facilitado tales notificaciones, en la medida en que efectivamente resulta eficaz el régimen de comunicación directa, soslayando a las autoridades centrales; y es de esperar que la entrada en vigor de la Ley 29/2015, de 30 de julio, de cooperación jurídica internacional en materia civil[1], también suponga un avance en la celeridad de las comunicaciones, puesto que hasta ahora, esa

[1] Publicada en el *BOE* de 31 de julio de 2015, entró en vigor el 20 de agosto de 2015.

pronta respuesta no se da, salvo excepciones, cuando se trata de notificaciones o emplazamientos fuera de la UE, en el que el tiempo medio de respuesta es altísimo.

Sin duda, la herramienta del Prontuario y el Atlas Judicial Civil han facilitado enormemente esa tarea, pero sería preciso mejorar su funcionamiento con una regulación más a la altura de las posibilidades que las TIC ofrecen y que de hecho, se puede mejorar como se ha hecho en el ámbito penal, del que hay que decir que eclipsa al ámbito civil, pese a que sin cuestionar la trascendencia y dimensión de los temas penales, son los civiles los que más incidencia tienen en la vida personal y profesional de los ciudadanos.

La presencia de un elemento internacional en el litigio nos obliga a examinar normas internacionales, y plantea tres problemas básicos: 1.- la determinación de la competencia judicial internacional, 2.- concretar la ley aplicable y 3.- conseguir que la sentencia que se dicte sea eficaz en un tercer Estado y en consecuencia, se pueda reconocer y ejecutar allí. No olvidemos que el principio de reconocimiento mutuo constituye la piedra angular de la construcción de la Europa de la Justicia.

En los litigios con elemento extranjero, debe tenerse en cuenta que cada medida controvertida puede estar sometida a la aplicación, en materia competencial, de distintos instrumentos internacionales, lo que puede provocar la dispersión jurisdiccional del pleito con la consecuencia negativa de multiplicación no sólo de las normas aplicables sino, incluso, de los tribunales estatales competentes, pudiendo obligar a los particulares a tener que litigar en distintos países en función de la tutela judicial que se pretenda. Esa dispersión normativa en la fundamentación de demandas y sentencias puede apreciarse en algunas resoluciones[2].

2. EL TÉRMINO RESPONSABILIDAD PARENTAL

El término responsabilidad parental, ajeno a nuestro Derecho civil tradicional, y casi desconocido en la jurisprudencia hace unos años, está dejando de serlo porque son numerosas las sentencias que lo aplican correctamente como un concepto autó-

[2] Sentencias AP Barcelona nº 817/2014 de 23 de diciembre de 2014 núm. 817 (recurso 226/2014); 31 de enero de 2014 núm. 70; 8 de abril de 2014 núm. 260, 9 de abril de 2014, 30 de octubre de 2014 núm. 665, y de 8 de enero de 2015, núm. 10; Auto AP Barcelona de 20 de febrero de 2015 (ROJ: AAP B 89/2015); Sentencia AP León de 27 de febrero de 2015; Auto AP Madrid de 11 de julio de 2014, rollo 699/2014. En todas ellas se indica claramente que la competencia judicial internacional se determina separadamente en divorcio, medidas personales sobre los menores y alimentos por los Reglamentos comunitarios aplicables y en la liquidación del régimen económico matrimonial, materia que está excluida de todos los Reglamentos, por el art. 22 de la LOPJ.

nomo del Reglamento 2201/2003[3], también conocido como Bruselas II bis (RBII-bis), no coincidente con el contenido y alcance de la patria potestad.

No es infrecuente encontrar sentencias bien fundamentadas en cuanto a la responsabilidad parental que aplican correctamente la normativa internacional y tratan separadamente las cuestiones relativas a competencia judicial, ley aplicable, en materia de responsabilidad parental o en materia de alimentos. Numéricamente, la mayoría de las resoluciones son las recaídas en procedimientos de divorcio o relaciones paterno-filiales; también porque estadísticamente son las más frecuentes. Sin embargo, existen aún muchos asuntos en los que ni se plantea que la concurrencia de un elemento internacional obligue a los letrados de las partes, al Letrado de la Administración de Justicia, al Ministerio Fiscal y al Juez a fundamentar sus demandas o resoluciones en las normas de Derecho internacional privado.

Apenas existen resoluciones aplicables a todas las materias civiles que abarca dicho concepto en virtud del apartado 2 del artículo 2 del Reglamento 2201/2003[4]. En otras, esta cuestión ni se plantea. Por ejemplo, son numerosas las solicitudes de jurisdicción voluntaria en las que no se menciona la cuestión relativa a la competencia judicial internacional. Proliferan los expedientes para la obtención de pasaporte por discrepancia entre los padres desde la entrada en vigor del Real Decreto 411/2014, de 6 de junio, por el que se modifica el Real Decreto 896/2003, de 11 de julio, por el que se regula la expedición del pasaporte ordinario y se determinan sus características. Este caso también estaría comprendido en el concepto de "materias civiles" del RBIIbis según la sentencia del TJUE en el asunto C-215/15, que entiende comprendido en tal concepto la acción por la que uno de los progenitores pide al juez que supla la falta de consentimiento del otro para el viaje del menor fuera del Estado de residencia y para la expedición del pasaporte[5]. Esta sentencia es especialmente importante dado que en nuestro Derecho, desde la reforma introducida por el mencionado Real Decreto 411/2014, son muy frecuentes los procedimientos tendentes a solicitar la autorización de expedición del pasaporte ante la negativa o ausencia de uno de los

---

[3] Reglamento 2201/2003 del Consejo, de 27 de noviembre de 2003, relativo a la competencia, el reconocimiento y la ejecución de resoluciones judiciales en materia matrimonial y de responsabilidad parental, DO L 338 de 23.12.2003.

[4] Así, las sentencias del TJUE (Gran Sala) de 27 de noviembre de 2007 (Asunto C-435/06, *C*), y (Sala Tercera) de 2 de abril de 2009 (Asunto C-523/07, *A*) entendieron como resoluciones relativas a la responsabilidad parental la resolución de una autoridad por la que se asume la guarda de un menor y se ordena su acogimiento fuera del domicilio de su familia de origen, en una familia de acogida, en atención al fin de satisfacer las necesidades de protección y asistencia de los menores. También la sentencia TJUE (Sala Tercera) de 6 de octubre de 2015 (Asunto C-404/14 , *Marie Matousková*) considera incluidos en el Reglamento la autorización judicial de un acuerdo sucesorio celebrado en nombre de un menor por su defensor judicial.

[5] Sentencia del TJUE de 21 de octubre de 2015, asunto C-215/15, ECLI:EU:C:2015:710.

progenitores. Lo mismo ocurre con las medidas cautelares previstas en el artículo 158 del Código Civil, y con las discrepancias en el ejercicio de la patria potestad.

Poco a poco se va extendiendo en la práctica el conocimiento de que el criterio de la residencia habitual del menor resulta central en la determinación de la competencia judicial internacional para la adopción de medidas de responsabilidad parental según lo previsto en el RBIIbis[6]. No ofrece especiales dificultades la aplicación del art. 8 RBIIbis como criterio "principal" de competencia judicial internacional. En cambio, sí resulta más desconocido cuando es el criterio a tener en cuenta en otras situaciones especiales, como los casos de prórroga de la competencia o de aplicación del *forum conveniens* (art. 15 RBIIbis).

Cómo se interpreta el concepto de residencia habitual, dependerá de la previa valoración de las circunstancias concretas de cada caso. Por ejemplo, la sentencia de la A.P de Barcelona de 30 de junio de 2015 (Sección 12) acuerda la nulidad de la

---

[6] En el Asunto C-523/07, sentencia de 2 de abril de 2009, el Tribunal afirmó que la residencia habitual de un menor, en el sentido del apartado 1 del artículo 8 del Reglamento, debe determinarse sobre la base de un conjunto de circunstancias de hecho que son particulares en cada caso. En dicho asunto, el menor había sido desplazado por sus padres de un Estado miembro a otro y, poco después, se había asumido su guarda. La cuestión que se planteó era si su residencia habitual también se había modificado, pese a la brevedad del tiempo transcurrido (unas semanas). El Tribunal indicó que la mera presencia no basta para determinar la residencia habitual. Deben tenerse en cuenta otros factores que puedan indicar que dicha presencia no tiene en absoluto carácter temporal u ocasional y que la residencia del menor se traduce en una determinada integración en un entorno social y familiar. A este fin, han de tenerse en cuenta en particular la duración, la regularidad, las condiciones y las razones de la permanencia en el territorio de un Estado miembro y del traslado de la familia a dicho Estado, la nacionalidad del menor, el lugar y las condiciones de escolarización, los conocimientos lingüísticos y las relaciones familiares y sociales del menor en dicho Estado. La intención de los padres de establecerse permanentemente con el menor en otro Estado expresada a través de circunstancias externas, como la compra o alquiler de una vivienda en el Estado miembro de destino, pueden ser un indicio del traslado de la residencia habitual. El Tribunal concluyó señalando que es competencia de los órganos jurisdiccionales nacionales determinar la residencia habitual del menor teniendo en cuenta el conjunto de circunstancias de hecho particulares en cada caso. En la sentencia de 22 de diciembre de 2010 en el asunto C-497/10, *Mercredi* (se trata de un lactante de dos meses) el Tribunal reiteró que la residencia corresponde al lugar que revela una cierta integración del menor en un entorno social y familiar. Añade que las normas de competencia que establece están concebidas en función del interés superior del menor, y en particular en función del criterio de proximidad. Al ser un lactante, establece que el entorno de un menor de corta edad es en esencia un entorno familiar, determinado por la persona o las personas de referencia con las que vive el menor, que lo guardan efectivamente y cuidan de él. El Tribunal añadió que cuando se trata de la situación de un lactante que se encuentra con su madre tan solo desde algunos días antes en un Estado miembro distinto del de su residencia habitual, al que ha sido trasladado, deben considerarse en especial la duración, la regularidad, las condiciones y las razones de la estancia en el territorio de ese Estado miembro y del traslado de la madre a este último Estado, por una parte, y por otra -a causa en particular de la edad del menor- los orígenes geográficos y familiares de la madre, así como las relaciones familiares y sociales que mantienen esta y el menor en el mismo Estado miembro.

resolución apelada declarando la falta de competencia judicial internacional de la jurisdicción española, al tratarse de un recién nacido que tenía residencia habitual en Oregón (USA). Aunque no se cita, se sigue así la jurisprudencia del TJUE sobre el concepto de residencia habitual, según la cual no basta la mera presencia en el caso de un bebe lactante[7]. También se valora correctamente cuando, constante el procedimiento, el menor es trasladado a Bolivia en la sentencia de la AP de Barcelona de 26 de marzo de 2015.

En definitiva, es importante trasladar la idea de que es preciso atender a las circunstancias fácticas particulares de cada caso, tales como la presencia del menor en un determinado territorio, y a otros factores que permitan indicar que esta presencia no tiene un claro componente temporal u ocasional; que el menor tiene un cierto grado de integración social y escolar en el concreto Estado miembro.

Si el concepto de residencia habitual parece más claro, no lo es tanto la aplicación de la prórroga de la competencia; cuestión ésta que, a mi parecer, genera más confusión en la práctica. Es frecuente que se presenten demandas de divorcio o de juicio verbal en materia de relaciones paternofiliales en las que se interesa la adopción de medidas relativas a la responsabilidad parental cuando el menor no reside en España. El caso prototipo es el de niños hispanoamericanos, cuyos padres están en España trabajando y los menores siguen o han retornado a su país de origen, estando allí al cuidado de algún familiar o incluso, a veces, al cuidado de familiares de ambas ramas materna y paterna, desconociéndose en todos los casos las circunstancias concretas del menor.

El artículo 12 del RBIIbis permite que el Juez del divorcio conozca de las medidas de responsabilidad parental siempre que se den los presupuestos de dicho precepto. Al efecto, han de cumplirse tres condiciones: (1) que dicha competencia haya sido aceptada expresa o inequívocamente por los cónyuges o por los titulares de la responsabilidad parental, (2) que al menos uno de los cónyuges ejerza tal responsabilidad parental sobre el menor y (3) que responda al interés superior del menor. Es preciso tener en cuenta que la asunción de esa competencia no es automática, sino que debe evaluarse si responde al interés superior del menor. Debe rechazarse la aplicación mecánica de la prórroga de la competencia en estos casos. Ya no resulta tan infrecuente encontrar demandas o resoluciones en las que se entiende claramente que podemos tener competencia judicial internacional para el divorcio y no para las relaciones paterno-filiales.

Si se trata de un juicio verbal (relaciones paterno-filiales) el artículo 12.3 del RBIIbis, también exige que haya una justificación clara para que, por el bienestar del menor, se acuda a la prórroga de la competencia. No hay que olvidar la finalidad del Reglamento, que no es otra, según su propio Preámbulo, que las normas de

[7] *Vid. supra*, Sentencia TJUE asunto C-497/10, *Mercredi*.

competencia que establece en materia de responsabilidad parental están concebidas en función del interés superior del menor y, en particular, en función del criterio de proximidad.

No solo en España a veces no se aplica correctamente, sino que también se ha constatado que en reiteradas ocasiones autoridades judiciales de otros Estados miembros dirigen a autoridades judiciales españolas peticiones de obtención de pruebas al amparo del Reglamento 1206/2001 que tienen por objeto la realización de informes periciales relativos a niños residentes en España. Dichas solicitudes se producen usualmente en el contexto de procedimientos de separación y divorcio que se tramitan en el país de origen de las personas implicadas. Teniendo en cuenta que el RBIIbis establece en su artículo 8 que son las autoridades judiciales del Estado de residencia habitual del menor las competentes en materia de responsabilidad parental y que esta regla, según el Preámbulo del Reglamento está concebida en función del interés superior del menor, entendido desde una perspectiva procesal, en función del principio de proximidad, la asunción de competencia por estos Estados solo puede tener cabida en alguna de las excepciones previstas en los artículos 9 (cambio de residencia habitual) y 12 (prórroga de competencia) del propio Reglamento, y en este caso, exclusivamente en la prórroga de competencia, lo que está sujeto a condiciones estrictas. Resulta, pues, cuestionable, la asunción de competencia en estos casos.

Es importante señalar que ya no existe duda (o no debería existir) sobre la necesidad de la conformidad de ambos progenitores para desplazar la residencia del menor a otro Estado; cuestión ésta íntimamente ligada a la patria potestad y que resulta determinante si tenemos que valorar la existencia de una sustracción o retención ilícita. La Sentencia del TS de 26 de octubre de 2012, de la que fue ponente José Antonio Seijas Quintana fija los criterios para autorizar el desplazamiento de una menor al extranjero y señala lo siguiente:

> "*Las acciones y responsabilidades que derivan de la patria potestad corresponden a ambos padres de tal forma que cualquiera de ellos, tanto el que tiene la guarda como el que no la conserva, puede actuar en relación a sus hijos una posición activa que no solo implica colaborar con el otro, sino participar en la toma de decisiones fundamentales al interés superior del menor. Una de ellas la que concierne a su traslado o desplazamiento en cuanto le aparta de su entorno habitual e incumple el derecho de relacionarse con el padre o madre no custodio.*
>
> *La patria potestad, dice el artículo 156 del Código Civil, se ejercerá conjuntamente por ambos progenitores o por uno solo con el consentimiento expreso o tácito del otro. En caso de desacuerdo, cualquiera de los dos podrá acudir al Juez quien, después de oír a ambos y al hijo si tuviera suficiente juicio y, en todo caso, si fuera mayor de doce años, atribuirá sin ulterior recurso la facultad de decidir al padre o a la madre.*

Supone que todos los derechos y deberes que entraña la patria potestad se han de ejercer siempre de común acuerdo por ambos progenitores y de que, en caso de desacuerdo, será el Juez quien determine cuál de los dos ha de ejercer todas o algunas de las facultades que la patria potestad comporta y por cuanto tiempo, pero sin que esta intervención judicial sobre los desacuerdos de los progenitores implique la supresión de estos derechos-deberes de la patria potestad que se ejercitan en un plano de igualdad y no de subordinación.

La regla general es el ejercicio conjunto y la excepción la atribución de todas o alguna de las facultades que comporta la patria potestad a uno solo de los progenitores.

Pues bien, la guarda y custodia de los menores deriva de la patria potestad y de la patria potestad, entre otras cosas, deriva la fijación del domicilio familiar, según dispone el artículo 70 del Código Civil, para dar cumplimiento a lo previsto en el artículo 68 del Código Civil, respecto de la obligación de vivir juntos. La ruptura matrimonial deja sin efecto la convivencia y obliga a los progenitores a ponerse de acuerdo para el ejercicio de alguna de estas facultades que traen causa de la patria potestad, entre otra la de fijar el nuevo domicilio y, como consecuencia, el de los hijos que se integran dentro del grupo familiar afectado por la ruptura coincidente por lo general con el de quien ostenta la guarda y custodia. Estamos, sin duda, ante una de las decisiones más importantes que pueden adoptarse en la vida del menor y de la propia familia, que deberá tener sustento en el acuerdo de los progenitores o en la decisión de uno de ellos consentida expresa o tácitamente por el otro, y solo en defecto de este acuerdo corresponde al juez resolver lo que proceda previa identificación de los bienes y derechos en conflicto a fin de poder calibrar de una forma ponderada la necesidad y proporcionalidad de la medida adoptada, sin condicionarla al propio conflicto que motiva la ruptura.

Es cierto que la Constitución Española, en su artículo 19, determina el derecho de los españoles a elegir libremente su residencia, y a salir de España en los términos que la ley establezca. Pero el problema no es este. El problema se suscita sobre la procedencia o improcedencia de pasar la menor a residir en otro lugar, lo que puede comportar un cambio radical tanto de su entorno social como parental, con problemas de adaptación. De afectar el cambio de residencia a los intereses de la menor, que deben de ser preferentemente tutelados, podría conllevar, un cambio de la guarda y custodia".

En el mismo sentido, la sentencia del TS 536/2014, de 20 de octubre de 2014[8], del mismo ponente, concluye que "*el cambio de residencia al extranjero del progenitor custodio puede ser judicialmente autorizado únicamente en beneficio e interés de los hijos menores bajo su custodia que se trasladen con él*".

---

[8] Id. Cendoj: 28079110012014100504.

Cabe destacar por su importancia la sentencia del TS (Sala Segunda) de 19 de enero de 2016[9] en la que se considera que, aun tratándose de una custodia compartida, el padre se llevó a los niños de vacaciones cuando no le correspondía, por tanto hay delito de sustracción de menores.

3. EL PROCEDIMIENTO DE RESTITUCIÓN O RETORNO DE MENORES EN LOS SUPUESTOS DE SUSTRACCIÓN INTERNACIONAL

Una de las grandes novedades de la Ley 15/2015, de 2 de julio, de la Jurisdicción Voluntaria[10] ha sido, sin duda, la regulación del procedimiento de sustracción y retorno de menores. Se añade un Capítulo IV bis en el Título I del Libro IV de la LEC, integrado por los nuevos artículos 778 *quáter* a 778 *sexies*, con el siguiente título "Medidas relativas a la restitución o retorno de menores en los supuestos de sustracción internacional". Paralelamente, se publicó la ya mencionada Ley 29/2015, de 30 de julio, de cooperación jurídica internacional en materia civil.

La Exposición de Motivos de la Ley 15/2015 señala que

> "*La modificación de la Ley de Enjuiciamiento Civil sirve también para actualizar el procedimiento para el retorno de los menores en los casos de sustracción internacional, al objeto de asegurar una mejor protección del menor y de sus derechos. Esta reforma revisa la opción legislativa consistente en mantener esta materia dentro del campo de la jurisdicción voluntaria y fuera del ámbito propio de los procesos contenciosos de familia, pues se trata de procesos que poco tienen que ver con las normas relativas a la jurisdicción voluntaria. Por este motivo se aborda ahora su regulación como un proceso especial y con sustantividad propia, a continuación de los procesos matrimoniales y de menores en la Ley de Enjuiciamiento Civil. La reforma también moderniza este procedimiento, en el que se introducen mejoras sustanciales, incluyendo las medidas cautelares y las comunicaciones directas entre autoridades judiciales.*
>
> *Se busca en esta reforma una mayor concentración de la jurisdicción, atribuyendo la competencia al Juzgado de Primera Instancia con competencias en Derecho de Familia de la capital de la provincia en cuya circunscripción se halle el menor que ha sido objeto de un traslado o retención ilícitos y, si no hubiera, al que por turno de reparto corresponda. Con ello se favorece la especialización para resolver los problemas que surgen en relación con estos casos y, en consecuencia, la calidad y la eficacia de la respuesta judicial.*"

---

[9] ROJ: STS 84/2016 - ECLI:ES:TS:2016:84.

[10] Publicada en el *BOE* de 3 de julio de 2015, entró en vigor el 23 de julio de 2015. Posteriormente, se publicó una corrección de errores en el *BOE* de 2 de septiembre de 2015.

El nuevo procedimiento regulado por nuestro Derecho interno es un proceso especial y con sustantividad propia. Con ello se deja claro que, pese a su inclusión en la Ley 15/2015, no es un procedimiento de jurisdicción voluntaria sino que se trata de un procedimiento especial. El artículo 748 de la LEC incluye en su nueva redacción los que versen sobre las medidas relativas a la restitución de menores en los supuestos de sustracción internacional como uno de los procedimientos a los que le son aplicables las disposiciones de dicho título.

3.1. Ámbito de aplicación. Normas generales

El artículo 778 quáter regula el ámbito de aplicación de este procedimiento señalando que se procederá conforme a esta normativa en los supuestos en que, siendo aplicables un convenio internacional o las disposiciones de la UE, se pretenda la restitución de un menor o su retorno al lugar de procedencia por haber sido objeto de un traslado o retención ilícito y se encuentre en España. Por el contrario, no será de aplicación a los supuestos en los que el menor procediera de un Estado que no forma parte de la UE ni sea parte de algún convenio internacional.

La conveniencia de regular estos supuestos ha suscitado opiniones contrarias en la doctrina, siendo crítica la opinión de Calaza López[11] para quien: *"El Legislador desaprovecha esta extraordinaria ocasión, bien para ampliar el ámbito de aplicación del proceso civil especial de sustracción internacional de menores a terceros Estados, no integrantes de Convenio alguno firmado con España, o bien, al menos, para dotar a estos últimos supuestos, que se encuentran en un limbo jurídico, de un procedimiento alternativo. Y es que la situación en la que se encuentran los menores desplazados y retenidos en países con los que España no ha suscrito convenio alguno es de absoluta desprotección, desamparo, frustración y práctica indefensión, ante la ausencia de normativa interna e internacional específica al respecto".* Sin embargo, para otro sector doctrinal el texto es correcto, pues tales casos siempre se resuelven sobre la base de normativa interna, sin la urgencia temporal que marcan los textos internacionales *ad hoc*, y con criterios propios del análisis de fondo de los derechos de custodia y visitas, para los que la normativa interna de cada país ya cuenta con sus normas procesales específicas.[12] Más allá de la discusión doctrinal, a mi juicio, resultaría innecesaria dado que en estos casos, habrá que acudir al procedimiento de exequatur en función del país y a las normas sobre cooperación jurídica internacional contenidas en la Ley 29/2015 de 30 de

[11] S. Calaza López, "El nuevo régimen jurídico de la sustracción internacional de menores". *Diario La Ley*, Nº 8564, Sección Doctrina, 18 de Junio de 2015, Ref. D-246, Editorial La Ley 4000/2015.

[12] Así lo entiende F. J. Forcada-Miranda, *Sustracción internacional de menores y mediación familiar*. Editorial SEPIN. Las Rozas, 2015, p. 31.

julio y posiblemente, las dificultades que surjan no serán las derivadas de las normas de procedimiento en sí.

Deben darse, en consecuencia, los siguientes presupuestos para la aplicación de este procedimiento: (1) que haya existido un traslado o retención ilícita de un menor; (2) que el menor se encuentre en España; (3) que se aplique un convenio internacional suscrito por España[13] o las normas de Derecho Comunitario: esto es, el RBIIbis.

3.2. Competencia

En estos procesos, será competente el Juzgado de Primera Instancia de la capital de la provincia, de Ceuta o Melilla, con competencias en materia de Derecho de familia, en cuya circunscripción se halle el menor que haya sido objeto de un traslado o retención ilícitos, si lo hubiere y, en su defecto, al que por turno de reparto corresponda.

Esta concentración de la jurisdicción debe ser recibida muy favorablemente. Así se recomienda en las Guías de Buenas Prácticas del Convenio de la Haya de 1980[14] y del RBIIbis[15] y son muchos los expertos que se han posicionado favorablemente sobre la conveniencia de tal concentración y especialización. Así, Forcada Miranda[16] señala que "*con esta reforma España se aproxima a los mejores estándares internacionales y, por primera vez, capitaliza una cuestión de Derecho de familia en las capitales de provincia, algo que pudiera funcionar en el futuro a modo de banderín de enganche o faro para futuras especializaciones en materia de Derecho de familia, incluida la tan deseada especialización de la jurisdicción. La concentración de la competencia permite tener jueces más expertos y mejor entrenados, algo esencial dada la complejidad de estos procesos, especialmente cuando una excepción del artículo 13.1.b del Convenio es llevada al proceso, y*

---

[13] Convenio de la Haya de 1980 sobre aspectos civiles de la sustracción internacional de menores, Convenio Europeo relativo al reconocimiento y ejecución de decisiones en materia de custodia de menores, así como el restablecimiento de dicha custodia, hecho en Luxemburgo el 20 de mayo 1980 y Convenio entre el Reino de España y el Reino de Marruecos sobre asistencia judicial, reconocimiento y ejecución de resoluciones judiciales en materia de derecho de custodia y derecho de visita y devolución de menores.

[14] Guía de buenas prácticas en virtud del Convenio de La Haya del 25 de octubre de 1980 sobre los aspectos civiles de la sustracción internacional de menores, 2003. https://www.hcch.net/es/instruments/conventions/specialised-sections/child-abduction Hague Conference.

[15] Guía Práctica para la aplicación del Reglamento Bruselas II bis (2014). http://ec.europa.eu/civiljustice/parental_resp/parental_resp_ec_vdm_es.pdf.

[16] F. J. Forcada Miranda, "El nuevo proceso español de restitución o retorno de menores en los supuestos de sustracción internacional: La decidida apuesta por la celeridad y la novedosa Circular de la Fiscalía 6/2015 (Parte II)", *Bitácora Millenium DIPr*, pp. 40-43. http://www.milleniumdipr.com/ba-39-el-nuevo-proceso-espanol-de-restitucion-o-retorno-de-menores-en-los-supuestos-de-sustraccion-internacional-la-decidida-apuesta-por-la-celeridad-y-la-novedosa-circular-de-la-fiscalia-6-2015-parte-ii

facilita, al mismo tiempo, aplicaciones consistentes de la normativa internacional, aportando más seguridad y certidumbre jurídicas al ciudadano".

Hay países donde se ha concentrado la competencia en un solo tribunal o en un número reducido de ellos, como en el Reino Unido, Alemania, Francia, entre otros. En cualquier caso, queda claro, a mi juicio, que este precepto excluye la competencia de los juzgados de la periferia y de los Juzgados de Violencia sobre la Mujer, pues aunque asumen competencias civiles son órganos integrados en la jurisdicción penal.

Debería haberse aprovechado la reforma para la especialización de la jurisdicción de Familia. En todo caso, a través de las normas de reparto de los Juzgados de las capitales de provincia podría tener cabida una mayor concentración en uno o varios Juzgados. La Sentencia del TJUE de 9 de enero de 2015, C-498/14 también incide en la necesidad de especialización de los tribunales en esta materia. Esta necesidad de especialización no es sino parte de la tan demandada especialización de la Jurisdicción de Familia.

3.3. Postulación y defensa

Las partes deberán actuar con asistencia de abogado y representadas por procurador. La intervención de la Abogacía del Estado, cuando proceda a instancia de la Autoridad Central española, cesará desde el momento en que el solicitante de la restitución o del retorno comparezca en el proceso con su propio abogado y procurador. Esta es una novedad de la Ley, que evitará la personación de la Abogacía del Estado en algunos casos.

3.4. Carácter urgente y preferente del procedimiento

El procedimiento tendrá carácter urgente y preferente. Deberá realizarse, en ambas instancias si las hubiere, en el inexcusable plazo total de seis semanas desde la fecha de la presentación de la solicitud instando la restitución o el retorno del menor, salvo que existan circunstancias excepcionales que lo hagan imposible. En ningún caso se ordenará la suspensión de las actuaciones civiles por la existencia de prejudicialidad penal que venga motivada por el ejercicio de acciones penales en materia de sustracción de menores.

La celeridad y la brevedad de los plazos eran ya una exigencia del Convenio de La Haya 25 de octubre de 1980 y del RBIIbis, por lo que la nueva regulación legal lo que hace es regular el procedimiento de Derecho interno ajustándolo a unos plazos que permitan cumplir ese objetivo, lo que el procedimiento anterior impedia de por sí, y todo ello con la finalidad de buscar una pronta respuesta y evitar una mayor victimización de los menores cuya restitución se solicita.

Esa celeridad es esencial por cuanto como señala la sentencia del Tribunal Europeo de Derechos Humanos (TEDH) de 21 de septiembre de 2010 (*Mijušković c.*

Montenegro); y la de 22 de diciembre de 2009 (*Tapia Gasca y D. c. España*), el paso del tiempo puede tener consecuencias irreparables en la relación entre los niños y el progenitor que no vive con ellos. Los operadores jurídicos (jueces, fiscales, abogados del Estado y letrados) deben ser conscientes de que las dilaciones indebidas o los procedimientos ineficaces pueden generar la violación del artículo 8 del Convenio Europeo de Derechos Humanos (STEDH de 1 de diciembre de 2009, *Eberhard y M c. Eslovenia*) y motivar la condena del TEDH.

A tal fin, la Circular de la Fiscalía General del Estado (FGE) 6/2015 insta a los Fiscales a que orienten su actuación procesal hacia la dinamización del procedimiento y que se opongan a cuantas prácticas puedan generar una lesión injustificada a la necesaria celeridad del mismo.

El tiempo de respuesta es de seis semanas, que deben contarse desde la fecha de la presentación de la solicitud, salvo que existan circunstancias excepcionales que lo hagan imposible. La práctica dirá si los plazos se ajustan a las necesidades reales del procedimiento porque se han fijado plazos difíciles de cumplir, sobre todo en la segunda instancia, que han sido objeto de crítica por algunos sectores.[17]

3.5. Traslado del menor a otra localidad

Durante la vigencia del anterior procedimiento la dilación se producía en ocasiones, por el traslado del menor a otro partido judicial. El progenitor sustractor puede querer evitar la acción de la justicia y, para ello, evitar ser localizado y, en caso de serlo, cambiar de localidad o incluso Estado.

Si no es localizado, el artículo 778 *quinquies*.3 señala que "*Cuando el menor no fuera hallado en el lugar indicado en la demanda, y si, tras la realización de las correspondientes averiguaciones por el Secretario judicial sobre su domicilio o residencia, éstas son infructuosas, se archivará provisionalmente el procedimiento hasta ser encontrado*".

Esta disposición es coherente con la exigencia de que en la demanda se deberá aportar toda la información que disponga relativa a la localización del menor y a la identidad de la persona con la que se supone se encuentra. Precisamente, entre las obligaciones atribuidas en el Convenio de la Haya a las Autoridades Centrales está la localización de los menores trasladados o retenidos ilícitamente. La Guía de buenas prácticas en virtud del Convenio de La Haya del 25 de octubre de 1980 sobre

---

[17] Así, F. J. Forcada Miranda, "Medidas relativas al retorno en los supuestos de sustracción internacional de menores en la legislación española", Septiembre 2015. Referencia: SP/DOCT/19869, afirma que: "Una posible crítica a este sistema puede venir de quienes consideran irrealizable el cumplimiento de trámites tan breves de forma realista, pero frente a ello debe asumirse que la imposición legal de plazos breves, se puedan cumplir o no, es un estímulo real y de base legal, hábil para la imposición de celeridad en la sustanciación del proceso, y más en concreto, de los trámites de la apelación".

los aspectos civiles de la sustracción internacional de menores[18], señala que antes de que se presente una solicitud de restitución ante un tribunal, es importante la pronta localización del niño para determinar el foro correcto donde se desarrollará el proceso y garantizar que éste comience dentro del período de un año mencionado en su artículo 12.

El caso de que el menor fuese trasladado a otra localidad está también previsto en la Ley, de modo que el art. 778 *quinquies* de la LEC señala:

> "*Si el menor fuera hallado en otra provincia, el Secretario judicial, previa audiencia del Ministerio Fiscal y de las partes personadas por el plazo de un día, dará cuenta al Juez para que resuelva al día siguiente lo que proceda mediante auto, remitiendo, en su caso, las actuaciones al Tribunal que considere territorialmente competente y emplazando a las partes para que comparezcan ante el mismo dentro del plazo de los tres días siguientes.*"

La interpretación de este precepto debe ser claramente restrictiva, por cuanto la experiencia pasada demuestra que produce dilaciones en el procedimiento y podría favorecer la conducta del sustractor que pretende evitar la acción de la justicia. Dice el precepto que el Juez resolverá lo que proceda, debiendo la autoridad judicial evitar a mi juicio, cualquier atisbo de automaticidad en la resolución de remitir el procedimiento al tribunal donde haya sido trasladado el menor, debiendo rehusar la posibilidad de acordar automáticamente la modificación de la competencia. Esta medida tendría una eficacia disuasoria de posibles cambios continuos de la localización del menor con el fin de provocar constantes cambios en la competencia judicial. En consecuencia, debe valorarse positivamente que se atribuya al Juez la facultad de decidir si mantiene su competencia (*perpetuatio iurisdictionis*) o la traslada al juez donde se haya localizado nuevamente al menor. En todo caso, deberá valorar una opción u otra en función del interés del menor, coincidente con el de evitar en cualquier caso maniobras itinerantes dilatorias que pueden generar, sin duda, problemas al menor al dificultar una pronta resolución y puede, además, generar responsabilidad del Estado por dilaciones innecesarias.

Al efecto señala la conclusión nº 23.ª de la Circular 6/2015 de la FGE que: "*Ante los cambios de domicilio de los demandados, los Sres. Fiscales promoverán la perpetuatio iurisdictionis del Juez inicialmente competente cuando de las circunstancias concurrentes pueda colegirse un comportamiento fraudulento tendente a frustrar la celeridad del procedimiento*". Como se ha dicho antes, una aplicación automática, puede favorecer estrategias del sustractor en orden a evitar la celebración de la vista y dilatar el procedimiento con el riesgo que ello conlleva.

Advierte la Ley de la conveniencia de recurrir al auxilio de las Autoridades Centrales implicadas, de las Redes de Cooperación Judicial Internacional existentes, de

[18] *Vid.* nota 15.

los miembros de la Red Internacional de Jueces de la Conferencia de La Haya y de los Jueces de enlace (art. 778 quáter 7 LEC).

3.6. Medidas cautelares

Debe destacarse como positiva la posibilidad de que el Juez pueda acordar a lo largo de todo el proceso, de oficio o a petición de quien promueva el procedimiento o del Ministerio Fiscal, las medidas cautelares oportunas y de aseguramiento del menor que estime pertinentes conforme al artículo 773 LEC, además de las previstas en el artículo 158 del Código Civil. También es positiva la regulación expresa de la posibilidad de acordar que durante la tramitación del proceso se garanticen los derechos de estancia o visita, relación y comunicación del menor con el demandante, incluso de forma supervisada, si ello fuera conveniente a los intereses del menor. Esta posibilidad debe tenerse en cuenta también cuando el demandado no comparece al primer llamamiento o no lo hace en forma, como prevé el artículo citado en su apartado 5.

Y esa facultad se le atribuye al Juez para que incluso de oficio pueda adoptar las medidas cautelares que considere necesarias, sin estar sujeto a solicitud del solicitante o del Ministerio Fiscal, lo que faculta al Juez para valorar cualquier medida cautelar, que en beneficio del menor, pueda evitar una nueva sustracción. También debe valorarse la conveniencia de establecer medidas cautelares para evitar el ocultamiento del menor con posterioridad a la resolución que se dicte.

3.7. Audiencia del menor

El artículo 778 quinquies 8 LEC señala lo siguiente:

> "*Antes de adoptar cualquier decisión relativa a la procedencia o improcedencia de la restitución del menor o su retorno al lugar de procedencia, el Juez, en cualquier momento del proceso y en presencia del Ministerio Fiscal, oirá separadamente al menor, a menos que la audiencia del mismo no se considere conveniente atendiendo a la edad o grado de madurez del mismo, lo que se hará constar en resolución motivada.*
>
> *En la exploración del menor se garantizará que el mismo pueda ser oído en condiciones idóneas para la salvaguarda de sus intereses, sin interferencias de otras personas, y recabando excepcionalmente el auxilio de especialistas cuando ello fuera necesario. Esta actuación podrá realizarse a través de videoconferencia u otro sistema similar*".

Este precepto es coherente con lo dispuesto en el artículo 9 de la Ley 1/1996, modificada por la Ley Orgánica 8/2015, de 22 de julio, de modificación del sistema de protección a la infancia y a la adolescencia[19]. Dicho precepto regula el derecho del menor a ser oído de la forma siguiente:

---

[19] *BOE* núm. 75 de 23 de julio de 2015.

1. El menor tiene derecho a ser oído y escuchado sin discriminación alguna por edad, discapacidad o cualquier otra circunstancia, tanto en el ámbito familiar como en cualquier procedimiento administrativo, judicial o de mediación en que esté afectado y que conduzca a una decisión que incida en su esfera personal, familiar o social, teniéndose debidamente en cuenta sus opiniones, en función de su edad y madurez. Para ello, el menor deberá recibir la información que le permita el ejercicio de este derecho en un lenguaje comprensible, en formatos accesibles y adaptados a sus circunstancias.

En los procedimientos judiciales o administrativos, las comparecencias o audiencias del menor tendrán carácter preferente, y se realizarán de forma adecuada a su situación y desarrollo evolutivo, con la asistencia, si fuera necesario, de profesionales cualificados o expertos, cuidando preservar su intimidad y utilizando un lenguaje que sea comprensible para él, en formatos accesibles y adaptados a sus circunstancias informándole tanto de lo que se le pregunta como de las consecuencias de su opinión, con pleno respeto a todas las garantías del procedimiento.

2. Se garantizará que el menor, cuando tenga suficiente madurez, pueda ejercitar este derecho por sí mismo o a través de la persona que designe para que le represente. La madurez habrá de valorarse por personal especializado, teniendo en cuenta tanto el desarrollo evolutivo del menor como su capacidad para comprender y evaluar el asunto concreto a tratar en cada caso. Se considera, en todo caso, que tiene suficiente madurez cuando tenga doce años cumplidos.

Para garantizar que el menor pueda ejercitar este derecho por sí mismo será asistido, en su caso, por intérpretes. El menor podrá expresar su opinión verbalmente o a través de formas no verbales de comunicación.

No obstante, cuando ello no sea posible o no convenga al interés del menor se podrá conocer la opinión del menor por medio de sus representantes legales, siempre que no tengan intereses contrapuestos a los suyos, o a través de otras personas que, por su profesión o relación de especial confianza con él, puedan transmitirla objetivamente.

3. Siempre que en vía administrativa o judicial se deniegue la comparecencia o audiencia de los menores directamente o por medio de persona que le represente, la resolución será motivada en el interés superior del menor y comunicada al Ministerio Fiscal, al menor y, en su caso, a su representante, indicando explícitamente los recursos existentes contra tal decisión. En las resoluciones sobre el fondo habrá de hacerse constar, en su caso, el resultado de la audiencia al menor, *así como su valoración*".

En la comparecencia a celebrar según el artículo 778 *quinquies*.7 no sólo debe oírse a las partes que comparezcan para que expongan lo que estimen procedente, en concreto, a la persona que solicitó la restitución o retorno, al Ministerio Fiscal y a la parte demandada, incluso si compareciere en este trámite por vez primera, sino que también debe oírse al menor. Así se establece que "*El Juez o el Secretario judicial podrán acordar que la audiencia del menor o persona con capacidad modificada judicialmente se practique en acto separado, sin interferencias de otras personas, pudiendo asistir el Ministerio Fiscal. En todo caso se garantizará que puedan ser oídos en condiciones idóneas, en términos que les sean accesibles, comprensibles y adaptados a su edad, madurez y circunstancias, recabando el auxilio de especialistas cuando ello fuera necesario. Del resultado de la exploración se extenderá acta detallada y, siempre que sea posible, será grabada en soporte audiovisual. Si ello tuviera lugar después de la comparecencia, se dará traslado del acta correspondiente a los interesados para que puedan efectuar alegaciones en el plazo de cinco días*".[20]

En el ámbito específico que nos ocupa, la presencia del Fiscal debe considerarse esencial. El Fiscal debe asistir a la exploración del menor. La Circular FGE califica esa asistencia como "*especialmente recomendable*". Sin embargo, a mi juicio, debe considerarse preceptiva para que pueda cumplirse el fin que la propia Circular recomienda: que el Fiscal pueda formarse adecuadamente su criterio y calibrar las circunstancias del menor y para valorar adecuadamente lo que el mismo exponga.

En estos casos, puede (y debe a mi juicio) realizarse de forma separada a la vista, con posibilidad del recurso a la videoconferencia. La jurisprudencia del TJUE establece que no puede ser obligatoria la audiencia personal y directa ante el juez en el ámbito transfronterizo. En cualquier caso, conforme al artículo 9 de la Ley Orgánica 1/1996 tras la reforma operada por la Ley Orgánica 8/2015, es precisa la constancia del resultado y de la valoración en resoluciones de fondo. Por ello, la Circular 6/2015 de la FGE señala que los Fiscales promoverán la grabación o la transcripción lo más extensa y exacta posible en evitación de nuevas exploraciones en la segunda instancia.

Debe destacarse la importancia de esta audiencia en orden al reconocimiento en otros Estados miembros de nuestras resoluciones, por lo que habrá que valorar en cada caso la madurez del menor en orden a su práctica, puesto que no existe un cri-

---

[20] Este precepto debe completarse con lo dispuesto en la Ley Orgánica 8/2015 de 22 julio de modificación del sistema de protección a la infancia y adolescencia, *vid.* nota 20, que en su artículo 2 define que debe entenderse por interés superior del menor y regula las garantías del proceso, entre las que se encuentran el derecho del menor a ser informado, oído y escuchado y a participar en el proceso de acuerdo con la normativa vigente. Ese derecho a ser informado, oído y escuchado exige que la audiencia se realice en forma adecuada a su situación y desarrollo evolutivo, cuidando de preservar la intimidad. Conviene señalar que aunque la Ley presume que el menor tiene suficiente madurez cuando tenga 12 años cumplidos, debiendo valorarse en cada caso concreto pues no es infrecuente la audiencia de menores de esta edad. Por ello, la circular 9/2015 de la FGE sobre la intervención del Ministerio Fiscal en estos procedimientos recomienda a los fiscales "*posicionarse previo análisis de las circunstancias del niño y del conflicto, evitando la utilización de fórmulas estereotipadas o impresos rutinarios*". Debe tenerse en cuenta que se adopta el criterio de la madurez del menor; criterio ya muy extendido en el ámbito sanitario.

terio legal uniforme sobre la edad para la práctica de la exploración en los distintos Estados de la UE.

Además de la audiencia del menor, se practicarán, en su caso, las pruebas útiles y pertinentes que las partes o el Ministerio Fiscal propongan y las que el Juez acuerde de oficio sobre los hechos que sean relevantes para la decisión sobre la ilicitud o no del traslado o retención y las medidas a adoptar, dentro del plazo improrrogable de seis días. El Juez podrá también recabar, de oficio, a instancia de parte o del Ministerio Fiscal, los informes que estime pertinentes cuya realización será urgente y preferente a cualquier otro proceso. Que la prueba se limite a "los hechos que sean relevantes para la decisión sobre la ilicitud o no del traslado o retención y las medidas a adoptar" incide en que, como se analizará posteriormente, el objeto del proceso es exclusivamente valorar la ilicitud o no del traslado y si concurre alguna excepción para ello, no pudiendo convertirse en un juicio de custodia.

3.8. Recurso de apelación

Se regula una rápida apelación en dos efectos, en un plazo de 20 días, teniendo el recurso carácter preferente, sin posibilidades de ejecución provisional. Tales precisiones deben ser valoradas positivamente. De un lado, la necesidad de celeridad ha de afectar también a la segunda instancia. Por ello, el artículo 778 *quinquies*.11 desarrolla su tramitación basada en el principio de celeridad. Debe destacarse que se trata de un recurso con efectos suspensivos, lo que se recoge igualmente en el artículo 525 LEC, que declara que las sentencias dictadas sobre las medidas relativas a la restitución o retorno de menores en los supuestos de sustracción internacional no serán en ningún caso susceptibles de ejecución provisional. Con ello se modifica el criterio del procedimiento anterior que regulaba el recurso de apelación en un solo efecto, pudiéndose dar el supuesto de que la sentencia ordenando la restitución hubiese sido ejecutada por el Juzgado, siendo posteriormente revocada por la sentencia de la Audiencia Provincial, con el efecto perturbador que ello generaría.

3.9. Ejecución

Sobre las cuestiones relativas a la ejecución debe destacarse la conveniencia de que en la resolución judicial se determine con precisión la forma de llevar a cabo la restitución. A tal efecto, debe recordarse que la Guía de Buenas Prácticas antes citada, formula las siguientes recomendaciones:

> "*El tribunal*, al emitir una orden de restitución, deberá elegir cuidadosamente la opción apropiada para restituir al niño. En todas las circunstancias, salvo las excepcionales, la orden deberá requerir la restitución inmediata del niño, ya que las demoras pueden causarle más daño y confusión al niño y darle al progenitor sustractor la oportunidad de sustraerlo nuevamente.

Al emitir una orden de restitución, el tribunal deberá hacerlo en la forma más detallada y específica posible, incluyendo los datos prácticos de la restitución y las medidas coercitivas que se aplicarán en caso de ser necesario.

Es preferible que los arreglos prácticos necesarios para la implementación de la orden de restitución se decidan después de que el juez haya escuchado los planteamientos de las partes y considerado sus respectivas propuestas. Se exhorta a los tribunales a que inviten a las partes a realizar estas propuestas y, si fuera posible, a efectuar conjuntamente los arreglos prácticos que se incorporarán a la orden de restitución.

Cuando corresponda, el tribunal podrá considerar incluir en la orden de restitución una escala jerárquica de diferentes opciones.

Las cuestiones relacionadas con los documentos de viaje del niño deberán aclararse mucho antes de la etapa de ejecución, preferentemente al momento de la emisión de la orden de restitución o antes de ello.

Las autoridades de los Estados interesados deberán tener la posibilidad de emitir un salvoconducto provisional ("laissez-passer"), que se utilizará por única vez y permitirá que el niño salga del país y sea restituido al Estado de residencia habitual.

La Autoridad Central deberá la necesaria asistencia al *Juzgado ejecutante*".

3.10. Objeto del proceso

Establece el apartado 9 del artículo 778 quinquies LEC que la sentencia se pronunciará únicamente sobre si el traslado o la retención son ilícitos y acordará si procede o no la restitución del menor a la persona, institución u organismo que tenga atribuida la guarda y custodia o su retorno al lugar de procedencia para permitir al solicitante el ejercicio del régimen de estancia, comunicación o relación con el menor, teniendo en cuenta el interés superior de éste y los términos del correspondiente convenio o de las disposiciones de la UE en la materia, según el caso.

Parece, pues, claro que el objeto del proceso es exclusivamente valorar si ha existido o no un traslado o retención ilícito y si la respuesta es afirmativa, ver si procede o no la restitución, para lo cual habrá de estarse a la valoración de las excepciones al retorno oponibles según el marco normativo internacional en el que se desarrolle el proceso. No es un juicio de custodia y, en consecuencia, no se trata de valorar la idoneidad de uno u otro progenitor para asumir la misma; cuestión ésta que con la anterior regulación legal, se producía en ocasiones, convirtiendo un procedimiento ágil y urgente, en un procedimiento idéntico a uno de divorcio o medidas paterno-filiales.

Tanto el Convenio de la Haya de 25 de octubre de 1980 como el RBIIbis[21] persiguen el objetivo de garantizar la restitución inmediata de los menores trasladados o retenidos ilícitamente. Se trata de reestablecer la situación existente antes del acto de sustracción o retención para que el Juez competente pueda dictar las medidas que procedan en interés del menor, que tiene derecho a permanecer en su entorno vital.

El Informe explicativo Pérez-Vera relativo al Convenio de La Haya de 1980[22] establece claramente que el objetivo sobre el que se apoya el Convenio es que el debate respecto al fondo del ejercicio de la custodia debería iniciarse ante las autoridades del Estado en el que el menor tenía la residencia antes del traslado.

El artículo artículo 778 quinquies 9 LEC regula la imposibilidad del examen del fondo del asunto (en concordancia con los artículos 16 y 19 Convenio de 25 de octubre de 1980). Señala este precepto que

> "*Celebrada la vista y, en su caso, practicadas las pruebas pertinentes, dentro de los tres días siguientes a su finalización, el Juez dictará sentencia en la que se pronunciará únicamente sobre si el traslado o la retención son ilícitos y acordará si procede o no la restitución del menor a la persona, institución u organismo que tenga atribuida la guarda y custodia o su retorno al lugar de procedencia para permitir al solicitante el ejercicio del régimen de estancia, comunicación o relación con el menor, teniendo en cuenta el interés superior de éste y los términos del correspondiente convenio o de las disposiciones de la Unión Europea en la materia, según el caso. La resolución que acuerde la restitución del menor o su retorno establecerá detalladamente la forma ý el plazo de ejecución, pudiendo adoptar las medidas necesarias para evitar un nuevo traslado o retención ilícito del menor tras la notificación de la sentencia*".

La sentencia de la AP de Barcelona de 26 de abril de 2016[23] señala que "*La finalidad del convenio es restaurar a los menores en la situación en la que se encontraban previa a la sustracción ilícita, y es por ello que debe salvaguardarse de forma prioritaria los derechos e intereses de los menores una vez producida la restitución*". Y en el mismo sentido se pronuncia el Auto de la AP Barcelona de 13 de marzo de 2012. También el Auto de la AP Pontevedra, de 4 de mayo de 2016[24], concluye que "*Nada ha de resolverse ahora por tanto sobre la conflictiva competencia relativa a la guarda y custodia de los tres menores.*" En el mismo sentido, el Auto de la AP Málaga de 9 julio de 2015, también señala que la cuestión sobre con cuál de los progenitores ha de convivir el menor excede del objeto del procedimiento.

---

[21] Refuerza la idea de conseguir el retorno inmediato del menor ilícitamente trasladado, limitando las excepciones oponibles.

[22] Informe explicativo del Convenio de la Haya de 1980 elaborado por la Dra. E. Perez-Vera https://assets.hcch.net/upload/expl28s.pdf.

[23] Nª 313/2016, ROJ: SAP B 3549/2016 - ECLI:ES:APB:2016:3549. Ponente: Margarita Blasa Noblejas Negrillo.

[24] Nº 129/2016 SP/SENT/856867 Ponente: Antonio Juan Gutiérrez Rodríguez-Moldes.

Aunque la reforma deja claro que no es juicio de custodia, sino que hay que valorar si ha habido sustracción y, en ese caso, si procede el retorno, tras la STC de 1 de febrero de 2016 (que analizaremos posteriormente) el debate está servido. Si empezábamos a tener claro que el objeto del proceso era la pronta restitución, habiéndose producido un incremento en las resoluciones de retorno, la jurisprudencia del TEDH[25] pone de nuevo sobre la mesa la cuestión relativa a si procede un mayor análisis del fondo de la cuestión debatida para evitar restituciones automáticas, debiéndose analizar el mejor interés de menor en cada caso (*an in depth examination*).

Constante el debate generado por las sentencias del TEDH[26], el Tribunal Constitucional ha dictado la sentencia de 1 de febrero de 2016[27], que reabre la discusión sobre si debe prevalecer la idea de retorno expeditivo a fin de que el Juez competente resuelva sobre el fondo del asunto o si, por el contrario, debe procederse a un análisis más profundo de la situación del menor en cada caso.

A mi juicio, salvo que fuese por estimación de las excepciones del Convenio de La Haya de 1980 o del RBIIbis, entrar a analizar la situación del menor conllevará la no restitución en la mayoría de los casos, simplemente por el transcurso del tiempo necesario para analizar esa situación y la situación fáctica que se consolida. Precisamente esa celeridad en el procedimiento legal tiene por objeto evitar la integración del menor en el país donde puede haber sido trasladado ilícitamente, en nuestro caso, en España.

En la STC se analiza la vulneración constitucional del artículo 24.1 CE, en la vertiente de derecho a una resolución judicial motivada y fundada en Derecho, señalando al respecto que: (1) El TC sólo puede practicar un control externo de que la sentencia está motivada, no es arbitraria ni errónea y, si de la valoración de la prueba, resulta razonable la conclusión. (2) Pero añade que, como afecta a una menor, el control de este Tribunal se extiende a comprobar que la motivación incluye de forma expresa un juicio de ponderación que identifique en el caso el interés superior del menor.

---

25 *Vid.* la sentencia del TEDH (Gran Sala) en el asunto *Neulinger* según la cual la ejecución de una orden de retorno dictada en aplicación del Convenio de La Haya supondría una lesión a los derechos fundamentales protegidos por el CEDH. Son de interés las sentencias dictadas por este Tribunal (Gran Sala) de 6 de julio de 2010, *Neulinger y Shuruk v. Suiza* (nº 41615/07) y de 26 de octubre de 2010, *Raban v. Rumanía* (nº 25437/08), así como la de 26 de noviembre de 2013, *X v. Letonia* (nº 27853/09).

26 Puede verse un análisis a fondo de esta cuestión en F. J. Forcada Miranda, *"Jurisprudencia y sustracción internacional de menores"*, Septiembre 2015 Referencia: SP/DOCT/19871.

27 Dictada en el recurso de amparo núm. 2937-2015 que se dirige contra el Auto de la Audiencia Provincial de Madrid (Sección 22ª) de 31 de marzo de 2015, recaído en recurso de apelación núm. 960/2014, y el Auto de la misma Sección de 13 de abril de 2015, que deniega aclaración.

La vulneración denunciada se sustenta principalmente sobre dos alegaciones: (1) la falta de valoración de las circunstancias actuales de la menor, en orden a ponderar el interés superior de ésta para detener la restitución inmediata prevista por el Convenio, y (2) la discrepancia con la valoración de la Audiencia de la denuncia de la parte recurrente por violencia doméstica, en orden a determinar la excepción a la restitución del artículo 13.b) del Convenio de La Haya.

El TC advierte que el Convenio de La Haya de 1980 incluye en su artículo 12 una previsión específica sobre la valoración de la integración del menor en el nuevo medio transcurrido el primer año previsto y concluye que la integración del menor constituye un elemento de ponderación imprescindible según el Convenio, por lo que su valoración es esencial, cuando se trata del procedimiento de inmediata restitución.

En el caso examinado, concluye que está confirmado: (1) el traslado ilícito, (2) que el procedimiento se promueve trascurridos apenas tres meses desde que tuvo lugar el hecho que le da origen y (3) que no concurren las causas excepcionales para detenerlo previstas en el artículo 13.a) y b). Pero añade que, dada la constatación de la pérdida de relación con el padre durante meses y la dilación del procedimiento hasta abril de 2015 (cuando los hechos ocurren en agosto de 2013), resulta patente que en este prolongado periodo de tiempo y sin olvidar la corta edad con que cuenta la menor (seis años en la actualidad), ha podido producirse una plena integración de la niña en su nuevo medio, lo que es necesario, en todo caso, valorar, a fin de hacer efectivo el principio de superior interés de la menor.

Considera que debe ponderarse el conjunto de circunstancias como la edad, el entorno y la convivencia habitual, incrementada con la presencia de un nuevo miembro en el contexto familiar y la escolarización desde el año 2013 de la niña en España y, por ello, considera que la resolución impugnada es insuficiente en su motivación, por lo que, suponiendo una vulneración del mandato constitucional del artículo 24.1 CE, declara la nulidad del Auto de la Audiencia Provincial y retrotrae las actuaciones al momento inmediatamente anterior al pronunciamiento de la primera de las citadas resoluciones para que el órgano judicial dicte una nueva, respetuosa con el derecho fundamental vulnerado.

Tras la nulidad declarada, se acordó por la Audiencia Provincial la realización de un informe pericial, dictándose con fecha 18 de mayo de 2016 nuevo auto en el que se alega que se estimó pertinente la realización de un informe pericial para valorar "la situación de integración de la menor". Tras ello, valora que la menor permanece en España desde agosto de 2013, instalándose después en Linares en septiembre de 2014, donde reside de forma permanente, acude al colegio, donde ha nacido un nuevo hermano, fruto de una nueva relación de su madre, se encuentra totalmente adaptada a su entorno a nivel social, escolar y familiar, reconoce a su madre como principal cuidadora y referencia estable en todo el proceso. Por todo ello concluye que, para el mayor beneficio de la menor, debe confirmar la resolución impugnada, manteniendo la decisión de no retorno por integración de la menor. Debe añadirse que el TC suspendió cautelarmente el retorno el 6 de julio 2015 y dictó sentencia el 1 de febrero de 2016.

De modo que, como consecuencia, puede extraerse la siguiente: la suma de tiempos invertidos en todos y cada uno de los procesos judiciales seguidos, ha facilitado la integración de la menor que, de antemano ya ofrecía escasa dificultad, teniendo en cuenta que la sustractora fue la madre, que era su principal cuidadora, y esa situación fáctica, sin que prospere excepción alguna de las previstas en el Convenio de la Haya de 1980, ha conducido a una situación de no retorno. En definitiva, se ha sancionado la conducta del sustractor, sin que concurra ninguna de las excepciones previstas en el Convenio de la Haya de 1980, lo que sin duda, generará unas expectativas para el sustractor, que fácilmente puede ver convalidada su actuación, y que fomentará la litigiosidad para demorar en lo posible los plazos de resolución. Peligrosa interpretación que puede hacer que el objetivo del Convenio y del RBIIbis y todos los esfuerzos realizados en estos años para garantizar la restitución inmediata del menor y asegurar su consecución, se vean cuestionados y la dimensión preventiva que el Convenio pretendía cumplir también.

Debe concluirse, pues, que la celeridad es la única forma de evitar llegar a esta situación, para lo cual, sin duda, esta reforma ha de considerarse positiva, siendo necesario ir más allá y promover la especialización de algunos Juzgados de las capitales de provincia en materia de sustracción internacional.

4. OTROS PROCEDIMIENTOS

En materia de sustracción es importante tener en cuenta que el artículo 778 *sexies* de la LEC regula dos procedimientos no contemplados expresamente en la legislación anterior (dos opciones que no deben confundirse):

Uno: posibilidad de solicitar la declaración de ilicitud de un traslado o retención internacional. Se trataría de un menor con residencia habitual en España que haya sido objeto de un traslado o retención internacional. En ese caso, cualquier persona interesada, al margen del proceso que se inicie para pedir su restitución internacional, podrá dirigirse en España a la autoridad judicial competente para conocer del fondo del asunto con la finalidad de obtener una resolución que especifique que el traslado o la retención han sido ilícitos. El procedimiento para ello serán los cauces procesales disponibles en el Título I del Libro IV para la adopción de medidas definitivas o provisionales en España, e incluso las medidas del artículo 158 LEC.

Dos: solicitar la emisión de una decisión o una certificación del artículo 15 del Convenio de La Haya de 1980 que acredite que el traslado o retención del menor era ilícito. En España se regula esta segunda fase en los arts. 778 *quáter* a 778 *sexies* de la

LEC (capítulo IV del título I libro IV) añadido por la Ley15/2015, de 2 de julio, de la Jurisdicción Voluntaria.

5. BIBLIOGRAFÍA

CALAZA LÓPEZ, S. "El nuevo régimen jurídico de la sustracción internacional de menores (1)". *Diario La Ley*, Nº 8564, Sección Doctrina, 18 de Junio de 2015, Ref. D-246, Editorial La Ley.

FORCADA-MIRANDA, F.J. *Sustracción internacional de menores y mediación familiar*. Editorial SEPIN. Las Rozas, 2015.

FORCADA-MIRANDA F.J. "El nuevo proceso español de restitución o retorno de menores en los supuestos de sustracción internacional: La decidida apuesta por la celeridad y la novedosa Circular de la Fiscalía 6/2015". http://www.millenniumdipr.com/ba-39-el-nuevo-proceso-espanol-de-restitucion-o-retorno-de-menores-en-los-supuestos-de-sustraccion-internacional-la-decidida-apuesta-por-la-celeridad-y-la-novedosa-circular-de-la-fiscalia-6-2015-parte-ii

FORCADA-MIRANDA F.J. "Jurisprudencia y sustracción internacional de menores", *Revista Sepin*, Septiembre 2015. Referencia: SP/DOCT/19871.

LIÉBANA ORTIZ, J.R. "El nuevo proceso relativo a la sustracción internacional de menores", *REDUR*, 13, diciembre 2015, pp. 83-109.

Circular nº 6/2015, de 17 de noviembre, sobre aspectos civiles de la sustracción internacional de menores, emitida por la Fiscalía General del Estado. www.fiscal.es

Informe explicativo del Convenio de la Haya de 1980 elaborado por la Dra. E. PEREZ-VERA https://assets.hcch.net/upload/expl28s.pdf.

Guía de buenas prácticas en virtud del Convenio de La Haya del 25 de octubre de 1980 sobre los aspectos civiles de la sustracción internacional de menores. https://www.hcch.net/es/instruments/conventions/specialised-sections/child-abduction

Guía Práctica para la aplicación del Reglamento Bruselas II bis (2014). http://ec.europa.eu/civiljustice/parental_resp/parental_resp_ec_vdm_es.pdf.

Base de datos sobre sustracción de menores: http://www.incadat.com/

Declaración de Washington sobre la reubicación internacional de familias: http://54.84.47.80/wp-content/uploads/2015/10/Washington_Declaration_ES.pdf

OPORTUNIDADES DE MEJORA EN ESPAÑA DEL TRATAMIENTO DEL SECUESTRO INTERNACIONAL DE MENORES*

ELENA RODRÍGUEZ PINEAU

Profesora Titular de Derecho internacional privado
Universidad Autónoma de Madrid

1. INTRODUCCIÓN

La sustracción internacional de menores es un fenómeno cuya importancia es de sobra conocida pues son cada vez más numerosos los supuestos de secuestro derivados del incremento de relaciones familiares con elemento transfronterizo. España es un país muy familiarizado con este tipo de situaciones puesto que ocupa los primeros lugares en la tramitación de peticiones de retorno de menores, bien como Estado requerido bien como Estado requirente respecto de menores cuya residencia habitual estaba en España antes del desplazamiento o retención.[1]

---

* Este trabajo se enmarca dentro del proyecto de investigación *La evolución de las instituciones jurídicas de protección de menores*, DER2015-69261 (MINECO-FEDER).

[1] Las últimas estadísticas oficiales de la Conferencia de La Haya (con datos de 2007) se recogen en un informe realizado en 2008 por el profesor N. LOWE (*https://assets.hcch.net/upload/wop/abd_pd03ef2007.pdf*). Posteriores estudios en la materia han observado algunos cambios en las tendencias apuntadas por este informe, si bien no parece que la situación en España haya variado notablemente. Véase en este sentido, K. Trimmings, *Child Abduction within the European Union*, Hart Publishing, 2013.

Para afrontar esta realidad existe un número de normas internacionales que, desde distintas esferas, intenta satisfacer dos finalidades principales: el inmediato retorno del menor al *status quo* anterior al desplazamiento o retención y el aseguramiento del ejercicio de los derechos derivados de la responsabilidad parental como medio para evitar la sustracción del menor. Estos fines se recogen en la norma fundamental que gobierna la sustracción internacional de menores, *i.e.* el Convenio de La Haya de 1980 (CH1980) sobre los aspectos civiles de la sustracción de menores, cuyo número de Estados participantes sigue creciendo,[2] y que ha sido 'completada' con una serie de disposiciones del Reglamento (CE) nº 2201/2003, Bruselas II bis (RBIIbis),[3] para supuestos de sustracción transfronteriza dentro del territorio de la Unión Europea. A estos textos hay que añadir los convenios de Luxemburgo de 1980,[4] y el bilateral entre España y Marruecos de 1997,[5] de reducida aplicación tras la incorporación de Marruecos al Convenio de La Haya de 1980. De manera indirecta, también tiene incidencia en la resolución de estas cuestiones el Convenio de La Haya de 1996 sobre responsabilidad parental.[6]

La existencia de esta red de normas internacionales no ha garantizado una buena resolución de los supuestos concretos de sustracción internacional en todos los casos. Y ello porque no siempre ha existido una estructura estatal que apoye el funcionamiento de estas normas de manera eficiente. En otros términos, además de las normas internacionales es preciso el desarrollo de una normativa nacional que permita aplicar las disposiciones de los textos internacionales así como la existencia de unas estructuras (administrativas, judiciales o de otra naturaleza) que puedan poner en práctica de manera efectiva todo lo anterior. Es de sobra conocido cómo el legislador español tardó diez años desde que España se adhirió al Convenio de La Haya 1980 hasta que se introdujo una primera normativa de desarrollo interno de las disposiciones de dicho convenio en la LEC 1881 (con la Ley Orgánica 1/1996 sobre pro-

---

[2] Hecho en La Haya el 25 de octubre, *BOE* núm. 202 de 24 agosto 1987, pp. 26099. En la actualidad son noventa y cuatro los Estados contratantes del Convenio de La Haya de 1980, el último de ellos, Filipinas.

[3] Reglamento (CE) nº 2201/2003 del Consejo, relativo a la competencia judicial, el reconocimiento y la ejecución de resoluciones en materia matrimonial y de responsabilidad parental, *DOUE*, L 338, de 23 diciembre 2003.

[4] Convenio de Luxemburgo de 1980, del Consejo de Europa, sobre reconocimiento y ejecución de decisiones en materia de custodia de menores, así como al restablecimiento de dicha custodia, de 20 de mayo, *BOE* núm. 210 de 1 septiembre 1984, pp. 25291 ss.

[5] Convenio entre el Reino de España y el Reino de Marruecos sobre asistencia judicial, reconocimiento y ejecución de decisiones judiciales en materia de derecho de custodia y derecho de visita y devolución de menores, hecho en Madrid el 30 de mayo de 1997, *BOE* núm. 150, de 24 junio 1997, pp. 19348 ss.

[6] Convenio relativo a la competencia, la ley aplicable, el reconocimiento, la ejecución y la cooperación en materia de responsabilidad parental y medidas de protección de los niños, hecho en La Haya el 19 de octubre de 1996, *BOE* núm. 291 de 2 diciembre 2010, pp. 99837 ss.

tección jurídica del menor). Esta normativa, así como algún 'tirón de orejas' de la propia Conferencia de La Haya,[7] impulsaron un período de creciente corrección en la aplicación de las normas convencionales y de mejora en los tiempos de la tramitación de los casos (aunque ello no se debiera a un paralelo incremento de las dotaciones estructurales en la Autoridad Central española o en los órganos jurisdiccionales llamados a ocuparse de estos casos). La introducción de los cambios del Reglamento 2201/2003 o la firma del Convenio de La Haya de 1996, con normas que obligan a una mayor colaboración entre autoridades o que incorporan soluciones que necesitan desarrollo de normas internas, no supusieron tampoco una reforma inmediata del ordenamiento interno español.

La tradicional calificación de los supuestos de sustracción de menores como procesos de jurisdicción voluntaria -probablemente cuestionable aunque hay que convenir que son procedimientos que tampoco se corresponden típicamente con lo contencioso- puede explicar el retraso en la nueva intervención del legislador, al quedar supeditada la revisión y/o actualización de las normas de 1996 a una nueva ley de jurisdicción voluntaria que debería haber visto la luz en 2001, pero que ha tardado quince años en producirse. Esta nueva ley 15/2015 no sólo incorpora los nuevos artículos 778 *ter*, 778 *quater* y 778 *quinquies* LEC, que ponen al día los antiguos artículos 1901 y siguientes de la LEC 1881, sino que introduce en la Disposición final nº 22 de la LEC nuevas disposiciones que permiten desarrollar en el plano interno las exigencias de los artículos 41, 42, 11(6) y 11(7) del Reglamento 2201/2003. No es este el lugar para analizar todos estos cambios, que merecen una valoración positiva sin duda alguna, pero sí conviene apuntar que la intervención del legislador podría haber sido mucho mejor si hubiera considerado la cuestión de la sustracción internacional de menores y su prevención desde una perspectiva sistémica y no centrada sólo en la jurisdicción voluntaria.[8] Es de justicia reconocer que el legislador ha intentado introducir algunos cambios innovadores, por ejemplo al contemplar la mediación en el ámbito de los procesos de retorno. Pero esta propuesta no tiene el alcance deseable. Y de la misma manera, otras cuestiones cuya regulación se ha reclamado desde hace tiempo no han sido atendidas, *v. gr.* en materia de ejecución de la orden de retorno del menor.[9] En otros términos, una auténtica reforma innovadora habría exigido

[7] Véase el punto III del informe final de la Comisión especial sobre el funcionamiento del Convenio de La Haya sobre sustracción internacional de menores en (*https://assets.hcch.net/upload/abdrpt89f.pdf*).

[8] Para un análisis de estas cuestiones, me remito a mi trabajo, E. Rodríguez Pineau, "International Child Abduction: New Developments in Spain", *YPIL*, 2016, pp. *en prensa*.

[9] Así, pueden citarse las conclusiones del "IV Encuentro de Magistrados y jueces de familia y asociaciones y de abogados de familia" y de las "VI Jornadas nacionales de magistrados, jueces de familia, fiscales y secretarios judiciales", celebradas en Valencia del 26 al 29 de octubre de 2009 (*http://www.icasv-bilbao.com/images/comisiones/ConclusionesFamiliaValencia.pdf*). En materia de ejecución, ofrece un análisis muy interesante de los puntos de mejora P. Jiménez Blanco, "La

una intervención legislativa más compleja y completa siguiendo un modelo parecido al de otros Estados de la UE.[10]

Este trabajo pretende ilustrar esta tesis y para ello se analiza el impacto de tres tipos de actuación legislativa en la regulación de los secuestros transfronterizos de menores. Así, en las nuevas normas se puede identificar en primer lugar una intervención moderada del legislador, que revisa de manera puntual algunos aspectos que necesitaban reforma, pero que en el grueso de la regulación ha optado por mantener la referencia a la normativa procesal general. Esto es lo que ha sucedido en materia de ejecución -propiamente dicha- de la orden de retorno del menor, de manera que muchas de las especificidades que esta ejecución plantea no se han abordado en esta reforma (*infra* 2). En otros supuestos, por el contrario, la actuación del legislador ha sido innovadora, incorporando elementos nuevos a las reglas ya existentes, *v. gr.* en materia de mediación y comunicaciones judiciales directas, pero también en este caso el resultado puede considerarse insuficiente (*infra* 3). Por último, la tercera intervención legislativa podría denominarse 'por omisión', es decir, supuestos o necesidades que el legislador no ha tratado, claramente ejemplificados en las acciones preventivas de la sustracción como la reubicación familiar o el efectivo ejercicio del derecho de visita (*infra* 4). Las siguientes páginas analizan estas cuestiones presentándolas no tanto como una crítica a la reforma realizada cuanto, tal como reza el título de este trabajo, como oportunidades de mejora en el tratamiento del secuestro internacional de menores en España.

2. LA REMISIÓN A LAS NORMAS GENERALES: LA EJECUCIÓN DE LA ORDEN DE RETORNO

Una vez que, en aplicación del Convenio de La Haya de 1980 o del Reglamento 2201/2003, se establece que el menor debe ser devuelto a su Estado de

---

ejecución forzosa de las resoluciones de retorno en las sustracciones internacionales de menores", en *La protección de los niños en el derecho internacional y en las relaciones internacionales: Jornadas en conmemoración del 50 aniversario de la Declaración Universal de los Derechos del Niño y del 20 aniversario del Convenio de Nueva York sobre los Derechos del Niño*, F. Aldecoa Luzárraga, J. Forner Delaygua (Dirs.), 2010, Madrid, pp. 341-366.

[10] Véase por ejemplo en Alemania la *IntFamRVG* (Ley procesal en materia de Derecho internacional de familia, disponible en *https://www.bundesjustizamt.de/DE/SharedDocs/Publikationen/HKUE/IntFamRVG.pdf?__blob=publicationFile&v=8).* Conviene señalar igualmente el interés que desde las instituciones europeas se ha manifestado porque los Estados miembros continúen con reformas nacionales para la aplicación del Reglamento 2201/2003 que mejoren la solución de este problema del secuestro de menores. En este sentido véase el Informe para el Parlamento Europeo sobre "Cross-border Parental Child Abduction in the EU", *Study for the LIBE Committee* (disponible en *http://www.europarl.europa.eu/RegData/etudes/STUD/2015/510012/IPOL_STU%282015%29510012_EN.pdf*), elaborado por el Institut Suisse de Droit Comparé, 2015.

residencia habitual inmediatamente anterior al desplazamiento o retención ilícita, hay que 'ejecutar' la orden de retorno. Antes de la reforma de 2015 había una serie de cuestiones sin resolver y cuya importancia es relevante: ¿quién y cómo se insta la ejecución? ¿ante qué órgano jurisdiccional debe tramitarse? ¿qué tipo de medidas se pueden aplicar en el caso de que la persona contra la que se insta la ejecución no se avenga a cumplir de buen grado? ¿qué mecanismos no judiciales están a disposición para alcanzar un resultado adecuado? Para ser más precisos, no se trataba de que no existieran normas que regularan la ejecución de las resoluciones en España pero sí se observaba que estas reglas no atendían debidamente a las especificidades de la ejecución de una orden de restitución.[11] En el momento en que se aborda una puesta al día de los mecanismos de retorno del menor, y teniendo en cuenta las voces que se habían levantado indicando parte de los problemas citados, resulta llamativo que el legislador no haya dedicado algún esfuerzo específico a esta cuestión de importancia fundamental para el efectivo funcionamiento de los mecanismos de restitución, sobre todo teniendo en cuenta que en otros países de nuestro entorno sí se ha legislado en este sentido.[12]

Las siguientes consideraciones pretenden identificar algunos elementos susceptibles de mejora, desarrollo o consideración ulterior en una futura reforma. Para ello, con carácter previo, conviene indicar que un acercamiento a la ejecución de la orden de retorno debería considerar los distintos supuestos que dan lugar a dicha ejecución y que el legislador español no ha distinguido claramente. Así, por una parte la ejecución puede resultar de un proceso de retorno tramitado ante los tribunales españoles (en virtud del CH1980 o del RBIIbis), pero también del reconocimiento de una decisión extranjera que ordene dicho retorno (en el caso del Convenio de Luxemburgo o incluso del propio RBIIbis) o, por último, de la presentación ante nuestros tribunales de un título directamente ejecutivo que ordene el retorno del menor (ex arts. 40 y 42 RBIIbis).[13] Estos diferentes puntos de partida son un elemento relevante para analizar la primera cuestión relativa a la ejecución, *v. gr.* la competencia territorial del tribunal.

---

[11] P. Jiménez Blanco, *op. cit.*, nota 9, p. 348.

[12] Esta falta de detalle en la nueva normativa se explica, según la Circular 6/2015 de la Fiscalía General del Estado, por la imposibilidad de elaborar normas que contemplen la gran variedad de situaciones que se pueden plantear (p. 81). Posición que no acabamos de compartir, pues si bien es cierto que una regulación que se pretendiera exhaustiva podría dejar fuera algunas situaciones y que un cierto margen de flexibilidad es siempre positivo, también lo es que algunas cuestiones concretas podían haberse incorporado, al menos con una finalidad aclaratoria.

[13] Es interesante apuntar que el legislador español (en la Disposición Final 3ª de la ley 15/2015) sí ha considerado la posición de España como Estado requirente, *i. e.* de la residencia habitual del menor o competente para el fondo del litigio, al introducir en la Disposición Final 22ª LEC medidas para facilitar la aplicación de los arts. 41 y 42 RBIIbis.

2.1. La competencia para conocer de la ejecución

En ausencia de una norma que permita identificar cuál es el juez competente para ejecutar una orden de retorno hay que acudir a las normas generales del sistema y, conforme al artículo 61 LEC, dicha competencia corresponde al juez que dicta la sentencia. Es por ello que, en los supuestos de restitución resultantes de un procedimiento tramitado al amparo del CH1980 o del RBIIbis, tiene la competencia el mismo órgano que dicta la orden (*i.e.* el de la capital de provincia con competencias en materia de familia del lugar donde se halla el menor, *ex* art. 778 *quater* LEC). Sin duda la especialización que confiere el artículo 778 *quater* justifica que sea este mismo órgano el que lleve a cabo la ejecución propiamente dicha, aunque cabe preguntarse si realmente este es el juez más idóneo teniendo en cuenta que el menor no se encontrará necesariamente en su demarcación judicial.

Dejando de lado esta última consideración, más complicado parece sin embargo responder en el caso en que la restitución derive del *exequatur* de una decisión extranjera: en este supuesto parecería que el juez competente sea el del *exequatur*, lo que confirmaría de manera indirecta el artículo 54 de la Ley 29/2015, de cooperación jurídica internacional en materia civil (en adelante, LCJI).[14] Conforme a este artículo es posible solicitar conjuntamente *exequatur* y ejecución ante el juez competente del artículo 52 LCJI. Ahora bien, una lectura más atenta del artículo puede llevar a entender que la competencia del juez del *exequatur* sólo existe para la ejecución si efectivamente ambas peticiones se solictan de manera conjunta puesto que, en otro caso, si no se ha hecho la segunda (*i.e.* ejecución), sería juez competente para la ejecución el que resulte conforme al artículo 545(3) LEC.[15] Aunque los términos de ambas disposiciones no difieren notablemente, se podría intentar introducir una regla más clara en este punto.

Y lo mismo puede decirse del tercer supuesto, *i.e.* cuando la ejecución resulta de un título ejecutivo extranjero (*v. gr. ex* arts. 40 y 42 RBIIbis). En esta hipótesis no existe un órgano español que haya dictado la orden de retorno lo que exige integrar una solución que permita identificar el juez competente para la ejecución. Dos opciones son posibles: la primera consiste en conferir la competencia a los órganos 'especializados' en materia de sustracción internacional (conforme al art. 778 *quater* LEC).[16] La segunda pasaría por atribuir la competencia al juez más cercano al menor cuya restitución se solicita, *i.e.* recurriendo de nuevo al artículo 545(3) LEC. En resumidas cuentas, a pesar de la reforma este punto fundamental de la ejecución, *i.e.*

---

[14] Ley 29/2015 de 30 de julio, *BOE* núm. 182, de 31 de julio 2015, pp. 65906 ss.

[15] F. Gascón Inchausti, "Reconocimiento y ejecución de resoluciones judiciales extranjeras en la ley de cooperación jurídica internacional en materia civil", *Cuadernos de Derecho Transnacional* (octubre 2015), vol. 7 nº 2 (*www.uc3m.es/cdt*), pp. 158-187, pp. 172-173.

[16] Sobre los problemas de identificación de cuál sea este órgano en ciudades donde exista más de un tribunal especializado en cuestiones de familia véase E. Rodríguez Pineau, *op. cit.*, nota 8.

saber ante qué órgano debe instarse, sigue resultando bastante complejo. Aunque el recurso al artículo 545(3) LEC puede acabar siendo la solución para todos los casos, lo cierto es que ello no siempre se acomoda a la nueva política de centralización y especialización de los órganos judiciales encargados de las sustracciones internacionales de menores. En este sentido parece conveniente que el legislador se decante claramente entre la centralización de las competencias o la cercanía respecto del menor.

2.2. El desarrollo de la ejecución

Antes de las reformas de 2015 una de las cuestiones que estaba sin resolver era la posibilidad de que el propio juez que había dictado la orden de retorno pudiera proceder directamente a la ejecución de dicha orden. En principio estas órdenes no son directamente ejecutivas hasta que no han transcurrido veinte días para su voluntario cumplimiento y, sólo entonces, es posible iniciar el procedimiento de ejecución.[17] Ahora bien, premisa previa de la citada ejecución es que la orden de retorno sea lo suficientemente detallada en cuanto a los extremos concretos del retorno, lo que en muchas ocasiones no sucedía al no exigirlo la LEC. Una interpretación flexible de las normas había permitido que, cuando estos detalles estaban incorporados en la orden de retorno, la ejecución se pudiera realizar directamente.[18] Parece que el legislador ha acogido esta práctica y el artículo 778 *quinquies* (9) ahora indica que la orden de retorno deberá establecer la forma y plazo de la ejecución, pudiendo adoptar las medidas necesarias para evitar un nuevo traslado o retención del menor. Igualmente el artículo 778 *quinquies* (13) incorpora una referencia a la participación de la Autoridad Central y de los servicios sociales y de protección de menores, así como de las fuerzas y cuerpos de seguridad cuando fuera pertinente -*i.e.* si se verifica la oposición del obligado a devolver al menor. Esta incorporación merece una valoración positiva. Sin embargo se echa en falta una referencia en este artículo a otras medidas que podrían resultar fundamentales para favorecer el cumplimiento voluntario, como se ha hecho en otros ordenamientos y que prevén la toma en consideración de las concretas circunstancias en que se halla el menor o la persona frente a la cual se solicita la ejecución de la orden de retorno.[19] Igualmente se podría considerar incluir alguna medida

---

[17] C. García Revuelta, "Aplicación práctica del convenio de La Haya y el Reglamento 2201/2003. El papel de la Autoridad Central" en *http://www5.poderjudicial.es/CVsm/Ponencia_6_ES.pdf*

[18] Así se establecía en la respuesta del Ministerio de Justicia al cuestionario de 2004 sobre la ejecución de órdenes de retorno en el marco del Convenio de La Haya de 1980 (*https://assets.hcch.net/upload/abd_return_es.pdf*) en p.3.

[19] Véase por ejemplo la regulación del Código procesal francés (arts. 1210-4 a 1210-9 CPC), que confiere la iniciativa para la ejecución al Ministerio fiscal y prevé la audiencia de la parte frente a la que se ejecuta la orden (art. 1210-7 CPC) y un diseño de la orden atendiendo a las circunstancias concretas del caso (lo que implica entre otras cosas un análisis de las circunstancias

de carácter coercitivo de forma expresa en el artículo 778 *quinquies*. Si bien es cierto que la LEC permite adoptar este tipo de medidas de coerción personal o multas económicas para forzar al cumplimiento de obligaciones no pecuniarias (como puede ser el retorno del menor) en los artículos 669 y 776(2), desde el punto de vista de la claridad y la ejemplificación en los casos de retorno de menores sería muy positivo incluir estas medidas en el artículo 778 *quinquies*.[20] Esta última consideración permite identificar también otro aspecto, cual es el de la ejecución de estas medidas coercitivas dictadas por un tribunal extranjero para asegurar el cumplimiento de una medida relativa al menor, cuestión que el TJUE ha recogido recientemente como perteneciente al ámbito de aplicación del RBIIbis y que necesitaría de una 'traducción' en el ámbito interno español.[21]

En un ejercicio de propuesta de soluciones adicionales, también se podría contemplar que el legislador introdujera medidas ya existentes en otros ordenamientos, como los *undertakings* ingleses, pactos que los afectados suscriben ante el juez (con apercibimiento en caso de incumplimiento) para garantizar las condiciones del retorno del menor y que se incorporan como anexo de la orden de retorno.[22] Ciertamente esta medida parece fuera de la tradición española y su adopción debe ser valorada con cautela ya que puede encontrar problemas en su ejecución. En efecto, la realización efectiva del *undertaking* depende de su cumplimiento en el Estado de origen del menor, y en caso de que las partes no lo cumplieran la sanción que incorpora el citado pacto puede resultar en papel mojado al no estar las partes bajo la jurisdicción del juez que lo sancionó.[23] Menos innovadora pero en la misma línea podría considerarse

del menor por personal apropiado o un examen médico o psicológico del menor, véase art. 1210-8 CPC).

[20] La conveniencia de que exista este tipo de amenaza es sugerida por la Guía de Buenas prácticas en materia de ejecución de La Conferencia de La Haya, La Haya 2010 (disponible en *https://assets.hcch.net/upload/guide28enf-s.pdf*). En este sentido, puede compararse la regla española con la incorporada por el legislador alemán en el §44 *IntFamRVG* (*supra* nota 10) que prevé una multa coercitiva y, en el caso de que no pueda cobrarse o no sea efectiva, autoriza al tribunal a una detención del obligado.

[21] Asunto C-4/14 *Bohez c. Wiertz*, de 9 septiembre 2015, ECLI:EU:C:2015:563. Aunque en el caso se trataba de una medida de apoyo a una orden que garantizaba el derecho de visita por su padre, el supuesto sería similar en el caso de que se planteara el *exequatur* o la ejecución de un título que ordena el retorno del menor.

[22] Este tipo de medidas puede ser de especial interés cuando el retorno queda supeditado a la adopción de medidas en el Estado requerido para asegurar que el menor no corre peligro si es restituido, tal y como pusieron de manifiesto las conclusiones del "IV Encuentro de Magistrados y jueces de familia y asociaciones y de abogados de familia"..., *op. cit.*, nota 9, p. 15, donde se insiste en la necesidad de que el legislador proporcione una regulación positiva de las garantías en y para el retorno de menores conforme al artículo 11.4 y 45.2 RBIIbis.

[23] La dificultad de este tipo de soluciones se viene observando también en el Reino Unido, respecto de la efectiva aplicación de los *undertakings* (puesto que se trata de promesas realizadas por las partes ante el juez cuya aplicación depende de que las partes puedan ser efectivamente san-

incorporar la adopción de órdenes espejo (*mirror orders*) o de puerto seguro (*safe harbour orders*) que garanticen que lo establecido por el juez que ordena la restitución va a ser respetado en la otra jurisdicción. La eficacia de estas soluciones podría comprobarse con algún proyecto piloto que permitiera verificar su utilidad y utilización por los jueces, como ya se está haciendo en otros países.[24]

2.3. La oposición a la ejecución

Un último punto que no ha sido abordado por la reforma (sino que se remite implícitamente a las normas generales sobre ejecución de la LEC) y debería tomarse en consideración *a futuro* es el de la oposición a la ejecución de la orden de retorno. Como toda decisión ejecutiva, es posible considerar la apelación frente a la ejecución conforme a lo previsto en el artículo 556 LEC. Esta disposición plantea dos cuestiones fundamentales, una referida al plazo y otra a las causas de oposición.

Comenzando con la primera, el artículo 556(2) LEC prevé que se dará un plazo de diez días para oponerse a la ejecución sin posible suspensión del curso de la ejecución. Esta falta de suspensión de la ejecución puede producir situaciones en las que, antes de que se formalice la oposición, el menor haya sido devuelto al Estado requirente. Si con posterioridad se observa que, efectivamente, había motivos para aceptar la oposición, el menor ya no se hallaría en territorio español. Este supuesto recuerda claramente a la situación que existía antes de la reforma respecto del efecto no suspensivo del recurso de apelación. Es por ello que, aun siendo conscientes de la necesidad de articular las normas de manera que no se pueda pervertir la finalidad a la que sirven, parece razonable que el legislador considerara para estos supuestos la suspensión de la ejecución hasta que no hayan transcurrido los diez días previstos para la oposición.

En cuanto a los motivos de oposición, tradicionalmente se han considerado dos posibles motivos de oposición, bien el transcurso del tiempo que haría caducar la acción de ejecución, bien el cumplimiento de la orden. Dejando de lado los problemas que el artículo 50(2) LCJI pueda plantear en cuanto a la caducidad de la acción ejecutiva, que quedaría sujeta a los plazos de la LEC,[25] lo cierto es que esta disposición

---

cionadas en caso de incumplimiento). Cuando el asunto presenta un elemento transfronterizo su efectividad puede ser muy reducida, tal como analizan D. Carrillo/S. Cooper, "Resolution International Committee: the undertaker's dilemma: are undertakings given to a court in England and Wales enforceable in the kingdom of Spain?", *International Family Law*, 2014, pp. 56-60.

[24] En este sentido puede recogerse el proyecto piloto implantado en los Países Bajos desde 2014 (*https://www.rechtspraak.nl/SiteCollectionDocuments/The-Dutch-Office-of-the-Liaison-Judge-International-Child-Protection-report-2014.pdf.pdf*.pag. 9, punto 2.3).

[25] En efecto, la premisa del sistema de reconocimiento y ejecución de decisiones en España se fundamenta en la extensión de los efectos (previstos en el ordenamiento conforme al cual se dictó) y la distinta caducidad de las acciones es propia de la litigación transfronteriza, sin que el legislador español pueda imponer sus propios plazos, F. Gascón Inchausti, *op. cit.*, nota 15, p. 174. Sin em-

no está diseñada para atender las especificidades que puedan plantearse en litigios relativos a menores y, en particular, los de sustracción internacional de menores. Ciertamente el tratamiento de la oposición a la ejecución tiene que realizarse con cautela ya que el interés superior del menor pasa, una vez que se ha decidido sobre su retorno, por que la ejecución se realice de la manera más rápida. El inicio de un procedimiento frente a la ejecución necesariamente va a retrasar dicho retorno. Ahora bien, también es ese interés superior del menor el que puede justificar en determinados supuestos la consideración de un no retorno a pesar de lo decidido por el juez (y ello aunque redunde en una consolidación de la posición del sustractor). En otros ordenamientos como el suizo se prevé expresamente que se pueda revisar la orden de retorno si se ha producido un cambio en las circunstancias que altera de manera decisiva la solución alcanzada.[26] El ordenamiento español carecía, y seguirá careciendo, de una norma semejante que permita al juez una flexibilidad para considerar este cambio de circunstancias en el interés superior del menor.[27] Y ello supone que, en ausencia de tal mecanismo, las partes intenten alcanzar este resultado por cualquier vía, como por ejemplo se ha demostrado recientemente en la sentencia 6/2016 de 1 de febrero del Tribunal Constitucional,[28] invocando una vulneración de derechos fundamentales (bien del progenitor, bien del menor). Sin pretender eliminar el derecho que tienen las partes a acudir al Tribunal Constitucional para ver tutelados sus derechos, resulta evidente que ésta no puede ser la única vía que ofrezca el sistema para resolver esta

bargo, F. Garcimartín, *Derecho internacional privado*, Madrid, 2016, p. 270 realiza una interpretación más conciliadora, entendiendo que el plazo se compute desde la obtención del *exequatur*.

[26] Artículo 13 de la Ley suiza sobre sustracción internacional de menores y protección de menores y adultos, *Loi 211.22.32* de 21 diciembre 2007.

[27] De hecho, se ha sostenido que la oposición a la ejecución podría sustentarse en los artículos 18(2) LOPJ y 22 LEC así como en algunas sentencias del TC (P. Jiménez Blanco, *op. cit.*, nota 9, p. 357). Pero en aras de la claridad y seguridad jurídica, resultaría mucho más práctico que los jueces pudieran basarse en una norma donde dicha posibilidad estuviera claramente reconocida, como en el caso suizo.

[28] *BOE* n. 57 de 7 de marzo 2016, Secc. TC, p. 18444-18459. El Tribunal Constitucional, al que acude en amparo la madre de la menor, decidió que el derecho a un proceso justo en procedimientos de retorno de menores exige que la orden de retorno esté debidamente motivada. Para ello, el juez tiene que considerar el interés superior del menor, en particular teniendo en cuenta su integración en el contexto social del lugar donde se halla el menor. Con apoyo en la jurisprudencia del Tribunal Europeo de Derechos Humanos (TEDH), el TC considera que, aunque la solicitud de retorno se realizó a los tres meses del desplazamiento, la duración del procedimiento en España (de unos veinte meses) exigía que se valorara la integración del menor en el momento en el que el tribunal está decidiendo. No habiéndose realizado así, y considerando la tierna edad de la menor y el tiempo transcurrido, el Constitucional estableció que se había infringido el derecho a la tutela judicial efectiva, anulando la orden de retorno. En consecuencia, el tribunal deberá decidir de nuevo respetando este derecho a la tutela judicial efectiva tal y como lo perfila el Tribunal Constitucional.

situación.[29] En otros términos, sería muy conveniente que se abordara la cuestión de la oposición a la ejecución fuera del marco de la tutela constitucional de los derechos fundamentales. En todo caso, no es descartable que la puesta en marcha del proceso para la refundición del Reglamento 2201/2003, que entre otras cuestiones contempla la introducción de normas uniformes para determinar en qué supuestos es posible oponerse a una ejecución, tenga una incidencia también en este sentido.[30]

3. LAS NOVEDADES LEGISLATIVAS: MEDIACIÓN Y COMUNICACIONES JUDICIALES DIRECTAS

La efectiva solución de la restitución de menores sustraídos o su prevención en muchos supuestos puede venir de la mano de técnicas no judiciales-contenciosas, como la mediación,[31] y de la más estrecha colaboración entre las autoridades del Estado de origen del menor y del Estado a donde ha sido secuestrado.[32] Ambas cuestiones se han abordado en las recientes reformas de 2015: la mediación es aludida en el artículo 778 *quinquies* (12) LEC como parte del procedimiento de restitución, mientras que las comunicaciones judiciales directas se prevén en la LEC así como en la LCJI. Sin dejar de dar la bienvenida a estas novedades en el sistema jurídico español conviene sin embargo apuntar algunos elementos susceptibles de mejora.

3.1. La mediación en la sustracción internacional de menores

Antes de analizar su alcance y posibles mejoras, conviene recordar muy sucintamente las características con que se perfila la mediación en el artículo 778 *quinquies*

---

[29] J. Forcada, "El nuevo proceso español de restitución o retorno de menores en los supuestos de sustracción internacional: La decidida apuesta por la celeridad y la novedosa Circular de la Fiscalía 6/2015", *Bitácora Millenium*, 2016, pp. 27-53 *(http://www.millenniumdipr.com/ba-37-el-nuevo-proceso-espanol-de-restitucion-o-retorno-de-menores-en-los-supuestos-de-sustraccion-internacional-la-decidida-apuesta-por-la-celeridad-y-la-novedosa-circular-de-la-fiscalia-6-2015-parte-i),* p. 52 también apunta sobre el riesgo de reproducir un *Neulinger* a la española (en alusión al caso resuelto por el TEDH en el que se incidió sobremanera en la priorización del análisis del interés superior del menor frente a la restitución inmediata).

[30] Propuesta de Reglamento del Consejo, relativo a la competencia, el reconocimiento y la ejecución de resoluciones en materia matrimonial y de responsabilidad parental, y sobre la sustracción internacional de menores (refundición), COM(2016) 411 final, de 30 de junio de 2016, disponible en *http://eur-lex.europa.eu/legal-content/ES/TXT/PDF/?uri=CELEX:52016PC0411&rid=1.*

[31] Véase en este sentido el informe del Parlamento europeo, *cit. supra*, nota 10, p. 89.

[32] Así lo había advertido ya J. Forcada Miranda *(http://www.iin.oea.org/sim/cd/documentos/ponencia_dr_forcada.pdf)* p. 16: "cualquier instrumento jurídico de nuevo cuño, nacional o internacional, que aborde el fenómeno de la sustracción internacional de menores, sea ley modelo, normativa procesal nacional interna de desarrollo o instrumento internacional, debe contener disposiciones detalladas sobre la cooperación, redes, el intercambio de información y debe facilitar medios o estructuras que permitan el recurso a medios de solución de conflictos como la mediación".

(12): este mecanismo de resolución alternativo de disputas podrá intentarse por petición de las partes o a propia iniciativa del juez, suspendiéndose el procedimiento en un plazo que no puede superar el legalmente previsto en el capítulo. Sin que se establezca quién debe ser el mediador, sí se indica que podrá actuar como mediador la entidad pública que tenga la función de proteger al menor. El procedimiento judicial se reanudará cuando lo solicite cualquiera de las partes o si se alcanza un acuerdo, en cuyo caso deberá ser ratificado por el juez teniendo en cuenta el interés superior del menor.

Esta norma suscita algunas cuestiones tanto de naturaleza interpretativa como relativas a su efectiva aplicación. Comenzando por la interpretación del artículo, hay un primer elemento que resulta llamativo, si no ambiguo: si la mediación suspende el proceso judicial en un tiempo no superior al legamente previsto (*i.e.* por el CH 1980 o el RBIIbis), ¿cómo se computan esas seis semanas? O dicho de otro modo, del texto de la norma no queda claro si se incluye como parte del procedimiento de seis semanas o como otras seis semanas adicionales.[33] Esta última opción no parece aceptable en tanto supondría introducir una regla contraria a las exigencias del CH1980 o del RBIIbis, por lo que sólo cabe entender que la mediación debe realizarse dentro del plazo de las seis semanas totales que tiene el juez para resolver sobre el retorno del menor. Siendo esto así, se podría haber intentado concretar algo más cómo llevar a cabo esta mediación, estableciendo un plazo máximo que no pueda superarse, por ejemplo de dos semanas, como se ha hecho en otros sistemas.[34]

Un segundo problema interpretativo tiene que ver con el marco de referencia de la mediación. El artículo 778 *quinquies* (12) LEC hace una alusión genérica a la mediación pero, en un Estado plurilegislativo como el existente en España donde un buen número de Comunidades Autónomas han desarrollado normativa autonómica en materia de mediación, cabe preguntarse cuál sería el marco legal que ampara esta mediación en casos de sustracción transfronteriza de menores. La cuestión parece evidente para la Fiscalía general del Estado, que en su Circular de 6/2015 entiende que esta mediación habrá de realizarse según la ley 5/2012, de transposición de la Di-

[33] Así parece entenderlo S. Calaza López, *Los procesos de restitución o retorno de menores en los supuestos de sustracción internacional*, La Ley 2015, Madrid, pp. 210-211, que sin embargo critica el excesivo tiempo que entonces tendría el procedimiento.

[34] En este sentido es interesante comparar nuestras reglas con el modelo holandés (*Act for the Implementation of the Child Abduction Convention* 1990, modificada en 2012), donde se prevé una mediación previa al inicio del procedimiento que, si no fructifica o no se realiza, puede volver a intentarse en las dos semanas en que se desarrolla la fase inicial del proceso de restitución (*pre-trial review*). De igual modo en Suecia (véase informe sueco al Informe para el Parlamento Europeo, *cit. supra*, nota 10, p. 367) se ha fijado en dos semanas el plazo para la mediación. Estas consideraciones pueden tener adicional relevancia teniendo en cuenta que el artículo 23 de la propuesta de refundición del Reglamento Bruselas II*bis*, *cit. supra* nota 30, también introduce una norma relativa a la mediación, dejando en mano de los Estados miembros el recurso a esta solución alternativa 'siempre que esto no retrase indebidamente el proceso'.

rectiva CE 2008/52.[35] Ahora bien, existiendo normas autonómicas sobre mediación, en algunos casos específicas para la mediación familiar, cabe considerar si no sería más adecuado que, estando el menor en el territorio de dicha Comunidad autónoma, no resultaran aplicables estas normas.[36] Esta no es una mera disquisición teórica porque en algún supuesto en el que -con anterioridad a la entrada en vigor del artículo 778 *quinquies* (12) LEC- se ha invitado a las partes a acogerse a la mediación, se ha remitido a los servicios y normativa aplicable en la Comunidad Autónoma donde se hallaba el menor.[37]

Por lo que respecta a la efectiva aplicación de esta norma, hay que señalar dos cuestiones relevantes. La primera es la relativa a la efectiva ejecución del acuerdo alcanzado, cuestión sobre la que no se incide en el artículo 778 *quinquies* (12) y que puede resultar decisiva para que la mediación sea realmente útil. A estos efectos es importante asegurar que lo resuelto en España (*v. gr.* en lo relativo al ejercicio del derecho de visita del progenitor no custodio) pueda tener luego efecto en el Estado de residencia habitual del menor y para ello es fundamental que este acuerdo pueda ser 'reconocido' en dicho Estado.[38] Si no ello no es posible por una vía formal, confiriendo a este acuerdo un carácter ejecutivo, podría ser de utilidad el recurso a órdenes espejo, que tampoco han sido abordadas en la reforma (*supra* 2.B).

Por último, conviene constatar un elemento preocupante o problemático, *i. e.* la falta de medios para favorecer la mediación internacional. A diferencia de otros países donde se han adoptado modelos de mediación con apoyo institucional, así el suizo o el francés (donde es la Autoridad central quien asume esta tarea)[39] o el holan-

---

35 Véase referencia al texto, disponible en *https://www.fiscal.es/fiscal/PA_WebApp_SGNTJ_NFIS/descarga/Circular_6-2015.pdf?idFile=7df9cead-b7b2-410d-acb2-1bd871521d14.* En este mismo sentido, R. Liébana Ortiz, "El nuevo proceso relativo a la sustracción internacional de menores", *Revista Electrónica de Derecho de la Universidad de La Rioja*, 13/2015, p. 83-109, p. 106.

36 Véase el informe español al Informe para el Parlamento Europeo, *cit. supra*, nota 10, pp. 178-193, p. 186. Conviene además tener en cuenta el ámbito de aplicación de estas normas pues, si no hay domicilio o residencia en territorio español (que puede no haberse adquirido automáticamente, con el desplazamiento del menor a España) como pide la norma estatal pero sí presencia, como piden bastantes de las normas autonómicas sobre mediación, esto puede determinar la (in) aplicación de alguno de los textos.

37 Sentencia de la Audiencia Provincial de Barcelona, de 1 de octubre de 2013, ECLI:ES:APB:2013:11168.

38 Sobre estas cuestiones puede verse Chéliz Inglés, M.C., "La sustracción internacional de menores tras la aprobación de la ley de jurisdicción voluntaria", *Actualidad Jurídica Iberoamericana*, núm. 3 ter, 2015, pp. 246-265, pp. 256-259.

39 En Suiza, véanse los artículos 3 y 4 de la *Loi fédérale sur l'enlèvement international d'enfants et les Conventions de La Haye sur la protection des enfants et des adultes (n. 211.222.32)* de 21 de diciembre de 2007. En Francia la mediación se realiza por la *Cellule de médiation familiale internationale (CMFI)*, que pertenece a la Autoridad Central del Convenio de La Haya de 1980 *(<http://www.justice.gouv.fr/justice-civile-11861/enlevement-parental-12063/la-mediation-21106.*

dés (donde presta el servicio un ente financiado parcialmente por el Estado),[40] esta norma no viene acompañada -de momento- de la dotación de infraestructuras sobre las que se pueda consolidar este mecanismo de resolución. Ciertamente, y por no ser negativos, a diferencia de la ley 29/2015, de cooperación jurídica internacional, que prevé expresamente que la ley no incorporará gastos financieros, en el caso de la ley 15/2015, de jurisdicción voluntaria, no se introduce esta cláusula, pero parece evidente que la dotación de personal en la Autoridad Central o la financiación de estructuras de apoyo suponen una inversión que no parece inmediatamente asumible aunque sí deseable.

3.2. Las comunicaciones judiciales directas

Las comunicaciones judiciales directas constituyen una importante novedad de la reforma introducida en la LEC por la Ley de jurisdicción voluntaria y la LCJI. La necesidad de ofrecer esta posibilidad a las autoridades judiciales españolas era apremiante desde hace tiempo, puesto que tanto el RBIIbis como el CH1996 prevén determinados supuestos en los que se favorece este tipo de comunicaciones.[41] También desde la práctica se ha venido insistiendo sobre la importancia de utilizar esta vía para superar situaciones de *impasse* o incluso de frustración del retorno, de manera que mediante la actuación coordinada de la autoridad del Estado requirente y la del requerido se pueda acordar una solución que satisfaga todas las exigencias.[42]

El legislador español finalmente ha incorporado una referencia expresa a las comunicaciones directas en el marco del procedimiento de restitución del menor ilícitamente desplazado o retenido en el artículo 778 *quater* (7) LEC. Conforme a esta norma, para facilitar la comunicaciones judiciales directas, y si el juez lo considera necesario, podrá recurrirse al auxilio de las Autoridades Centrales implicadas, de

html#amfi>). Esta opción sería adecuada en la medida en que habría un solo punto de referencia en el territorio español para la mediación (puesto que solo hay una Autoridad Central en supuestos de sustracción internacional) y permitiría salvar el tema de la dispersión normativa antes apuntado, puesto que, presumiblemente, la Autoridad Central aplicaría la ley 5/2012 de mediación. Por otra parte, es cierto que esta solución no garantiza siempre que sea la entidad que esté más cerca del menor la que pueda resolver el asunto.

[40] *http://www.kinderontvoering.org/*

[41] Véanse los artículos 55 RBIIbis y 29 a 39 del CH1996. La necesidad de mejorar la comunicación judicial entre autoridades en el marco del artículo 55 queda de manifiesto en el auto 161/2015 de la Audiencia Provincial de Barcelona de 20 de mayo de 2015 (con nota de C. González Beilfuss en *REDI* 2016-I, pp. 196-198).

[42] En este sentido se pronuncia Ph. Lortie, "Cooperación Internacional y Sustracción de menores: Comunicaciones Judiciales Directas sobre Sustracción Internacional de Menores", p. 4 *(http://www5.poderjudicial.es/CVsm/Ponencia_2_ES.pdf)* poniendo como ejemplo el supuesto de la negociación para asegurar que el progenitor cuidador primario y sustractor no vaya a ser perseguido penalmente si vuelve con el menor al país de la residencia habitual.

las redes de cooperación judicial existentes, de los miembros de la red internacional de jueces de La Haya y de los jueces de enlace. En realidad, se trata de una norma descriptiva que consagra en la ley española un proceso iniciado en 2009 con la Conferencia conjunta entre la Comunidad Europea y la Conferencia de La Haya,[43] recogiendo los distintos mecanismos ya existentes. Su finalidad, puede decirse, es esencialmente 'educativa' al recordar a los jueces que existen todas estas vías de colaboración judicial que, aunque se califique de directa, no contempla la interacción inmediata entre órganos judiciales.[44]

Distinto es el supuesto que contempla la ley 29/2015 (LCJI) cuyo artículo 4 sí habilita a esta comunicación directa sin intermediarios. En el preámbulo de la ley se reconoce que hacía falta una base habilitante 'aun genérica' para dar respuesta a lo previsto en el RBIIbis (arts. 11.6, 11.7 y 15) y CH1996 (arts. 8, 9 y 31), por ejemplo, siguiendo las pautas indicadas por la Guía Emergente respecto al desarrollo de la Red Internacional de Jueces de la Conferencia de La Haya y Principios Generales para las comunicaciones judiciales.[45] El artículo 4 LCJI introduce esta habilitación genérica autorizando a todos los órganos jurisdiccionales españoles a comunicarse sin intermediación con órganos jurisdiccionales de otros Estados dentro de los límites marcados por el respeto a los ordenamientos jurídicos de ambos Estados y a la independencia judicial y sin menoscabo de los derechos de las partes.

Siendo un título habilitante 'general' para la comunicación directa, este artículo suscita algunas cuestiones interesantes: ¿cuándo debe o puede aplicarse? ¿podría el juez español que conoce del proceso de retorno comunicarse directamente en virtud del artículo 4 LCJI con el juez del Estado de la residencia habitual del menor antes del traslado sin pasar por una autoridad intermedia tal y como indica el artículo 778 *quater* (7) LEC? O ¿sólo debe utilizarse el artículo 4 LCJI sólo en aquellos supuestos que refiere la exposición de motivos de la LCJI? Esta última interpretación podría entenderse demasiado restrictiva en la medida en que el propio texto parece indicar el carácter a título de ejemplo de las situaciones referidas y existen otros artículos del RBIIbis en los que está igualmente prevista la comunicación directa (*v. gr.* art. 55). En otros términos, la concurrencia de estas dos normas puede crear cierta inseguridad en los jueces respecto de cuál es la norma habilitante en cada caso para la citada

[43] *http://www.hcch.net/upload/judcomm_concl2009e.pdf*

[44] Sobre el estado de la colaboración entre autoridades en España, puede verse F. J. Forcada Miranda, "Reglamento comunitario 2201/2003 y sustracción internacional de menores. Puntos de conflicto en su aplicación y en la ejecución sobre traslado ilícito de menores", *El Derecho de familia. Novedades en dos perspectivas*, Asociación Española de Abogados de familia, Dykinson, Madrid, 2010, p. 181-216, pp. 185-190; véase también M.C. Chéliz Inglés, *op. cit.*, nota 38, pp. 259-262.

[45] El texto de estas conclusiones y recomendaciones está incorporado como anexo A al trabajo de Ph. Lortie, Ph., *op. cit.*, nota 42.

comunicación directa y, sobre todo, cómo se puede poner en práctica el artículo 4 LCJI.

En efecto, el artículo 4 LCJI plantea interesantes e inquietantes cuestiones prácticas que apenas tienen respuesta y sin embargo son fundamentales para un buen funcionamiento del sistema de comunicación judicial directa. Así, en primer lugar, habría que poder establecer qué tipo de actuaciones podrían estar cubiertas por esta norma. Y a continuación, sería preciso identificar cuál es el órgano al que se dirige la petición de colaboración. Esta segunda cuestión puede estar facilitada en un marco como el de la Unión Europea, en la medida en que existe una red judicial europea e instrumentos dentro de la Unión (y en menor medida también podría decirse lo mismo en el contexto del Convenio de La Haya de 1996) que permiten localizar con cierta facilidad cuál sería este órgano. Sin embargo, fuera de este entorno de cooperación resulta mucho más complicado encontrar una respuesta. Identificado el órgano, es preciso igualmente establecer cuáles son los medios para realizar esta comunicación, puesto que podría realizarse por vía escrita (¿valdría a estos efectos la comunicación telemática? pues el artículo 17 de la ley parecería sancionar esta posibilidad) o por vía oral y, en cualquiera de los casos, es fundamental prever qué sucede si la contraparte y el juez español no comparten un idioma en el que comunicarse: ¿quién debe proporcionar (y en su caso pagar) un traductor o intérprete? Por último, y no es una cuestión menor, ya que precisamente uno de los límites a la utilización de esta comunicación directa entre jueces está en el respeto de los derechos de las partes, sería preciso acotar el tema de la protección de estos derechos. Ciertamente el artículo 19 LCJI incorpora una regla general sobre protección de datos en el marco de la cooperación jurídica internacional (en línea con lo previsto en el art. 55 RBIIbis), pero no hay referencia alguna al aseguramiento de los derechos procesales de las partes o incluso del interés superior del menor.[46] En este sentido puede ser interesante esperar a ver cómo se desarrollan los pasos dados por la Conferencia de La Haya, en trabajo conjunto con la Unión Europea, para identificar unas pautas de buen funcionamiento de la comunicación directa entre autoridades judiciales, donde buena parte de las cuestiones planteadas están ya esbozadas.[47] E incluso podría ser pertinente adoptar, tal y como se ha propuesto recientemente, una guía nacional para este tipo de actuaciones, donde se concreten y aclaren los elementos esenciales de esta cooperación transfronteriza.[48]

---

[46] Pues como recuerda el apartado II de la Exposición de motivos de la Ley orgánica 8/2015 de modificación del sistema de protección a la infancia y a la adolescencia (*BOE* núm. 175 de 23 julio), el interés del menor ya no es sólo un principio inspirador del sistema sino que se constituye en un derecho sustantivo del menor.

[47] La última versión del proyecto data de 2012 y puede encontrarse en el sitio de la Conferencia de La Haya: *https://assets.hcch.net/docs/f8ec0569-7bac-4ee0-97b8-ab406ced167b.pdf*

[48] En este sentido es de especial valor el trabajo propuesto por F.J. Forcada Miranda, *"Las comunicaciones judiciales directas y la nueva Ley 29/2015, de 30 de julio, de cooperación jurídica*

Todas estas cuestiones ponen de manifiesto que este tipo de colaboración precisa de algo más que una mera habilitación genérica (aunque ésta pueda ser necesaria). Tal vez lo más razonable sería que, a la vista de la actual situación de la judicatura, para todo caso de sustracción internacional de menores se canalizara la comunicación a través de las Autoridades Centrales o la red judicial o los jueces de enlace. A pesar del coste que ello pueda tener en tiempo, así se asegura que se respetan todas las condiciones de seguridad jurídica y los derechos de las partes.[49] También esta parece ser la posición -al menos para una primera fase inicial- promovida por la Conferencia de La Haya, que sugiere el uso de la red judicial de La Haya. En todo caso, parece evidente que es preciso un apoyo adicional, como se ha solicitado en foros especializados en la materia.

4. LOS SILENCIOS DEL LEGISLADOR

Es ya un punto de común acuerdo que la mejor manera de luchar contra la sustracción internacional de menores es prevenirla. Y ello pasa por la adopción de medidas que faciliten un contacto continuado entre el menor y sus progenitores a pesar de un posible desplazamiento del menor. En este sentido, el tratamiento de la reubicación transfronteriza de menores y el efectivo ejercicio de los derechos de visita (o contacto) son dos elementos fundamentales en esta política preventiva. Desafortunadamente las reformas introducidas por el legislador español no abordan ninguno de estos dos puntos, por lo que podrían considerarse como otras opciones de mejora para la prevención de la sustracción internacional de menores.

4.1. Sobre la reubicación

La estrecha relación entre el derecho a decidir la residencia habitual del menor y la sustracción de éste cuando no existe acuerdo entre los progenitores es cada vez más evidente.[50] De este modo, un buen acuerdo sobre la reubicación es una medida eficaz contra la sustracción. No vamos a detenernos mucho en este punto, ya que desde la perspectiva de este trabajo lo relevante es abordar la efectiva aplicación de las normas europeas y la reubicación no tiene un tratamiento específico en el RBIIbis.

---

internacional en materia civil: una propuesta de guía práctica para el establecimiento y desarrollo de comunicaciones judiciales directas en casos específicos", Boletín del Ministerio de Justicia, año LXX, núm. 2190, julio 2016 (*www.mjusticia.es/bmj)*, pp. 3-57, que esperamos pueda servir de guía en un no muy lejano acercamiento del sistema jurídico español a esta materia.

49 En la misma línea se posiciona el informe resultante del proyecto "Conflicts of EU Courts on Child Abduction" realizado por el profesor P. Beaumont y financiado por la Nuffield Foundation *(http://www.abdn.ac.uk/law/documents/CPIL_Working_Paper_No_2016_1.pdf)*.

50 De hecho, el citado informe del Parlamento Europeo (*supra* nota 10) incide en la necesidad de abordar las situaciones de reubicación familiar.

Es más, las cuestiones relativas a la competencia judicial internacional o incluso la competencia territorial en principio no necesitan de una regla distinta a la aplicable para los litigios sobre responsabilidad parental. Sin embargo, dada la importancia que una buena resolución de estos temas puede suponer en materia de sustracción de menores, algún Estado de la Unión Europea (*v.gr.* Austria) ha considerado pertinente introducir reglas específicas sobre reubicación transfronteriza.[51] En esta misma línea el legislador español podría considerar *a futuro* abordar también estos supuestos, en particular si se tiene en cuenta que la solución sustantiva del tema dista de estar claramente resuelta a pesar de la intervención del Tribunal Supremo.[52]

4.2. El efectivo ejercicio del derecho de visita

Mucho más llamativa, por el contrario, es la ausencia de toda referencia al efectivo ejercicio del derecho de visita. En efecto, la limitada atención que el Convenio de La Haya de 1980 dedica a este tema (exclusivamente en el art. 21) se ha intentado superar tanto por la propia Conferencia de La Haya en el convenio de 1996 como por el RBIIbis. El tiempo transcurrido desde la entrada en vigor del Reglamento podría haber impulsado al legislador español a adoptar alguna medida para hacer efectivas las disposiciones de estos textos sobre el derecho de visita (o contacto transfronterizo).[53]

La LCJI ha paliado parcialmente esta laguna introduciendo apartados en la Disposición final nº 22 LEC que abordan el supuesto del artículo 41 RBIIbis, *i. e.* la situación de los tribunales españoles como Estado requirente que emite la certificación relativa a la resolución judicial sobre el derecho de visita. La citada Disposición final contempla quién tiene la competencia para emitir dicha certificación (apartado 2), el procedimiento de rectificación de errores detectados en dicha certificación (apartado 4) y la impugnación de la denegación de la certificación (apartado 5). Sin embargo,

[51] En 2013, se reformó el §162 del Código civil austríaco para introducir reglas obre reubicación, también aplicables en los supuestos transfronterizos. Sobre el *status quaestionis* en este tema puede verse en informe de Austria en el Informe del Parlamento Europeo, *cit. supra,* nota 10, p. 299.

[52] La sentencia más relevante y reciente en materia de reubicación transfronteriza del Tribunal Supremo es la de 20 de octubre de 2014 (ECLI:ES:TS:2014:4072). En esta sentencia el Supremo estableció que el interés superior del menor debía constituir la consideración primordial para decidir sobre la reubicación transfronteriza, de manera que ésta sólo podría autorizarse cuando beneficie al menor teniendo en cuenta su interés. En el caso concreto, al tratarse de un menor aún muy dependiente de su madre, y considerando que el padre no tendría la custodia aunque la madre permaneciera en España, el Tribunal Supremo consideró pertinente la reubicación de madre e hijo.

[53] En el año 2004 el Ministerio de Justicia, respondiendo al cuestionario sobre la ejecución de las órdenes de retorno en el marco del Convenio de La Haya de 1980 *(https://assets.hcch.net/upload/abd_return_es.pdf)* reconoció que no se podían dar respuestas concretas sobre la ejecución de este derecho de visita (contacto) debido a la novedad de las normas y el limitado número de solicitudes recibidas. En todo caso, se adelantaba que serían precisos ulteriores desarrollos y una mayor participación de las autoridades judiciales (p. 12).

no se ha incluido ninguna norma para facilitar el efectivo ejercicio del derecho de visita, es decir, para las actuaciones que se desarrollarían en España cuando nuestro país fuera el Estado requerido. Que este desarrollo es necesario viene avalado por las reformas realizadas en otros Estados miembros de la UE, como por ejemplo en Bélgica,[54] en los Países Bajos[55] o Rumanía.[56]

Concretando en el ordenamiento español, podría ser positivo introducir reglas de competencia judicial que permitieran identificar ante qué tribunal puede solicitarse la ejecución de un derecho de visita, cuestión que nos remite a lo ya abordado (*supra* 2.A), retomando el debate sobre la conveniencia de especializar a los tribunales o conferir la competencia al tribunal más cercano al menor sobre el que se quiere ejercitar ese derecho (opción esta última que se ha seguido por ejemplo en los Países Bajos, diferenciando entre los procedimientos de restitución y los de visita). Igualmente sería necesario establecer quién tiene la legitimación para intentar esta acción (si corresponde directamente al particular, titular del derecho de visita, o puede o debe canalizarse a través de la intervención de la Autoridad Central). Y no menos importante, podría también considerarse el desarrollo de disposiciones que permitieran hacer efectivo lo previsto en el artículo 48 RBIIbis, que permite al Estado requerido adoptar medidas para adaptar las modalidades de ejecución previstas en la decisión del Estado de origen.[57]

5. CONCLUSIONES

1. Las reformas introducidas por el legislador en 2015 han mejorado sin duda la normativa interna previa en materia de sustracción internacional de menores. Ahora bien, este avance no debe suponer una actitud complaciente puesto que aún hay cuestiones que precisan de mejoras y por ello es necesario continuar en este camino. Para ello puede seguirse una senda más conservadora, tal y como se ha sugerido en algunos puntos de este trabajo, por ejemplo en materia de ejecución. Pero también sería posible que el legislador fuera más innovador o arriesgado, intentando incorporar soluciones que funcionan en otros sistemas, tal vez con un sistema previo de pro-

---

[54] Para Bélgica, véase el artículo 1322bis (2) del Código de procedimiento civil.

[55] *https://www.rechtspraak.nl/SiteCollectionDocuments/The-Dutch-Office-of-the-Liaison-Judge-International-Child-Protection-report-2014.pdf.pdf*

[56] La reciente reforma de 2014 introduce reglas de competencia material para peticiones de derecho de visita transnacionales (véase el Informe de Rumanía en el Informe del Parlamento Europeo *cit. supra*, nota 10, p. 354).

[57] Téngase en cuenta igualmente que el TJUE ha indicado en la sentencia C-4/17 *Bohez c. Wiertz* (supra nota 19) que la decisión que garantiza el derecho de visita puede incorporar medidas coercitivas para asegurar el cumplimiento de dicho derecho y que, de incumplirse, dichas medidas podrían ser ejecutadas en el Estado requerido conforme al RBII*bis* si la cuantía de la multa está fijada de manera clara.

grama piloto, como ha hecho el legislador holandés respecto de los *undertaking* ingleses. En todo caso, tratándose de una materia en la que está pendiente una reforma europea (con la revisión del Reglamento 2201/2003)[58] y que afecta a menores, cuya tutela exige una flexibilidad y capacidad de adaptación a su desarrollo y situación concreta, parece evidente que este proceso necesitará una permanente puesta al día.

2. En segundo lugar es necesario incidir en que las reformas legislativas precisan de apoyos materiales para que puedan ser realmente efectivas. En este sentido será fundamental contar con apoyo adicional en medios humanos y económicos. El capital humano es esencial para que realmente se ofrezca una tutela adecuada a los menores y para ello es preciso promover una mayor especialización de los operadores jurídicos, con más información, puesto que el actual sistema es muy complejo, y formación, no sólo en contenidos jurídicos sino también en idiomas, cuestión que no es menor y resultará fundamental si se pretende fomentar la colaboración directa entre las autoridades. Adicionalmente, parece que la dotación económica para fortalecer a la Autoridad Central o proporcionar un apoyo lingüístico a los operadores (con traductores) es una exigencia evidente.

3. Por último, cualquier intervención que pretenda realizar el legislador debería hacerse con una perspectiva global de la situación, de manera que se contemple no sólo la restitución del menor desplazado sino también otras vías de aseguramiento de que los derechos de custodia se cumplen (por medio de reconocimiento y ejecución de resoluciones). Y de igual modo, una visión completa exigiría abordar el tratamiento de las medidas que inciden directamente en la prevención de estas situaciones (un efectivo ejercicio del derecho de visita, facilitar la resolución de las peticiones de reubicación familiar) y, si procede, el recurso a vías alternativas a la judicial para resolver estas cuestiones. En este sentido existen ya soluciones en otros sistemas europeos que podrían servir de inspiración, *v. gr.* el alemán o el holandés.[59] Sin duda alguna, una perspectiva de conjunto no sólo permitiría tener una mirada más amplia sobre estos temas sino que además facilitaría la tarea de los operadores jurídicos, que podrían identificar con más facilidad la normativa aplicable.[60]

---

58 *Cit. supra* nota 30.

59 Así, la citada norma alemana *IntFamRVG* (*supra* nota 10) con un carácter más amplio en materia de familia, o la *Implementation Act International Child Protection*, de 16 de febrero 2006 (Stb. 2006, 193).

60 En este mismo sentido, a favor de una normativa de los procesos transfronterizos en materia de familia en el ordenamiento español, se pronuncian las conclusiones del "IV Encuentro de Magistrados y jueces de familia y asociaciones y de abogados de familia"..., *op. cit.*, nota 9, p. 15.

LOS MENORES Y LA PRESTACIÓN DE ALIMENTOS. LA EXPERIENCIA EUROPEA

Alberto Pérez Cedillo

Abogado y Solicitor de Inglaterra y Gales
Vice-presidente del European Chapter de la International Academy of Family Lawyers

1. INTRODUCCIÓN: LA COMPLEJA REGULACIÓN EXISTENTE EN EL ÁMBITO INTERNACIONAL

No es materia fácil identificar la normativa aplicable en lo que respecta a las obligaciones de alimentos, sobre todo cuando nos situamos en el contexto del Derecho internacional. Existen numerosos instrumentos internacionales además de acuerdos entre Estados en este ámbito del Derecho y la aplicación de los mismos puede solaparse en ocasiones. Esta pluralidad legislativa constituye un verdadero problema y ha generado en la práctica situaciones de *litispendencia* que han requerido la intervención del Tribunal de Justicia de la Unión Europea (TJUE). De hecho, este Tribunal ha establecido un importante precedente en cuanto a la reclamación de pensión de alimentos transfronterizos mediante su decisión de 16 de julio de 2015 *(Case NC-184/14 A v. B)* en la que se establece que las cuestiones relativas a una reclamación sobre obligaciones de alimentos (regulado en el Reglamento (CE) núm. 4/2009) deben ser atribuidas al órgano jurisdiccional del Estado que está conociendo sobre la acción relativa a la responsabilidad parental (regulada en el Reglamento (CE) núm. 2201/2003) ya que se encuentra en mejor posición para decidir sobre las cuestiones relativas a la manutención derivada de una responsabilidad parental. De ello puede desprenderse que las reclamaciones de alimentos no deben seguir adelante de forma separada e independiente, o como un procedimiento accesorio en el Estado miembro en el que los menores no residen ya que estas cuestiones deben tratarse juntamente con la responsabilidad parental que debe atribuirse al Estado miembro de residencia habitual de la parte acreedora.

1.1. Normativa Internacional

A nivel internacional, El Convenio de La Haya de 23 de noviembre de 2007 sobre Cobro Internacional de Alimentos para los Niños y otros Miembros de la Familia (en adelante, el "Convenio de La Haya de 2007") contiene también en lo referente a los alimentos para menores una nueva forma de cobro trasfronterizo con la introducción de procedimientos simplificados, rápidos, eficaces y accesibles. Junto con este Convenio de La Haya, los miembros de la Conferencia de La Haya adoptaron un nuevo instrumento jurídico de aplicación mundial, el Protocolo de La Haya de 23 de noviembre de 2007 sobre la Ley Aplicable a las Obligaciones Alimenticias (en adelante, el "Protocolo de La Haya de 2007").

Es importante tener presente que la elaboración del nuevo Reglamento europeo de obligaciones de alimentos tuvo lugar a la vez que la del Convenio de La Haya de 2007, y que la Unión Europea quiso de alguna forma priorizar la compatibilidad del instrumento europeo con el nuevo Convenio internacional. En el momento en que la Unión Europea firmó el Convenio de La Haya de 2007, terminaba a la vez los preparativos de aplicación del Reglamento.

La ley aplicable a las obligaciones de alimentos debe determinarse de conformidad con el Protocolo de La Haya de 2007, tal y como establece el Reglamento sobre obligaciones de alimentos. De hecho, a pesar de que este Protocolo entró en vigor el 1 de agosto de 2013, se ha estado aplicando de forma provisional en la Unión Europea (salvo en Dinamarca y el Reino Unido) desde el 18 de junio de 2011.

Existen otros instrumentos internacionales adoptados con anterioridad y que regulan asuntos relativos al cobro transfronterizo de obligaciones de alimentos, y es necesario remarcar que algunos de estos instrumentos siguen desempeñando algunas funciones junto con el Reglamento sobre obligaciones de alimentos y los nuevos instrumentos de La Haya.

Los instrumentos que existían antes del Convenio de La Haya de 2007 y del Protocolo de La Haya de 2007 son los siguientes:

1. Convención de las Naciones Unidas sobre la Obtención de Alimentos en el Extranjero (Nueva York, 20 de Junio de 1956) en vigor desde el 25 de mayo de 1957.
2. Convenio de la Haya de 24 de octubre de 1956 sobre la Ley aplicable a las Obligaciones Alimenticias respecto a Menores, en vigor desde el 1 de enero de 1962.
3. Convenio de la Haya de 15 de abril de 1958 sobre el Reconocimiento y Ejecución de Decisiones en Materia de Obligaciones Alimenticias, en vigor desde el 1 de enero de 1962.
4. Convenio de la Haya de 2 de octubre de 1973 sobre Reconocimiento y Ejecución de Decisiones en Materia de Obligaciones Alimenticias, en vigor desde el 1 de agosto de 1976.
5. Convenio de la Haya de 2 de octubre de 1973 sobre Ley aplicable en Materia de Obligaciones Alimenticias, en vigor desde octubre de 1977.

1.2. Normativa Europea

En el marco de la Unión Europea, en relación a la competencia, la ley aplicable, el reconocimiento y la ejecución de las resoluciones así como la cooperación en materia de obligaciones de alimentos, existe el Reglamento (CE) núm. 4/2009 del Consejo, de 18 de diciembre de 2008 (en adelante, el "Reglamento sobre obligaciones de alimentos") aplicable en la Unión Europea desde el 18 de junio de 2011, con la excepción de Dinamarca, que se aplica de forma parcial, e introduce en el cobro transfronterizo de alimentos en la Unión Europea una nueva área. Incluye normas sobre competencia jurisdiccional, disposiciones que simplifican y aceleran el reconocimiento y la ejecución, y normas de ley aplicable, además de un sistema de cooperación entre las Autoridades Centrales, así como disposiciones relativas a la asistencia jurídica. Podemos afirmar que dicho Reglamento ha supuesto una gran mejora en el cobro transfronterizo de obligaciones de alimentos en Europa.

Con anterioridad a la entrada en vigor del Reglamento sobre obligaciones de alimentos, se ha utilizado la siguiente normativa para el cobro transfronterizo de obligaciones de alimentos:

- El Reglamento (CE) núm. 44/2001 del Consejo, de 22 de diciembre de 2000, relativo a la competencia judicial, el reconocimiento y la ejecución de resoluciones judiciales en materia civil y mercantil, en lo sucesivo, el Reglamento Bruselas I (sucesor del Convenio de Bruselas de 1968).
- El Reglamento (CE) núm. 805/2004 del Parlamento Europeo y del Consejo, de 21 de abril de 2004, por el que se crea un título ejecutivo europeo para créditos no impugnados en lo sucesivo, el Reglamento del título ejecutivo.

1.3. Relación de los instrumentos internacionales y europeos y sus diferencias

En una Comisión especial de la Conferencia de La Haya de Derecho internacional privado se llegó a la conclusión de que los instrumentos que hasta el momento existían, no estaban funcionando, al menos de forma eficaz. Esa poca funcionalidad iba a perdurar en el tiempo. El cobro transfronterizo de obligaciones de alimentos seguía siendo lento y costoso. Los miembros de la Conferencia de la Haya de 2002, estuvieron, durante cinco años elaborando borradores y en negociaciones en los que la Comunidad Europea como miembro de la Conferencia de la Haya, participó de forma activa. El nuevo Convenio de La Haya adoptado en noviembre de 2007 contiene la promesa de mejorar, en particular, en lo que respecta a los casos de alimentos para menores y el cobro internacional de obligaciones de alimentos, mediante procedimientos simplificados, acelerados y accesibles. Las normas jurídicas aplicables y modernizadas se incluyeron en otro instrumento de La Haya, el Protocolo de La Haya de 2007, que como se ha indicado anteriormente, se elaboró y adoptó junto con el Convenio de La Haya de 2007.

Al mismo tiempo, la Unión Europea preparaba otro instrumento relativo al cobro transfronterizo de obligaciones de alimentos, de acuerdo con los objetivos establecidos en la reunión de Tampere del Consejo Europeo en octubre de 1999, ya que era necesario la creación de normas especiales de procedimiento comunes, para la tramitación simplificada y acelerada de litigios transfronterizos, así como una mayor reducción de las medidas intermedias que siguen exigiéndose para el reconocimiento y ejecución de una resolución.

La finalidad de la Unión Europea era eliminar el exequátur en las decisiones en materia de obligaciones de alimentos en la Unión Europea, contemplando un instrumento que permitiera el reconocimiento automático y la ejecución de las decisiones ejecutorias de un Estado miembro en otro. Sin embargo, para poder dar este paso, era absolutamente necesario, la introducción de normas comunes de ley aplicable en materia de obligaciones de alimentos en la Unión Europea.

Una vez la Unión Europea finalizó el Reglamento sobre obligaciones de alimentos, se adoptaron los nuevos instrumentos de la Haya para que el mismo fuera lo más compatible posible con las nuevas regulaciones internacionales. En principio, el nuevo Reglamento debía incluir las normas jurídicas relativas a la ley aplicable, pero quedaba por decidir si debían introducirse otras normas jurídicas europeas o si por el contrario era más conveniente incorporar el nuevo instrumento de La Haya sobre ley aplicable como base común de ley aplicable. Aun así, la dificultad radicaba en el hecho de que algunos Estados miembros indicaron que no estaban dispuestos a aceptar el nuevo régimen de ley aplicable. Por ello, con el fin de conseguir la aplicación del nuevo Reglamento sobre obligaciones de alimentos en estos Estados y, al mismo tiempo, eliminar el exequátur en resoluciones basadas en el régimen de ley aplicable del Protocolo de La Haya de 2007, se decidió que el Reglamento sobre obligaciones de alimentos contendría dos conjuntos de normas distintas relativas al reconocimiento y la ejecución de las resoluciones.

Existen varias diferencias entre los tres instrumentos mencionados. En cuanto al reconocimiento y ejecución, el Reglamento sobre obligaciones de alimentos incluye normas directas relativas a la competencia, algo que no abarca el Convenio de La Haya de 2007.

También incluye el Reglamento sobre obligaciones de alimentos las normas jurídicas aplicables. Este instrumento declara que el Protocolo de La Haya de 2007 es aplicable a todos los Estados miembros vinculados por el mismo.

Además, el Reglamento crea un vínculo entre el cumplimiento de un régimen uniforme de conflicto de leyes y la disponibilidad de determinadas reglas privilegiadas de reconocimiento y ejecución. En cambio, el Convenio de La Haya de 2007 y el Protocolo de La Haya de 2007 se aplican de forma paralela, separada e independiente.

1.4. El futuro: las Conferencias de Heidelberg y Hong Kong

Del 9 al 11 de noviembre de 2015, más de 155 expertos se reunieron en Hong Kong para discutir la reclamación de alimentos a favor de hijos y otros miembros de la familia, en el contexto de los sistemas nacionales y regionales, en particular en relación al Convenio de La Haya de 2007 y el Protocolo de la Haya de 2007.

Anteriormente, más de 230 expertos de todos los grupos relativos al campo de los alimentos a favor de los hijos y otros miembros de la familia se habían reunido en Heidelberg del 5 al 8 de marzo de 2013: jueces, abogados, trabajadores sociales, académicos, representantes de los gobiernos y del sector privado de 43 países de todo el mundo.

Los participantes de la Conferencia de Heidelberg examinaron y discutieron la ley sobre la manutención de los hijos y otros miembros de la familia desde la perspectiva internacional. Las cuestiones legales del Reglamento sobre obligaciones de alimentos (CE) nº 4/2009), el Convenio de La Haya de 2007 sobre el cobro internacional de alimentos para niños y otros miembros de la familia y el Protocolo de La Haya de 2007 sobre la ley aplicable a las obligaciones alimentarias se debatieron en detalle. También fue foco de la discusión las cuestiones prácticas de cobro transfronterizo de alimentos. Hubo un animado intercambio de impresiones sobre los diferentes sistemas nacionales de apoyo a la infancia y su funcionalidad.

Los participantes y los socios del proyecto trabajaron conjuntamente en un documento en el que llegaron a conclusiones y recomendaciones para la mejora de la recuperación de alimentos transfronterizos, y las enmiendas en los instrumentos internacionales; el Reglamento (CE) nº 4/2009 y el Convenio de La Haya de 2007. Además, se introdujeron los próximos pasos a seguir hacia una mayor cooperación establecida de la comunidad mundial para el cobro internacional de alimentos para niños y otros miembros de la familia.

De entre las conclusiones y las recomendaciones a las que se llegaron en ambas conferencias[1] cabe destacar la necesidad de crear un *networking* de abogados especializados en materia de alimentos.

2. EL CONVENIO DE LA HAYA DE 2007 Y EL PROTOCOLO DE LA HAYA DE 2007

Albania, Burkina Faso, Bosnia Herzegovina, la Unión Europea, Noruega, Ucrania y Estados Unidos de América, son los siete actuales países signatarios del Convenio de La Haya de 2007 que entró en vigor el 1 de enero de 2013. Albania, Bosnia Herzegovina, Noruega y Ucrania ratificaron posteriormente el Convenio.

El Protocolo de La Haya de 2007 entró en vigor el 1 de agosto de 2013 y cuenta con tres signatarios; La Unión Europea, a excepción de Dinamarca y el Reino Unido, Serbia y Ucrania. Todos han ratificado el tratado.

Como se explicaba anteriormente a pesar de que el Protocolo de La Haya de 2007 entró en vigor el 1 de agosto de 2013, se ha aplicado de forma provisional en la Unión Europea (salvo en Dinamarca y el Reino Unido) desde el 18 de junio de 2011. El objetivo era no retrasar la aplicación del Reglamento sobre obligaciones de alimentos, ya que su entrada en vigor dependía de la aplicabilidad del Protocolo de La Haya de 2007. El Convenio de La Haya de 2007 así como el Protocolo de La Haya de 2007 permiten a cualquier país que así lo desee ratificar y unirse a los mismos. Cualquier Estado puede unirse al Protocolo de La Haya de 2007, se trate o no de un Estado parte o miembro del Convenio de La Haya de 2007. Además, ha de tenerse en cuenta que el Convenio y el Protocolo de La Haya de 2007 son los primeros instrumentos de La Haya a los que pueden unirse organizaciones regionales de integración económica, siempre que se cumpla con los requisitos establecidos en estos instrumentos.

El Convenio de La Haya de 2007 se aplica a las obligaciones alimenticias a favor de una persona menor de 21 años derivadas de una relación paterno-filial (art. 2.1.a), al reconocimiento y ejecución de una decisión sobre obligaciones alimenticias entre cónyuges y ex cónyuges cuando la solicitud se presente conjuntamente con una demanda comprendida en el ámbito de aplicación del subapartado a) (art. 2.1.b), y a otras obligaciones alimenticias entre cónyuges y ex cónyuges, con excepción de los Capítulos II y III (art. 2.1.c).

[1] Véanse http://www.childsupport-worldwide.org/tl_files/bilder/C+R_Heidelberg_Conference_2013_final.pdf, para la conferencia de Heidelberg y http://www.childsupport-worldwide.org/tl_files/bilder/Newsletter/Newsletter%2029_C&R%20Hong%20Kong.pdf para la Conferencia de Hong Kong.

Las disposiciones del Convenio se aplican a los menores sin tener en cuenta la situación conyugal de sus padres (art. 2, apdo. 4).

Cabe mencionar que el Convenio sigue el principio de reciprocidad. Si un Estado contratante limita la aplicación del Convenio, este Estado no tendrá derecho a reclamar la aplicación del Convenio a personas cuya edad su reserva excluya (art. 2, apdo. 2). Y en el caso de que un Estado miembro declare una ampliación de la aplicación del Convenio, la declaración únicamente generará obligaciones entre dos Estados contratantes siempre que sus declaraciones incluyan las mismas obligaciones alimenticias y partes del Convenio (art. 2, apdo. 3).

En el Convenio de La Haya de 2007, sin embargo no se incluyen normas directas de competencia, sino que contiene una norma negativa sobre la competencia en su art. 18. Únicamente contiene normativa directa en lo referente al reconocimiento y la ejecución de resoluciones judiciales.

3. EL REGLAMENTO SOBRE OBLIGACIONES DE ALIMENTOS

3.1. Ámbito geográfico

El Reglamento es aplicable en todos los Estados miembros de la Unión Europea a excepción de Dinamarca. Además este Reglamento es totalmente vinculante y prevalece sobre la legislación nacional.

Ni Dinamarca ni el Reino Unido intervinieron en la adopción del Reglamento. Aun así, el Reino Unido ratificó el Reglamento con posterioridad a su adopción y la aplicación del Reglamento se extendió a este país mediante decisión de la Comisión 2009/451/CE de 8 de junio de 2009. La situación del Reino Unido tras el Brexit, quedará ahora pendiente de las negociaciones que se lleven a cabo con la Unión Europea.

Dinamarca confirmó su intención de aplicar el contenido del Reglamento, en la medida en que este modifica el Reglamento (CE) núm. 44/2011, mediante una declaración[2] basada en un acuerdo paralelo celebrado con la Comunidad Europea.

Aun así, hay que tener en cuenta que Dinamarca y el Reino Unido no están vinculados por el Protocolo de La Haya de 2007.

3.2. Ámbito material

El Reglamento sobre obligaciones de alimentos se aplica a las obligaciones de alimentos derivadas de una relación familiar, de parentesco, matrimonio o afinidad

---

[2] *DOUE* L 149 de 12.6.2009, p. 80.

(art. 1.1). El concepto de obligación de alimentos deberá interpretarse de manera "autónoma". En este sentido, y tomando en cuenta las decisiones del TJUE, la obligación de alimentos abarca no sólo las prestaciones legales cuyo objeto sea la satisfacción de las necesidades socioeconómicas de la persona a partir de una relación de familia, sino también otras prestaciones cualquiera que sea su denominación (pensión, alimentos, deber de socorro, manutención, cargas del matrimonio) o su modalidad (prestaciones periódicas o por importe total).

3.3. Competencia judicial internacional

El capítulo II (art. 3 a 14), dedicado a la competencia judicial, sustituye a los foros que en materia de alimentos prevé el Reglamento Bruselas I en el que se inspira parcialmente aunque con cambios sustanciales.

Dispone en primer lugar la eliminación de los foros vinculados al domicilio, manteniéndose únicamente los derivados de la residencia del demandado y del acreedor de los alimentos (art.3.a y b). Se conservan en cambio los foros por accesoriedad, tanto a la acción relativa al estado de las personas, como a la acción en materia de responsabilidad parental; en ambos casos se especifica que si la demanda es accesoria a una de estas acciones el órgano jurisdiccional que conozca de esta demanda será competente para pronunciarse también sobre la reclamación de alimentos (art.3.c y d). En estos casos en los que la competencia para conocer de la reclamación de alimentos se atribuye al órgano jurisdiccional que está conociendo de una acción sobre el estado de las personas o de responsabilidad parental se establece que dicha competencia no operará si la competencia para conocer del litigio principal se deriva únicamente de la nacionalidad de una de las partes. El Reglamento prevé que pueda elegirse el foro competente en materia de alimentos, aunque limitando dicha elección a unos tribunales determinados (art. 4) y estableciendo que dicha elección no podrá operar cuando se refiera a alimentos respecto de una persona menor de 18 años. Igualmente prevé la competencia derivada de la sumisión tácita (art. 5).

Resulta también de gran interés la previsión de una competencia subsidiaria (art. 6), de modo que cuando ningún tribunal de un Estado miembro es competente de acuerdo con los foros de los arts. 3, 4 y 5 (ni ningún tribunal de un Estado parte en el Convenio de Lugano que no sea Estado miembro sea competente con arreglo a lo dispuesto en dicho Convenio), se establece una competencia subsidiaria en favor de los tribunales del Estado de la nacionalidad común de las partes.

Finalmente, y con el objeto de evitar problemas de denegación de justicia, se establece un *forum necessitatis* (art. 7) de modo que, para aquellos casos en los que ningún Estado miembro sea competente de acuerdo con los artículos precedentes y no sea posible llevar a cabo el procedimiento en un tercer Estado con el que el litigio tenga una estrecha relación, podrá el tribunal de un Estado miembro conocer del asunto en casos excepcionales, siempre y cuando exista una conexión suficiente entre el litigio y ese Estado, de acuerdo con dicho foro de necesidad.

También se prevé una norma específica en materia de medidas provisionales y cautelares (art. 14), permitiendo que los tribunales de un Estado miembro adopte estas medidas previstas en su legislación interna, a pesar de que la competencia para conocer sobre el fondo del asunto recaiga sobre los tribunales de otro Estado miembro.

El Reglamento, además, no solamente incluye una regulación detallada de los criterios competenciales en materia de alimentos, sino que también se ocupa de los problemas de aplicación que plantea esta regulación; así cuestiones tales como la verificación de la competencia, la verificación de la admisibilidad, la litispendencia y la conexidad son objeto de atención específica en los artículos 10 a 13.

3.4. Litispendencia

Cuando, de conformidad con el artículo 3 del Reglamento, se presenta una demanda ante un órgano jurisdiccional que se ha declarado competente, los órganos jurisdiccionales de otros Estados miembros dejan de ser competentes y deben desestimar toda demanda subsiguiente.

En supuestos en los que se formulan demandas con el mismo objeto y la misma causa entre las mismas partes ante tribunales de Estados miembros distintos, el Reglamento exige que el órgano jurisdiccional ante el que se haya formulado la segunda demanda suspenda de oficio el proceso hasta que él se declare competente el órgano jurisdiccional ante el cual se interpuso la primera; y que se inhiba en favor del órgano jurisdiccional ante el cual se interpuso la demanda en cuanto este se declare competente (art. 12.2). El objetivo de la norma de litispendencia es garantizar la seguridad jurídica y evitar acciones paralelas y la posibilidad de resoluciones inconciliables.

Si se presentara una acción en un Estado miembro distinto del Estado de residencia habitual del deudor y el deudor no compareciera, el artículo 11.1 del Reglamento sobre obligaciones de alimentos dispone que el órgano jurisdiccional competente "*suspenderá el procedimiento hasta que se tenga constancia de que dicha parte demandada ha estado en condiciones de recibir, con suficiente antelación para defenderse, el escrito de demanda o documento equivalente o que se han practicado todas las diligencias a tal fin*". Si el escrito de demanda o documento equivalente hubiera de remitirse de un Estado miembro a otro de acuerdo con el Reglamento (CE) núm. 1393/2007 del Parlamento Europeo y del Consejo de 13 de noviembre de 2007, relativo a la notificación y al traslado en los Estados miembros de documentos judiciales y extrajudiciales en materia civil o mercantil (notificación y traslado de documentos) y por el que se deroga el Reglamento (CE) núm. 1348/2000 del Consejo, se aplicará el artículo 19 de dicho Reglamento en lugar del artículo 11.1 del Reglamento sobre obligaciones de alimentos. En caso de que el Reglamento no fuera aplicable, sino que fuera de aplicación el Convenio de La Haya de 15 de noviembre de 1965 sobre la

Notificación o Traslado en el Extranjero de Documentos Judiciales o Extrajudiciales en Materia Civil o Comercial, se aplicará el artículo 15 de dicho Convenio (véase el art. 11.3 del Reglamento sobre obligaciones de alimentos).

3.5. Reconocimiento y ejecución

El Reglamento consigue la abolición del exequatur, hecho que ha supuesto uno de los mayores cambios y avances en relación con el reconocimiento y la ejecución de las resoluciones en materia de alimentos.

Las normas relativas al reconocimiento y la ejecución de las resoluciones en materia de alimentos se aplican únicamente a las resoluciones dictadas en los Estados miembros de la Unión Europea.

Se prevé, en todo caso, una doble vía para el reconocimiento y ejecución, existiendo dos conjuntos distintos de normas al no querer todos los Estados miembros de la Unión Europea estar vinculados a normas comunes de aplicación. El primer grupo lo constituyen normas relativas al reconocimiento y la ejecución de las resoluciones dictadas en los Estados miembros vinculados por las normas jurídicas aplicables del Protocolo de La Haya de 2007 (sección 1 del capítulo IV del Reglamento), y el segundo, normas relativas al reconocimiento y la ejecución de las resoluciones dictadas en los Estados miembros no vinculados por el Protocolo (sección 2 del capítulo IV del Reglamento). En la actualidad todos los Estados miembros de la Unión Europea están vinculados, a excepción del Reino Unido y Dinamarca. Quedando Reino Unido siempre sujeto a las modificaciones que se deriven del Brexit de acuerdo con el resultado del referéndum.

Es decir, por un lado una resolución dictada en un Estado miembro vinculado por el Protocolo de La Haya de 2007 será reconocida en los demás Estados miembros sin necesidad de que exista un proceso específico para ello, y sin posibilidad alguna de impugnar su reconocimiento. Si la resolución es ejecutiva en el Estado de origen, será ejecutiva en los demás Estados miembros sin necesidad de otorgamiento de la ejecución (art. 17.2 del Reglamento). Esto se traduce en que las resoluciones dictadas en un Estado miembro vinculado por el Protocolo de La Haya de 2007, básicamente, ya no son resoluciones extranjeras ordinarias en el resto de Estados miembros, porque adquieren el estado de fuerza ejecutiva en otros Estados miembros en el momento en que se vuelven ejecutivas en el Estado de origen, es decir, el que dicta la resolución.

Si por el contrario, la decisión se ha adoptado en un Estado miembro no parte del Protocolo, en los artículos 23 y siguientes, se prevé un sistema similar al que establece el Reglamento Bruselas I, es decir, se prevé un reconocimiento automático mediante una declaración de ejecución jurisdiccional. La solicitud de otorgamiento de ejecución se debe interponer ante el tribunal del Estado miembro en el que se pretenda ejecutar. El tribunal que deba pronunciarse sobre la declaración de ejecución no podrá, en esta fase, controlar los motivos de denegación del reconocimiento y deberá pronunciarse en un plazo máximo de 30 días desde que se concluyan los tramites de presentación (art. 30).

La abolición del exequátur contiene la promesa de acelerar de manera considerable la ejecución de las resoluciones de un Estado miembro en los demás Estados miembros, aunque obviamente, todavía se deben llevar a cabo diversas formalidades para proceder con la ejecución Después de todo, la resolución seguirá siendo una resolución dictada en otro sistema jurídico, posiblemente en otra forma y, con frecuencia, en otro idioma. El artículo 20 del Reglamento enumera los documentos que deben presentarse a las autoridades competentes de la ejecución del Estado miembro que realice la ejecución. Con la finalidad de simplificar la ejecución, se han elaborado formularios multilingües que se adjuntan al Reglamento. En el supuesto de querer ejecutar una resolución en virtud de la sección 1, es decir, la resolución por un tribunal de un Estado miembro vinculado por el Protocolo de la Haya el formulario del anexo I debe ser expedido por el órgano jurisdiccional de origen (art. 20.1.b) del Reglamento). En el supuesto de que la resolución se haya expedido por un tribunal de un Estado no vinculado al Protocolo de la Haya será necesario la expedición de otro anexo también contenido en el propio Reglamento.

A los efectos de oponerse a la ejecución, en el marco de los Estados parte del Protocolo, el Reglamento no prevé específicamente unos motivos de oposición a la ejecución, sino que establece los motivos por los que, a instancia de parte, el tribunal ante el que se presente la ejecución podrá denegar o suspender la ejecución (art.21). Determina que podrán aplicarse los motivos que contemple la propia legislación interna del Estado ejecutante para denegar u oponerse a la ejecución, siempre y cuando no sean incompatibles con los siguientes motivos específicamente previstos en ese mismo artículo:

— que el derecho a ejecutar la resolución haya prescrito en virtud de la legislación del Estado miembro que dictó la resolución o del que debe ejecutarla;
— que la resolución a ejecutar sea incompatible con una resolución dictada en el Estado miembro ante el que se ha instado la ejecución, o bien con una resolución dictada en otro Estado miembro que sea susceptible de reconocimiento, aclarando el Reglamento en este punto, que una resolución que modifique una resolución anterior debido a un cambio de circunstancias no se considerará una resolución incompatible;
— que se haya interpuesto una solicitud de reexamen; y
— que se suspenda la fuerza ejecutiva de la resolución en el Estado miembro en el que se dictó la resolución.

En el supuesto de los Estados no vinculados por el Protocolo de la Haya, el reglamento sí establece de forma enumerada y tasada los motivos de denegación del reconocimiento (art. 24), que son:

— en el supuesto de que el reconocimiento sea contrario al orden público del Estado miembro en el que se solicita la ejecución;

— en caso de que la resolución se haya dictado en ausencia del demandado, si el escrito de demanda no se notificó al demandado con la antelación suficiente de forma que se pudiera defender, a no ser que no hubiera recurrido la resolución aun teniendo la opción de hacerlo;
— en el caso de que la resolución sea incompatible con una resolución dictada en el Estado miembro en el que se solicita la ejecución; y
— si la resolución es inconciliable con una resolución dictada con anterioridad en otro Estado miembro o en un tercer Estado entre las mismas partes y con el mismo objeto y causa, y es susceptible de reconocimiento en el Estado miembro en el que se ha planteado el reconocimiento.

4. COOPERACIÓN ENTRE AUTORIDADES CENTRALES

4.1. La experiencia española

El Reglamento sobre obligaciones de alimentos contiene disposiciones detalladas sobre la cooperación entre autoridades centrales en los distintos Estados vinculados por el instrumento que, en gran medida, son idénticas a las incluidas en el Convenio de La Haya de 2007.

En la práctica, la asistencia de las Autoridades Centrales, junto con la disposición de asistencia jurídica, será lo que provoque un enorme avance para los solicitantes que requieran asistencia en casos transfronterizos de alimentos.

La Autoridad Central española, que es el Ministerio de Justicia, se encuentra desbordada de trabajo, contando en la actualidad, únicamente, con una jefa de servicio y una auxiliar. La mayoría de países europeos, entre ellos Reino Unido, tienen una Autoridad Central dotada de mucho más personal, y en algunas Estados como Suecia estas Autoridades cuentan con personal destinado a tramitar expedientes de un solo país. Como resultado, en España existe un sustancial retraso y la mayor parte de expedientes, por ejemplo, los de 2016, no se encuentran todavía tramitados. España es hoy en día, en un 96% de los casos, un país receptor. Como tal, recibe las reclamaciones de las Autoridades Centrales Europeas directamente y una vez revisadas, si cumplen con todos los requisitos establecidos en el Reglamento, se procede a su registro y remisión a la Abogacía del Estado. En ese sentido España es ciertamente peculiar, es el único país europeo que tramita las peticiones a través de Abogados de primer orden como lo son los Abogados del Estado. La Abogacía del Estado, una vez recibida la petición, remite al Abogado del Estado que sea competente por razón del domicilio la reclamación. El Abogado procederá a la reclamación extrajudicial al deudor concediéndole un periodo de dos meses para que justifique el impago, por ejemplo, alegando que se ha procedido al pago o se ha procedido a la firma de un nuevo acuerdo. Si a los dos meses no se recibe contestación, se interpone la demanda que puede ser de tres tipos: *demanda ejecutiva*, en aquellos casos en que exista sentencia. *Demanda declarativa* en el supuesto que no exista sentencia. O solicitar una *modificación de medidas*.

Las comunicaciones siempre se llevan a cabo entre las Autoridades Centrales de tal forma que el Abogado, el Juez o el Secretario siempre mantienen su comunicación con la Autoridad Central del país requirente a través de la Autoridad Central española que hoy en día tramita unas 3.000 notificaciones al año una vez sumados todos los expedientes.

El Reglamento establece la posibilidad de reclamar no solo a particulares, sino a organismos públicos autorizados, quienes solicitan hoy por hoy el mayor número de reclamaciones, destacando entre ellos Suecia, Polonia y Alemania, países que adelantan las cantidades debidas y proceden posteriormente a su reclamación a través de las Autoridades Centrales.

La Autoridad Central española no puede por lo tanto, evitar considerar que de hecho trabaja para las Cajas de la Seguridad Social sueca y polaca, cuando únicamente un 5% de su actividad se dedica a reclamaciones, siendo estas fundamentalmente dirigidas a países sudamericanos como consecuencia de los Convenios de Nueva York y la Haya.

Cuando no hay pendiente ninguna solicitud, una Autoridad Central puede dirigir una petición, siempre y cuando la misma esté motivada, a otra Autoridad Central para que tome las medidas específicas adecuadas previstas en el artículo 51 del Reglamento. Ello no obstante, existen restricciones a dichas funciones en tanto en cuanto puede requerir una Orden Judicial previa que permita ejercitar dichas funciones tales como por ejemplo la obtención de información pertinente sobre los ingresos del deudor.

A continuación se reproduce una tabla que muestra la actividad anual de reclamaciones de alimentos entre España y otros Estados[3]:

[3] Información facilitada por la Dirección General de Cooperación Jurídica Internacional del Ministerio de Justicia en reunión mantenida en 30 de mayo de 2016.

Actividad anual Alimentos Transfronterizos en España 2010-2015

		2010	2011	2012	2013	2014	2015	Total
Activo España como país requirente	Convenio de Nueva York	44	24	18	9	20	20	135
	Convenio de la Haya	0	0	0	0	3	0	3
	Reglamento 4/2009	0	3	22	17	26	20	88
	Total	44	27	40	26	49	40	226
Pasivo *España como país requerido*	Convenio de Nueva York	274	167	79	41	49	29	639
	Convenio de la Haya	0	0	0	0	0	12	12
	Reglamento 4/2009	0	11	232	196	167	140	746
	Total	274	178	311	237	216	181	1397
	Total	**318**	**205**	**351**	**263**	**265**	**221**	**1623**

4.2. Conclusión

Las Autoridades Centrales han sido dotadas en ambos instrumentos de un alto nivel de responsabilidad dada la amplia gama de funciones y facultades que se les concede por lo que resulta fundamental dotarlas con el personal, la formación y los medios necesarios para que puedan cumplir su objetivo. La efectividad de los tratados depende completamente de dichas Autoridades y en este sentido, la doctrina tiende a considerar cada vez más que la expresión "medidas apropiadas" contemplada en la Convención y copiada en el Reglamento en el artículo 51, debería desarrollarse estableciendo unos mínimos estándares a cumplir por todas las Autoridades Centrales, especialmente en Europa.

La publicación de una guía de buenas prácticas tal y como existe para el Reglamento (CE) núm. 2201/2003 sería también fundamental para alcanzar un óptimo funcionamiento en los instrumentos internacionales de forma que su contenido sea adecuadamente entendido por los profesionales involucrados en su ejecución. Sería también un pilar básico la creación de una red global de profesionales dedicados a la reclamación de alimentos de los menores, tal y como se propone en la ya mencionada conferencia de Heidelberg de 2013.

La difusión relativa a la existencia de estos instrumentos a través de colegios profesionales aparece también como una necesidad fundamental de forma que los profesionales involucrados conozcan las alternativas que brindan con el objetivo de incrementar su utilización y poder nivelar el actual desfase existente entre el trabajo realizado por la Autoridad Central Española como país requerido y requirente.

RELACIÓN DE AUTORES

Laura Carballo Piñero. Profesora titular de Derecho internacional privado de la Universidad de Santiago de Compostela (USC).

Javier Casado Román: Letrado de la Administración de Justicia. Miembro de la Red Española de Cooperación Jurídica Internacional de Letrados de la Administración de Justicia. Punto de Contacto de la Red Europea en materia Civil y Mercantil.

Clara Isabel Cordero Álvarez. Profesora contratada doctor (interina) de Derecho internacional privado de la Universidad Complutense de Madrid (UCM).

Fernando Gascón Inchausti. Catedrático de Derecho Procesal de la Universidad Complutense de Madrid (UCM).

Cristina González Beilfuss. Catedrática de Derecho Internacional Privado de la Universidad de Barcelona. Letrada del punto operativo de la Red Judicial Europea en materia civil y mercantil.

Álvaro López de Argumedo Piñeiro. Socio de Uría Menéndez, Abogados S.L.P.

Manuel Ortiz Romaní. Juez del Tribunal Superior de Justicia de Valencia. Miembro de la REJUE.

Carmen Otero García-Castrillón. Profesora titular de Derecho internacional privado (acreditada como catedrática) de la Universidad Complutense de Madrid (UCM) y **Samia Benaissa Pedriza**, Doctora en Periodismo, Investigadora contratada del proyecto EUPILLAR.

Alberto Pérez Cedillo. Abogado y *Solicitor* de Inglaterra y Gales. Vicepresidente del *European Chapter de la International Academy of Family Lawyers* (IAFL). Miembro de *Resolution, Reunite International* y la Asociación Española de Abogados de Familia.

Elena Rodríguez Pineau. Vicedecana de Relaciones Internacionales. Profesora Titular de Derecho Internacional Privado de la Universidad Autónoma de Madrid (UAM).

Emelina Santana Páez. Magistrada del Juzgado de Primera Instancia nº 79 (Madrid). Miembro de la Red Judicial Española de Cooperación Judicial Internacional (REJUE).

Elisa Torralba Mendiola. Profesora titular de Derecho internacional privado de la Universidad Autónoma de Madrid (UAM). Consejera Académica en Gómez-Acebo & Pombo.

Elena Zarraluqui Navarro. Abogada. Elena Zarraluqui Abogados. Miembro de la *International Academy of Matrimonial Lawyers* (IAML), de la organización internacional *Reunite* y de la Asociación Española de Abogados de familia.

Made in United States
North Haven, CT
21 January 2026

87034831R10161